Marketing Management 4

Herausgegeben von Günther Haedrich
in Zusammenarbeit mit
Alfred Kuß und Gerhard Thies

Ernst F. Salcher

Psychologische Marktforschung

Walter de Gruyter · Berlin · New York 1978

Dr. phil. *Ernst F. Salcher,*
Inhaber und Geschäftsführer der
DR. SALCHER TEAM GmbH, Problemlösende Marktforschung, 8012 Ottobrunn,
Lehrbeauftragter für „Psychologische Marktforschung“ an der Universität München

Mit 80 Abbildungen

CIP-Kurztitelaufnahme der Deutschen Bibliothek

Salcher, Ernst F.
Psychologische Marktforschung. – 1. Aufl. – Berlin, New York : de Gruyter, 1978.
(Marketing-Management ; 4)
ISBN 3-11-006881-8

 Satz und Druck: Georg Wagner, Nördlingen. – Bindearbeiten: Dieter Mikolai, Berlin. – Einbandentwurf: Dirk Ullrich, Berlin. Printed in Germany.

Geleitwort

Die psychologische Marktforschung steht neben der sog. quantitativen Forschungsrichtung und beschäftigt sich damit, im psychologischen Bereich wurzelnde wirtschaftliche Verhaltensweisen zu analysieren und zu erklären, um wichtige unternehmerische Entscheidungen besser strukturieren zu helfen. Dem Autor ist es in diesem Buch gelungen, die psychologische Marktforschung als angewandte Disziplin mit einem fundierten theoretischen Hintergrund darzustellen; erstmalig in der deutschsprachigen Literatur wird vor dem Leser ein Feld von mehr als zehnjähriger Forschungserfahrung auf einer großen Zahl von Forschungsgebieten und Märkten ausgebreitet. Das Instrumentarium der psychologischen Marktforschung wird gründlich abgehandelt; die Einsatzmöglichkeiten einzelner Verfahren werden anhand von Fällen aus der Forschungspraxis nachdrücklich demonstriert. Salcher argumentiert dabei auf strategischer Plattform, sowohl was die Ableitung von Forschungsprogrammen als auch die Interpretation und Übersetzung der Ergebnisse in Marketingstrategien betrifft. Dabei kommt ihm seine intensive Beratungserfahrung zugute.
In diesem Buch wird das Anliegen der Schriftenreihe besonders berücksichtigt, Theorie und Anwendung zu einer Einheit zu verschmelzen. Sowohl Wissenschaft als auch Praxis werden daraus Nutzen ziehen.

Prof. Dr. Günther Haedrich

Vorwort

Dieses Buch erhebt einen unprätentiösen Anspruch. Es möchte weder neue Verbraucher-Theorien, noch Motivations-, Image- oder Werbemodelle aufstellen, sondern:

- in einfacher (verständlicher) Form einen möglichst *geschlossenen Überblick* über die zur Zeit gebräuchlichen Methoden, Verfahren und Anwendungsbereiche der psychologischen Marktforschung geben;
- sowohl Studenten wie auch Praktiker der Betriebs- und Sozialwissenschaften ansprechen, *d. h.* sowohl *Lehrbuch* wie auch praktisches *Nachschlagewerk* sein.

In gewisser Weise schließt das vorliegende Buch eine Angebotslücke, da trotz des mittlerweile recht fortgeschrittenen Entwicklungsstandes der psychologischen Marktforschung und ihrer zunehmenden Bedeutung für die gesamte Marketingplanung, kaum eine geschlossene Darstellung der Arbeitsweisen dieser zwar noch jungen, aber nicht mehr neuen Forschungsdisziplin zu finden ist.

Den Anspruch, sowohl Studierenden wie auch Praktikern gerecht zu werden, wollen wir dadurch erfüllen, daß jede Methode (z. B. „projektive Verfahren“) und jeder Verfahrensbereich (z. B. „Imageanalysen“) sowohl von seinem theoretischen Ursprung her als auch in seiner praktischen Anwendbarkeit dargestellt und erläutert wird. Zudem wird dem beruflichen Laien die Möglichkeit geboten, sich in lehrbuchhafter Form umfassend in die Arbeitsweise der psychologischen Marktforschung einzulesen, während der Praktiker auf einzelne und gezielte Informationen und somit auf direkt übernehmbare Arbeitshilfen zurückgreifen kann.

Die große Zahl praktischer Beispiele und anschaulicher Graphiken erleichtern den spontanen Zugang zu allen dargestellten Methoden und Verfahren.

Die zunehmende Bedeutung der psychologischen Marktforschung erklärt sich aus dem immer differenzierter werdenden Marktgeschehen und den damit erforderlichen verfeinerten Methoden der Marktbearbeitung. Die Entwicklung und erfolgreiche Durchsetzung von neuen Produkt- und Dienstleistungsideen ist ohne psychologische Marktforschung kaum noch denkbar.

München, im Januar 1978 *Dr. Ernst F. Salcher*

Inhalt

Teil A
Abgrenzung der psychologischen Marktforschung

1. Was ist Marktforschung?

Da in diesem Buch viel über psychologische Marktforschung und relativ wenig über sonstige Marktforschungsbereiche gesprochen wird, soll zumindest am Anfang auf den Gesamtbereich der Marktforschung eingegangen werden. Dabei wollen wir uns auf eine kurze Begriffsbestimmung sowie auf eine umrißhafte, schematische Darstellung der einzelnen Teildisziplinen beschränken.

Marktforschung im weitesten Sinne läßt sich verstehen als das systematische Bemühen um möglichst vollständige Informationen aus einem jeweils definierten Teilmarkt. In diesem weiten Rahmen ist jede Art der Informationsbeschaffung als Marktforschungstätigkeit anzusehen, sofern diese Information zu einem besseren Verständnis des Marktes beiträgt. Die Analyse sekundärstatistischer Daten ist in dieser Definition genauso enthalten wie jede primärforscherische Tätigkeit, an deren Hauptmethode „Interview oder Befragung" der Laie zunächst denkt, wenn er das Wort „Marktforschung" hört.

Fragt man nach dem *Ziel* der Marktforschung, so steht zweifellos die Regelung von Nachfrage und Angebot im Mittelpunkt. Über eine genaue Marktkenntnis ist es jedem Anbieter leichter möglich, ein erfolgversprechendes, d. h. *marktgerechtes* Produkt zu entwickeln.

In diesem Sinn kann Marktforschung als die systematische Erstellung von Informationen über den Markt (über Teilmärkte) verstanden werden, die die Wahrscheinlichkeit eines zielgerichteten und effektiven Agierens am Markt erhöhen.

Es bedarf keiner besonderen Betonung, daß Marktforschung in unserem heutigen, weigehend anonymen Massenmarkt eine unerläßliche Informationsquelle für jeden Anbieter von Produkten oder Dienstleistungen ist, die den weitgehend verlorengegangenen Kontakt des Produzenten von Massenprodukten zum einzelnen Abnehmer zumindest teilweise wieder herzustellen versucht. Somit hat Marktforschung auch eine wichtige kommunikative Funktion, die dem Hersteller sagt, was der Verbraucher möchte. Unter diesem Akzent läßt sich Marktforschung auch definieren als „Orientierungshilfe um die Produktion von Waren und Dienstleistungen optimal nach den Wünschen und Vorstellungen des Verbrauchers auszurichten".

Trotz der starken Dominanz, die dem Verbraucher in der Marktforschung zukommt, ist die Verbraucherforschung keineswegs das einzige Aufgabengebiet der Marktforschung. Neben der Erforschung des Bedarfs sieht

E. Schäfer [138a] die Erforschung der Konkurrenzsituation sowie der Absatzwege als weitere wichtige Aufgabenbereiche.
Nach allem bisher Gesagten läßt sich Marktforschung im weitesten Sinne bestimmen als:

> Marktforschung = die systematische (kurzzeitige oder kontinuierliche) Analyse des Marktes, um die gegebene Marktstruktur (Produktangebot, Konkurrenzsituation, Preissituation, Vertriebswege, etc.) sowie die spezifischen Verhaltensweisen des Verbrauchers in diesem Markt (Kauf- und Konsumgewohnheiten) zu verdeutlichen, so daß – auf der Basis dieser Erkenntnisse – die Art des zu planenden Produktes sowie der Umfang der Produktion optimal auf diesen Markt abgestimmt werden kann.

2. Was ist psychologische Marktforschung?

Läßt man die ersten schüchternen Entwicklungsschritte der psychologischen Marktforschung außer Acht, die bereits in den zwanziger Jahren mit weitgehend experimentellen Methoden ausschließlich im Bereich der Werbeforschung stattgefunden haben, so läßt sich ein erster ernsthafter Beginn der psychologischen Marktforschung in Europa erst nach dem Zweiten Weltkrieg bzw. in den 50er und 60er Jahren festlegen.
Bis zu diesem Zeitpunkt konnte mit den bisher üblichen Methoden der Marktforschung eine Markttransparenz erarbeitet werden, die eine planvolle und zielgerichtete Unternehmensführung ermöglichte.
Bei zunehmender Marktentwicklung kam es jedoch zu spezifischen Erscheinungen, die in den USA bereits in den 40er Jahren und in Deutschland erst in den 50er und 60er Jahren spürbar wurden. Diese Erscheinungen, die sich global mit dem Begriff der „Marktverdichtung und Marktsättigung" kennzeichnen ließen, führten zu einem immer deutlicher werdenden Ungenügen mit den bisherigen Resultaten der Marktforschung. Immer häufiger mußten Unternehmer die Erfahrung machen, daß mit Hilfe reiner Konsum- und Verhaltens-Daten die *Motivation des Verbrauchers* zum Kauf oder Nicht-Kauf bestimmter Produkte nicht mehr hinreichend erklärt werden konnte.
Die wichtigsten Marktentwicklungen dieser Jahre, die den Einsatz psychologischer Marktforschungstechniken erforderlich machten, lassen sich wie folgt zusammenfassen:

(1) Die Zahl der konkurrierenden Unternehmen am Markt nahm stetig zu.

(2) Damit ergab sich eine ständig wachsende Anzahl neuer Produkte im gleichen Produktbereich, so daß es zu ersten deutlichen Anzeichen einer Marktsättigung kam.
(3) Diese zunehmende Anzahl von Produkten unterschied sich immer unwesentlicher voneinander, so daß es zu massiven Differenzierungsproblemen auf Seiten des Verbrauchers kam.
(4) Die Zahl der Flops, d. h. der Produkte, die sich am Markt nicht durchsetzen konnten, nahm ständig zu.
(5) Erfolgversprechende Bedürfnislücken (Marktnischen) konnten mit den bisherigen Mitteln der Marktforschung nicht sicher genug aufgespürt werden.
(6) Der Unternehmer mußte zunehmend lernen, daß der Verbraucher nicht als homo oeconomicus oder homo rationalis, sondern als vorwiegend emotional bestimmtes Wesen verstanden werden muß, dessen Kaufentscheidungen sich nicht nur nach rationalen oder ökonomischen Kriterien ausrichten und erklären ließen.
(7) Eine erfolgreiche Positionierung neuer Produkte konnte vielfach nur dann erreicht werden, wenn auf sehr differenzierte Bedürfnisse des Verbrauchers eingegangen wurde – und zwar sowohl in der Produktgestaltung wie in der Werbeansprache.

Die Entwicklung der psychologischen Marktforschung verlief weitgehend parallel zur Durchsetzung des *Marketing-Denkens* in den Unternehmen. Marketing wurde verstanden als

– Steuerung des Unternehmens vom Markt her,
– die Entdeckung von Verbraucherwünschen und deren Übersetzung in Produkte oder Dienstleistungen,

und verdeutlichte letztlich die Forderung nach einer stärkeren Einbeziehung des Verbrauchers in die gesamte Produkt-, Markt- und Unternehmensplanung.
Gerade hier aber zeigt sich das Ungenügen bisheriger Marktforschungstechniken, die überwiegend auf die reine Beschreibung von Verhaltensdaten ausgerichtet waren. Die Analyse von Verbraucherwünschen oder -bedürfnissen entzog sich weitgehend den Mitteln der bisherigen Marktforschung. Im Hinblick auf diese Abhebung ließe sich die psychologische Marktforschung *definieren* als:

psychologische Marktforschung = die Analyse des Verbrauchers, die über die reine Verhaltensschilderung hinaus zur Erklärung von Ursachen und zur Aufdeckung von nur teilweise bewußten Wünschen, Vorstellungen und Bedürfnissen führt.

Aus dieser Definition läßt sich folgende erweiterte *Aufgabenstellung* für die psychologische Marktforschung ableiten:

- ihr Gegenstand ist weniger die Verhaltensbeschreibung als vielmehr die Verhaltens*erklärung*. Somit steht nicht die Frage im Mittelpunkt, was der Verbraucher wo, wann und wie oft kauft, sondern die Frage: *warum* er ein bestimmtes Produkt kauft und ein anderes nicht? Diese Frage nach dem „Warum" ist häufig als der eigentliche Ausgangspunkt der psychologischen Marktforschung angesehen worden.
- Neben der Ermittlung von Ursachen für konkrete Verhaltensweisen bemüht sich die psychologische Marktforschung sehr intensiv um die Analyse von *Motiven und Bedürfnissen,* die der Verbraucher in bestimmten Produktbereichen entwickelt. Die entscheidende Frage, die der Marktforscher hiermit verbindet, bezieht sich auf den Grad der Bedürfnisbefriedigung, die der Verbraucher mit den zur Verfügung stehenden Produkten erreichen kann. Hier lassen sich gelegentlich Bedürfnislücken nachweisen, die die Entwicklung neuer Produkte nahelegen (Marktnischen).
- Eine dritte Besonderheit der psychologischen Marktforschung liegt in der Analyse von *subjektiven Meinungen, Vorstellungen und Stereotypen,* die der Verbraucher mit Produkten, Marken und Firmen verbindet. Diese subjektiven Vorstellungsbilder spielen im Rahmen der Imagestrategie eine wichtige Rolle. Bahnbrechend wirkte hier die Erkenntnis, daß das Verhalten des Verbrauchers durch diese subjektiven Bilder (Images) in entscheidendem Maße geprägt wird („Nicht was ist, ist Realität, sondern was der Verbraucher glaubt, was ist, ist Realität!").
- Weiterhin gelingt es mit Hilfe der psychologischen Marktforschung (Segmentation, Typologie) Verbrauchergruppen herauszuarbeiten, die durch eine weitgehend homogene Bedürfnisstruktur gekennzeichnet sind und somit sowohl durch einheitliche Produkte wie auch eine einheitliche Werbeansprache erreicht werden können. Diese neuen Zielgruppen-Segmente ließen sich durch psychologische Merkmale sehr viel exakter und präziser erfassen und beschreiben als mit Hilfe sozio-demographischer Daten.
- Letztlich vermag die psychologische Marktforschung – trotz aller Einschränkungen – Vorhersagen über Reaktionen des Verbrauchers (z. B. Kaufverhalten) zu liefern.

3. Einordnung der psychologischen Marktforschung in das Gesamtsystem der Marktforschung

In der Literatur findet sich keine einheitliche Gliederung der einzelnen Marktforschungsbereiche. Folgende Einteilungskriterien erscheinen uns sinnvoll:

1. Nach den Zielgruppen, die befragt werden:

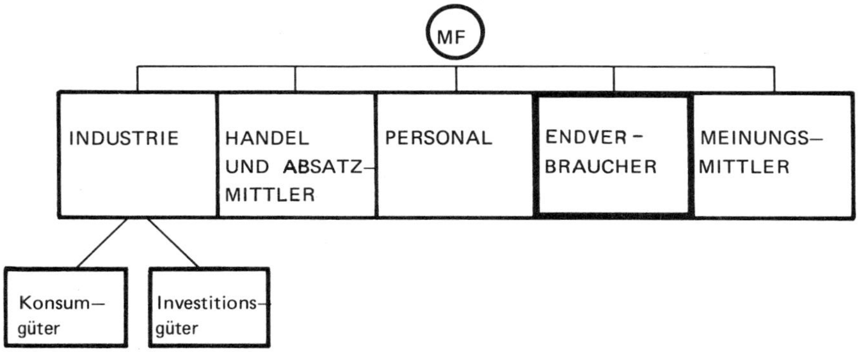

Abb. 1: Marktforschungsbereiche nach Zielgruppen gegliedert

Unter *Industriemarktforschung* versteht sich die Befragung von Entscheidungsträgern in der Industrie, wobei hier aufgrund der sehr unterschiedlichen Frage- und Problemstellung allgemein zwischen Konsumgüter- und Investitionsgüter-Marktforschung unterschieden wird. Die Industriemarktforschung dominiert somit vor allem bei Herstellern von Verpackungsmaterialien (Konsumgüterindustrie) bzw. Herstellern von Werkzeugen, Maschinen und Anlagen (Investitionsgüter).

Unter *Handels- oder Absatzmittler-Forschung* versteht sich die Befragung der für den jeweiligen Unternehmensbereich relevanten Handels- und Absatzmittlerformen. So ist für einen Süßwaren-Hersteller der gesamte Lebensmittelhandel von Interesse (Einzelhandel, Supermärkte, Verbrauchermärkte, Ketten, Genossenschaften etc.), wohingegen sich der Hersteller keramischer Fliesen besonders für die Absatzmittlergruppe der Architekten interessieren wird.

Unter *Personalforschung* lassen sich alle Formen der Mitarbeiterbefragung subsumieren, seien es Motivations-, Fluktuations- oder Betriebsklimauntersuchungen.

Die *Endverbraucherforschung* nimmt mit Abstand den größten Raum im Bereich der Marktforschung ein und dürfte ca. 70% bis 80% aller Marktforschungsaktivitäten umfassen. Gelegentlich wird auch die Befragung von *Meinungsmittlern* als eigener Bereich aufgeführt. Unter Meinungsmittlern verstehen wir Personen, wie Journalisten, Reporter, Politiker oder Expertengruppen, die auf den Absatz eines bestimmten Produktes zwar keinen direkten Einfluß nehmen, die jedoch aufgrund ihrer exponierten Funktion oder Position das Verhalten vieler Mitbürger durchaus beeinflussen können.

Im Hinblick auf eine Einordnung der psychologischen Marktforschung erweist sich diese zielgruppenbezogene Aufgliederung jedoch als wenig fruchtbar. Psychologische Marktforschungstechniken lassen sich bei allen Zielgruppen einsetzen, wenngleich sich eine klare Schwerpunktbildung im Bereich der Verbraucherforschung nicht verkennen läßt.

Gliedert man den großen Komplex der Verbraucherforschung näher auf, so werden in der Praxis die in Abb. 2 dargestellten Bereiche unterschieden:

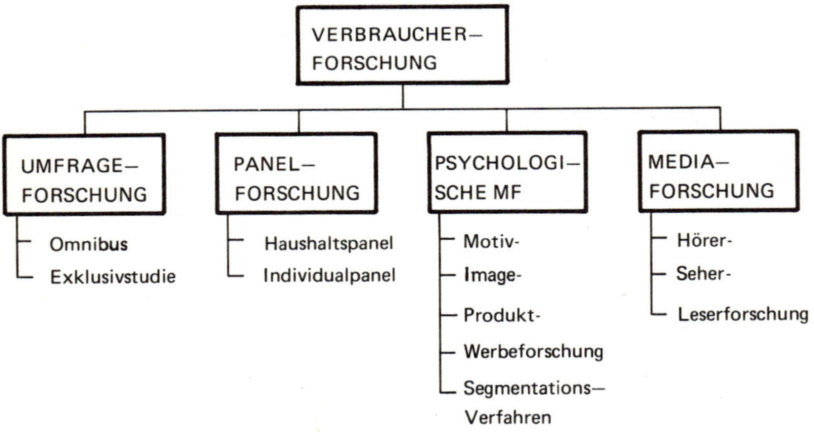

Abb. 2: Bereiche der Verbraucherforschung

Unter *Umfrageforschung* versteht man allgemein die Befragung einer repräsentativen Auswahl von Personen aus einer interessierenden Zielgruppe. Es muß sich somit nicht immer um bevölkerungsrepräsentative Stichproben handeln, sondern um Untersuchungen, deren Ergebnisse für bestimmte Teilgruppen (z. B. Apotheker, Architekten, Eigenheimbesitzer, etc.) aussagekräftig und verallgemeinerungsfähig sind. Normalerweise handelt es sich in der Umfrageforschung somit um *Repräsentativstudien.* In der Praxis wird vielfach zwischen Omnibus- und Exklusiv-Studien unterschieden. Während letztere exklusiv für einen einzelnen Auftraggeber durchgeführt werden, bieten Omnibusstudien (oder: Mehrthemen-Umfragen) mehreren Firmen die Möglichkeit, sich die Kosten für eine repräsentative Umfrage zu teilen. Jeder Auftraggeber bezahlt somit nur die Zahl der Fragen, die er im Rahmen dieser Studie beantwortet haben möchte. Der Preis für eine einfache, geschlossene Frage im Rahmen einer 2000er-Studie beträgt heute zwischen DM 1200,– und DM 1700,–.

Bei *Paneluntersuchungen* handelt es sich um *wiederholte* Befragungen von jeweils gleichen Personen zu deren Kauf- und Konsumverhalten. Der entscheidende Vorteil, den man sich durch Paneluntersuchungen erhofft, liegt in der Erfassung von Änderungen, die im Rahmen dieser Längsschnittanalyse transparent werden. Besonders interessant erweist sich der Einsatz des Panels bei der Einführung neuer Produkte oder bei spezifischen Werbe- und/oder Verkaufsförderungsaktionen. Aufgrund der Befragung zu verschiedenen aufeinanderfolgenden Zeitpunkten kann die angestrebte Veränderung im Verbraucherverhalten weitgehend exakt nachvollzogen werden.

Bei Haushaltspanels werden von der haushaltsführenden Person *alle* Einkäufe in einen Haushaltskalender eingetragen (Protokoll). Individualpanels richten sich überwiegend an alleinstehende Personen und beziehen sich mehr auf Güter des persönlichen Bedarfs.

Paneluntersuchungen werden ausnahmslos auf repräsentativer Basis durchgeführt.

Die *psychologische Marktforschung* unterscheidet sich von allen bisher aufgeführten Marktforschungsbereichen durch Methode und Stichprobengestaltung. In methodischer Hinsicht dominiert die offene Exploration (qualitatives Interview, Tiefeninterview) gegenüber der weitgehend geschlossenen Fragebogengestaltung bei repräsentativen Untersuchungen; im Bezug auf die Stichprobengestaltung wird nicht die Forderung der Repräsentativität erhoben, sondern vielmehr nach Gruppen unterschieden, die zum jeweiligen Befragungsthema relevante und möglichst unterschiedliche Meinungen aufweisen (z. B. Verwender und Nicht-Verwender eines bestimmten Produktes). Da im psychologischen Interview ein möglichst „tiefes" Gespräch angestrebt wird, ist es meist nicht erforderlich, eine große Anzahl von Befragungen durchzuführen. Häufig genügen schon 60 bis 80 Explorationen, um – mit Hilfe psychologischer Befragungstechniken – zu aussagekräftigen Ergebnissen zu gelangen.

Die *Mediaforschung* nimmt in vielerlei Hinsicht eine Ausnahmestellung ein.

Die vielen spezifischen Untersuchungsmethoden, die im Laufe der Jahre für die Mediaforschung entwickelt wurden, rechtfertigen die Einordnung als eigenständige Forschungsdisziplin. Unter Mediaforschung verstehen wir die Marktuntersuchungen der Rundfunk- und Fernsehanstalten sowie insbesondere der Verlage, um die *Reichweite* (Zahl der Personen, die von diesem Medium in einem Erscheinungsintervall erreicht werden) zu ermitteln, um die *Nutzergruppen* des jeweiligen Mediums genau zu beschreiben (Leserschaftsstudien) und um die Nutzungsintensität sowie die Zufriedenheit mit dem *redaktionellen Inhalt* zu überprüfen (redaktionelle Forschung). Mit diesen drei Fragestellungen verbindet sich eine große Anzahl jährlich durchgeführter Untersuchungen, die nahezu ausschließlich auf repräsentativer Basis und mit dem speziellen Methodeninstrumentarium der Media-Analyse durchgeführt werden.

4. Überblick über das gesamte Methodenspektrum der Marktforschung

Bevor wir uns auf das spezielle Methodenspektrum der psychologischen Marktforschung einengen, wollen wir einen kurzen Überblick über das Gesamtsystem der Marktforschungsmethoden gewinnen.

4.1 Primär- und Sekundär-Erhebungen

Spricht man allgemein von Marktforschung, so denkt man zunächst nur an die Befragung bzw. an das Interview und übersieht die breite Palette der zusätzlichen methodischen Möglichkeiten, mit denen man zu relevanten Aussagen über den Markt gelangen kann.
Versucht man, dieses Methodenspektrum zu gliedern, so muß zunächst unterschieden werden zwischen

- Primär-Erhebungen und
- Sekundär-Erhebungen.

In Sekundär-Erhebungen wird auf bereits *vorhandenes* Datenmaterial – gleich welcher Form – zurückgegriffen, in Primär-Untersuchungen werden *neue* Daten über den Markt erhoben.
Im Rahmen von Sekundär-Erhebungen wertet der Marktforscher somit in

erster Linie öffentliche oder private *Statistiken* aus, aber auch alle sonstigen greifbaren Veröffentlichungen, sei es Daten- oder Zahlenmaterial aus Büchern, Zeitschriften und Zeitungen. Nicht zuletzt gehören auch die Daten der eigenen Betriebsstatistik in eine gründliche sekundär-statistische Analyse. In diesem Sinn, so schreibt E. Schäfer [138a], „stellt sich das Problem der Sekundär-Erhebung im wesentlichen als eine Frage der eingehenden Quellenkenntnis und des geschickten Ausfindigmachens des benötigten Materials."

Sekundärstatistische Analysen stehen meist am Beginn größerer Marktforschungsprojekte, da man aus Kostengründen versuchen wird, zunächst alle vorhandenen Daten über einen bestimmten Markt zusammenzustellen und zu nutzen. bevor man an die kostspielige Beschaffung neuer Informationen geht. Vielfach gelingt es, mit Hilfe sekundärstatistischer Analysen einen ersten Marktüberblick zu erzielen, so daß eine nachfolgende Primär-Erhebung bereits effizienter und zielgerichteter angelegt werden kann. Hypothesen und Fragestellungen, die sich aus der Sekundär-Analyse ergeben, können somit in nachfolgenden Primär-Studien bereits einer ersten Prüfung unterzogen werden. Das Problem von Sekundär-Daten liegt vielfach darin, daß sie nicht mehr dem aktuellen Stand entsprechen und in der Regel auch nicht die individuellen Probleme und Fragestellungen eines einzelnen Unternehmens genügend berücksichtigen können.

Die wichtigsten Quellen für sekundärstatistische Analysen sind in Abb. 3 wiedergegeben.

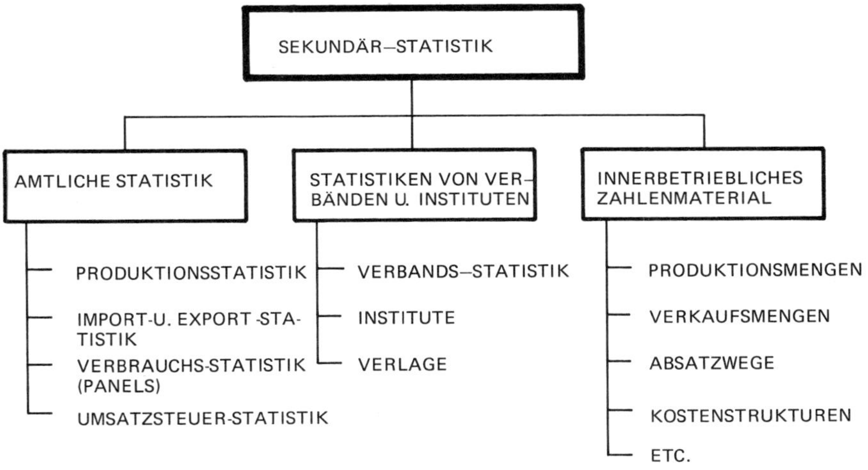

Abb. 3: Quellen zu sekundärstatistischen Analysen

Wie bereits erwähnt, stellen sekundär-statistische Analysen nur einen kleinen Ausschnitt aus dem Spektrum der Marktforschungsmethoden dar und dienen in der Regel auch nur dazu, einen ersten Überblick über das Marktgeschehen zu ermöglichen und Ausgangsmaterial für Primär-Erhebungen zu beschaffen.
Das eigentliche Betätigungsfeld der Marktforschung ist somit die *Primär-Erhebung*, von der wir immer dann sprechen, wenn

- direkte Informationen über Meinungen, Motive (Beweggründe) oder Verhaltensweisen von bestimmten, im Rahmen der Fragestellung relevanten Personen eingeholt werden müssen.

Diese Informationen können auf drei verschiedenen Wegen beschafft werden:

(1) durch Befragung,
(2) durch Beobachtung,
(3) durch Experimente.

Diesen drei Hauptmethoden im Bereich der Primär-Forschung wollen wir uns nun näher zuwenden.

4.2 Befragung – Beobachtung – Experiment

Die unmittelbare Datenbeschaffung über Meinungen, Motive und Verhaltensweisen von marktrelevanten Personen erfolgt in der Marktforschung – wie übrigens in allen Sozialwissenschaften – mit den Methoden der direkten und indirekten Beobachtung, der mündlichen oder schriftlichen Befragung sowie mit Hilfe des Experiments.

4.2.1 Die Befragung

Von einer *Befragung* spricht man immer dann, wenn von einer Person *Aussagen* verlangt werden. Diese Aussagen können zustandekommen auf eine Frage hin oder aufgrund schriftlicher und bildlicher Reizvorlagen. (Vgl. assoziative und projektive Verfahren.)
In allen Fällen muß die befragte Person Auskunft geben, wobei sich der Inhalt dieser Auskunft beziehen kann auf

- Einstellungen und Meinungen,
- Wissen und Erfahrungen,

- Verhaltensweisen,
- Motive (für diese Verhaltensweisen).

Betrachtet man diese vier Aussagen-Ebenen, so wird deutlich, daß es sich hier um Bereiche handelt, über die unterschiedlich leicht Auskunft gegeben werden kann. Am einfachsten fallen in der Regel Aussagen über persönliche Verhaltensweisen sowie über Gegebenheiten aus dem eigenen Wissens- oder Erfahrungsbereich. Es handelt sich hier um sog. „Tatbestände", die den Befragten meist recht klar bewußt sind und deshalb auch problemlos verbalisiert werden können und es handelt sich gleichzeitig um Gegebenheiten mit eher objektivem Charakter (Tatsachen), die keiner so starken subjektiven Färbung unterliegen wie Aussagen aus dem Einstellungs- oder Meinungsbereich. Letztere sind nicht nur aufgrund ihrer hohen Subjektivität schwerer erfaßbar (erfragbar), sondern auch häufig deswegen, weil hier gelegentliche Barrieren oder Zensuren auftreten, die eine freie Meinungsäußerung zumindest teilweise unterbinden. So scheut man sich zuweilen, eine persönliche Meinung kundzutun, insbesondere dann, wenn man befürchtet, daß diese Meinung von der Mehrheit nicht geteilt, d. h. sozial nicht akzeptiert wird. Hier gerät die Befragungsperson zwangsläufig in einen Konflikt, den sie je nach ihrer Persönlichkeitsstruktur unterschiedlich lösen wird. So kann sie ihre wahre Meinung zurückhalten und nur eine „angepaßte Version" zum besten geben (Rationalisierung), sie kann bewußt lügen, sie kann ihre Meinung völlig zurückhalten, d. h. die Antwort verweigern und sie kann letztlich, im positivsten Fall, ihre wahre persönliche Meinung ungeschminkt wiedergeben.
Das entscheidende Problem der Befragung liegt darin, daß der Interviewer normalerweise nicht erkennen kann, wie der Befragte seinen Konflikt gelöst hat, d. h. ob die Antwort nun *richtig* ist oder nicht. P. Atteslander [5a, S. 86] schreibt hierzu:

> „Befragungen geben uns also nicht unmittelbar Aufschluß darüber, wie Menschen wirklich handeln, fühlen oder denken, sondern sie vermitteln uns sprachliche Informationen über diese Vorgänge. Die dermaßen erhobenen Informationen sind notwendigerweise subjektiv gefärbt. Mit anderen Worten: Wir erhalten durch Fragen vor allem Hinweise auf die Bewertung sozialen Verhaltens, also Informationen, welche bereits durch einen sozialen Filter verändert worden sind. Solche bewertende Färbungen können bewußt oder unbewußt sein."

Die Befragung selbst kann auf unterschiedliche Art und Weise vorgenommen werden. In erster Linie wird man unterscheiden, ob eine Befragung *mündlich* oder *schriftlich* abläuft. Nur im ersten Fall kann man von einem „Interview“ sprechen, denn nur hier findet ein Wechselgespräch zwischen einem Fragesteller (Interviewer) und einem Befragten statt. Doch wenden wir uns zunächst der schriftlichen Befragung zu:

4.2.1.1 Die schriftliche Befragung

Die schriftliche Befragung findet ohne Inteviewereinsatz statt. Der Fragebogen wird per Post zugesandt oder ausgeteilt, der Befragte muß ihn selbst und ohne Interviewer-Hilfe ausfüllen.

Aus diesen Gegebenheiten erwachsen einige spezielle Probleme und Besonderheiten der schriftlichen Befragung. So darf der Fragebogen nicht allzu lang sein und eine Beantwortungsdauer von ca. 10 bis 15 Min. nicht überschreiten. Die Fragen müssen einfach, verständlich und eindeutig formuliert sein, damit es zu keinem unterschiedlichen Verständnis zwischen den Befragten und zu keinem Mißverständnis beim einzelnen Befragten kommen kann. Die Fragen sollten so abgefaßt sein, daß der Befragte wenig eigene Schreibarbeit hat (weitgehend geschlossene Fragen). Der Begleitbrief zum Interview muß recht ausführlich sein und nicht nur den Fragebogen gründlich erläutern, sondern auch auf die Kompetenz des durchführenden Marktforschungsinstituts sowie auf die Anonymität der Befragungsergebnisse verweisen.

Ein besonderes *Problem* der schriftlichen Befragung liegt vor allem in der Stichprobenverzerrung, die sich aus den relativ geringen Rücksendequoten ergibt. Diese liegen in der Praxis, je nach Befragungsgegenstand und Zielgruppe, zwischen 20% und max. 70%. Nur durch besonders intensive Nachfaßaktionen können gelegentlich 80% bis 85% der vorgegebenen Quote ausgeschöpft werden. Als besonders störend erweist sich dabei nicht nur die Höhe der Ausschöpfungsquote, sondern vor allem die starke Verzerrung der Ergebnisse, die dadurch entsteht, daß bestimmte Bevölkerungsgruppen nahezu zur Gänze ausfallen. So spricht man von der Gruppe der „Ablehner“ und meint damit alle Personen, die aus Zeitgründen (höhere Einkommensgruppen), Desinteresse (insbesondere junge Leute) oder aus Angst und Scheu vor Befragungsaktionen (ältere Personen, Angehörige unterer sozialer Schichten) auf schriftliche Befragungen nicht reagieren oder der Gruppe der „Unfähigen“, die effektiv nicht in der Lage ist, den Fragebogen richtig auszufüllen (Personen mit geringem Bildungsniveau). Somit kann durch schriftliche Befragungen in der Regel keine echte Repräsentativität der Ergebnisse erzielt werden.

Weitere Nachteile der schriftlichen Befragung:

- Es ist nicht kontrollierbar, ob der Befragte den Fragebogen allein oder mit Hilfe Dritter ausfüllt und somit ist nicht ersichtlich, ob es sich bei den Antworten wirklich um seine eigene Meinung handelt.
- Mit Hilfe der schriftlichen Befragung ist keine „Tiefe" erreichbar, da keine vertiefenden und klärenden Nachfaßfragen gestellt werden können, die der individuellen Situation gerecht würden.
- Auch einfachste Fragestellungen werden vielfach falsch verstanden und beantwortet.
- Fragen werden einfach ausgelassen und nicht beantwortet.
- Komplizierte und aufwendige Nachfaßaktionen machen den Kostenvorteil der schriftlichen Befragung gelegentlich wieder zunichte.
- Das Wissen um nachfolgende Fragen kann die Beantwortung vorangehender Fragen beeinflussen.

Der *Vorteil* schriftlicher Befragung liegt eindeutig in der Kostengünstigkeit. So kann auf einfachem postalischem Wege eine große Anzahl von Personen in relativ kurzer Zeit mit relativ geringem finanziellem Aufwand erreicht werden.
Dennoch sollte man sich den Einsatz der schriftlichen Befragung gründlich überlegen. P. Atteslander [5a, S. 117] schreibt hierzu:

> „Eine schriftliche Befragung kommt also nur dann in Frage, wenn der schriftliche Fragebogen als Frage-Antwort-Medium kaum Schwierigkeiten bereitet. Sie eignet sich daher nicht für schreib- und denk-ungewandte Personen. Sie ist untauglich, wenn die Motivation zu antworten vermutlich sehr schwach ist. Die schriftliche Befragung eignet sich lediglich zur Ermittlung von einfachen Tatbeständen, die dem Befragten nur minimale psychologische Probleme stellen. Da der Befragte Zeit hat zur reflexiven Beantwortung, können so auch keine spontanen Antworten erfaßt werden."

Als relativ problemlos erweist sich die schriftliche Befragung immer dann, wenn sie sich an homogene Interessengruppen wendet, die zu diesem speziellen Thema ihres Interesses befragt werden, wie z. B. Autokäufer über die Wahl ihrer Marke, Frauenrechtlerinnen über das Thema „Emanzipation" etc. Hier ist nicht nur eine hohe Rücksendequote, sondern auch ein sorgfältiges Ausfüllen und Bearbeiten des Fragebogens gewährleistet.

4.2.1.2 Die mündliche Befragung

Im Rahmen der mündlichen Befragung muß noch einmal unterschieden werden zwischen dem direkten *persönlichen* Interview sowie dem *telefonischen* Interview. Obwohl der Besitz eines Telefons in Privathaushalten in den letzten Jahren stark zugenommen hat und damit das grundsätzliche Stichprobenproblem (wen erreicht man per Telefon und wen nicht?) etwas reduziert wurde, kommt der telefonischen Befragung in Deutschland nach wie vor kaum praktische Bedeutung zu. Wahrscheinlich wird sich diese Form der Befragung, die in den USA viel gebräuchlicher ist, in Deutschland erst mit der kommenden Generation problemloser durchführen lassen, die dann mit diesem Kommunikationsmittel (dem Telefon) aufgewachsen ist und ihm die Selbstverständlichkeit entgegenbringt, die für ein natürliches und ungehemmtes Interview notwendig ist.
Eine andere Unterscheidung in der Durchführung mündlicher Interviews hat in der Praxis sehr viel größere Bedeutung: die Unterscheidung von

- standardisierten Interviews (strukturierten, geschlossenen Interviews),
- nicht-standardisierten Intervies (offenen, qualitativen Interviews).

Beide Interview-Formen kennzeichnen einen unterschiedlich großen Freiraum, der sowohl dem Interviewer als auch dem Befragten in der Gesprächssituation eingeräumt wird. Konkret: in einer voll standardisierten Befragung hat sich der Interviewer exakt an den vorgegebenen Fragewortlaut zu halten und auch der Befragte kann nur eine von mehreren vorgegebenen Antwortalternativen auswählen.
In einem *offenen* Interview wird sowohl dem Interviewer als auch dem Befragten sehr viel mehr Spielraum gelassen. Der Interviewer orientiert sich nur an einem Fragebogen-Leitfaden und der Befragte kann seine Antworten frei und ohne jede Einschränkung formulieren. Es bedarf sicher keines besonderen Hinweises, daß das nicht-standardisierte Interview die eigentliche *Befragungstechnik der psychologischen Marktforschung ist!*

4.2.2 Die Abgrenzung der Befragung von der Beobachtung und dem Experiment

Obwohl die Befragung mit Sicherheit die wichtigste Methode im Bereich der Primär-Erhebungen ist, gibt es Situationen, in denen das Interview an seine Grenzen stößt und zu keinen zuverlässigen und exakten Informatio-

nen mehr führt. In all diesen Fällen muß auf die *Beobachtung* bzw. das *Experiment* ausgewichen werden.
Wann aber treten diese Grenzsituationen der Befragung ein? B. Spiegel [150, S. 16] formuliert dies so:

> „Durch direkte Befragung zu erheben sind stets nur bewußt erlebte und reaktivierbare Sachverhalte."

Die *Leistungsgrenzen des Interviews* dokumentiert Spiegel an zwei Beispielen: dem unzugänglichen Sachverhalt sowie dem hypothetischen Sachverhalt.
Unter *unzugänglichen Sachverhalten* versteht er unter anderem „geringfügige Tatsachen, die aufgrund ihrer Bedeutungsschwäche oder Selbstverständlichkeit beim Vollzug gar nicht (bewußt) erlebt werden und somit von Anfang an unterschwellig bleiben.«
Das Phänomen der „geringfügigen Tatsachen" begegnet uns allen im normalen Tagesablauf, so z. B. wenn es uns nicht gelingt, die genaue Lage des Rückwärtsganges im eigenen Auto zu beschreiben, obwohl wir ihn schon hundertmal geschaltet haben, so wenn wir auf unserem täglichen Weg zur Arbeit ein Haus zum ersten Mal bewußt wahrnehmen, das uns vorher noch nie aufgefallen ist, oder wenn eine Hausfrau Handlungsabläufe nicht beschreiben kann, die sie in der Küche täglich ausführt. Spiegel führt noch andere Beispiele für unzugängliche Sachverhalte an, so insbesondere Tätigkeiten, die in einen übergeordneten Handlungsablauf eingebettet sind oder Entscheidungen, die aufgrund eines konkreten Motivmangels nicht begründet werden können, wie z. B. der Kauf oder die Verwendung von Produkten mit geringerer Bedeutung.
Während unzugängliche Sachverhalte am einfachsten über die *Beobachtung* eruiert werden können, lassen sich *hypothetische Sachverhalte* am ehesten mit Hilfe *experimenteller* Methoden ermitteln. Unter hypothetischen Sachverhalten versteht Spiegel „solche Sachverhalte, die für die betreffende Person erst nach Eintritt in eine bestimmte Situation Realität erhalten."
Diese hypothetischen Sachverhalte treten immer dann auf, wenn man den Verbraucher nach der Kaufbereitschaft für ein Produkt fragt, das er im Test zum ersten Mal gesehen hat oder wenn im Rahmen eines Anzeigen- oder sonstigen Werbemittel-Tests die mögliche Auswirkung der Kampagne auf die Kaufmotivation des Verbrauchers ermittelt werden soll. Die Antworten, die in der Regel auf solche Fragen erzielt werden, sind zwangsläufig hypothetisch, da die Testperson diesem Entscheidungskonflikt in der Praxis noch nicht ausgesetzt war und somit nur eine unverbindliche good-will

Erklärung abgibt. P. Atteslander [5a, S. 142] beschreibt den Unterschied zwischen Befragung und Beobachtung wie folgt:

> „Damit gelangen wir zu einer klaren Trennung über die Bedeutung von Befragung und Beobachtung als Forschungsinstrumente. So erhalten wir mit Hilfe der Befragung wohl Hinweise auf Meinungen, Einstellungen, Gefühle, Verhaltenserwartungen oder Attitüden, die sich jedoch keineswegs mit dem wirklichen Verhalten der befragten Personen zu decken brauchen. Die Beobachtung wiederum gibt Aufschluß über das wirkliche Verhalten, ermöglicht aber andererseits keine Aussagen über die Einstellungen oder Motivationen, welche diesem Verhalten zugrundeliegen."

Und an anderer Stelle [S. 141]:

> „Beobachter werden dort eingesetzt, wo kein anderes Mittel geeignet erscheint, Angaben über soziale Verhaltensweisen zu beschaffen. So sind beispielsweise befragte Personen oft nicht imstande, ihr eigenes Verhalten richtig zu beschreiben oder wiederzugeben. Die Erinnerung von Befragten kann völlig falsch oder lückenhaft sein und häufig wollen sich die Befragten bewußt nicht mehr an bestimmte Vorkommnisse erinnern, weil sie glauben, durch ihre Antworten in Schwierigkeiten zu geraten. In all diesen Fällen ist es angezeigt, sich für die Methode der Beobachtung zu entscheiden."

R. König [84, S. 83] schreibt zum gleichen Thema:

> „Vereinfachend kann man sagen: sofern man am wirklichen und faktischen Verhalten eines Befragten statt an dessen Aussagen über sein Verhalten interessiert ist, empfiehlt sich die Beobachtung anstelle der Befragung."

Will man also zuverlässige Informationen darüber, ob der Verbraucher ein neues Produkt kaufen wird oder nicht, so muß man zur Methode der „Kaufverhaltensbeobachtung" greifen, wo das reale Verhalten des Konsumenten am *pop* (point of purchase), d. h. am Regal eines Supermarktes beobachtet wird.

Beobachtungen kann man auf unterschiedliche Art und Weise vornehmen. Grundsätzlich läßt sich auch hier – wie bei der Befragung – zwischen einer *strukturierten* und *unstrukturierten* Beobachtungssituation unterscheiden. Die strukturierte Beobachtung wird nach exakt festgelegten Kriterien vorgenommen, die eine Quantifizierung der erhobenen Daten möglich machen.

Mit Hilfe der unstrukturierten Beobachtung hingegen wird eine eher qualitative Beschreibung des Beobachtungsinhalts angestrebt.
Weiterhin unterscheidet man bei der Beobachtung zwischen einer *offenen* oder *verdeckten* Test-Situation. Bei verdeckten Beobachtungen ist der Testperson nicht bekannt, daß sie beobachtet wird, bei offenen Beobachtungen weiß die Testperson um die Anwesenheit des Beobachters. Offene Beobachtungssituationen wird man vor allem dann anwenden, wenn durch die Gegenwart des Beobachters keine Beeinflussung der zu beobachtenden Situation zu befürchten ist; verdeckte Situationen werden dann bevorzugt, wenn man vermuten muß, daß die Gegenwart des Beobachters einen störenden Einfluß auf die zu beobachtende Situation ausübt, was häufig dann der Fall ist, wenn es um individuelle Entscheidungen geht (Wahlvorgänge, Kaufvorgänge, etc.).
Die Übergänge zwischen Beobachtung und *Experiment* sind ausgesprochen fließend.
B. Spiegel spricht dann von einem Experiment, wenn „es eine vorangehende Phase gibt, in der der Tatbestand über den ermittelt wird, erst herbeigeführt wird."
In diesem Sinne handelt es sich beim Experiment immer um einen steuernden Eingriff in die Wirklichkeit, d. h. um die Herbeiführung einer ganz bestimmten erwünschten Situation.
Die Nähe bzw. der Übergang des Experiments zur Beobachtung oder Befragung ist immer dann gegeben, wenn die erste Phase des Experiments, d. h. das Schaffen eines bestimmten Tatbestandes, abgeschlossen ist. In aller Regel wird dann mit den Methoden der Befragung oder der Beobachtung weitergearbeitet werden.
Konkret: Wurde mit Hilfe der Schnellgreifbühne (vgl. S. 123 ff.) eine bestimmte Entscheidungssituation herbeigeführt, so wird das konkrete Entscheidungsverhalten (Herausnehmen einer bestimmten Packung) letztlich mit Hilfe der Beobachtung erfaßt und mit Hilfe der Befragung ursächlich analysiert. Ein Experiment ist somit nur eine „gelenkte Beobachtung". Im Rahmen der experimentellen Methoden unterscheidet man in der Regel zwischen

- *offenen* Situationen, in denen die Testperson genau weiß, daß mit ihr ein Experiment durchgeführt wird und sie auch über Art und Zweck dieses Experimentes Bescheid weiß,
- *quasi-biotischen* Test-Situationen, in denen die Versuchsperson Zweck und Ziel des Experiments nicht kennt, wohl aber um ihre Situation als Versuchsperson weiß und letztlich

- *voll-biotischen* Situationen, wo die Versuchsperson weder Zweck oder Ziel des Experimentes kennt noch um ihre Rolle als Versuchsperson weiß. Hier spricht man dann auch von *realitätsgetreuen* Situationen, in denen die Personen völlig normal und unbeeinflußt handeln, da der experimentelle Charakter der Situation für sie nicht erkennbar ist.

In der nachfolgenden graphischen Darstellung sind die wichtigsten Methodenbereiche noch einemal zusammengefaßt, wobei die Verfahren, die im Bereich der psychologischen Marktforschung Anwendung finden, mit einem dunklen Raster gekennzeichnet sind:

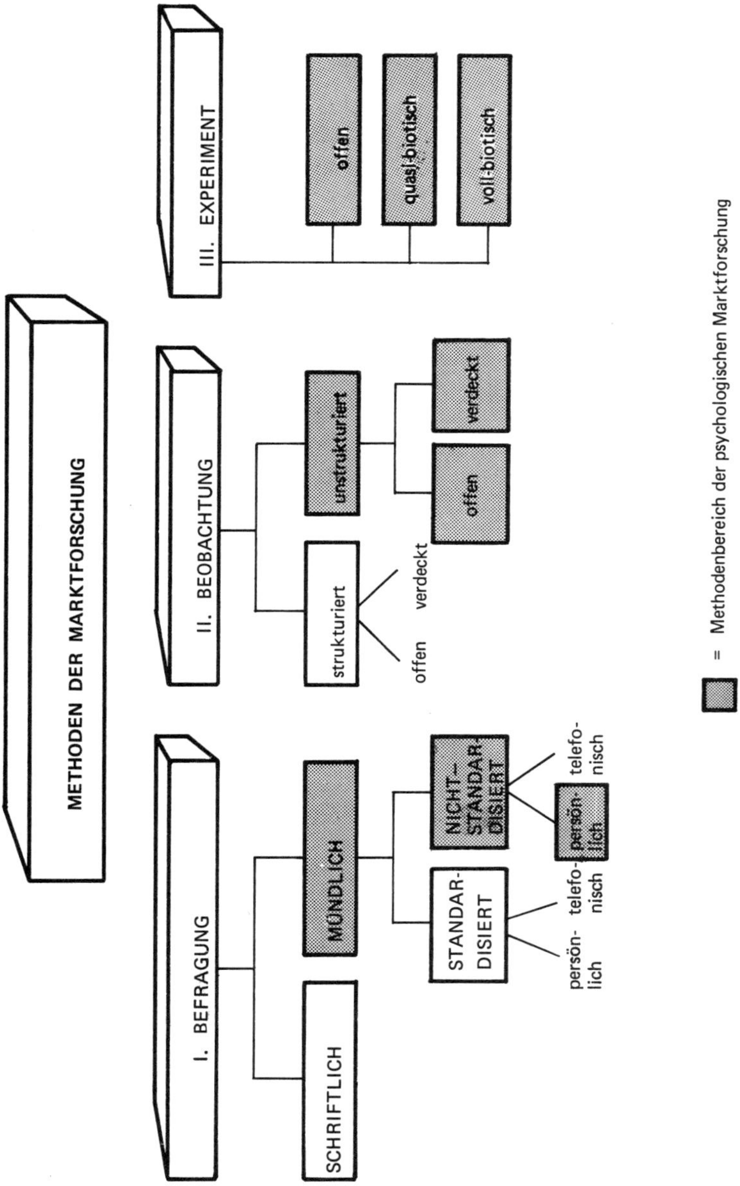

Abb. 4: Die Methoden der Marktforschung

Teil B
Die Methoden der psychologischen Marktforschung

I. Methoden der Befragung

1. Das Tiefeninterview

Das Tiefeninterview nimmt im Rahmen der psychologischen Marktforschungsmethoden einen zentralen Platz ein. Trotz der enormen Beliebtheit dieser Methode bei Marktforschern und Marktforschungskunden und ungeachtet der Tatsache, daß der Begriff des „Tiefeninterviews" längst in die Wirtschaftssprache eingegangen ist, herrschen über Inhalt und Form des Tiefeninterviews nach wie vor sehr unterschiedliche Meinungen. Die Spanne reicht dabei vom völlig offenen und unstrukturierten Gespräch, das noch am ehesten der ursprünglichen Form des Tiefeninterviews entspricht, bis hin zum nahezu gänzlich strukturierten Interview, das mit Hilfe eines detailliert ausformulierten Fragebogens durchgeführt wird, und nur noch deswegen „Tiefeninterview" genannt wird, weil es gelegentlich auch offene oder assoziative Fragestellungen enthält.
Parallel zur wenig präzisen Bestimmung des Tiefeninterviews findet sich eine weitgehende Begriffsverwirrung, wobei von A–Z (anamnestisches/zentriertes Interview) über 50 verschiedene Bezeichnungen zu finden sind (vgl. hierzu E. F. Molinari, [106a, S. 11–14]).
Da es mittlerweile eine Reihe ernstzunehmender Definitionsversuche in der amerikanischen sowie in der deutschsprachigen Literatur gibt, wollen wir nachfolgend auf die wichtigsten Ergebnisse dieser Bemühungen hinweisen. Dies um so mehr, als das Tiefeninterview ein Kerninstrument der psychologischen Marktforschung darstellt und eine saubere und klare Abgrenzung von anderen Befragungsmethoden für das weitere Verständnis der hier skizzierten Marktforschungsverfahren wichtig ist.

1.1 Inhaltliche Bestimmung des Tiefeninterviews

Vor jeglichem Definitionsversuch erscheint die Frage sinnvoll, was man mit dem Tiefeninterview eigentlich erreichen möchte, warum diese Methode so vielseitig zum Einsatz gelangt und was sie über andere Befragungsmethoden hinaus zu leisten vermag.
Grundsätzliche Einigkeit läßt sich rasch darüber erzielen, daß das Tiefeninterview eine besonders „tiefe Befragungsform" ist, mit der man hinter die oberflächlichen Antworten des Verbrauchers zu dringen sucht, mit der man

erlebnismäßige und psychologische Zusammenhänge aufklären und Ursachen für konkretes Verhalten, d. h. letztlich Motiv- und Einstellungsstrukturen, erhellen möchte.
In seiner einfachsten Form ist das Tiefeninterview im Grunde nur eine erweiterte und intensivierte „Warum-Frage", die über das Sammeln einfacher und beobachtberar Verhaltensdaten hinausgeht und nach den Gründen für dieses konkrete Verhalten fragt. Solche Warum- oder Nachfaß-Fragen wurden in den frühen 50er Jahren bereits als Tiefeninterview bezeichnet. Man verstand darunter einfach das Tiefer-Gehen, das Nachfragen und Nachhaken des Interviewers, der sich mit der einfachen Auskunft auf die Frage, „Was essen Sie am liebsten?", nicht mehr zufriedengab, sondern nun genau wissen wollte, *warum* man dieses oder jenes am liebsten ißt.
Nach diesen ersten Jahren der sehr simplen Interpretation eines Tiefeninterviews wurde man rasch auf die zusätzlichen Möglichkeiten mit diesem Befragungsinstrument aufmerksam. So bot sich erstmals die Chance, ein bis dahin gültiges, altes Gesetz der Marktforschung zu durchbrechen, das da hieß: Aus einer Studie kann nur das herauskommen, was man in den Fragebogen hineinsteckt!
Mit Hilfe des Tiefeninterviews konnten erstmals die Ursachen erkannt und Zusammenhänge erhellt werden, die dem Marktforscher zum Zeitpunkt der Fragebogenerstellung selbst nicht klar waren. Durch die Möglichkeit des freien Interview-*Gespräches,* das weder den Interviewer noch die befragte Person an fest umrissene Fragestellungen band, konnten die Gedanken und Gefühle der Testperson „frei flotieren", konnte der Interviewer mit seinen Warum-Fragen immer tiefer gehen, so daß Meinungen, Einstellungen und Motive am Ende sichtbar wurden, an die anfänglich niemand gedacht hätte.
In diesem Sinn gestattet es das Tiefeninterview, nach Dingen zu fragen, die man gar nicht fragen kann, weil sie der Marktforscher zum Zeitpunkt der Fragestellung noch gar nicht kennt!
Ein weiteres Problem vermochte das Tiefeninterview zu lösen oder zumindest zu reduzieren: das Ausweichen des Befragten oder die Antwortverweigerung bei Fragen, die als unangenehm erlebt werden, die die Intimsphäre berühren oder die eine Bloßstellung befürchten lassen. Bei diesen etwas heikleren Themenkreisen wurde die direkte Fragestellung häufig als zu hart und provokativ empfunden, so daß der Befragte nicht geneigt war, eine ehrliche und offene Antwort zu geben. Dieses Problem wurde im Rahmen der tiefenpsychologischen Gesprächsführung stark reduziert und bei entsprechend geschulten Interviewern nahezu völlig beseitigt. Durch die Möglichkeit, sich an ein Thema „heranzupirschen", sich einem heiklen Problem

auf mehreren Wegen zu nähern oder auf einen kritischen Aspekt an mehreren Stellen zu sprechen zu kommen, konnten vielfach auch dort ehrliche Antworten erzielt werden, wo man dies früher nicht für möglich gehalten hatte. In diesem Sinne konnten im Tiefeninterview auch Fragen gestellt werden, von denen man annehmen mußte, daß sie die Testperson nicht beantworten möchte und dementsprechend ausweichend reagieren würde.

Noch ein drittes entscheidendes Marktforschungsproblem konnte mit dem Tiefeninterview besser gelöst werden als mit jeder anderen, bis dahin bekannten Befragungsmethode: die Ermittlung von Bewußtseinsinhalten, die der Testperson zwar bekannt sind und die zur Erklärung einer bestimmten Einstellung oder Verhaltensweise auch von großer Bedeutung wären, die aber zum Zeitpunkt der Befragung aus dem Gedächtnis nicht abrufbar sind, d. h. im konkreten Augenblick „nicht einfallen". In vielen Interviews kann man die Beobachtung machen, daß die Testperson auf eine bestimmte Frage eigentlich etwas anderes antworten möchte, daß ihr aber hierzu die Worte fehlen, daß ihr im Augenblick nicht einfällt, was sie als wesentlich erachtet und sie sich deshalb mit vordergründigen und oberflächlichen Antworten über diese Situation hinwegzuretten versucht. Das Tiefeninterview gibt beiden Gesprächspartnern (der Testperson ebenso wie dem Interviewer) die Möglichkeit, diesem augenblicklichen Formulierungsproblem, dieser konkreten Gedächtnislücke, auf die Spur zu kommen, indem man über dieses Thema einfach länger und ausführlicher spricht. Diese Aufdeckung „vorbewußter Inhalte", die zwar im Gedächtnis klar verankert sind, im Augenblick aber nicht abgerufen werden können, vermag das Tiefeninterview sehr häufig zu leisten.

In diesem Sinne können im Tiefeninterview auch dort Ergebnisse erzielt werden, wo die spontane Antwort auf eine Frage aufgrund einer Gedächtnislücke nicht möglich ist.

Vielfach diskutiert wurde die Frage, inwieweit durch das Tiefeninterview auch *unbewußte Inhalte* aufgedeckt werden könnten. Da wir auf diese Frage an anderer Stelle noch ausführlich eingehen, sei vorab nur der Hinweis gestattet, daß das Tiefeninterview – so wie es in der Marktforschung gebraucht wird – *nicht in der Lage ist,* unbewußte Inhalte auf systematische Weise zu analysieren.

Nach der Bestimmung dessen, was das Tiefeninterview gegenüber herkömmlichen Befragungsformen zu leisten vermag, wollen wir nun auf einige Definitionsversuche der amerikanischen und deutschsprachigen Literatur eingehen.

1.2 Definitionsansätze aus der amerikanischen und deutschsprachigen Literatur

Aufgrund des uneinheitlichen Sprachgebrauchs im Hinblick auf das Tiefeninterview bemühte sich die American Marketing Association (AMA) schon 1950 mit einem eigens hierfür gebildeten Komitee um eine Definition des Begriffs „Tiefeninterview" (deep interviewing). Da jedoch der chairman Julian L. Woodward in seinem Abschlußbericht [164, S. 721] zu keinem klaren Ergebnis, sondern nur zu einer allgemeinen Empfehlung kam, nämlich, den Begriff des „Tiefeninterviews" durch weniger mißverständliche Bezeichnungen zu ersetzen, wurde dieser Empfehlung denn auch wenig Folge geleistet.
Etwas erfolgreicher in ihren Definitionsbemühungen waren die Autoren Paradise und Blankenship [117a, S. 274 ff.], die in ihrer wesentlichen Aussage zu einer Unterscheidung von drei Hauptformen des Tiefeninterviews gelangten:

(1) Depth Questionnaire,
worunter ein offener Fragebogen zu verstehen ist, der es zwar der Testperson erlaubt, offen und ungestützt zu antworten, dem Interviewer aber verbietet, die vorformulierte Fragestellung zu verlassen.

(2) Structured depth interview,
womit wir uns dem eigentlichen Tiefeninterview nähern, da dem Interviewer nur noch ein Leitfaden mit den wichtigsten Fragestellungen zur Verfügung steht, die er im Rahmen des Interviews zu behandeln hat und die eine gewisse Vergleichbarkeit der einzelnen Gespräche ermöglichen sollen, der ihm aber ansonsten eine weitgehend freie Gesprächsführung erlaubt.

(3) Unstructured depht interview,
wo dem Interviewer nicht einmal mehr ein Gesprächs-Leitfaden zur Verfügung steht, sondern er nur noch in das Problem ausführlich eingewiesen wird. In seiner Fragestellung und Gesprächsführung ist der Interviewer nahezu völlig auf sich allein gesetellt und unterliegt nur mehr der Forderung nach einer möglichst ausführlichen und gründlichen Behandlung eines abgegrenzten Themenkreises.

Im deutschsprachigen Schrifttum haben sich vor allem Kropff, Wiswede, Beike, Gutjahr, Kleining und Bergler, um eine Begriffsbestimmung des Tiefenintervies bemüht:

G. Gutjahr: „Das Verfahren der sog. nicht-direktiven Exploration stammt aus der psychotherapeutischen Praxis (Rogers, Axline). Es ist dies eine Technik der Gesprächsführung, bei der sich die Rolle des Explorators weitgehend darauf beschränkt, den Probanden zu möglichst vielen Aussagen anzuregen. Er bedient sich dabei sachneutraler Aufforderungen, z. B.: Wie meinen Sie das? Können Sie das noch etwas genauer erläutern? etc., um die Versuchsperon nicht zu beeinflussen und um insbesondere nicht solche Probleme zur Diskussion zu stellen, die von der Versuchsperson nicht selbst thematisiert wurden . . ." [56, S. 43–44]

P. Beike: „Das Wesen der Exploration als non-direktives Verfahren „besteht darin, ohne festgelegte Fragen und Versuchsanordnungen den einzelnen Befragten völlig offen und ungesteuert über einzelne Reize, Probleme etc. sprechen zu lassen." [8a, S. 50]

1.3 Einige Begriffserklärungen

Aus der nahezu unübersehbaren Vielfalt unterschiedlicher Bezeichnungen für das Tiefeninterview, wie sie noch G. F. Molinari [106a, S. 11–14] anführte, haben sich in den letzten Jahren drei wesentliche Begriffe herauskristallisiert, die den praktischen Sprachgebrauch weitgehend beherrschen:

(1) Das qualitative (offene) Interview,
(2) Die psychologische Exploration,
(3) Das Tiefeninterview.

Versucht man, diese drei Begriffe anhand der Inhalte zu bestimmen, die ihnen im praktischen Sprachgebrauch heute zukommen, so lassen sich in etwa folgende Definitionen erstellen:
Das *qualitative* Interview oder die qualitative Befragung signalisiert in erster Linie eine Abhebung von der „quantitativen" Befragungsform. Die Begriffe qualitativ und quantitativ beziehen sich dabei vor allem auf den Stichprobenumfang, der der jeweiligen Befragung zugrundegelegt wird. In diesem Sinne kann man eine quantitative Befragung weitgehend gleichsetzen mit repräsentativen Umfragen oder zumindest Erhebungen mit großem Stichprobenumfang (meist ab 1000 Testpersonen), von denen sich die qualitativen Studien durch ihren begrenzten und in der Regel nicht repräsentativen Stichprobenumfang abheben (meist unter 200 Testpersonen). Gleichzeitig verbindet sich mit den Begriffen „qualitativ" und „quantita-

tiv“ eine unterschiedliche Fragebogenform, die sich primär durch den Verwendungsanteil offener bzw. geschlossener Fragen unterscheidet.
Bei einer „geschlossenen“ Frage werden der Testperson mehrere Antwortalternativen vorgegeben, unter denen sie die jeweils zutreffende benennen soll, während bei einer „offenen“ Frage keinerlei Antwortvorgaben erfolgen, die Testperson also völlig frei und nach eigenem Gutdünken die Antwort formulieren kann.

„Geschlossene“ Frage:	Antworten:	
Welcher der Gründe, die ich Ihnen nachfolgend vorlesen werde, war für Sie ausschlaggebend zum Kauf Ihres neuen Autos?	Interessierte mich für neue Modelle	○
	Brauchte ein größeres Auto	○
	Hatte Angst vor größeren Reparaturen	○
	Kaufe in diesem Zeitabstand regelmäßig ein neues Auto	○
	Hatte Angst vor Preiserhöhungen	○
	Wollte ein anderes Modell kaufen	○
	War mit meiner Marke nicht mehr zufrieden, wollte die Marke wechseln	○
	Konnte und wollte mir ein größeres Auto leisten	○

„Offene“ Frage:
Bitte nennen Sie mir doch einmal alle Gründe, die für Sie ausschlaggebend waren, ein neues Auto zu kaufen.

a) Bitte denken Sie gründlich nach und nennen Sie mir alle Gründe, die hierbei eine Rolle gespielt haben!

. . . .

. . . .

. . . .

. . . .

. . . .

b) Bitte nennen Sie mir jetzt den Grund, der für Ihren Kaufentschluß der wichtigste und ausschlaggebendste war.

. . . .

. . . .

Vor- und Nachteil der geschlossenen Frage liegen in der Beschränkung auf wenige, vorgegebene Antwortmöglichkeiten, die im positiven Sinn eine problemlose und kostengünstige Auswertung über EDV erlauben, im

negativen Sinn immer die Gefahr in sich bergen, nicht alle relevanten Meinungen zu erfassen.
Der Vorteil der offenen Frage liegt in der uneingeschränkten Antwortmöglichkeit und damit in der Aufdeckung eines breiten Meinungsspektrums, ihr Nachteil hingegen in der schwierigen Auswertung des komplexen Datenmaterials.
Grundsätzlich sind beide Fragentypen (offen bzw. geschlossen) sowohl in quantitativen wie auch in qualitativen Studien möglich, in der Praxis ist es jedoch so, daß man im quantitativen Interview versucht, die einzelnen Fragen so weit wie möglich zu schließen, da dies bei der großen Zahl von durchgeführten Interviews eine erhebliche Vereinfachung des Erhebungs- und Auswertungsverfahrens bedeutet, während man im qualitativen Interview überwiegend mit offenen Fragen arbeitet, weil aufgrund der geringeren Zahl von Interviews eine komplexere Auswertung möglich ist. In diesem Sinn hat es sich eingebürgert, unter einem *qualitativen* Interview die Befragung einer kleineren Stichprobe, in der Regel zwischen 60 und maximal 300 Testpersonen, mit einem weitgehend offenen Fragebogen zu verstehen.
Die *psychologische Exploration* unterscheidet sich von der qualitativen Befragung in zwei wesentlichen Aspekten. Zusätzlich zur offenen Fragestellung werden eine Reihe selbständiger psychologischer Explorationstechniken angewandt, wie etwa assoziative und projektive Verfahren. Diese Techniken [siehe S. 83 bzw. 98] vermögen über die offene Fragestellung hinaus, die primär der Erzielung eines möglichst breiten Antwortspektrums dient, den Ergebnissen selbst mehr Tiefe und Relevanz zu geben. Ein zweiter wesentlicher Unterschied zur qualitativen Befragung liegt im Einsatz noch qualifizierterer Interviewer, häufig Diplom-Psychologen oder zumindest psychologisch geschulter Akademiker.
Die Parallele zur qualitativen Befragung liegt in der Verwendung eines weitgehend ausformulierten Fragebogens, der dem Interviewer nur wenig Möglichkeiten läßt, seine Fragen selbst zu formulieren bzw. sie in einer zwanglosen Reihenfolge zu stellen, wie dies im Tiefeninterview der Fall ist. Die Parallele zum Tiefeninterview zeigt sich in den weiterführenden Intervieweranleitungen, die vielfach wieder den strikten Fragetext auflockern und einer freieren Bearbeitung durch den Interviewer zugänglich machen. Hierzu ein Beispiel:

Frage: Wie würden Sie sich den typischen Verwender dieses Produktes vorstellen? Versuchen Sie bitte, sich eine Person in allen Einzelheiten auszumalen, die dieses Produkt besonders häufig konsumiert.

Intervieweranleitung: (Interviewer: Ausführlich explorieren und gegebenenfalls nachfassen im Hinblick auf Alter, Geschlecht, Einkommensverhältnisse, Konsumverhalten, Persönlichkeitseigenschaften, Aussehen der Person etc.)

Mit Hilfe dieser zusätzlichen Anweisung soll dem Interviewer die Möglichkeit gegeben werden, den strikten Fragetext zu verlassen, um auf diese Weise oberflächliche Antworten vermeiden und die Frage tiefer und umfassender ausloten zu können.

Durch diese relative Freiheit des Interviewers sowie durch den Einsatz projektiver und assoziativer Befragungstechniken vermag die psychologische Exploration durchaus eine beachtliche Tiefe zu erreichen. Dennoch gewährleistet sie – dank ihres relativ exakten und strikten Explorationsschemas – eine weitgehende Vergleichbarkeit und gemeinsame Interpretierbarkeit der einzelnen Interviews.

Aus diesem Grund hat sich die psychologische Exploration zu der am häufigsten eingesetzten Befragungsform in der praktischen psychologischen Marktforschung entwickelt.

Unter *Tiefeninterview* definieren wir letztlich jene Befragungsform, die sich mit einem weitgehend unstrukturierten Gesprächsleitfaden (Themenliste) und mit Hilfe gründlich und psychologisch geschulter Interviewer an den Verbraucher wendet. Das Tiefeninterview ist in dieser Form als Intensiv-Gespräch zwischen zwei Partnern zu verstehen und nicht als Fragen-Antwort-Spiel zwischen Interviewer und Testperson. Nur in der Atmosphäre eines lockeren, freien und weitgehend unbeeinflußten Gespräches kann sich die Tiefe und Dichte entwickeln, die dem Tiefeninterview seine eigentliche Bedeutung gibt.

Ein Definitionsversuch:

Fassen wir alle bisherigen Ausführungen zusammen, so möchten wir das *Tiefeninterview* definieren als

- ein langes und intensives Gespräch zwischen Interviewer und Befragtem über vorgegebene Themen, das der Interviewer in weitgehend eigener Regie so zu steuern versucht, daß er möglichst alle relevanten Einstellungen und Meinungen der befragten Person zu diesen Themen erfährt, auch wenn es sich um Aspekte handelt, die der befragten Person bis zu diesem Zeitpunkt selbst nicht klar bewußt waren.

Der letzte Nachsatz mag etwas verwirren, da man sich ein Gespräch über Aspekte, die einem der Gesprächspartner nicht klar bewußt sind, kaum vorstellen kann. Dennoch zeigt die tägliche Praxis des Tiefeninterviews immer wieder, daß im Laufe eines intensiven und langen Gespräches zwischen Interviewer und Befragtem häufig Klarheiten und Einsichten erzielt werden, zu denen der Befragte selbst bisher nicht vorgestoßen war. Dies ist nicht verwunderlich, denn: Welcher Verbraucher reflektiert schon eine Stunde lang intensiv und aus allen Perspektiven (wie im Rahmen eines Interviews) über die Gründe und Ursachen, die ihn veranlassen, eine bestimmte Zigarettenmarke zu rauchen? Auch ist bekannt, daß im Rahmen eines lebhaften Gesprächs zuweilen Erkenntnisse erwachsen, auf die man selbst und allein nicht gekommen wäre.

1.4 Abgrenzung des Tiefeninterviews zur tiefenpsychologischen Befragung (Psychoanalyse und Psychotherapie)

G. F. Molinari [106a, S. 26–47] beschäftigt sich ausführlich mit einer Abgrenzung des Tiefeninterviews von der tiefenpsychologischen Befragung oder besser: der Psychoanalyse. Wir wollen uns im wesentlichen an seine Ausführungen halten und die wichtigsten Ergebnisse seines Abgrenzungsversuchs zusammenfassen.
Insgesamt lassen sich mehr Unterschiede als Gemeinsamkeiten zwischen beiden Methoden erkennen. Dennoch gibt es einige *Ähnlichkeiten*, die sich aber weitgehend auf eine „angelehnte" Gesprächstechnik beschränken. So versuchen sowohl der Psychotherapeut als auch der Interviewer

- vor Beginn des Gesprächs eine möglichst gelockerte Atmosphäre zu schaffen;
- das Gespräch möglichst unauffällig und behutsam aus dem Hintergrund zu steuern, um dem Befragten alle Möglichkeiten zur spontanen Reaktion zu lassen;
- das Gespräch in Fluß zu halten, wobei möglichst neutrale Zwischenbemerkungen und Reizworte über die Gesprächspausen, Formulierungsprobleme oder Denkhemmungen hinweghelfen sollen;
- seine eigene Meinung nicht kundzutun und sich auch jeglicher Kritik oder Bekräftigung zu enthalten, die sich auf direkte Meinungsäußerungen des Befragten beziehen.

Neben diesen mehr formalen Ähnlichkeiten bei der technischen Durchführung des Gesprächs existieren eine Reihe grundsätzlicher *Unterschiede* zwischen einem psychoanalytischen Gespräch und einem Tiefeninterview:

- Das gesamte Anliegen des psychoanalytischen Gesprächs zielt auf eine Aufdeckung (Bewußtmachung) von unbewußten Inhalten, die in traumatischer oder neurotischer Weise die Verhaltens- und Erlebnisweise des Patienten stören. Mit diesem Anliegen hat das Tiefeninterview nichts gemein.

- Es sollte keine Patienten-Therapeuten-Beziehung im Tiefeninterview der Marktforschung geben.
- Das Tiefeninterview zielt nicht auf eine vollständige Persönlichkeitsanalyse ab, sondern begnügt sich mit der Sammlung von bewußten und vorbewußten (gelegentlich auch unbewußten) Motiven und Bedürfnissen, Meinungen, Vorstellungen, Einstellungen und Stereotypen, die das konkrete oder das potentielle Konsumverhalten des Verbrauchers erklären helfen.
- Die vergleichsweise „Oberflächlichkeit“ des Tiefeninterviews dokumentiert sich auch in der Einmaligkeit des Gesprächs, wogegen dem Psychoanalytiker beliebig viele Sitzungen und Gespräche zur Verfügung stehen.
- Im psychoanalytischen Gespräch wird nahezu ausschließlich die völlig freie Assoziation angewandt, während das Tiefeninterview, trotz aller Offenheit, auf klar definierte Themen eingegrenzt wird und sich einer Reihe zusätzlicher methodischer Hilfen bedient.
- Letztlich wird mit dem Tiefeninterview nicht die Analyse eines Einzelfalles angestrebt, sondern die Analyse einer bestimmten Zielgruppe, um relevante und verallgemeinerungsfähige Einstellungs- und Motivstrukturen am Markt aufzudecken.

1.5 Techniken des Tiefeninterviews

Es gibt im wesentlichen drei verschiedene Formen, mit denen das Tiefeninterview in die Marktforschung Eingang fand, wobei diese drei Formen unterschiedlich nahe an die psychoanalytische Befragungsform heranreichen:

1.5.1 Die nicht-direkte Technik (non-directive technique)

Hier handelt es sich um ein völlig offenes Gespräch innerhalb eines umgrenzten Themenbereiches (z. B. Zahnpflege). Der Interviewer beschränkt sich weitgehend auf das Anschneiden der vorgegebenen Themen und auf „wohlwollendes Zuhören“ und überläßt die Steuerung des Gespräches weitgehend dem Befragten. Die Rolle des Interviewers ist somit weitgehend passiv, den aktiven Part spielt der Befragte. Die Aufgabe des

Interviewers liegt im wesentlichen nur darin, den Gesprächsfluß aufrechtzuerhalten, die Fragen und Antworten gelegentlich zu vertiefen und eine Ausuferung des Gespräches über den vorgegebenen Themenkreis hinaus zu verhindern. Dies erreicht der Interviewer durch kurze Zwischenfragen immer dann, wenn der Redefluß ins Stocken geraten ist, durch ein gelegentliches bestätigendes Nicken oder ganz einfach durch eine Nachformulierung der zuletzt gesprochenen Worte. Insgesamt sollte der Interviewer bei dieser Befragungsform möglichst wenig konkrete Fragen stellen, sondern vielmehr eine assoziative Entwicklung des Gespräches anstreben. Dieser Fragetechnik liegt die Annahme zugrunde, daß konkrete und präzise Fragestellungen von seiten des Interviewers den Denkvorgang des Befragten häufig an Stellen unterbrechen, wo die eigentliche Tiefe des Gespräches noch nicht erreicht wurde. Läßt man dem Befragten Zeit, seine Gedanken und Überlegungen weiter zu verfolgen, ohne ihn mit einer neuen Frage in einen neuen Denkvorgang hineinzuzwingen, so erhöht sich die Chance zur Aufdeckung relevanter Ursachen oder Hintergründe. In diesem Sinne ist auch die Fragetechnik der „Wiederholung der zuletzt gesprochenen Worte" zu verstehen. In den häufig auftretenden Denk- und Gesprächspausen hilft der Interviewer dem Befragten mit der Wiederholung der zuletzt gesprochenen Worte, die Gedankenkette dort wieder aufzunehmen, wo sie die Testperson hat fallenlassen. Würde die Gesprächspause mit einer neuen Frage des Interviewers aufgefüllt werden, so wäre der Gedankenfluß an dieser Stelle endgültig unterbrochen – und dies meist, bevor er seine wirkliche Tiefe erreicht hat.

Die *Vorteile* der nichtdirektiven Interviewtechnik liegen in einer umfassenden Materialsammlung sowie in der Aufdeckung vollständiger Gedanken- und Assoziationsketten, die zum Verständnis gewisser Einstellungen und Verhaltensweisen in hohem Maße beitragen können. Dies wird erreicht durch den geringen Interviewer-Einfluß, durch die ungesteuerte und unbeeinflußte Assoziations- und Gedankenkette des Befragten und die Möglichkeit, das Gespräch nach eigenem Gutdünken zu richten und zu lenken.

Die *Nachteile* des nicht-direktiven Interviews liegen vor allem in den hohen Anforderungen, die sowohl an die Testperson wie auch an den Interviewer gestellt werden. Beim Befragten ist ein gewisses Maß an Intelligenz und Verbalisierungsfähigkeit unerläßlich, da das Gespräch im wesentlichen durch ihn selbst gesteuert und bestritten wird. Nicht-direktive Interviews mit besonders schüchternen, redegehemmten oder redeunfähigen Personen führen zu entsprechend dürftigen Ergebnissen.

Auch der Interviewer muß hohe Anforderungen erfüllen, da er trotz seiner weitgehend passiven Rolle ein ausgesprochen feines Gespür dafür entwikkeln muß, wann die Testperson Hilfe braucht (Wiederholung, Bestätigung, freundliches Nicken), wann sich das Gespräch den entscheidenden Tiefen nähert (Nachfaßfragen), und wo das Gespräch ergebnislos und flach wird und durch entsprechende neue Fragen in eine neue Richtung gelenkt werden muß. Weiterhin muß der Interviewer in der Lage sein, ein gewisses Vertrauens- und Sympathieverhältnis zum Befragten herzustellen, um überhaupt ein freies und offenes Gespräch zu ermöglichen. Dies ist um so wichtiger, je schüchterner die Testperson ist oder je mehr Probleme sie in der freien und adäquaten Formulierung ihrer Gedanken hat. In diesen Fällen zeigt sich das ganze Geschick des Interviewers und häufig kommen hier nur geübte Diplom-Psychologen zu befriedigenden Ergebnissen.

Ein weiteres Problem der nicht-direktiven Gesprächstechnik liegt in der Gewichtung und Interpretation einzelner Gesprächsergebnisse. Da jedes Interview anders verläuft und keinem einheitlichen und verbindlichen Fragenablauf folgt, sind die Gespräche und damit die Ergebnisse untereinander schwer vergleichbar.

Aufgrund seiner schwierigen Durchführbarkeit, Vergleichbarkeit und Auswertbarkeit (Gewichtung) wird die nicht-direktive Technik in der praktischen Marktforschung nur mehr selten verwendet. Die psychologisch arbeitenden Marktforschungsinstitute sind überwiegend auf die halb-direktive (semi-directive) Befragungstechnik ausgewichen. Sie bietet in der praktischen Arbeit einige entscheidende Vorteile.

1.5.2 Die halb-direktive Technik (semi-directive technique)

In der halb-direktiven Technik hat sich der Interviewer weitgehend an einen aufgeschlüsselten und differenzierten Themenleitfaden zu halten, dessen einzelne Punkte im Gesprächsablauf auch weitgehend behandelt werden sollten. Auch hier soll eine möglichst natürliche Gesprächsatmosphäre aufgebaut und die Testperson so wenig wie möglich bedrängt werden. Durch das Korsett der vorgegebenen Themen ist der Interviewer jedoch häufiger gezwungen, in das Gespräch steuernd einzugreifen, um den unmittelbaren Bezug der Antworten zu den jeweils relevanten Themen zu gewährleisten. Im semi-direktiven Gespräch kann der Gedankenablauf nicht mehr rein assoziativ und völlig ungesteuert erfolgen, sondern muß vom Interviewer immer dann unterbrochen werden, wenn die Ausführungen des Befragten zu weit vom Thema abweichen oder wenn durch die

Ausführlichkeit der Darstellungen die Gefahr entsteht, daß andere Themen nicht mehr genügend ausführlich behandelt werden können (Zeitdruck).
Die *Vorteile* der halb-direktiven Gesprächsführung liegen in der Verbindung der Vorteile einer weitgehend offenen und ungesteuerten Gesprächsführung (da der Interviewer weder an eine strenge Reihenfolge der Fragen noch an eine fest vorgeschriebene Fragenformulierung gebunden ist) mit einer gleichzeitigen Mindest-Strukturierung des Interviews (da jeder Interviewer die gleichen Themen behandeln muß), so daß letztlich eine Vergleichbarkeit und erste vorsichtige Gewichtung der Befragungsergebnisse möglich wird.

1.5.3 Die direktive Technik (directive technique)

Die direktive Technik, die heute kaum noch eine Rolle spielt, ging von einer Hypothese aus, deren Gültigkeit nie voll nachgewiesen wurde: „Durch ein autoritäres Auftreten und Verhalten des Interviewers werden in stärkerem Umfang *wahre* Antworten provoziert."
Durch ein besonders strenges, autoritäres und geradezu einschüchterndes Verhalten des Interviewers sowie durch rasch hintereinandergestellte Fragen (Schnellfeuertaktik) sollten Ausflüchte und unwahre Antworten des Befragten verhindert werden. Besonders wirkungsvoll hielt man diese Technik bei allen tabuisierten Themen (z. B. Fragen über sexuelle Gewohnheiten, Wasch- und Körperpflegegewohnheiten etc.), bei denen die Befragten erfahrungsgemäß zu ausweichenden oder unehrlichen Antworten neigen. G. F. Molinari beschreibt die direktive Technik wie folgt:

> „Bei der direktiven Technik, die den harten Interview-Stil verkörpert, steht die Befragungstaktik in scharfem Gegensatz zur nicht-direktiven Technik. Hier spielt der Interviewer die aktiv dominante Rolle, indem er den Befragten durch die im voraus ausgewählten Themen schleust und ihn manchmal andeutungsweise zu verstehen gibt, in welcher Richtung er die Antwort erwartet. Als Vertreter dieser Konzeption können Kinsey und seine Mitarbeiter gelten, die auf direktem Wege – oft mit der Verhör- oder Schnellfeuertaktik operierend – und mit autoritärem Auftreten versuchten, wahre Antworten von den Befragten zu erhalten."

A. C. Kinsey [78a, S. 53 f.] beschreibt die direktive Technik wie folgt:

> „In order to cover the maximum amount of material in a single interview, it is necessary to ask questions as rapidly as the subject can possibly

comprehend and reply. This method has the further advantage of forcing the subject to answers spontaneously without too much premeditation. Such a rapid fire of questions provides one of the most effective checks on fabrication as detectives and other law-enforcement officials will know.“

Im letzten Satz dieses Zitats von Kinsey zeigt sich die entscheidende Problematik der direktiven Technik. Der extreme Druck, das extrem autoritäre Verhalten, wie es am deutlichsten in einem polizeilichen Verhör praktiziert wird, können auf die normale Interview-Situation nicht übertragen werden. Da es dem Befragten jederzeit frei steht, das Interview abzubrechen, wird er Druck oder autoritäres Verhalten des Interviewers nur bis zu einer gewissen Grenze akzeptieren und dann das Interview abbrechen. In der praktischen Marktforschung hat sich die direktive Technik nicht durchsetzen können.

1.6 Technische Aspekte der Durchführung und Auswertung von Tiefeninterviews

Das Tonbandprotokoll

Aufgrund der schwierigen Mitschrift von langen Reden und aufgrund der großen Bedeutung, die der Genauigkeit und Vollständigkeit der Gedanken- und Assoziationsketten zukommt, werden Tiefeninterwievs heute nahezu ausschließlich auf Tonband aufgezeichnet. Da sich die Skepsis der Öffentlichkeit gegenüber der Tonbandaufzeichnung von Gesprächen weitgehend gelegt hat und sich nur noch wenige Testpersonen (und meist nur anfänglich) vom Tonbandgerät irritieren lassen, können die *Vorteile* des Tonbandprotokolls voll ausgeschöpft werden:

- der Interviewer wird nicht durch Mitschreiben oder Mitstenografieren aufgehalten und vom Gesprächsverlauf abgelenkt;
- der Interviewer kann sich voll und ganz auf die Antworten konzentrieren und den gesamten Gesprächsverlauf nuancierter steuern;
- nicht nur die Antworten sondern auch die genaue Fragestellung des Interviewers wird kenntlich, was sich häufig für die Interpretation als sehr wichtig erweist;
- Gedanken- und Assoziationsketten werden in ihrer Entstehung und in ihrem gesamten Ablauf sichtbar;
- aus dem Interview geht nichts verloren. Der Interviewer ist nicht ge-

zwungen, in der Eile eine verkürzte Niederschrift vorzunehmen. Für die Interpretation sind häufig nicht nur die reinen Antworten wichtig, sondern auch die *Art*, wie die Antworten gegeben werden. Hieraus lassen sich Rückschlüsse auf begleitende Gemütszustände ziehen. So zum Beispiel, wenn der Befragte plötzlich zögert, ausweicht, unsicher wird, gepreßt antwortet (unter Druck zu stehen scheint), leicht und gelockert plaudert, etc.

Um die ganze Ergiebigkeit eines gut geführten Tiefeninterviews auch wirklich ausschöpfen zu können, ist der Einsatz eines Tonbandgerätes unerläßlich.

Die *Probleme* der Tonbandprotokolle bei der Auswertung und Interpretation der Ergebnisse liegen auf der Hand. Die wörtliche Abschrift der Tonbänder umfaßt häufig 40 bis 50 eng beschriebene Maschinenseiten, so daß nicht nur eine erhebliche Zeit- und Kostenbelastung im Sekretariat entsteht, sondern auch auf Projektleiter-Ebene Probleme in der Analyse und Interpretation dieses umfangreichen Datenmaterials erwachsen.

- Die *Auswertung* von Tiefeninterviews erfolgt in der Regel über eine Querschnitt- und eine *Längsschnitt*-Analyse. In der zuerst vorgenommenen Längsschnitt-Analyse wird jedes Interview einzeln von Anfang bis Ende gelesen, wobei sich der Marktforscher bemüht, aus dem gesamten Gesprächsablauf heraus die Denk- und Erlebnisweise des Befragten nachzuzeichnen.

Auf diese Weise erhofft man sich einen Einblick in die Gedanken und Vorstellungen, Wünsche und Bedürfnisse, die beim Verbraucher innerhalb gewisser Produktbereiche Gültigkeit haben. Diese Erlebnisstrukturen werden in kurzen schematischen Skizzen dargestellt.

- Im Rahmen der Querschnitt-Analyse wird jedes einzelne Thema (analog dem Themenleitfaden) über alle einzelnen Gespräche hinweg verfolgt. Dabei liest der Marktforscher die Antworten aller Befragten zu jeweils nur einer Frage nacheinander durch, so daß die Meinungen aller Befragten zu jeweils einem umgrenzten Thema deutlich wird. Die Auswertung erfolgt dabei zunächst über ein simples Unterstreichen aller neuen Gedanken, Meinungen, Urteile etc. und im weiteren Verlauf über den Versuch einer Kategorisierung. Hierbei werden alle unterstrichenen Aussagen nach gemeinsamen Inhalten zusammengestellt und nach ihrer numerischen Bedeutung gewichtet. Im Grunde handelt es sich hier um die Auszählung der am häufigsten vorkommenden Argumente und Meinungen. Hat man auf diese Weise alle Gespräche ausgewertet, so versucht man die wichtigsten Kategorien der Querschnitt-Analyse in das Modell der Längsschnitt-Analyse einzugliedern. Auf diese Weise wird das zunächst rudimentär aufgezeichnete Denk- und Erlebnis-Modell mit allen wichtigen Inhalten angereichert, die sich aus den vielen Einzelgesprächen ergeben haben.

1.7. Validität und Reliabilität von Tiefeninterviews

Aufgrund der sehr offenen und häufig schwer vergleichbaren Interview-Durchführung sowie der wenig normierbaren Auswerttechnik wird vielfach die Gültigkeit (Validität) und Zuverlässigkeit (Reliabilität) der Tiefeninterviews in Frage gestellt. Unter *Gültigkeit* verstehen wir die Genauigkeit, mit der ein Testinstrument (Erhebungsinstrument) das mißt, was es zu messen vorgibt, unter *Zuverlässigkeit* verstehen wir die Genauigkeit, mit der ein Befragungsinstrument bei entsprechenden Wiederholungsuntersuchungen immer wieder das gleiche mißt.
Vergleicht man das Tiefeninterview mit der geschlossenen und weitgehend strukturierten Befragungsform im Hinblick auf diese beiden Kriterien, so hat das Tiefeninterview zweifelsohne eine höhere Gültigkeit, aber eine deutlich geringere Zuverlässigkeit als das geschlossene und strukturierte Interview.
Die geringere Zuverlässigkeit des Tiefeninterviews erklärt sich durch eine Reihe von unkontrollierbaren Zufallsfehlern, wie z. B.:

- durch die offene Interviewform, die schon während einer einmaligen Erhebungswelle, d. h. von Interviewer zu Interviewer, keine völlig vergleichbaren Interviews liefert, bedingt durch die weitgehende Freiheit in der Gesprächsführung;
- durch die im Tiefeninterview viel stärker wirksamen Sympathien und Antipathien zwischen Interviewer und Befragtem;
- durch das unterschiedliche Geschick des einzelnen Interviewers, Kontakte herzustellen, eine freie Gesprächsatmosphäre aufzubauen, Vertrauen zu gewinnen, an den entscheidenden Punkten nachzufragen, auf unterschiedliche Personen einzugehen – alles Aspekte, die sich auf die Art und Beschaffenheit der Befragungsergebnisse erheblich auswirken.

Es erscheint spontan plausibel, daß durch die weitgehend offene und freie Gesprächsführung im Tiefeninterview die unmittelbare und strenge Vergleichbarkeit zweier nacheinander, zum gleichen Thema durchgeführten Studien kaum gewährleistet wäre, während umgekehrt, bei einer Befragung,

die den Interviewer in strikter Form an vorformulierte Fragen und den Befragten an vorgegebene Antwortmöglichkeiten bindet, eine Wiederholungsuntersuchung eher vergleichbare Ergebnisse liefern würde.
Die höhere Gültigkeit des Tiefeninterviews hingegen erklärt sich aus der genaueren, exakteren und subjektiv richtigeren Erfassung der Bewußtseinsinhalte jeder einzelnen Befragungsperson. Mit Hilfe des Tiefeninterviews erfährt man genauer, d. h. umfassender, und psychologisch richtiger, was der Befragte zu einem bestimmten Thema wirklich meint. Die größere Inhaltspräzision des Tiefeninterviews kann schon allein dadurch dokumentiert werden, daß der unterschiedliche Bedeutungsgehalt eines – durch zwei unterschiedliche Personen – verwendeten Wortes deutlich werden kann. Ein Vergleich mag dies verdeutlichen:

Auf eine geschlossene Frage mit dem Text:
„Wie gefiel Ihnen der Spielfilm im ersten Fernsehprogramm am gestrigen Abend?“ kreuzen zwei Testpersonen die Antwortkategorie „langweilig“ an. In der Auswertung dieser geschlossenen Frage wird bei den Testpersonen die gleiche Reaktion auf diesen Film unterstellt. Bei einem nachfolgenden Tiefeninterview wird deutlich, daß eine der beiden Testpersonen den Spielfilm langweilig fand, weil sie Thema und Gegenstand dieses Filmes als inhaltslos und inaktuell empfand, während die zweite Testperson diesen Film inhaltlich und thematisch als aktuell und interessant, jedoch von seiner ganzen Gestaltung und Machart her als stümperhaft und langweilig empfand.
Beide Testpersonen verwenden somit die gleiche Antwortkategorie, obwohl sie über den Film durchaus unterschiedlicher Meinung sind.

Insgesamt kann somit festgehalten werden, daß durch die erhöhte Freiheit und Beweglichkeit im Tiefeninterview ein Verlust an Zuverlässigkeit und ein Gewinn an Gültigkeit erzielt wird.

2. Die Gruppenexploration

Die Gruppenexploration wird im Rahmen der psychologischen Marktforschung relativ häufig eingesetzt, beschränkt sich jedoch in ihrer praktischen Anwendung weitgehend auf die Sammlung erster Informationen, Meinungen und Stellungnahmen zu vorgegebenen Themen. In dieser Form werden Gruppenexplorationen häufig als Pre-Test angesehen, deren Ergebnisse nur dazu dienen, nachfolgende Untersuchungsstufen effizienter und zielgerichteter anlegen zu können. Wie wir nachfolgend dokumentieren wollen, ist der Einsatzbereich von Gruppenexplorationen jedoch sehr viel breiter anzusehen.

2.1 Begriffsbestimmungen

Unter einer Gruppenexploration verstehen wir

- eine Diskussion zwischen 8 bis 10 Verbrauchern zu einem abgegrenzten Thema unter der Leitung eines Psychologen.

W. Mangold [99a] definiert die Gruppenexploration (Gruppendiskussion) als „die gleichzeitige Befragung mehrerer Personen, denen Interaktionen untereinander gestattet sind."
Die spezifischen Möglichkeiten der Gruppenexploration werden in folgenden Punkten deutlich:

- Neben dem Individualverhalten werden vor allem gruppendynamische Aspekte erfaßt;
- durch die rege Diskussion innerhalb der Gruppe werden die einzelnen Teilnehmer so stimuliert, daß auch tieferliegende Einstellungen und Motive aktualisiert werden;
- die dynamische Gesprächssituation drängt die „Interview-Situation" weitgehend in den Hintergrund, so daß auch Hemmungen, Ängste und Widerstände häufig abgebaut werden und die Teilnehmer Meinungen und Ansichten äußern, die sie im einzelnen Gespräch nie kundgetan hätten;
- der Einfluß charakteristischer Gruppenphänomene auf die Bildung von Verhaltens- und Einstellungsweisen wird sichtbar;
- die Gruppendiskussion soll Situationen simulieren, die dem normalen Kommunikations- und Meinungsbildungs-Prozeß weitgehend ähnlich sind (zumindest ähnlicher als das Einzelinterview).

Der wesentliche psychologische Vorgang, auf den die Ergiebigkeit der Gruppenexplorationen zurückzuführen ist, wurde häufig mit dem Schlagwort „Schneeballeffekt" umschrieben, worunter man die Reaktion und Gegenreaktion mehrerer Gruppenmitglieder versteht. Viele Menschen vermögen gerade durch die unmittelbare Reaktion anderer auf die eigenen Äußerungen ihre Gedanken zu vertiefen und sich ihrer Gefühle eher bewußt zu werden. Durch die Diskussion grundsätzlicher Meinungen entsteht zuweilen eine eigentümliche Dynamik, die dazu führt, daß alle Hemmungen und Barrieren außer acht gelassen werden und stark persönlich gefärbte Meinungen sichtbar werden.

2.2 Regeln der Gesprächsführung

Die Rolle des Diskussionsleiters in der Gruppenexploration ist weitgehend vergleichbar mit der Rolle des Interviewers im nicht-direktiven Interview. Beide operieren mit einem eher offenen Themenleitfaden, der zwar die Themen umreißt, die im Rahmen der Gespräche abgehandelt werden sollen, jedoch weder die Frageformulierung noch den Frageablauf verbindlich vorgibt. Der Diskussionsleiter wird sich darauf beschränken, das Gespräch in Gang zu bringen und in Gang zu halten, möglichst viele Teilnehmer zu Meinungsäußerungen zu ermutigen, den etwas schüchterneren Personen über ihre Anfangshemmungen hinwegzuhelfen, die Diskussion durch kleine und möglichst unauffällige Fragen „anzuheizen" und ein Ausufern einzelner Diskussionsbeiträge zu verhindern. Eine wesentliche Aufgabe des Diskussionsleiters liegt in der rechtzeitigen Erkennung besonders starker und besonders schwacher Gruppenmitglieder. Insbesondere die potentiellen Meinungsführer innerhalb der Gruppe müssen im Auge behalten werden, damit sie nicht durch allzu häufige und autoritäre Meinungsäußerungen andere Gruppenmitglieder zum Schweigen bringen oder zumindest die freie Meinungsäußerung dieser „schwächeren Personen" unterbinden. Gelegentlich entwickelt sich ein regelrechter Kampf zwischen Diskussionsleiter und dominanten Gruppenmitgliedern, der von ersterem mit sehr viel Feingefühl, aber auch mit Bestimmtheit geführt werden muß, da eine Gruppenexploration von dem Augenblick an wertlos wird, wo es einem Meinungsführer gelingt, die Führung der Gruppe zu übernehmen. In diesem Fall hat der Diskussionsleiter den Kampf verloren und die Gruppe wird sich in allen entscheidenden Punkten kritiklos der Meinung dieser dominanten Persönlichkeit anpassen.
Wie das Tiefeninterview wird auch die Gruppenexploration in der Regel auf Tonband (oder Videoband) aufgezeichnet und zur Auswertung ein maschinengeschriebenes wörtliches Protokoll erstellt.

2.3 Der Ablauf einer Gruppenexploration

2.3.1 Die Zusammenstellung der Gruppe

Um ein möglichst breites Spektrum unterschiedlicher Meinungen und Standpunkte ermitteln zu können, werden in der Regel mehrere (meist 3 bis 5) Gruppenexplorationen mit jeweils unterschiedlicher Besetzung durchgeführt.

Die wichtigste und allgemeinste Auswahl-Regel besagt, daß alle beteiligten Personen in einer erklärten und bestimmbaren Beziehung zum jeweiligen Thema stehen müssen. So werden bei der Diskussion über Babynahrungsmittel sinnvollerweise nur werdende Mütter oder Mütter von Kleinkindern eingeladen; so wendet man sich bei der Diskussion über den Kaufentscheidungsprozeß bei Automobilen sinnvollerweise an aktuelle Kaufinteressenten bzw. an Personen, die gerade ein Automobil gekauft haben, etc. Innerhalb dieser relevanten Zielgruppen wird man nun versuchen, möglichst unterschiedliche Individuen zusammenzustellen. Lange Zeit wurde darüber diskutiert, ob es ergiebiger sei, homogene oder möglichst heterogene Gruppen an den Tisch zu laden. Heute weiß man, daß soziologisch und ideologisch einigermaßen homogene Gruppen (z. B. Bauern aus einer bestimmten Gemeinde oder Mitglieder eines bestimmten Vereins) die Tendenz zeigen, in ihren Ansichten zu verschiedenenen Themen sehr rasch zu konvergieren. Die Mitglieder einer solchen Gruppe haben zu vielen Themen gleiche oder ähnliche Meinungen, so daß es sich in der Regel nicht um die Diskussion verschiedener Standpunkte, sondern vielmehr um die Ergänzung, Bestätigung und breitere Ausführung der jeweils relevanten *Gruppen*-Meinung handelt. Diese konvergierende Gruppen-Meinung wurde gelegentlich als vorteilhaft angesehen, da sich die Gruppe in der Regel einer einheitlichen Sprache bedient, ein einheitliches und klar zu fassendes Meinungsbild entwirft und Ergebnisse liefert, die für diese jeweils eng umgrenzte Gruppe verallgemeinerungsfähig sind. Trotz dieser plausiblen Vorteile der homogenen Gruppenstruktur würde man sich eines echten Vorteils der Gruppenexploration nicht bedienen, wenn man die heterogene Gruppe außer acht ließe. Erfahrungsgemäß entwickeln sich in ihr sehr rasch unterschiedliche Meinungen und Standpunkte, die den einzelnen zwingen, seine Argumente nochmals zu überdenken und gegebenenfalls zu verteidigen, seine Einstellung zu rechtfertigen und sich selbst – vielleicht erstmalig – ausführliche Gedanken über diesen Meinungsgegenstand zu machen. In dieser engagierten, häufig emotionalen Konfrontation werden vielfach erst die eigentlichen Hintergründe für bestimmte Einstellungs- und Verhaltensweisen deutlich.

Da somit sowohl die homogene wie auch die heterogene Gruppenstruktur spezifische Vorteile hat, versucht man beiden Anforderungen im Untersuchungsplan gerecht zu werden.

Zu einem bestimmten Themenbereich erscheint beispielsweise die nachfolgend beschriebene Gruppenbildung sinnvoll, die die Durchführung von fünf Gruppenexplorationen erforderlich macht:

Beispiel: Gruppenexploration zum Thema „Säuglingsmilchnahrung“

(1) Gruppe (homogen)	10 Mütter, die ihre Kinder selbst stillen und generell gegen vorgefertigte Babykost sind.
(2) Gruppe (homogen)	10 Mütter, die nicht oder nur sehr kurz gestillt haben und sehr früh zu vorgefertigter Babykost übergingen.
(3) Gruppe (heterogen)	5 Mütter, die stillen und 5 Mütter, die vorgefertigte Babykost verwenden.
(4) Gruppe (heterogen)	5 Mütter, bei denen es sich um das erste Kind handelt und 5 Mütter, bei denen es sich um das zweite, dritte oder vierte Kind handelt.
(5) Gruppe (heterogen)	5 Mütter aus ländlichen Gebieten und 5 Mütter aus städtischen Gebieten.

Aus diesem konkreten Beispiel lassen sich folgende allgemeine Regeln für die Gruppenbildung ableiten:

- Bevor man an die Bildung homogener oder heterogener Gruppen geht, muß klargestellt werden, zwischen welchen Gruppen sich die stärksten Unterschiede im Hinblick auf ein bestimmtes Thema ergeben könnten. Da es bei unserem Beispiel letztlich um den Verkauf von Babynahrungsmitteln geht, kann man die stärksten Einstellungs-Unterschiede zwischen Verwendern und Nicht-Verwendern von vorgefertigten Babynahrungsmitteln erwarten.
- Werden mehrere wichtige Differenzierungskriterien herausgearbeitet (Alter der Mütter, Anzahl der Kinder), so ist zu entscheiden, welches Differenzierungskriterium wohl die stärksten Meinungsunterschiede impliziert, da man nicht für alle Kriterien verschiedene, in sich homogene Gruppen bilden kann.
- Homogene Gruppen werden also nur hinsichtlich des wichtigsten Unterscheidungsmerkmals gebildet, um zu erfahren, welche spezifischen Positiva (in der Pro-Gruppe) und welche spezifischen Negativa (in der Contra-Gruppe) für bzw. gegen das Produkt geäußert werden. Auf diese Weise sollen die stärksten Verwendungsmotive für Säuglingsmilch in der Verwendergruppe sowie die wichtigsten Motive für die Ablehnung in der Nicht-Verwendergruppe dieses Produktes herausgearbeitet werden.
- Aus der gemeinsamen Diskussion von Verwendern und Nicht-Verwendern (Gruppe 3) möchte man erfahren, wie stark und homogen die jeweilige Gruppen-Meinung ist, welche Gruppen-Meinung in sich stabi-

ler ist, d. h. welche Gruppe sich eher durch die andere Gruppe überzeugen läßt und welche Argumente dies am ehesten erreichen.

- Die heterogene Gruppenstruktur (Gruppe 4 und 5) kann auch der Klärung von bestehenden Hypothesen dienen, so z. B. der Annahme, daß Frauen ihr zweitgeborenes Kind lieber stillen, hingegen beim erstgeborenen bedenkenlos vorgefertigte Babykost verwenden; oder aber der Hypothese, daß Frauen aus ländlichen Gebieten eher dazu neigen, ihr Kind selbst zu stillen und vorgefertigter Babykost eher skeptisch gegenüberstehen. Zusätzlich zur Verifizierung oder Falsifizierung der Hypothese möchte man erfahren, mit welchen Argumenten die jeweiligen Standpunkte und Meinungen vertreten werden. Gerade hieraus lassen sich für den Hersteller wertvolle Erkenntnisse zur Produkt- und Werbeargumentation ableiten.

2.3.2 Die Durchführung der Gruppenexploration

Die Durchführung psychologischer Gruppenexplorationen erfordert, mit Ausnahme eines Tonbandgerätes, keine besonderen technischen Hilfsmittel. Dennoch haben eine Reihe von Marktforschungsinstituten in Deutschland aufwendige Studios für Gruppenexplorationen eingerichtet, die meist aus zwei getrennten Räumen (dem Test- sowie dem Beobachtungsraum) bestehen. Beide Räume sind durch einen Einwegspiegel getrennt, der vom Beobachtungsraum aus einen freien Überblick über den gesamten Testraum ermöglicht, während er vom Teststudio aus wie ein normaler Wandspiegel erscheint, d. h. völlig undurchsichtig ist. Auf diese Weise ist es möglich, vom Beobachtungsraum aus das Gruppengespräch unbemerkt zu verfolgen. Der eigentliche Diskussionsraum ist gemütlich und wohnlich eingerichtet, um eine gelockerte Atmosphäre aufkommen zu lassen. Ein großer runder Konferenztisch, bequeme gepolsterte Sitzmöglichkeiten sowie ein insgesamt eher wohnlich wirkendes Mobiliar verstärken diesen Eindruck.
Moderne Studios sind mit einer Übertragungsanlage ausgestattet, so daß das Gruppengespräch im Nebenraum nicht nur optisch (durch die Spiegelwand), sondern auch akustisch verfolgt werden kann. Die neueste technische Besonderheit besteht aus einer Gegensprechanlage, mit der es dem Beobachter möglich ist, mit dem Diskussionsleiter, der hierzu einen kleinen und drahtlosen Ohrhörer trägt, unbemerkten Kontakt aufzunehmen. Hieraus ergibt sich für den Auftraggeber die Möglichkeit, nicht nur passiv zuzuhören, sondern auch aktiv am Gespräch mitzuwirken. Er kann den Diskussionsleiter jederzeit veranlassen, Aspekte der Diskussion aufzugrei-

fen und zu vertiefen, die ihm besonders interessant erscheinen bzw. Themen zu kürzen, die ihm nicht interessant oder verwertbar erscheinen. Vielfach werden die Gruppenexplorationen auch auf Videoband aufgezeichnet, so daß bei der Auswertung des Gespräches die vollständige life-Situation wiederhergestellt werden kann.

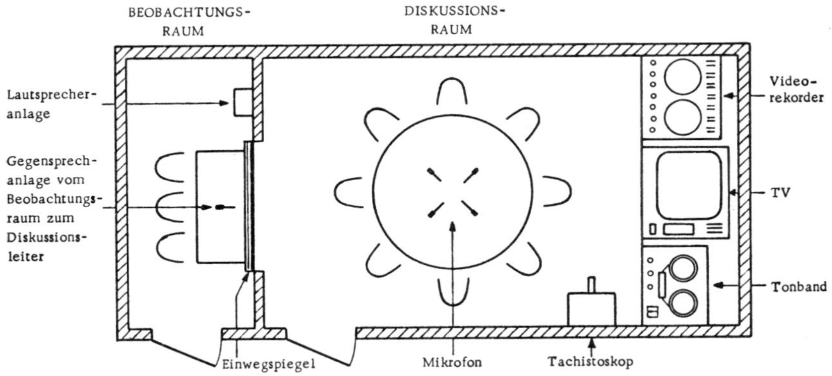

Abb. 5: Teststudio für Gruppenexplorationen

2.4 Neue Anwendungsgebiete und neue Techniken der Gruppenexploration

Während man der Gruppenexploration in Deutschland heute immer noch eher skeptisch begegnet, arbeitet man mit diesem Verfahren in den USA sehr intensiv und regelmäßig und zieht es auch zur Lösung unterschiedlichster Probleme und Fragestellungen heran. Aus den USA kommen denn auch interessante Vorschläge zur methodischen Erweiterung und Modifikation der Gruppenexploration, von denen nachfolgend drei besonders bewährte Varianten dargestellt seien:

- Die kumulative Gruppenexploration
- Die kombinierte Gruppenexploration
- Die kontradiktorische Gruppenexploration

2.4.1 Die kumulative Gruppenexploration

Die kumulative Gruppenexploration ist der einfachen Gruppenexploration vor allem dann überlegen, wenn es darum geht, eine maximale Breite an

Informationen und Meinungen, Einstellungen und Ideen zu einem bestimmten Themenbereich zu erzielen. Die neue Idee liegt in der Fortführung des Gedankengutes einer jeden vorhergehenden Testgruppe durch die nachfolgende Diskussionsrunde. Der Meinungsbildungsprozeß innerhalb einer Gruppe wird somit nicht mehr isoliert betrachtet und ausgewertet, sondern in seiner Quintessenz der nächsten Gruppe zur Stellungnahme und Erweiterung vorgegeben. Die Testanordnung besteht aus mindestens drei, höchstens jedoch fünf Gruppen, die in zeitlichen Abständen von je 1 Tag exploriert werden.

Gruppe 1 verfährt dabei in der üblichen und bekannten Weise und versucht in einer langen und intensiven Diskussion möglichst alle relevanten Aspekte eines abgegrenzten Themenbereiches zu diskutieren.

Die Ergebnisse dieser Gruppe werden noch am gleichen Tag ausgewertet und zu einigen wenigen essentiellen Erkenntnissen und Ideen zusammengefaßt.

Gruppe 2 verfährt anfänglich in der gleichen Weise wie Gruppe 1, d. h. sie diskutiert ebenfalls in aller Ausführlichkeit über den vorgegebenen Themenbereich. Sobald der Diskussionsleiter merkt, daß sich die Gruppe zu diesem Thema erschöpft hat, und keine neuen Ideen oder Meinungen mehr beisteuern kann, konfrontiert er sie mit den wesentlichen Ergebnissen aus der ersten Gruppenexploration. Die zweite Gruppe wird nun aufgefordert, zu diesen Meinungen, Ansichten und Verhaltensweisen der vorangegangenen Gruppe Stellung zu beziehen, sie ausführlich zu diskutieren, zu erweitern, zu modifizieren und zu kritisieren.

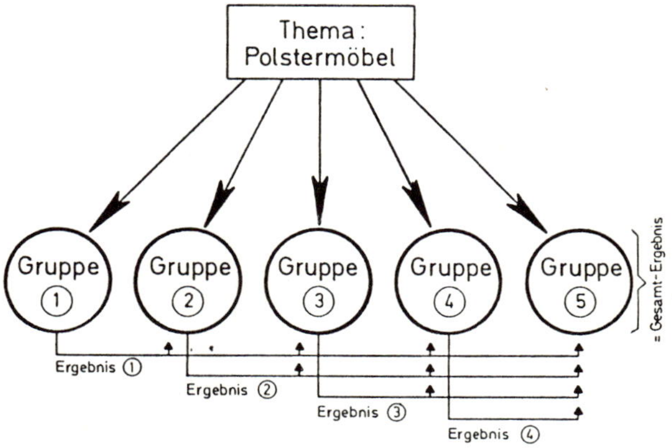

Abb. 6: Ablauf einer kumulativen Gruppenexploration

Gruppe 3 diskutiert im ersten Teil des Gespräches ebenfalls völlig frei und unbeeinflußt. Im zweiten Teil der gemeinsamen Diskussion wird sie bereits mit den Ergebnissen von zwei vorangegangenen Gruppen konfrontiert. Wiederum soll sie zu den Ideen und Anregungen der beiden vorangegangenen Gruppen ausführlich Stellung beziehen.

Auch die vierte Gruppe verfährt analog, behandelt jedoch in ihrem zweiten Teil der Diskussion bereits die Ergebnisse und Ideenschätze der drei vorangegangenen Gruppen.

Mit einer fünften Diskussionsgruppe wird ein zeitlicher Grenzwert (ca. 2½ Std.) erreicht, da sich diese Runde nach ihrer ersten, eigenen und freien Diskussion bereits mit Ergebnissen und Ideen von vier vorausgegangenen Gruppen auseinandersetzen muß.

Mit Hilfe der kumulativen Gruppenexploration wird ein Maximum an Informationen über die Einstellungen, Ideen und Meinungen des Verbrauchers zu einem bestimmten Themenbereich erarbeitet. Der erste, freie Teil der Diskussion gewährleistet, daß die Gruppe nicht von Anfang an durch fertige Ergebnisse eingeengt und „kanalisiert" wird, sondern in völlig freier Diskussion, d. h. ohne jede Stützung oder Beeinflussung eigene Ideen und Meinungen produziert. Durch die Konfrontation mit den Ergebnissen und Meinungen von vorangegangenen Gruppen wird im zweiten Teil der Diskussion der Auseinandersetzungsprozeß noch einmal in Gang gebracht, wird man erneut zu Widerspruch oder Zustimmung aufgefordert. Auf diese Weise erwächst ein tief ausgelotetes Spektrum verschiedener Meinungen und Stellungnahmen.

Die kumulative Gruppenexploration bietet jedoch noch einen zweiten Vorteil:

Die Tragfähigkeit, Attraktivität und Durchsetzungsfähigkeit einzelner Ideen kann besser abgeschätzt werden. Je nachdem, ob sich eine Idee durch mehrere Gruppen hindurch hält, ob sie akzeptiert, gestützt und ausgebaut wird oder ob sie von den nachfolgenden Gruppen spontan abgelehnt, kritisiert und verändert wird, wird ihr eine unterschiedliche Durchsetzungskraft und Attraktivität bescheinigt werden müssen.

Die kumulative Gruppenexploration garantiert somit eine breitere Meinungspalette und läßt gleichzeitig eine erste vorsichtige Gewichtung einzelner Meinungskomplexe im Hinblick auf Tragfähigkeit und Breitenwirkung zu.

2.4.2 Die kombinierte Gruppenexploration

Bei der kombinierten Gruppenexploration handelt es sich um eine Verbindung von vorgeschalteten Einzelinterviews, nachfolgender Gruppenexploration und nochmaligen, abschließenden Einzelinterviews. Im vorgeschalteten Einzelinterview soll jede Testperson ihre eigene Meinung fixieren und begründen, in der nachfolgenden Gruppenexploration hingegen soll festgehalten werden, *wie und wodurch* sich die einzelnen Meinungen aufgrund des Gruppeneinflusses ändern, wie leicht die eigene Meinung aufgegeben wird bzw. mit welchen Argumenten sie verteidigt und letztlich, aufgrund welcher Argumente sie einer Änderung unterzogen wird. In den abschließenden Einzelgesprächen soll ermittelt werden, inwieweit sich die einzelne Meinung aufgrund der gemeinsamen Diskussion verändert hat.
Die kombinierte Gruppenexploration wird immer dann eingesetzt, wenn der Einfluß von Gruppen-Meinungen auf den individuellen Meinungsbildungsprozeß ermittelt werden soll. Besonders ergiebig ist diese Methode somit bei der Beurteilung von neuen Produkten oder Produktkonzepten sowie bei neuen Werbegestaltungen und Werbekonzepten, wo sowohl die spontane Einzelmeinung wie auch die Veränderung dieser Individualmeinung im sozialen Spannungsfeld von Interesse ist.
Das gesamte Verfahren gliedert sich in drei Phasen:

(1) *Phase:* Einzelexplorationen (Pretest)
Vor Beginn der gemeinsamen Gruppenexploration werden alle Testpersonen in getrennten Räumen einzeln befragt. Hierbei werden ihnen die zur Wahl stehenden Produktentwürfe vorgestellt. Jede Testperson soll für sich selbst entscheiden, welches Produkt ihr persönlich am ehesten zusagt. Diese Entscheidung wird in einem kurzen explorativen Gespräch begründet.
Im Anschluß daran begeben sich alle Testpersonen in den gemeinsamen Diskussionsraum. Gleichzeitig werden die Entscheidungen jeder Einzelperson in ein sog. „Verlaufsprotokoll" eingetragen. Mit Hilfe dieses Protokolls registriert ein Psychologe vom Beobachtungsraum aus (siehe Skizze: Teststudio) die nachfolgenden Meinungsänderungen eines jeden einzelnen Gruppenmitglieds.

(2) *Phase:* Gruppenexploration (Hauptstufe)
In der gemeinsamen Gruppenexploration werden die zur Auswahl stehenden Produktideen noch einmal zur Diskussion gestellt. Dabei soll sich jede Testperson noch einmal frei äußern und ihre Meinung entsprechend vertreten und begründen. In der nachfolgenden gemeinsamen Diskussion soll die

Gruppe versuchen, zu einer einheitlichen Entscheidungs- und Meinungsbildung zu kommen. Während der Diskussion wird im Verlaufsprotokoll festgehalten, mit welchen Argumenten jede Person ihre vorher gefaßte Meinung verteidigt.
Dem beobachtenden Psychologen fällt dabei die Aufgabe zu, im Verlaufsprotokoll genau festzuhalten, an welcher Stelle der Diskussion die einzelnen Testpersonen ihre Meinungen ändern oder zumindest gewissen Modifikationen unterwerfen und durch welche Argumente der anderen Gruppenmitglieder dieser Meinungswandel verursacht wurde.

Änderungen im Meinungsprozeß (innerhalb der Gruppe)

	Ausgangsmeinung	Modifikation 1	Modifikation 2	Modifikation 3	Modifikation 4	Modifikation 5
Person A						
Person B						
Person C						
Person D						
Person E						
Person F						

Abb. 7: Protokoll zur Erfassung von Meinungsänderungen im Verlauf einer Gruppenexploration

(3) *Phase:* Abschließende Einzelexplorationen (Post-Test)
Nachdem die Diskussionsrunde zu einem gemeinsamen Gruppenentscheid vorgestoßen ist (sich z. B. auf ein bestimmtes Produkt festgelegt hat), werden die Gruppenmitglieder noch einmal zu einem kurzen, isolierten Einzelinterview gebeten. Hierbei wird eruiert, inwieweit sich die einzelne Testperson mit der gemeinsamen Gruppenentscheidung identifiziert oder ob sie – nun ohne Gruppeneinfluß – nicht doch wieder zu ihrer ersten persönlichen Entscheidung zurückkehren möchte. Weiterhin wird explo-

riert, wie stark die Diskrepanz zwischen der eigenen und der Gruppen-Meinung erlebt wird, wie man den eigenen Meinungswandel zu erklären und rechtfertigen versucht und aufgrund welcher Argumente dieser Meinungswandel zustandegekommen ist.

Auf diese Weise kann ermittelt werden, welche Produktidee sich am ehesten als tragfähig und erfolgreich erweisen wird und wo im einzelnen die Stärken und Schwächen der einzelnen Produktentwürfe liegen.

Aufgrund des kurzen Zeitraumes, den man für die Durchführung des gesamten Testprogrammes benötigt, ist die kombinierte Gruppenexploration ein wertvolles Hilfsmittel, wenn es um eilige Informationen über Akzeptanz und Attraktivität einzelner Produkt- bzw. Werbeideen geht.

2.4.3 Die kontradiktorische Gruppenexploration

Die kontradiktorische Gruppenexploration basiert auf einem Grundprinzip der analytischen Gruppentherapie: durch Konfrontation und Aggression aus der Reserve locken!

Ohne Wissen der übrigen Diskussionsteilnehmer befindet sich in der Gesprächsrunde ein(e) Mitarbeiter(in) des Marktforschungsinstituts, dessen/deren Aufgabe es ist, immer dann zu widersprechen und mit neuen Argumenten zu kontern, wenn innerhalb der Gruppe die Meinung zu konvergieren beginnt, d. h. ein einheitlicher Gruppenkonsensus erreicht wird. Auf diese Weise soll sowohl der Diskussions- und Auseinandersetzungsprozeß noch einmal in Gang gebracht werden, als auch die Stabilität einer einmal erreichten Gruppen-Meinung überprüft werden. Wird die negative oder positive Beurteilung einer zur Diskussion gestellten Produkt- oder Werbeidee durch die Gruppe auch bei starker gegenteiliger Beeinflussung beibehalten, ist die Gruppen-Meinung also nicht zu erschüttern, so läßt sich auf eine wirkliche *stabile* Gruppen-Meinung schließen. Häufig zielt die Kontradiktion auch bewußt auf die Schwächen der Produktidee ab, um auf diese Weise festzustellen, wie sehr sich die Gruppen-Meinung durch Kenntnis dieser Negativa ändern könnte.

Aus den Reaktionen der Gruppe auf die gezielten Gegenargumente und Provokationen wird ersichtlich,

- wie stark oder schwach die neue Produktidee ist,
- welche Argumente für oder gegen das Produkt sprechen,
- wie leicht sich ein Meinungswandel beim Verbraucher herbeiführen läßt,
- aufgrund welcher Argumente oder kritischer Einwände dieser Meinungswechsel in erster Linie zustandekommt,

- mit welchen Argumenten der einzelne bzw. die Gruppe versucht, eine einmal gefällte positive oder negative Entscheidung aufrechtzuerhalten.

Neben der Stabilität von Gruppen-Meinungen lassen sich somit vor allem gezielt Schwächen und Stärken des Produktes ansprechen und auf ihre Bedeutung im Rahmen der Produktbeurteilung hin untersuchen.

3. Die projektiven Verfahren

Die projektiven Verfahren wurden lange Zeit mit der psychologischen Marktforschung schlechthin identifiziert. Kein anderer Methodenbereich erregte so sehr die Aufmerksamkeit, wurde so heftig abgelehnt und so intensiv befürwortet wie die projektiven Verfahren. Die Faszination dieser Methoden beruht wohl einerseits auf ihrer Herkunft aus der Tiefenpsychologie (insbesondere Freud'sche Schule) und der Faszination, die der Laie hiermit verbindet, und zum anderen auf der Erfahrung, daß mit diesen Methoden auch dann noch Ergebnisse erzielt werden konnten, wenn alle anderen bekannten Verfahren bereits versagten. Wo liegt nun die besondere Stärke dieser Methoden? B. Spiegel [150, S. 106] definiert dies so:

> „Die sogenannten projektiven Methoden dienen in erster Linie dazu, ... die Motive des Verbraucherverhaltens zu erfassen, und zwar vor allem jene, die nicht erfragbar sind. Es sind dies solche Motive, die entweder die betreffende Person nicht oder nur ungern offenbaren will, oder die sie – da ihr selber (und damit auch der direkten Befragung) unzugänglich – nicht offenbaren kann."

Projektive Verfahren dienen also dazu, unangenehme Fragen so zu stellen, daß es für die Testperson möglich wird, sie zu beantworten, ohne daß sie bloßgestellt oder in Konflikte gestürzt wird und sie dienen dazu, Inhalte dem Bewußtsein zugänglich zu machen, die von dem Befragten sonst nicht hätten erinnert werden können (Inhalte des „Vorbewußten").

3.1 Der psychologische Ursprung der projektiven Verfahren

Der Begriff der „Projektion" wurde im psychologischen Sinne erstmals von Sigmund Freud verwendet. Beim Studium der Neurosen (insbesondere der Paranoia) fiel ihm auf, daß Menschen vielfach dazu neigen (übrigens auch im Normalzustand, nicht nur in der Neurose) *eigene,* unangenehme und widerspruchsvolle Regungen auf *andere* Personen zu verlagern. Die Projektion bietet somit die Möglichkeit, über eigene, unangenehme Regungen zu sprechen (die man bei sich selbst nicht wahrhaben möchte), indem man sie auf eine dritte Person überträgt, z. B.: „Nicht ich hasse die Nigger, sondern die Weißen hassen die Nigger!".

In diesem Sinn wurde die Projektion zu den sog. „Abwehrmechanismen" gezählt, die im gesunden wie im kranken Fall dazu dienen, unangenehme Erlebnisse zu bewältigen bzw. abzuwehren. Hierzu zählen die Verdrängung (das Nicht-wahr-haben-wollen), die Rationalisierung (nachträgliche Rechtfertigung und Begründung), die Identifizierung (man identifiziert sich mit dem Aggressor), die Substitution (Verlagerung des Affekts auf Ersatzobjekte), die Sublimation (Verlagerung von Primitivreaktionen auf ethisch oder sozial akzeptierte Handlungen), die Kompensation (Ausgleichen einer Schwäche durch besondere Anstrengung auf einem anderen Gebiet), die Regression (Zurückfallen in frühkindliche Verhaltensmuster, z. B. Daumenlutschen) und letztlich die *Projektion.*

B. Spiegel [150, S. 108] unterscheidet drei verschiedene Projektionsmechanismen:

(1) Die Spiegel-Projektion (nicht nach dem Autor benannt),
die entweder „selbst identifizierend" oder „optativ" verlaufen kann. Ersteres liegt vor, wenn die Testperson Verhältnisse, die sie bei sich selbst vorfindet oder vorzufinden glaubt, auch der anderen Reizgegebenheit zuschreibt („ist ebenso wie ich"), letzteres liegt vor, wenn sie in der Reizgegebenheit Züge, Motive oder Verhaltensweisen sieht, über die sie selbst gern verfügen würde („so möchte ich gerne sein").

(2) Die *karthartische* Projektion
Die Testperson realisiert in einer Reizgegebenheit (in einer anderen Person, in einem beschriebenen Erlebnis, etc.) Fehler, die uneingestandene eigene Fehler sind. Eine typische karthartische Projektion liegt vor, wenn z. B. ein Porsche-Fahrer seine eigenen Kaufmotive nur mit „Sicherheit durch hohe Beschleunigungsreserven sowie hohen Wiederverkaufswert und geringen Benzinverbrauch" umschreibt während er seinem Nachbarn, der ebenfalls einen Porsche fährt, in hohem Maße Prestige-Motive unterstellt.

(3) Die *komplementäre* Projektion.
wo die Versuchsperson in der Reizgegebenheit Motive oder Verhaltensweisen sieht (bzw. unterstellt), die geeignet sind, ihr eigenes Verhalten zu rechtfertigen.

Die Unterscheidung dieser verschiedenen Projektionsmechanismen ist für die praktischen Belange der Marktforschung nicht von Bedeutung; sie wurde nur zur Vollständigkeit dargestellt. Wichtig ist jedoch, den Mechanismus der Projektion als *Externalisation* (Freud), d. h. als Verlagerung von affektgeladenen, inneren Wahrnehmungen oder Regungen nach außen, zu verstehen.

Die projektiven Verfahren machen sich diesen Abwehrmechanismus des Menschen zunutze, indem sie der Testperson – in entsprechend „peinlichen" Befragungssituationen – Projektionshilfen anbieten. Dadurch kann die Testperson über Unangenehmes oder Peinliches berichten, ohne sich selbst damit in Beziehung bringen zu müssen.

3.2 Die projektiven Verfahren in der psychologischen Marktforschung

In der Tiefenpsychologie sowie in der Persönlichkeitspsychologie wurden eine Reihe von projektiven Testverfahren entwickelt, mit denen wir die nachfolgend skizzierten Methoden der projektiven Fragestellung in der Marktforschung trotz gelegentlicher Namensidentität nicht verwechseln dürfen. Projektive Tests, wie z. B. der *Rorschach*-Test oder der TAT (Thematischer Apperzeptions-Test) stellen sorgfältig konstruierte und validierte Testinstrumente der Persönlichkeitsforschung dar, an die sich projektive Marktforschungsmethoden zwar anlehnen, aber eben doch nur Auszüge aus diesen Verfahren darstellen oder in unzulässiger Vereinfachung entsprechend modifiziert wurden.

Aus diesem Grund wäre es besser, nicht von projektiven Methoden, sondern von „projektivem Reizmaterial" zu sprechen, das geeignet ist, den Testpersonen bei der *Externalisation* unangenehmer Fragenkomplexe zu helfen.

Die gemeinsamen Kennzeichen aller projektiven Methoden charakterisiert Johannsen [72, S. 183] wie folgt:

„Projektive Verfahren
- sind in der Regel weitgehend uneinsichtig für die Versuchsperson,
- erschweren eine rationale, also verstandesmäßige Zensur und Kontrolle der Antworten,
- ermöglichen Einblicke in die wirklichen und zentralen Wünsche, Einstellungen, Erwartungen, Motivationen und Imagevorstellungen der Versuchspersonen,

- bedürfen überwiegend der Interpretation des Fachpsychologen und sind (wie alle tiefenpsychologischen Verfahren) schwer quantifizierbar und im statistischen Sinn nicht exakt bestimmbar.«

Es ist noch einmal zu betonen, daß alle in der Marktforschung gebräuchlichen projektiven Methoden nur Anlehnungen oder Variationen der Verfahren darstellen, die im Rahmen der Persönlichkeits- und Tiefenpsychologie entwickelt wurden – und deren Namen sie teilweise tragen. Weiterhin gilt als selbstverständlich, daß die Reizvorlagen von ihrem persönlichkeitspsychologischen Bezug abgewandelt werden mußten in einen marktpsychologischen Bezug, d. h. in Reizvorlagen, die auf konkrete Produkte, Marken, Konsumsituationen, etc. bezogen sind.

3.2.1 Die einfache projektive Frage

Die einfachste Form der projektiven Fragestellung besteht darin, den Frageinhalt nicht direkt auf den Befragten selbst zu beziehen, sondern ihn auf eine mehr oder weniger anonyme dritte Person zu verlagern. In diesen Fällen braucht der Befragte nicht über sich selbst Auskunft zu geben, sondern kann ohne Hemmungen über die Meinungen und Einstellungen anderer Personen reden. Hierdurch wird ihm die Beantwortung intimer und tabuisierter Fragen erleichtert, da er mit seinen Antworten nicht sich selbst, sondern allenfalls Dritte bloßstellt. Der Marktforscher verwendet diese projektiven Fragen wohl wissend, daß in den Antworten überwiegend die eigene Meinung des Befragten zum Ausdruck kommt.

Beispiel
Direkte Frage: „Was halten Sie persönlich von den Gastarbeitern in unserem Lande?"
Projektive Frage: „Was denken denn so Ihre Arbeitskollegen über die Gastarbeiter in unserem Lande?"

Durch die Verlagerung des Frageinhalts auf anonyme dritte Personen werden Antwortbarrieren beseitigt, die in diesem Beispiel aus sozialen und ehtischen Normen erwachsen würden.

3.2.2 Der Ballontest (in Anlehnung an den picture-frustration-test)

Der PFT (Picture-Frustration-Test) von Rosenzweig besteht aus 24 Zeichnungen, die jeweils unterschiedliche und miteinander nicht zusammenhängende Situationen darstellen. Das Wesentliche dieser Zeichnungen besteht darin, daß jeweils zwei Personen in einer Konfliktsituation dargestellt sind

(Frustration), auf die eine der Personen reagiert. Diese Reaktion ist in Form einer Sprechblase mit entsprechendem Text dargestellt, während die Antwort der anderen Person offenbleibt (leere Sprechblase). Die Aufgabe der Versuchsperson besteht nun darin, die mögliche Antwort und Reaktion der zweiten Person (mit der sie sich identifizieren soll) darzustellen.
Diese Versuchsanordnung wird in der Marktforschung sehr häufig angewendet und entweder als „Ballon-Test", als „Comic-Strip-Test" oder als „Cartoon-Test" bezeichnet. Es ist dies eine sehr einfache Methode, um mit einer kombinierten Bild- und Textvorlage eine produkt- oder konsumspezifische Reiz- oder Konfliktsituation darzustellen, wobei die Konflikte primär aus sozialen Barrieren, Spannungen und Stereotypen resultieren. In den Bildvorlagen spielt somit immer die soziale Resonanz, d. h. die Meinung und Stellungnahme einer zweiten oder dritten Person eine wichtige Rolle. Das nachfolgende Beispiel (s. S. 70) stammt aus einer Studie über die Einstellung zum Schlankheitsproblem sowie zur kalorienbewußten Ernährung:

Frage: „Ich zeige Ihnen nun nacheinander vier verschiedene Zeichnungen, in denen jeweils zwei Personen in einer bestimmten Situation dargestellt sind. Eine der beiden Personen sagt etwas zur anderen, die Antwort der zweiten Person bleibt offen. Sie sollen sich jeweils überlegen, was diese zweite Person wohl antworten wird.
Beginnen Sie mit dem ersten Bild!"

3.2.3 Der Bilder-Erzähl-Test (in Anlehnung an den TAT)

Der thematische Apperzeptions-Test von H. Murray [109] stellt in bewußt undeutlich gehaltenen Bildern typische Lebenssituationen dar. Die Testpersonen werden gebeten, zu jedem Bild eine möglichst spannende Geschichte zu erzählen. Der Bilder-Erzähl-Test ist diesem Verfahren nachempfunden, wobei die Bildvorlagen für jeden Test neu konstruiert und dem Untersuchungsgegenstand entsprechend angepaßt werden.
Der Bilder-Erzähl-Test unterscheidet sich vom Ballon-Test vor allem dadurch, daß er ohne verbale Reizvorlagen arbeitet und daß hier weniger soziale Konfliktsituationen im Mittelpunkt stehen (interpersonales Spannungsfeld) als vielmehr die persönliche und individuelle Produkt-Beziehung (intrapersonaler Bezug). In diesem Sinn werden auf den Bildern überwiegend Einzelpersonen in einer jeweils relevanten Produkt-Beziehung gezeigt.
Ein weiterer Unterschied zum Ballon-Test liegt darin, daß in der Regel mit Fotografien und nicht mit Skizzen gearbeitet wird. Wie konkret die Reiz-

Abb. 8: Beispiele eines Ballon-Tests (Comic-strip-Test)

vorlage (Fotografie) im einzelnen sein soll, d. h. was sie in welcher Deutlichkeit abbildet, hängt weitgehend von der Intention der zu stellenden Frage ab. In der Regel arbeitet man mit maximal vier Bildvorlagen, von denen zwei eine weitgehend offene und vieldeutige Situation darstellen, während die beiden anderen sich sehr konkret auf bestimmte Konsum-, Kauf- und Verwendungssituationen des jeweiligen Produktes (der jeweiligen Marke) beziehen.

3.2.4 Die Produkt-Personifizierung

Ein beliebtes Verfahren zur Analyse wichtiger Image-Qualitäten eines Produktes ist die Beschreibung des sog. „typischen Verwenders" dieses Produktes. Diese Beschreibung kann entweder in verbaler Form erfolgen, wobei man die Testperson bittet, sich den typischen Käufer eines Produktes vorzustellen und möglichst genau zu beschreiben oder aber in bildlicher Form, indem man dem Befragten eine Reihe von Skizzen oder Fotografien unterschiedlicher Personentypen vorlegt. Aus den Vorlagen sollen sowohl diejenigen Personen ausgewählt werden, die am ehesten als Käufer für ein bestimmtes Produkt in Frage kommen wie auch diejenigen, die am wenigsten für dieses Produkt in Betracht kommen. Da man in der Regel die Versuchspersonen mit einer verbalen Beschreibung des typischen Konsumenten überfordert, arbeiten viele Marktforschungsinstitute mit konkreten Bildvorlagen. Dabei ist entscheidend, daß es sich um *geeichte,* d. h. nach testtheoretischen Kriterien (Validität, Reliabilität) überprüfte Bildvorlagen handelt. Anhand einer genügend großen und aussagefähigen Stichprobe müssen zunächst die typischen Merkmale und Charakteristika bestimmt werden, die jedem Personenbild zugeschrieben werden. So wurde beispielsweise der nachfolgend dargestellte Bildersatz im Rahmen mehrerer Repräsentativerhebungen vorgelegt, um eine Beschreibung jedes einzelnen Personentyps zu erhalten. Aus entsprechenden Reliabilitätsvergleichen wurden letztlich diejenigen Charakteristika herausgearbeitet, die man jeder Personenskizze als generelle Beschreibung zugrundelegen kann. So wird beispielsweise Person A beschrieben als:

„sportlich, jugendlich, modisch, weiblich – emanzipiert, selbstbewußt, innovativ, aufgeschlossen aber kritisch, etc. . ."

Der entscheidende Nutzen solcher geeichter Bildvorlagen liegt in der einfachen Interpretation der vorgenommenen Zuordnungen. Wird z. B.

Person A als typischer Verwender einer bestimmten Marke angesehen, so kann unterstellt werden, daß dem Image dieser Marke Kriterien anhaften, wie:

Jugendlichkeit – Modernität – Progressivität

Abb. 9 zeigt eine Auswahl von Bildvorlagen aus einem geeichten (validierten) Testsatz.

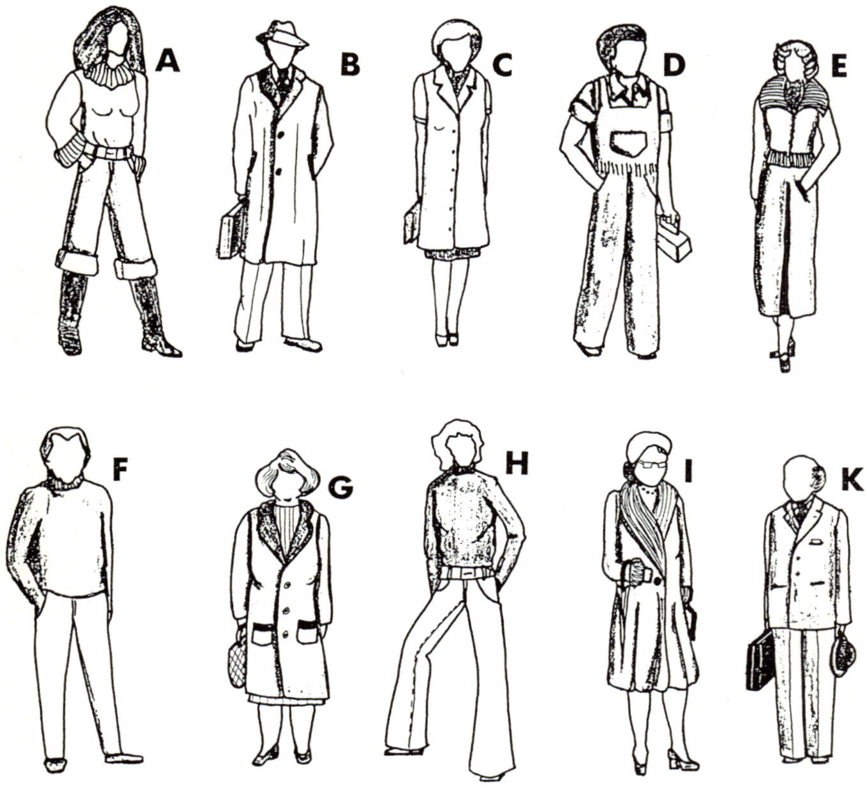

Abb. 9: Geeichte Bildvorlagen

Häufig wird dieses Zuordnungsverfahren durch einen Identifikations-Test ergänzt. Zu diesem Zweck wird der Befragte, nachdem er die Auswahl des typischen Verwenders vorgenommen hat, gebeten, aus den Bildvorlagen diejenige Person auszuwählen, die ihm persönlich am sympathischsten erscheint. Die Erfahrung zeigt, daß die Auswahl der sympathischsten Person häufig über eine Selbst-Identifikation abläuft. Ist die „sympathische Person" mit dem „typischen Konsumenten" des jeweiligen Produktes identisch, so wird auf eine gewisse Identifikationsbereitschaft des Befragten mit dem Produkt und in diesem Sinne auch auf eine gewisse Kaufbereitschaft geschlossen.

3.2.5 Der Geschichten-Erzähl-Test (in Anlehnung an den Wartegg-Erzähl-Test)

Der Geschichten-Erzähl-Test stellt eines der einfachsten projektiven Verfahren dar. Hier wird nicht mehr von Bildvorlagen ausgegangen, sondern von einer verbalen Geschichte, die die Testperson nach ihren eigenen Vorstellungen weiterführen soll. Häufig wird dabei auch die Form des Dialogs gewählt, wobei eine Person den Ausgangsreiz setzt und die andere Person als Identifikations-Objekt dienen soll, in etwa nach folgender Form:

Beispiel:

Frage: Stellen Sie sich vor, Sie befinden sich in einem Supermarkt und hören unfreiwillig das Gespräch zweier Frauen: Frau A sagt: „Ich kaufe nun schon seit langer Zeit das Waschmittel X und ärgere mich jedesmal darüber, daß es so teuer ist. Schon oft habe ich mir überlegt, ob ich nicht eines dieser billigeren Waschmittel nehmen soll, da es wahrscheinlich den gleichen Zweck erfüllt. Heute habe ich mich endlich entschlossen, das billigere Waschmittel der Marke Y zu kaufen und was meinen Sie, was . . ."

In diesem Augenblick verschwinden die beiden Frauen hinter einem Regal, so daß Sie das weitere Gespräch nicht mehr verstehen können. Wie, glauben Sie, wird das Gespräch weitergehen? Versuchen Sie es bitte aus Ihrer Vorstellung heraus fortzusetzen.

3.2.6 Der Lücken-Test

Lücken-Tests stammen ursprünglich aus der Intelligenzforschung und werden heute noch in einigen verbalen Intelligenz-Tests verwendet. Besonders beliebt sind dabei die sog. Analogieschlüsse, wie z. B.:

„Ein Grashalm verhält sich zur Wiese, wie . . . zum Wald."

Im Rahmen der Marktforschung verwendet man die Lückentests wiederum nur als projektive Reizvorlage, die mit relativ strukturierten Reizen einen recht starken Zwang auf die Testperson ausübt, die Lücke auch dann zu füllen, wenn man die Antwort im Normalfall lieber verschweigen würde. Da der Interviewer auf eine rasche Schließung der Lücken drängt, bleibt der Testperson nur wenig Zeit, nach Antwort-Alternativen zu suchen, so daß sie in aller Regel ihre ersten spontanen Einfälle äußert, ohne diese einer rationalen Kontrolle zu unterziehen.

Frage: Ich lese Ihnen nun einige Sätze vor. Diese Sätze haben Lücken. Bitte vervollständigen Sie die Lücken, ohne daß Sie dabei lange zögern oder nachdenken.
Liste: ‚Blend-a-med ist eine . . . Zahncreme. Sie wird vor allem von . . . gekauft und nur selten von . . . Blend-a-med wirkt besonders . . . und ist im Vergleich zu anderen Zahncremes . . . Trotzdem meine ich, daß . . . und würde deshalb . . .

Wie aus diesem Beispiel ersichtlich wird, hat der Lücken-Test bereits große Ähnlichkeit mit den assoziativen Verfahren und insbesondere mit dem Satzergänzungs-Test, die wir an späterer Stelle beschreiben.
Da die Grenzen zwischen projektiven und assoziativen Verfahren jedoch in der gesamten marktpsychologischen Literatur sehr fließend sind, sollte der reinen Kategorisierung dieser Methodenbereiche keine allzu große Bedeutung beigemessen werden.

4. Die assoziativen Verfahren

Unter Assoziation versteht man allgemein das „Verknüpfen psychischer Inhalte“, d. h. die spontane und ungelenkte (automatische) Verbindung einzelner Gedächtnis- und Gefühlsinhalte. Das Phänomen der freien, assoziativen Gedankenverknüpfung wurde von Kretschmer auch als „*Bildstreifendenken*“ charakterisiert. Es handelt sich hier um eine Erscheinung, die wir an uns selbst täglich beobachten können, so etwa kurz vor dem Einschlafen, wo sich Gedanke an Gedanke in einer losen Kette aneinanderreiht oder auch in Situationen eines lockeren und ungezwungenen Gespräches, wo ein Gedanke den anderen ergibt.
Dieses Phänomen der losen Gedankenverknüpfung wurde in der Psychologie schon sehr früh analysiert und führte zur Gründung einer eigenständigen und wichtigen Forschungsrichtung, der sog. „Assoziations-Psychologie“.

4.1 Psychologische Grundlagen der Assoziationsverfahren

Ausgehend von der Beobachtung dieser allgemeinen Phänomene beschäftigten sich Psychologen, wie G. E. Müller, A. Pilzecker, A. Jost und nicht zuletzt Ebbinghaus schon sehr früh mit der Analyse der Gesetzmäßigkeiten, die diesen assoziativen Verknüpfungen von Gedächtnisinhalten zugrundelagen. In seinen zahllosen Experimenten mit sinnlosen Silben versuchte insbesondere H. Ebbinghaus Lern- und Gedächtnisvorgänge zu analysieren. Ihren wesentlichen Niederschlag fanden die Bemühungen der Assoziationspsychologen in der Formulierung der beiden wichtigsten Assoziationsgesetze:

(1) Gesetz: Die Gedächtniswirkung ist vielfach auf das *raumzeitliche* Zusammentreffen von zwei Eindrücken zurückzuführen (Kontiguitätsgesetz). Je öfter zwei Reize zusammen auftreten um so stärker bedingt das Auftreten des einen Reizes auch die Erinnerung an den anderen Reiz. Je öfter zwei Ereignisse zeitlich und räumlich zusammentreffen, um so fester sind sie miteinander verbunden. Als physiologische Hilfskonstruktion diente die Vorstellung, daß durch eine entsprechend häufige Wiederholung von Reizgegebenheiten eine bessere Leitfähigkeit (Einschleifung) der betreffenden Nervenbahnen im Gehirn erfolgt. Eine Gedächtnisverbindung zwischen zwei Reizgegebenheiten ist um so fester, je eingeschliffener die Nervenbahnen zwischen diesen beiden Reizen im Gehirn sind, d. h. je häufiger diese Reizgegebenheit in raum-zeitlicher Nähe aufgetreten ist.
(2) Gesetz: Zwei Inhalte werden um so leichter erinnert, je ähnlicher sie sich sind (Ähnlichkeitsgesetz).

Obwohl die Assoziationspsychologen den deutlichen Schwerpunkt auf das *Kontiguitätsprinzip* legten, mußten sie im Rahmen ihrer vielen Experimente doch erkennen, daß das raum-zeitliche Zusammentreffen zweier Ergebnisse nicht allein und ausschließlich deren Gedächtnisstärke und Abrufbarkeit (Erinnerungsfähigkeit) bestimmte. Je ähnlicher sich zwei Ereignisse sind, sei es im Klangbild oder Inhalt, um so leichter werden sie gemeinsam erinnert.
Das Prinzip der Gedächtniswirkung aufgrund ständiger Wiederholung von raum-zeitlichen Zusammenhängen wird von H. F. J. Kropff [87, S. 416] anhand eines Beispiels besonders anschaulich illustriert:

„Vergleicht man das System der entsprechenden Gehirnpartien mit einem Kornfeld und die Assoziation mit einem Pfad durch dieses Feld, so ist leicht einzusehen, daß dieser Weg um so deutlicher wird, je öfter man ihn geht und je kräftiger man auftritt."

Heftig kritisiert wurde die Assoziationspsychologie von den sog. *„Gestaltpsychologen"* (Ehrenfels, Koffka, Wertheimer, Köhler). Von ihnen wurde eine dritte, entscheidende Dimension eingeführt: der *Sinnzusammenhang!*

Nicht nur das wiederholte Zusammentreffen raum-zeitlicher Gegebenheiten und nicht nur eine gewisse formale Ähnlichkeit begünstigen die Gedächtniswirkung, sondern vor allem die Sinnhaftigkeit einer Reizgegebenheit. So wurde in einer Reihe von Experimenten nachgewiesen, daß sinnhaft Verstandenes leichter reproduzierbar ist als sinnlos Erscheinendes. Weiterhin konnte klar gezeigt werden,daß jeder Mensch spontan versucht, Sinnzusammenhänge zu schaffen (auch wenn er sie noch so künstlich konstruieren muß), wenn er sich Dinge merken soll, die zu isoliert im Raum stehen, d. h. für ihn selbst keinen klar erkennbaren Sinnbezug haben. Wir alle kennen solche Erinnerungshilfen, wenn wir an die sog. „Eselsbrücken" denken, deren wir uns bedienen, wenn das zu Merkende isoliert oder abstrakt im Raum steht.

Unbeschadet der heftigen Kontroversen zwischen Assoziations- und Gestaltpsychologen konnte das Kontiguitätsprinzip nie außer Kraft gesetzt werden. Daß unsere Denkvorgänge vielfach assoziativ ablaufen und sich einzelne Gedanken und Vorstellungen in losen Ketten aneinanderreihen, ist heute immer noch eine unbestreitbare Tatsache. Das Verdienst der Gestaltpsychologen liegt in der Erkenntnis, daß die reine assoziations-theoretische Gedächtnislehre unzureichend ist und durch den Gestalts- oder Ganzheitsbezug „sinnhafter Zusammenhänge" ergänzt werden muß.

4.2 Die Formen der assoziativen Verfahren

Im Bereich der assoziativen Verfahren unterscheiden wir drei unterschiedliche Formen:

(1) die freien Assoziationen,
(2) die gelenkten Assoziationen,
(3) die eingeschränkten Assoziationen.

4.2.1 Freie Assoziationen

Im Rahmen der freien Assoziationen lassen sich noch einmal zwei Unterformen unterscheiden, nämlich das

- völlig freie Assoziieren ohne jeden Ausgangsreiz (Schlüsselreiz), wie es in der psychoanalytischen Behandlung üblich ist („Erzählen Sie mir alles, was Ihnen so durch den Kopf geht") und das
- freie Assoziieren nach Vorgabe eines Ausgangsreizes („Sagen Sie mir alles, was Ihnen zum Thema „Unterwäsche" einfällt.")

Die völlig freie Assoziationsform ohne jede Vorgabe eines Schlüsselreizes ist für die praktische Marktforschung ohne Bedeutung. Der Marktforscher interessiert sich nicht für die gesamte psychische Struktur der Versuchsperson, sondern für das Erlebnisumfeld, das diese Person um ein bestimmtes Produkt, um eine bestimmte Anzeige oder um sonstige definierte Schlüsselreize herum aufbaut.
Im Rahmen der Marktforschung sprechen wir dann von einer freien oder ungelenkten Assoziation,

- wenn ein Schlüsselreiz vorgegeben wird, der jedoch möglichst offen formuliert sein soll, damit ein breites Spektrum an assoziativen Verbindungen hergestellt werden kann (z. B. „Unterwäsche"),
- wenn die Versuchsperson in ihren Antworten nicht gesteuert und nicht beschränkt wird und somit eine möglichst lange und individuelle Assoziationskette aufbauen kann,
- wenn es darum geht, das gesamte Erlebnisumfeld um einen Meinungs- und Vorstellungsgegenstand möglichst spontan zu erheben.

Die typische Frageformulierung für einen freien Assoziations-Test lautet:

Frage: Ich nenne Ihnen jetzt gleich ein bestimmtes Produkt und Sie sagen mir spontan und ohne lange nachzudenken alles, was Ihnen zu diesem Produkt einfällt. Bitte sprechen Sie dabei alles aus, was Ihnen durch den Kopf geht, auch wenn es Ihnen beziehungslos oder nichtssagend erscheint.
Das Produkt heißt: ZAHNCREME!
Eine typische Assoziationskette zu dieser Frage könnte wie folgt aussehen:
– Zahncreme – Zähneputzen – morgens und abends – Gesundheit – Vorsorge – gegen Zahnfleischbluten – Blend-a-med – Zahnarzt.

Aufgabe des Interviewers ist es, längeres Zögern oder Nachdenken bei der Testperson zu verhindern und sie zur freien Äußerung zu ermuntern. Alle Assoziationen müssen wörtlich und in exakter Reihenfolge notiert werden.

4.2.2 Gelenkte Assoziationen

Bei den gelenkten Assoziationen soll nicht mehr das gesamte Erlebnisumfeld zu einem Meinungsgegenstand (Produkt, Anzeige, Markenname etc) erhoben werden, sondern nur noch zu einem begrenzten Teilaspekt desselben (z. B. Produktqualität oder Anzeigenstimmung). Aus diesem Grund wird der Schlüsselreiz nicht mehr völlig offen gehalten, sondern entsprechend eingegrenzt.
Eine gelenkte Assoziation liegt also vor, wenn

- der Schlüsselreiz eingeschränkt und auf einen gewissen Teilaspekt des Meinungsgegenstandes beschränkt wird (z. B. Wirkung einer Zahncreme),
- die Antworten der Testperson dennoch frei und ungesteuert bleiben und möglichst in Form einer spontanen Assoziationskette ablaufen,
- der Assoziationsbereich auf einen umgrenzten Teilaspekt beschränkt bleiben soll und die Assoziationen unterbrochen werden, wenn sie diesen Themenkreis nachhaltig verlassen.

Die Frageformulierung erfolgt weitgehend analog zur offenen Assoziation. Auch hier wird die Testperson aufgefordert, spontan und ohne langes Überlegen alles auszusprechen, was ihr zum gegebenen Schlüsselreiz einfällt. Der Ausgangsreiz hingegen ist nicht mehr global, sondern beschränkt sich auf jeweils relevante Teilaspekte, wie den Geschmack eines Produktes, die Grundfarbe einer Anzeige, die Schriftform eines Markennamens etc.
Eine in der Marktforschung häufig eingesetzte Sonderform der gelenkten Assoziationen ist der sog. „*Satzergänzungs-Test*". Hierzu werden der Testperson verschiedene unvollständige Sätze vorgelesen, die möglichst spontan und ohne langes Nachdenken vervollständigt werden sollen. Alle Sätze gruppieren sich um ein bestimmtes Thema (z. B. eine bestimmte Zahncreme-Marke) und beleuchten einen jeweils unterschiedlichen Teilaspekt. Der spezifische Nutzen des Satzergänzungs-Tests liegt zum einen in der Möglichkeit, Schlüsselreize exakter zu definieren und zu lenken und zum anderen in einer Erleichterung des Assoziationsvorganges bei sprachungeübteren oder introvertierteren Testpersonen. Diesen fällt es in aller Regel leichter, einen angefangenen Satz rasch zu vervollständigen als eine möglichst lange assoziative Gedankenkette zu formulieren. Der Satzergänzungs-Test nimmt bereits eine Mittelstellung zwischen gelenkter und eingeschränkter Assoziation ein, da er zwar keine kontinuierliche und sich immer weiterführende Assoziationskette (sondern nur eine einfache Satzergänzung) erlaubt, andererseits aber dennoch genügend Spielraum zur Formulierung eines vollständigen, unter Umständen auch breiteren Gedankens erlaubt.
Im nachfolgend skizzierten Beispiel eines Satzergänzungs-Tests ging es um die Einstellung der Hausfrauen zum Geschirrspülen.

Frage: Ich lese Ihnen nun eine Reihe von Satzanfängen vor und bitte Sie, jeden angefangenen Satz so schnell wie möglich zu Ende zu führen. Bitte beenden Sie den Satz so rasch wie möglich, ohne lange zu überlegen.
(*Interviewer:* Die Sätze *rasch nacheinander* vorlesen und nicht lange Zeit zur Beantwortung lassen!)

1. Zu den unangenehmsten Arbeiten in der Küche zählt . . . .
2. Geschirrspülen ist für mich . . . .
3. Jedesmal wenn ich Geschirr spüle, denke ich . . . .
4. Eine Geschirrspülmaschine . . . .
5. Eine Reihe meiner Bekannten haben eine Geschirrspülmaschine . . . .
6. Ich glaube nicht, daß Frauen, die eine Geschirrspülmaschine verwenden . . . .
7. Für mich persönlich kommt keine Geschirrspülmaschine in Betracht, weil . . . .
8. Wenn ich mir eine Geschirrspülmaschine kaufen würde, hätte ich Gewissensbisse, weil . .
9. Die Vorteile einer Geschirrspülmaschine sehe ich in . . . .
10. Die Nachteile einer Geschirrspülmaschine sehe ich in . . . .

4.2.3 Eingeschränkte Assoziationen

Bei den eingeschränkten Assoziationen – häufig auch „Wortassoziationen" genannt – handelt es sich um ein Verfahren, das in der Psychiatrie entwikkelt wurde. Insbesondere Bleuler, Jung und Heiß, aber auch andere Psychiater haben diese Methode häufig eingesetzt, um in Form von Streß-Interviews aus möglichst vielen Reizvorgaben diejenigen zu ermitteln, die auf Konfliktsituationen hinweisen. Die Methode besteht darin, daß auf eine Vielzahl von Reizworten, die der Interviewer in rascher Reihenfolge vorliest, nur *eine* spontane Assoziation geäußert werden darf. Dabei wird die Versuchsperson unter großen zeitlichen Druck gesetzt, um zu gewährleisten, daß echte Spontanantworten zustandekommen. Bei der Auswertung der Ergebnisse wird nicht nur darauf geachtet, *was* als Assoziation geäußert wurde, sondern auch darauf, *wie rasch* die Assoziation zustandekam. Die Erfahrung aus vielen Versuchen hat immer wieder bewiesen, daß die Testpersonen dann zögern, wenn die Reizworte auf unangenehme Erlebnisinhalte stoßen. Es kommt zu einer gewissen Blockierung, zu einer Barriere, zu einem Sperrmechanismus, der auf eine gewisse Verdrängungstendenz und damit auf eine Konfliktsituation hinweist. Die Testperson braucht dann längere Zeit, um den unangenehmen Reiz zu verarbeiten bzw. um eine Antwort zu finden, die ihr nicht unangenehm oder peinlich ist.

Eine eingeschränkte Assoziation liegt vor, wenn

- eine größere Anzahl von Schlüsselreizen gegeben wird, meist in Form kurzer und einfacher Worte,
- diese Schüsselreize teilweise „konfliktträchtig" sind,
- die Testperson nur mit einer Assoziation zu jedem Reiz antworten darf,
- die Antworten möglichst rasch, d. h. unter echtem Zeitdruck erfolgen sollen (Streß-Situation).

Die eingeschränkten Assoziationen werden in der Marktforschung nicht allzu häufig eingesetzt, obwohl sie vielfach interessante Ergebnisse liefern. Das Problem, daß man eingeschränkte Assoziationen nur dann sinnvoll auswerten kann, wenn man sie auf Tonband aufnimmt, sowie die letztlich nur beschränkte Möglichkeit des Interviewers, den Befragten wirklich unter Druck zu setzen, erschweren einen praktikablen Einsatz dieser Methode. Dennoch wird gelegentlich mit eingeschränkten Assoziationen gearbeitet, insbesondere dann, wenn es sich um Fragen der Produkt- oder Werbegestaltung in sog. „Tabu-Bereichen" handelt (Miederwaren, Körperpflege-Gewohnheiten, Hygiene- und Intimartikel etc.). Das nachfolgend dargestellte Beispiel zur Methode der eingeschränkten Assoziationen stellt eine Liste mit Schlüsselreizen dar, die für einen Miederwaren-Hersteller ausgearbeitet wurde, um die Probleme bei der Einführung eines transparenten Büstenhalters zu sondieren:

Frage: Ich lese Ihnen nun eine Reihe verschiedener Worte vor. Sie antworten bitte jeweils mit dem *ersten* Wort, das Ihnen dazu einfällt. Bitte antworten Sie so rasch wie möglich, da ich die einzelnen Begriffe in sehr kurzen Abständen vorlesen werde.

Reizwort:	Antwort:
Frau	....
Unterwäsche	....
Anstand	....
Spaß	....
Sex	....
Langeweile	....
Attraktivität	....
Busen	....
Sauberkeit	....
Unsittlichkeit	....
Frivolität	....
Brust	....
Durchsichtigkeit	....
junge Frau	....
Brustwarzen	....
durchsichtiger Büstenhalter	....
Mann	....

Verständlicherweise kann man im Rahmen eines Interviews nicht alle Testpersonen zwingen, auf jedes Reizwort spontan zu antworten. Der Druck, der im Arzt-Patienten-Verhältnis möglich ist, läßt sich in der Interview-Situation niemals realisieren, so daß bei besonders konfliktintensiven Reizworten die Testpersonen häufig die Antwort verweigern oder nicht mehr spontan antworten und zu Rationalisierungen greifen.

4.3 Anwendungsgebiete der assoziativen Verfahren in der Marktforschung

Wie bereits mehrfach angedeutet, werden assoziative Verfahren in der Marktforschung vor allem dann eingesetzt, wenn es um die Ermittlung des *Erlebnisumfeldes* zu einem bestimmten Produkt, einer Marke, einer Anzeige oder einem beliebigen Meinungsgegenstand geht. Durch die Kenntnis dieses Erlebnisumfeldes, in das ein bestimmtes Produkt eingebettet ist, wird es dem Hersteller ermöglicht, das Imageprofil seines Produktes so zu gestalten, daß es in allen wichtigen Dimensionen den Vorstellungen des Verbrauchers gerecht wird. In diesem Sinne werden die assoziativen Verfahren in der psychologischen Marktforschung sehr breit eingesetzt. Sie stehen am Anfang jeder Image- und Motivanalyse, um den Erlebnisrahmen abstecken zu können, in dem sich die spontanen Vorstellungen zu einem Produkt bzw. die Motive zu seiner Verwendung in etwa bewegen. Auch im Bereich der Werbeforschung wird häufig mit assoziativen Verfahren gearbeitet. So ist es hier besonders wichtig festzustellen, inwieweit der Anmutungsgehalt eines neu zu wählenden Markennamens, Markenzeichens oder einer neuen Anzeige mit dem Erlebnisfeld korrespondiert, das der Verbraucher mit dem jeweiligen Produkt verbindet.

5. Zuordnungsverfahren

Über die Definition und Eingrenzung der Zuordnungsverfahren findet sich in der Literatur keine einheitliche Meinung. So beginnt B. Spiegel [150] Zuordnungsverfahren bereits dort anzusetzen, wo es sich um die alternative Antwort auf eine einfache Frage handelt („Sagt Ihnen das Präparat X zu? Ja/Nein"), während G. Distler [34] den Bogen der Zuordnungsverfahren bis hin zu den semantischen Differentialen und Skalierungsverfahren spannt.

Will man den Begriff der Zuordnungsverfahren jedoch nicht überstrapazieren, so lassen sich zwei wesentliche Anwendungsbereiche mit jeweils unterschiedlichen Verfahren bestimmen und abgrenzen. Es handelt sich dabei um Zuordnungsverfahren, die

- der Kombination mehrerer Teilbeschaffenheiten zu einem verbraucheradäquaten Ganzen dienen (klassische Zuordnungsverfahren),
- als Verbalisationshilfe zur besseren Strukturierung von Wahrnehmungs- oder Erlebnisräumen dienen (Listentests).

5.1 Die „gestalterischen" Zuordnungsverfahren

Hierunter wollen wir alle Zuordnungsverfahren verstehen, in denen mehrere Gegebenheiten der einen Art mehreren Gegebenheiten einer anderen Art zugeordnet werden, um auf diese Weise eine Endgestaltung zu erreichen, die vom Verbraucher als geschlossen und stimmig erlebt wird.

Beispiel:
Einer neu-entwickelten Pralinensorte (Krokant-Mischung) sind vier verschiedene Packungsentwürfe und vier verschiedene Produktbezeichnungen zuzuordnen.

Frage: Für eine neu-entwickelte und besonders exklusive Pralinen-Krokant-Mischung stehen vier verschiedene Packungsentwürfe zur Verfügung. Ich zeige Ihnen nun vier Kärtchen, auf denen je ein Packungsentwurf zu sehen ist.

Welche Packungsform paßt Ihrer Ansicht nach am besten zu welcher Pralinenmischung? Und welcher am wenigsten?

Am besten:	Packung	A	○	Am wenigsten:	Packung	A	○
	Packung	B	○		Packung	B	○
	Packung	C	○		Packung	C	○
	Packung	D	○		Packung	D	○

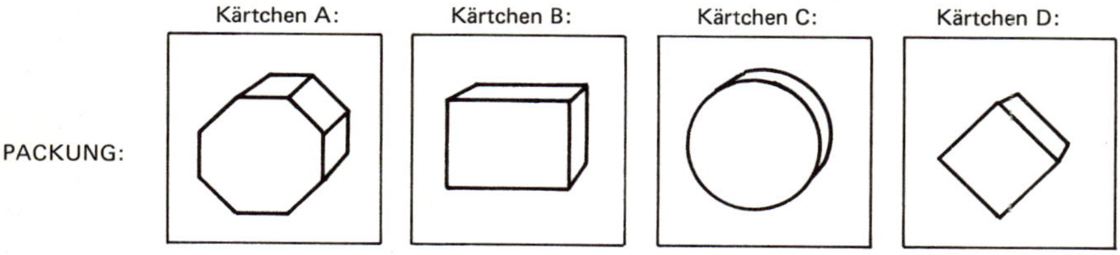

Abb. 10: Vorlage-Kärtchen mit 4 verschiedenen Packungsentwürfen

Frage: Hier bekommen Sie noch einmal vier Kärtchen, auf denen je eine unterschiedliche Bezeichnung für diese Krokantmischung steht. Welche dieser Bezeichnungen paßt am besten, welche am schlechtesten für diese exklusive Krokantmischung?

Am besten:	Name	A	○	Am schlechtesten:	Name	A	○
	Name	B	○		Name	B	○
	Name	C	○		Name	C	○
	Name	D	○		Name	D	○

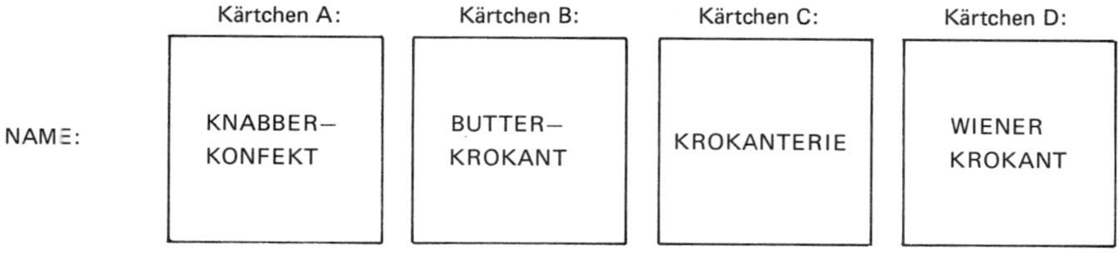

Abb. 11: Vorlage-Kärtchen mit 4 verschiedenen Namensalternativen

Die Zuordnungsverfahren basieren auf zwei wesentlichen Erkenntnissen der Psychologie:

(1) der Erkenntnis, daß einzelne Elemente eines Ganzen (z. B. Farbe, Geruch, Geschmack von Pralinen) nicht isoliert in das Produktbild des Verbrauchers eingehen, sondern in gegenseitiger Abhängigkeit, d. h. als Erlebnisganzes, die Vorstellung des Verbrauchers bestimmen *(Gestaltprinzip)*,

(2) der Erkenntnis, daß der Mensch immer bestrebt ist, unbefriedigende (dissonante) Zustände in befriedigende (harmonische) Lösungen überzuführen *(Homöostase-Prinzip)*.

Die erste Erkenntnis (Gestaltprinzip) führte dazu, daß die einzelnen Gestaltungselemente nicht mehr isoliert betrachtet und optimiert wurden, sondern in ihrer Abhängigkeit von anderen Gestaltungselementen erkannt wurden und dementsprechend eine Optimierung des Gesamtzustandes versucht wurde. Die zweite Erkenntnis (Homöostase-Prinzip) führte zur verstärkten Einbeziehung des Verbrauchers in den Gestaltungsprozeß, indem man ihm durch freie Kombination von Einzelelementen die Möglichkeit zur Erreichung eines für ihn subjektiv befriedigenden Endzustandes ließ. So ist es nicht verwunderlich, daß Zuordnungsverfahren in erster Linie im Bereich der Produktentwicklung (Farbe, Geruch, Geschmack, Form, Handhabungskriterien, Preis, etc.), bei der Packungsgestaltung (Größe, Form, Muster, Farben, Abbildungen, etc.) und gelegentlich bei der Entwicklung von Werbemitteln (Anzeigen, Plakate) eingesetzt werden.
Bei allen Zuordnungsversuchen ist es erforderlich, daß sich die Testpersonen ein möglichst genaues Bild von dem Gegenstand machen können, zu dem die Zuordnungen zu erfolgen haben. Je genauer dieses Bild ist, um so präziser und subjektiv richtiger wird die Zuordnung erfolgen. Zur Beschreibung des Gegenstandes müssen dabei alle Eigenschaften vorgegeben werden, von denen Auswirkungen auf die zuzuordnenden Eigenschaften

erwartet werden. So ist es z. B. wichtig, bei einer Seife, der unterschiedliche Duftnoten zugeordnet werden sollen, die Preisklasse mit anzugeben. Da der Verbraucher in der Regel weiß, daß exklusive Duftnoten nur bei höheren Preisklassen vorkommen, wird er seine Zuordnungen im entsprechenden Rahmen vornehmen.

Nachfolgend seien einige typische Anwendungsbereiche von Zuordnungsverfahren beschrieben:

(1) Ein großer Markenartikler im Süßwarenbereich entwickelte eine neue Pralinensorte, die besonders kalorienarm, deutlich kleiner und weniger süß und schwer als die üblichen Pralinen war. Für diese neue Pralinensorte sollte im Rahmen eines Zuordnungstests der ideale Markenname sowie die geeigneteste Verpackung bestimmt werden. Zu diesem Zweck wurden zwei Testgruppen gebildet. Der ersten Gruppe wurde das Produktkonzept nur verbal vorgestellt, die zweite Gruppe durfte das Produkt vorher kosten. Man wollte auf diese Weise die Übereinstimmung von Produkt, Markennamen und Verpackung einmal in der Situation vor dem Kauf überprüfen, wo sich der Verbraucher ein Produktbild ohne konkrete Produkterfahrung machen muß, und zum anderen die Situation nach dem Kauf überprüfen, in der die Kongruenz zwischen dem Geschmackserlebnis sowie der Produkt-(Verpackungs-, Namens-) Anmutung ermittelt werden sollte.

(2) Der gleiche Pralinenhersteller hatte schon in der Phase der Produktentwicklung mit Zuordnungsverfahren gearbeitet. Dabei wurde den Testpersonen nur das generelle Produktkonzept einer „kalorienarmen und bekömmlichen Naschpraline" vorgestellt, sowie die ins Auge gefaßte Zielgruppe etwas näher erläutert, die sich vor allem aus Frauen zusammensetzen sollte, die gerne Süßes essen, sich häufig mit Kleinigkeiten verwöhnen, aber dabei ein schlechtes Gewissen entwickeln. Die neue Praline sollte eine gewisse Alibi-Funktion erfüllen. Nach dieser Einweisung wurden verschiedene Zuordnungsversuche vorgenommen. Zunächst sollte die Größe dieser Praline aus fünf verschiedenen Abbildungen heraus bestimmt werden. Die kleinste Praline wurde am häufigsten gewählt. In einem zweiten Zuordnungsgang sollte die am besten geeignete Füllung für diese Praline aus verschiedenen Vorschlägen ausgewählt werden. Letztlich sollten Form (rechteckig, quadratisch, rund, dreieckig, elliptisch etc.) und Oberflächengestaltung (platt, verziert, mit Nüssen etc.) dieser kalorienarmen Naschpraline zugeordnet werden.

Einige andere Verfahren der spontanen oder verdeckten Zuordnung schildert B. Spiegel [150, S. 129] wie folgt:

(1) Bei einem Pralinensortiment mit verschiedenen Preislagen war nachzuprüfen, ob das Werterlebnis, das die Packungen der einzelnen Sorten vermittelten, der (tatsächlichen) Preis-Stufung etwa entsprach, oder ob einzelne Packungen in ihrem Diginitätseindruck aus dieser Preis-Rangreihe heraussprangen. Der Versuch war in der Weise getarnt, daß die Versuchsperson glaubte, eine kaufmännische Eignungsprüfung demonstriert zu bekommen, für die zunächst verschiedene Organisations-Tests (z. B. Sortieren von Spielmarken nach Zeit usw.) zu durchlaufen waren.

Dann waren den Pralinenpackungen Preisschildchen, die angeblich durcheinandergeraten waren, zuzuordnen.

(2) Auf ähnliche Weise wurde für eine teuere Pralinensorte von zwei Packungsentwürfen, die sich nur geringfügig voneinander unterschieden, eindeutig derjenige ermittelt, der das stärkste Werterlebnis hervorrief. Neben den beiden zu prüfenden Entwürfen wurde noch eine Anzahl weiterer Packungen mit in den Versuch genommen. Die Zahl der Preisschildchen entsprach wiederum der Zahl der Packungen. Da kein Preis zweimal vorkam, war die Werteinschätzung der beiden Entwürfe und sogar ihr durchschnittlicher Abstand zueinander leicht zu erfassen.

(3) Für zwei neue Zigaretten-Namen waren die am besten geeigneten Preisklassen zu ermitteln. Da noch keine Packung zur Verfügung stand, wurde mit starker Tarnung der Aufgabenstellung durch Einbettung in den Kompositionsversuch mit vorgegebenen Elementen gearbeitet. Die Versuchsperson hatte instruktionsgemäß in zwei vorgesehene Anzeigenräume „möglichst wohl abgewogen im Raum" zwei Inserate aus den gegebenen Elementen zusammenzustellen. Diese enthielten in annähernder Gleichwertigkeit jeweils zwei Raucherköpfe, zwei Textblöcke, zwei Schriftzüge mit jeweils dem betreffenden Zigaretten-Namen und zwei runde Schildchen mit der Aufschrift 8⅓ und 10 Pfennig. Anhand der Zuordnung dieser Preisschildchen zu den Namen ergab sich die geeignete Preisklassifizierung."

5.2 Listentests

Zuordnungsverfahren werden auch häufig in einem ganz anderen Zusammenhang eingesetzt: Sie dienen den Befragten als Verbalisierungshilfe, wenn zu vermuten ist, daß diese zur Beantwortung einer bestimmten Frage nicht über genügend und entsprechend differenzierte Beschreibungskategorien (Begriffe) verfügen. In diesem Fall wird den Befragten eine Liste mit entsprechend vielen Beschreibungskategorien vorgelegt, aus der all diejenigen auszuwählen sind, die auf den Befragungsgegenstand zutreffen.
Besonders häufig wird mit Listentests gearbeitet, wenn

– es um die Beschreibung von Produkten („Was ist das Besondere an Blend-a-med?") oder Kaufvorgängen geht („Warum haben Sie gerade den Braun-Sixtant gekauft?"), insbesondere dann, wenn man nicht genügend Befragungszeit hat, um die Frage explorativ auszuloten und trotzdem vermeiden möchte, daß die Testperson nur *oberflächliche* Antworten gibt. Gerade hierin liegt das allgemeine Problem einer jeden Befragung, daß die Befragten zwar vielfach über ein differenziertes Produktbild verfügen, im Augenblick der Befragung aber nicht in der Lage sind, sich alle Aspekte bewußt zu machen bzw. sie so zu beschreiben, wie es ihnen gerecht werden würde. Aufgrund dieser „Verbalisierungsnot" fallen viele Antworten oberflächlicher und banaler aus, als es den Kenntnissen oder Gefühlen der Befragten entsprechen würde. Um dies zu vermeiden, gibt man dem Befragten eine differenzierte Beschreibungs- oder Begründungsliste vor, aus der die Testperson dann nur noch die für sie zutreffenden Aspekte heraussuchen muß.

- Listentests als Verbalisierungshilfe bei Geschmacksbeschreibungen.
  Wie schwierig es ist, den Geschmack eines Produktes einigermaßen präzise und umfassend zu beschreiben, zeigt sich in nahezu jeder Marktuntersuchung. Selbst Verbraucher, die ein bestimmtes Produkt seit Jahren fast täglich konsumieren, sind nur selten in der Lage, den Geschmack dieses Produktes mit mehr als 2 bis 3 Geschmackseigenschaften zu beschreiben. Machen Sie an sich selbst die Probe, und versuchen Sie, den Geschmack der von Ihnen bevorzugten Biermarke zu beschreiben bzw. Geschmacksgründe für ein von Ihnen bevorzugtes Lieblingsgericht anzugeben.
- Sollte es Ihnen gelingen, jeweils mehr als 3 typische und kennzeichnende Beschreibungskategorien zu finden, so liegt Ihre Verbalisierungsfähigkeit bereits deutlich über dem Durchschnitt. Sollten Sie darüber hinaus noch in der Lage sein, den geschmacklichen Unterschied Ihrer Biermarke zu einer bestimmten Konkurrenzmarke zu definieren, so dürfen Sie sich zu einer kleinen, elitären Minderheit rechnen.
- Listentests als Verbalisierungshilfe bei der Beschreibung von Anmutungs- und Stimmungsgehalten von Werbevorlagen (Anzeigen, Packungen, etc.).
  Auch in diesem dritten Bereich stößt man häufig auf Verbalisierungsnöte der Befragten, die den Anmutungs- oder Stimmungsgehalt einer großen Farbanzeige nur mit „schön, gefällt mir, ist farbig" beschreiben können und über all die sonstigen Eindrücke, die sie beim Betrachten der Anzeige empfinden, keine Auskunft zu geben vermögen.

Listentests überbrücken also Verbalisierungsprobleme und gewährleisten, daß die Befragten nicht nur mit wenigen oberflächlichen Beschreibungska-

tegorien einen Gegenstand, ein (Geschmacks-)Erlebnis oder eine (Kauf-) Entscheidung definieren müssen.
Die verschiedenen, in der Praxis gebräuchlichen Varianten des Listentests beruhen auf drei Grundkomponenten:

(1) der Entscheidung, ob man die Zuordnung der auf der Liste vorgegebenen Eigenschaften zu *einem* oder zu *mehreren* Objekten vornehmen läßt;
(2) der Entscheidung, ob man der Testperson bei der Zuordnung der vorgegebenen Eigenschaften *freie Wahl* läßt (die Anzahl der Zuordnungen wird ihr überlassen) oder ob man sie zwingt, alle Zuordnungen vorzunehmen, was in der Regel nur über eine dichotomisierte Liste (ja/nein oder trifft zu/trifft nicht zu) erfolgen kann;
(3) der Entscheidung, ob man die Zuordnung einfach durch die Auswahl der betreffenden Eigenschaft vornehmen läßt oder ob man mit Hilfe einer Intensitäts-Skala gleichzeitig mißt, *in welchem Ausmaß* die jeweilige Eigenschaft auf das Produkt zutrifft.

Da wir den Bereich der intensitätsskalierten Zuordnungsverfahren im Rahmen der metrischen Verfahren behandeln werden, wollen wir uns nachfolgend auf die beiden ersten Varianten des Listentests beschränken.

5.2.1 Listentests mit einem Zuordnungsobjekt

Die einfachste Form des Listentests liegt dann vor, wenn der Befragte aus einer Liste mit vorgegebenen Eigenschaften nach eigenem Ermessen alle diejenigen auswählen kann, die seiner Ansicht nach auf einen bestimmten Untersuchungsgegenstand zutreffen. Bei diesem einfachen Ausleseverfahren erfolgt die Zuordnung somit immer nur zu *einem* Untersuchungsgegenstand, wie z. B. dem „Geschmack" einer bestimmten Biersorte oder Biermarke. Ist der Untersuchungsgegenstand so klar abgegrenzt wie bei der Beschreibung des „Geschmacks einer bestimmten Biermarke", so ist die Listenerstellung recht einfach und wird sich ausschließlich auf Geschmackseigenschaften, wie „leicht, bitter, herb, würzig, herzhaft, süß etc." beschränken. Der Untersuchungsgegenstand kann jedoch auch weiter gefaßt sein und nicht nur den Geschmack des Bieres, sondern alle relevanten Markencharakteristika umfassen. In diesem Fall muß sich die Liste aus Eigenschaften zu den wichtigsten Markenkriterien, wie Geschmack, Farbe, Bekömmlichkeit, Preis, Flaschenausstattung, Brauerfahrung etc. zusammensetzen.

Ein einfacher Listentest zur Geschmacksbeschreibung eines Bieres könnte wie folgt aussehen:

Frage: Bitte beschreiben Sie mir doch den Geschmack des Löwenbräu-Bieres. Ich gebe Ihnen hierzu eine Liste, auf der eine Reihe unterschiedlicher Geschmackseigenschaften stehen. Bitte nennen Sie mir alle diejenigen, die auf den Geschmack Ihres Bieres zutreffen.

Liste:
- fad
- süß
- bitter
- schwer
- stark gehopft
- leicht
- würzig
- voll
- herb
- kräftig
- malzig
- wäßrig
- spritzig
- mit Nachgeschmack
- aromatisch
- gehaltvoll
- dünn

Die Zuordnung durch die Testperson erfolgte entweder durch eigenes Anstreichen oder durch die Nennung der zutreffenden Eigenschaften. Gelegentlich wird auch eine Rangreihenbildung verlangt, wobei es sich in der Regel empfiehlt, die Auswahl entsprechend einzuschränken, da ansonsten leicht eine Überforderung der Testperson eintritt.

Frage: Ich möchte Sie nun bitten, den Geschmack des von Ihnen bevorzugt getrunkenen Bieres mit Hilfe dieser Liste zu beschreiben. Bitte lesen Sie alle Geschmacksbeschreibungen auf dieser Liste durch und nennen Sie mir diejenigen fünf, die Ihrer Ansicht nach auf den Geschmack Ihres Bieres am ehesten zutreffen. Bitte beginnen Sie dabei mit der wichtigsten Geschmackseigenschaft zuerst, dann mit der zweit-wichtigsten etc.

Bei langen Listen (viele vorgegebene Eigenschaften) besteht die Gefahr, daß die Versuchsperson sich nicht mit allen Items auseinandersetzt, nur Teile der Liste überfliegt und andere völlig unbeachtet läßt. Um dieser Gefahr zu begegnen, empfiehlt es sich, über das Zutreffen oder Nicht-Zutreffen eines jeden Items entscheiden zu lassen.

Die Liste würde dabei wie folgt aussehen:

	trifft zu	trifft nicht zu
– fad	( )	( )
– süß	( )	( )
– bitter	( )	( )
– schwer	( )	( )
– stark gehopft	( )	( )
– leicht	( )	( )
– würzig	( )	( )
– voll	( )	( )
– herb	( )	( )
– kräftig	( )	( )
– malzig	( )	( )
– wäßrig	( )	( )
– spritzig	( )	( )
– mit Nachgeschmak	( )	( )
– aromatisch	( )	( )
– gehaltvoll	( )	( )
– dünn	( )	( )

5.2.2 Listentests bei mehreren Zuordnungsobjekten

Zuordnungsverfahren in Form von Listentests werden häufig auch dazu verwendet, um zwei oder mehr Untersuchungsgegenstände miteinander vergleichen zu lassen. In diesem Fall herrscht immer Zuordnungszwang.

Frage: Hier haben Sie eine Liste mit 15 verschiedenen Beurteilungskriterien. Bitte entscheiden Sie jedesmal, auf welche der 5 Haarspray-Dosen (Vitana, Sham-tu, Taft, Elnett, Gard) die jeweilige Aussage am ehesten zutrifft. Wenn Sie der Ansicht sind, daß eine bestimmte Aussage auf mehrere Haarspray-Dosen gleichermaßen zutrifft, so können Sie diese Aussagen auch mehreren Haarspray-Dosen zuordnen. Bitte lassen Sie kein Beurteilungskriterium aus!

Wird eine reine Alternativzuordnung verlangt, in der man die Versuchsperson zwingt, eine vorgegebene Eigenschaft entweder dem einen oder dem anderen Untersuchungsgegenstand zuzuordnen und wo auch keine Mehrfachzuordnung wie im eben zitierten Beispiel möglich ist, so führt dies häufig zu einer extremen Rivalisierung zwischen diesen beiden Untersuchungsgegenständen, die der Realität nicht entsprechen muß. Man kann diesem Problem recht einfach ausweichen, indem man der Versuchsperson die Möglichkeit gibt, die vorgegebenen Eigenschaften auch „beiden Untersuchungsgegenständen" oder „keinem der Untersuchungsgegenstände" zuzuordnen.

Vorgabe-Liste:

	Vitana	Sham-tu	Taft	Elnett	Gard
kosmetisch					
medizinisch					
neuartig					
alltäglich					
ausgefallen					
einfallslos					
elegant					
lebhaft					
sympathisch					
ansprechend					
farblich gelungen					
vertrauenerweckend					
verspricht Qualität					
teuer					
man weiß gleich für welches Haar					

Die Ergebnisse dieses Zuordnungstests lassen sich am anschaulichsten in Form eines Häufigkeits-Stabdiagramms darstellen (Abb. 12).

		Produkt A	Produkt B	Beide	Keines
Liste:	altmodisch	( )	( )	( )	( )
	jugendlich	( )	( )	( )	( )
	verführerisch	( )	( )	( )	( )
	attraktiv	( )	( )	( )	( )
	langweilig	( )	( )	( )	( )
	extravagant	( )	( )	( )	( )
	einfallslos	( )	( )	( )	( )
	originell	( )	( )	( )	( )
	auffallend	( )	( )	( )	( )
	nichtssagend	( )	( )	( )	( )

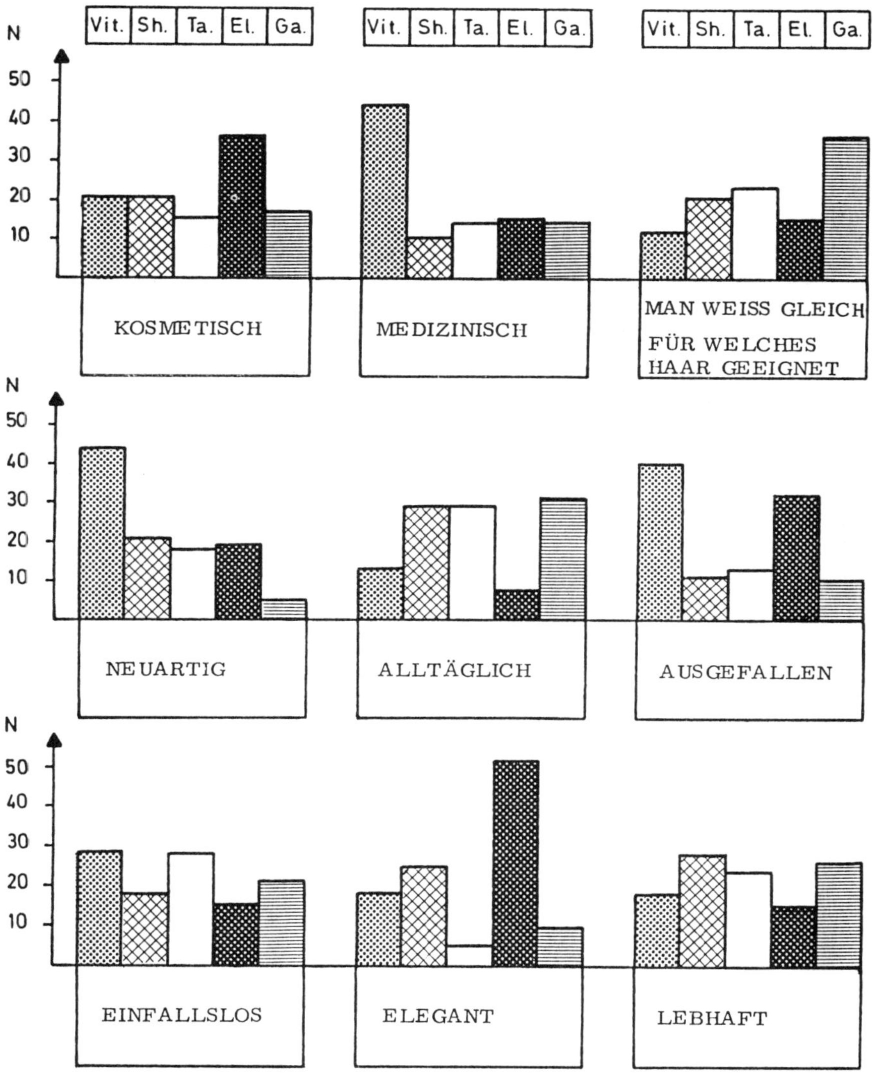

Abb. 12: Ergebnisse eines Listentests: Zuordnung von Aussagen zu 5 vorgegebenen Haarspray-Packungen

5.3 Spezielle Probleme mit Listentests

Folgende Probleme sind bei der Anwendung und Interpretation von Zuordnungsverfahren zu berücksichtigen:

(1) Da die Anzahl der zuzuordnenden Items immer begrenzt sein muß (Listenumfang), besteht die Gefahr, daß wichtige Bereiche außer acht gelassen werden oder der Untersuchungsgegenstand zu einseitig dargestellt wird. Deshalb ist vor der Auswahl der Items eine gründliche Analyse des Untersuchungsgegenstandes notwendig, sei es durch vorhergehende freie Explorationen mit Verbrauchern, sei es durch Desk-Research oder durch Expertengespräche. Bei der Zusammenstellung der Items ist darauf zu achten, daß kein wichtiger Bereich des Untersuchungsgegenstandes außer acht gelassen wird, daß die einzelnen Bereiche möglichst exakt gewichtet sind und daß jeglicher Ballast vermieden wird (Items, die keine Bedeutsamkeit besitzen).

(2) Weiterhin ist darauf zu achten, daß die ausformulierten Items möglichst semantisch eindeutig sind. Häufig kommt es vor, daß Versuchspersonen mit einem identischen Item völlig unterschiedliche Inhalte verbinden. So kann z. B. „konservativ" für den einen gleichbedeutend sein mit „rückständig, veraltet, unzeitgemäß", während es für den anderen Vorstellungen impliziert, wie „Gediegenheit, Wertarbeit, Beständigkeit, etc.". Der Marktforscher, der solche Items in seinem Zuordnungstest verwendet, wird bei der Interpretation schwerlich entscheiden können, welcher Bedeutungshintergrund dem Wort „konservativ" von den einzelnen Testpersonen unterlegt wurde. Er kann somit durchaus zu völlig falschen Schlußfolgerungen kommen.

(3) Ein sehr gefährlicher Effekt tritt vielfach bei Listentests ein, bei denen eine alternative Zuordnung zu mehreren Untersuchungsgegenständen gefordert wird. Hier läßt sich häufig beobachten, daß die Testpersonen dem Gegenstand, den sie favorisieren, *alle* positiven Eigenschaften zuordnen und einem anderen Untersuchungsgegenstand, den sie weniger attraktiv finden, *alle* negativen Eigenschaften. Dieses Phänomen wird vielfach auch als „Halo-Effekt" bezeichnet. Die Ergebnisse eines solchen Zuordnungstests sind im Grund wertlos, da man hieraus nichts weiter erfährt, als daß der eine Untersuchungsgegenstand akzeptiert und der andere abgelehnt wird. Die spezielle Charakteristik eines einzelnen Items wird dabei völlig außer acht gelassen. Hier kann nur eine gründliche Einweisung und Information helfen, in der die Testperson darüber

aufgeklärt wird, daß es im Rahmen dieses Zuordnungstests nicht um die Entscheidung geht, welcher Untersuchungsgegenstand besser gefällt, sondern darum, den Bedeutungsgehalt jeder Aussage sorgfältig zu beachten und entsprechend zuzuordnen.

6. Skalierungs-Verfahren

Mit zunehmender Entwicklung der psychologischen Marktforschung begnügte man sich nicht mehr mit einer ausschließlich verbalen Beschreibung psychologischer Zusammenhänge, sondern forderte zunehmend die exakte Quantifizierung und intensitätsmäßige Erfassung von Meinungen, Bedürfnissen und Einstellungen. Man bemühte sich, unterschiedliche Ausprägungen sowohl zwischen verschiedenen Individuen (inter-individuelle Unterschiede) als auch zwischen verschieden starken Bedürfnissen bei ein und derselben Person (intra-individuelle Unterschiede) zu bestimmen. Die Frage nach der *Meßbarkeit* psychologischer Inhalte wurde somit mehr und mehr in den Mittelpunkt gerückt.
Die exakte metrische Erfaßbarkeit von subjektiven Erlebnissen, Meinungen oder Urteilen ist aufgrund des Fehlens von allgemein verbindlichen Meßeinheiten ungleich schwieriger als im naturwissenschaftlichen Bereich, wo diese Maßeinheiten weitgehend zur Verfügung stehen (Meter, Kilogramm etc.). Da die festen naturwissenschaftlichen Gesetzmäßigkeiten im psychologischen Bereich nicht vorliegen, muß der Begriff des „Messens“ offener definiert werden.
Campbell versteht darunter die Zuordnung von Zahlen zu Dingen oder Ereignissen nach bestimmten Regeln.“
Diese Regeln der Zahlenzuordnung werden in den verschiedenen Skalierungsarten als gegeben angenommen. Die Skalierung stellt somit eine mögliche Form zum Messen psychologischer Inhalte dar.
Atteslander [5a, S. 243] beschreibt Skalierungsverfahren als „Meßverfahren zur Erfassung *qualitativer* Aspekte, und zwar insbesondere zur Messung von Einstellungen und Motiven.“

6.1 Messen auf verschiedenem Skalen-Niveau

Die Regeln, nach denen die Zuordnung von Zahlen zu subjektiven Inhalten (Meinungen, Bedürfnisse, Urteile) erfolgt, reichen von sehr allgemeinen bis zu sehr präzisen Annahmen und bestimmten hiermit das Meßniveau der jeweiligen Skala. Je nach dem Grad des formalen Meßniveaus unterscheidet man heute generell vier verschiedene Skalentypen:

- *Die Nominal-Skala*

  Die Nominal-Skala stellt die einfachste Form des Messens dar, wobei es sich hier eigentlich mehr um Klassifizieren als um Messen handelt. Mit Hilfe der Nominal-Skala wird lediglich festgestellt, ob ein bestimmtes Untersuchungsobjekt eine definierte Merkmalsausprägung besitzt oder nicht. Insofern handelt es sich bei jedem Zuordnungstest (Vgl. S. 87) um ein Meßverfahren auf Nominal-Skalen-Niveau, so z. B.:

  Frage: Welche der nachstehenden Eigenschaften trifft auf das von Ihnen getrunkene Bier zu?

	trifft zu	trifft nicht zu
fad	( )	( )
süß	( )	( )
bitter	( )	( )
schwer	( )	( )
stark gehopft	( )	( )
leicht	( )	( )
würzig	( )	( )
voll	( )	( )
herb	( )	( )
kräftig	( )	( )
malzig	( )	( )
wäßrig	( )	( )
spritzig	( )	( )

  Mit Hilfe der Nominal-Skalierung kann somit nur festgestellt werden, ob eine bestimmte Merkmalsausprägung vorhanden ist oder nicht. Es sind keinerlei Aussagen über die Bedeutung der einzelnen Merkmalsausprägungen untereinander möglich. Ob somit die Eigenschaft „würzig" für die Beurteilung eines Bieres wichtiger oder weniger wichtig ist als die Eigenschaft „gehaltvoll" kann mit Hilfe der Nominal-Skalierung nicht festgestellt werden.

- *Ordinal-Skala*

  Die Ordinal Skala wird auch häufig als Rangskala bezeichnet. Die Aufgabe der Testperson besteht darin, verschiedene Aussagen in eine Rangreihe bezüglich ihrer subjektiven Bedeutung zu bringen.

Beispiel:
Hier auf dieser Liste stehen eine Reihe verschiedener Geschmackseigenschaften, die ein Bier haben kann. Bitte ordnen Sie diese Eigenschaften der Bedeutung nach, die sie für Sie haben.

1. Rang: . . . .
2. Rang: . . . .
3. Rang: . . . .
4. Rang: . . . .

etc.

Mit Hilfe der Ordinal-Skala wird somit eine subjektive Rangordnung zwischen vorgegebenen Eigenschaften oder Objekten hergestellt. Ihr Informationsgehalt liegt in der Aussage, daß Merkmalsausprägung a bedeutsamer ist als b; ihr Nachteil hingegen in der fehlenden Information darüber, *um wieviel* bedeutender a als b ist. Da die Abstände zwischen den einzelnen Rangplätzen nicht genau definiert sind, ist es möglich, daß der Unterschied vom ersten zum zweiten Rangplatz sehr viel größer (oder kleiner) ist als der Abstand zwischen zweitem und drittem Rangplatz.

Dieses Problem läßt sich teilweise dadurch aufheben, daß man über die Ermittlung der Mediane die sog. „durchschnittlichen Rangplätze" über die Gesamtheit aller Befragten hinweg berechnet. Dieser durchschnittliche Rangplatz für die einzelnen Merkmalsausprägungen ist nun zahlenmäßig genauer definiert und in seinem Abstand zu den anderen Merkmalsausprägungen klarer festzulegen.

Beispiel:

Merkmalsausprägung	durchschnittlicher Rangplatz
a =	1,4
b =	2,0
c =	2,1

Aus diesem Beispiel läßt sich erkennen, daß der Abstand zwischen a und b deutlich größer ist als der Abstand zwischen b und c.

Dennoch: Diese exaktere Aussage läßt sich nur für den Durchschnittswert, d. h. für die Gesamtheit aller Befragten und *nicht für die Einzelperson* festlegen!

- *Intervall-Skala*

Mit der Intervall-Skala erreichen wir das eigentlich interessante Meßniveau, das im Rahmen der Skalierung überwiegend Anwendung findet. Das präzisere Meßniveau der Intervall-Skala ergibt sich aus den als gleich angenommenen Abständen zwischen allen einzelnen Skaleneinheiten.

Erst auf diesem Skalenniveau kann man von „Messen" im eigentlichen Sinn sprechen. Bekannte Beispiele für Intervall-Skalen sind das Thermometer bzw. der Intelligenz-Quotient. Da eine Intervall-Skala generell keinen echten Null-Punkt hat, lassen sich auf diesem Skalenniveau keine Divisionen vornehmen. Das heißt: eine Temperatur von 20° kann nicht als doppelt so hoch bezeichnet werden wie eine Temperatur von 10° bzw. ein Intelligenz-Quotient von 120 ist nicht doppelt so hoch wie einer von 60, aber: 2 Schüler mit einem IQ von 110 und 120 unterscheiden sich um den gleichen Intelligenzgrad wie zwei Schüler mit einem IQ von 100 und 110.
So wünschenswert die Intervall-Skalierung im Hinblick auf Meßgenauigkeit und im Hinblick auf die Möglichkeiten zur statistischen Datenverarbeitung ist, so schwierig ist sie bei psychologischen Inhalten herzustellen.

- *Verhältnis-Skala*
  In dem Augenblick, in dem eine Skala einen echten oder absoluten Null-Punkt aufweist, wird sie als Verhältnis-Skala bezeichnet. Ein „echter Null-Punkt" bedeutet, daß das entsprechende Merkmal bei einer Null-Ausprägung nicht mehr vorhanden ist. So wird deutlich, warum wir bei einem Meterstab oder einem Kilogramm-Gewicht von einer Verhältnis-Skala sprechen können und bei Temperaturen oder Intelligenz-Quotienten dies nicht möglich ist. Die Verhältnis-Skala kennzeichnet das höchste Skalenniveau, auf dem alle Grundrechnungsarten sowie alle statistischen Operationen möglich sind.

6.2 Die gebräuchlichsten Skalen-Formen in der Marktforschungspraxis

Die Skalierung, d. h. die Herstellung von Skalen zur Messung psychischer Inhalte, wird auf die unterschiedlichste Art und Weise vorgenommen. In vereinfachter Form lassen sich die gebräuchlichen Skalierungen nach folgenden Kriterien einteilen:

- *Numerische Skalen*
  Von numerischen Skalen sprechen wir dann, wenn die verschiedenen Skalenstufen nur mit Hilfe von Zahlen bezeichnet werden. Diese Aussage gilt mit der generellen Einschränkung, daß die Pole der Skala generell verbal benannt werden müssen (z. B.: stimme voll zu – stimme gar nicht

zu). Einfachstes Beispiel für diesen Skalentyp ist eine in gleiche Abstände eingeteilte Strecke mit fortlaufender Numerierung:

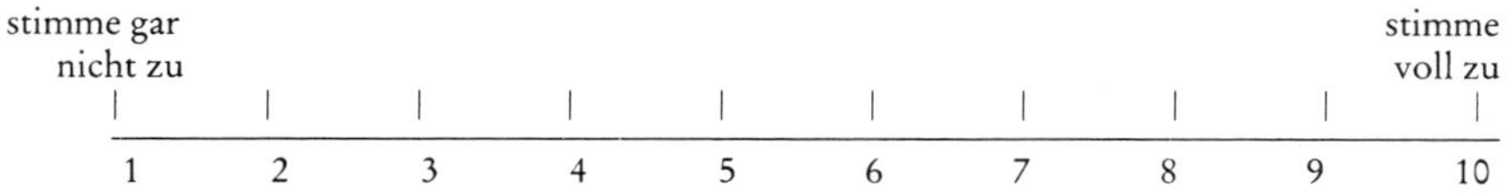

Die entscheidende Frage, die sich dabei für den Marktforscher erhebt, liegt in der Anzahl der notwendigen Skaleneinheiten. Genügt eine Skala mit 4, 6 oder 7 Skalenpunkten, soll eine breitere Differenzierung mit 10 Skalenpunkten angestrebt werden oder erweist es sich gar als sinnvoll, auf eine 100%-Skala auszuweichen? Über diese Frage wurde lange diskutiert, ohne daß allgemein verbindliche Ergebnisse erzielt werden konnten. Grundsätzlich läßt sich die Forderung aufstellen: eine Skala soll nicht differenzierter sein als das Unterscheidungsvermögen des Verbrauchers in bezug auf das zu messende Merkmal!
So muß in jedem Befragungsfall neu entschieden werden, wieviele Skaleneinheiten zur Erfassung aller noch wahrnehmbaren Unterschiede und Nuancen erforderlich sind. Die praktische Erfahrung hat erwiesen, daß man das Differenzierungsvermögen des Verbrauchers vielfach überschätzt und daß in aller Regel relativ wenig Skaleneinheiten zur Erfassung psychischer Inhalte ausreichen. So haben sich in der Marktforschung überwiegend die 4er-, 6er- und 7er-Skala durchgesetzt (Abb. 13).

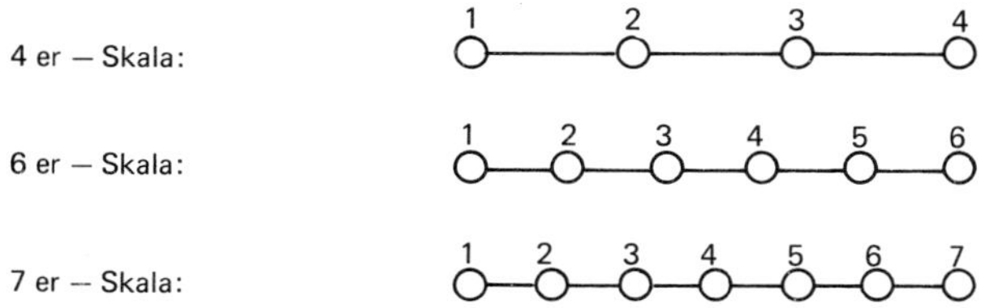

Abb. 13: Gebräuchliche Skalen-Gliederungen

Mit der Anzahl der Skaleneinheiten ist auch die Frage verbunden, ob eine gerade oder eine ungerade Zahl von Skaleneinheiten vorzuziehen ist. Diese Frage ist insofern von Bedeutung, als ungerade Skalen zwangsläufig einen Mittelpunkt aufweisen, der durch die Art der Numerierung noch unterschiedlich betont werden kann (Abb. 14).

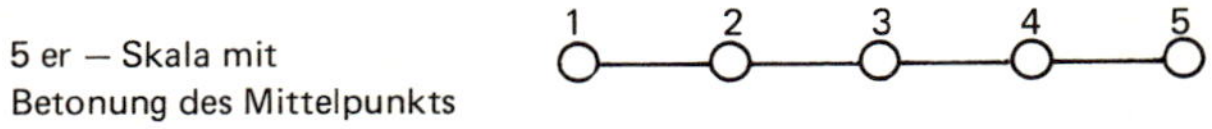

Abb. 14: Beispiel einer ungeraden Skala

Gegen die ungerade Skala und insbesondere gegen die Betonung des Mittelpunktes wird der berechtigte Einwand erhoben, daß unsichere oder denkfaule Testpersonen häufig eine „Tendenz zur Mitte“ erkennen lassen. Diese Personen gehen dem Entscheidungskonflikt dadurch aus dem Weg, daß sie in der Beurteilung stets die neutrale Mitte bevorzugen. Dieses Ausbrechen aus dem Entscheidungskonflikt kann zumindest teilweise dadurch verhindert werden, daß mit Hilfe gerader Skalen keine erkennbare Mittelposition vorgegeben wird!
Eine sehr gebräuchliche andere Art der Skalierung findet man in der Marktforschung häufig in Form des sog. „Skalometers“ (Abb. 15). Hier handelt es sich meist um thermometerähnliche Gebilde mit einer Skalierung von 0 bis 100, wobei die Testperson mit Hilfe einer verschiebbaren Einstellmarke die exakte Skaleneinstufung vornehmen kann.

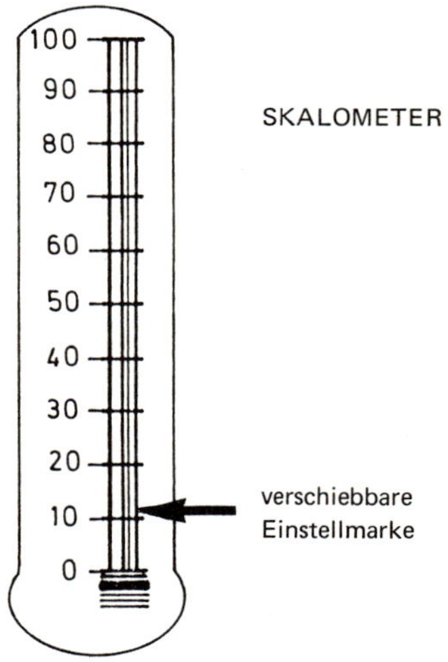

Abb. 15: Skalometer mit verschiebbarer Einstellmarke

Beim Einsatz von Skalometern besteht häufig die Gefahr, daß die Testperson den stark aufgefächerten Skalenraum (100 Beurteilungseinheiten) wiederum stark vereinfacht und damit auf individuell unterschiedliche Einheiten reduziert. So ist häufig zu beobachten, daß Testpersonen ein Skalometer letztlich nur anhand der vollen Zehnereinheiten handhaben und damit auf eine normale Zehnerskala reduzieren. Als wirklich sinnvoll erweist sich der Einsatz von Skalometern nur dann, wenn es sich entweder um einen wirklich sehr differenzierungsfähigen Merkmalsraum handelt oder wenn die Skalometer-Einstufung als Basis für die Berechnung von Indizes dient. (Vgl. Qualitäts-Preis-Index).

- *Verbale Skalen*

Vielfach hat es sich durchgesetzt, die einzelnen Skalenpunkte auch verbal zu benennen. Meist wird dabei gleichzeitig mit Zahlen und Verbalisationshilfen gearbeitet. Die Benennung von Skalenpunkten erleichtert vielen Testpersonen die Einstufung sehr wesentlich.
Bei der Benennung von Skalenpunkten ist auf Folgendes zu achten:

(1) Die Skalenbenennung muß zum jeweiligen Beurteilungsmerkmal (Item) passen.

gutes Beispiel:	stimme völlig zu	stimme überwiegend zu	stimme teilweise zu/ teilweise nicht	stimme weniger zu	stimme überhaupt nicht zu
Man sollte Gastarbeiter ruhig mehr integrieren	○	○	○	○	○

schlechtes Beispiel:	bin sehr zufrieden	bin zufrieden	bin weniger zufrieden	bin gar nicht zufrieden
Man verliert an Ansehen, wenn man sich keine Urlaubsreise leistet.	○	○	○	○

(2) Die Benennung der Skalen muß in etwa gleiche Abstände zwischen den Skalenpunkten verdeutlichen.

gutes Beispiel:

trifft nicht zu	trifft ein bißchen zu	trifft überwiegend zu	trifft ganz genau zu
○	○	○	○

schlechtes Beispiel:

überragend	sehr gut	zufriedenstellend	nichtssagend
○	○	○	○

(3) Die Benennung der Skalenpunkte muß mit eindeutigen Begriffen erfolgen, die möglichst wenig unterschiedliche Interpretationen zulassen. Hier wurde bisher versäumt, systematische Grundlagenarbeit zu leisten, um Verbalisierungen zu schaffen, die eine möglichst eindeutige und metrische Abgrenzung der Punkte auf unipolaren Skalen gestatten. Relativ gute Erfahrungen wurden mit folgender Skalenbezeichnung gemacht:

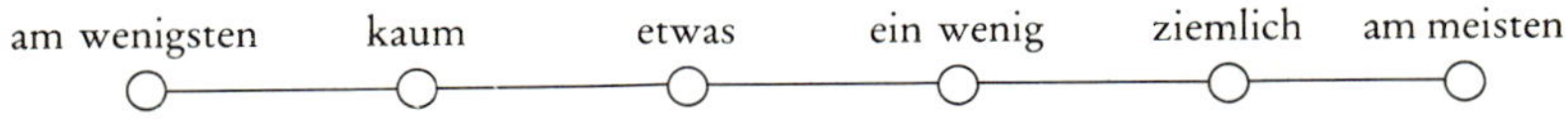

- *Graphische Skalen*

  Recht gut bewährt hat sich bisher auch die graphische Verdeutlichung von Skalenabständen. Hier bieten sich insbesondere die sog. Flächenskalen an, wobei es sich entweder um rechteckige Flächen handeln kann, die sich in einem bestimmten (empirisch untersuchten) Verhältnis vergrößern (Abb. 16) oder ganz einfach um Skalen mit immer größer werdenden Kreisen (Abb. 17). Letztere sind insbesondere bei längeren Item-Listen eindeutig handlicher und praktikabler.

  Eine sehr interessante Form der graphischen Skala wurde von Kunin entwickelt (Kunin-scale). Die Skala arbeitet ohne jede Verbalisierung, also auch ohne Benennung der Skalenpole. Die Skalenpunkte bestehen aus sehr einfachen, schematisch gezeichneten Gesichtern, die lediglich durch eine unterschiedliche Stellung des Mundes mehr oder weniger freundlich aussehen. Freundliche Gesichter drücken Zustimmung, unfreundliche Gesichter Ablehnung aus. Die Kunin-scale wurde primär für den Bereich der sozial-psychologischen Forschung entwickelt und ist auch Kindern sowie sehr einfach strukturierten Personen spontan zugänglich.

- *Unipolare oder bi-polare Skalen*

  Unter bi-polaren Skalen versteht man die Benennung der beiden Skalen-Endpunkte mit zwei unterschiedlichen Begriffen. Beispiel: langweilig – fröhlich; aggressiv – apathisch. Der Typ der bi-polaren Skala findet sich vor allem im Polaritätenprofil (Hofstätter) oder semantischen Differential (Osgood), die sich wiederum besonders gut zur Erfassung von Images und stereotypen Vorstellungsbildern eignen.

  Da sich die Beschreibung von Meinungsgegenständen und insbesondere die Erfassung von Einstellungen nicht immer über polare (einander entgegengesetzte) Aussagen ermöglichen läßt, hat sich außer im Bereich

Abb. 16: Kaufbereitschaftsskala des IVE in Form einer Flächenskala

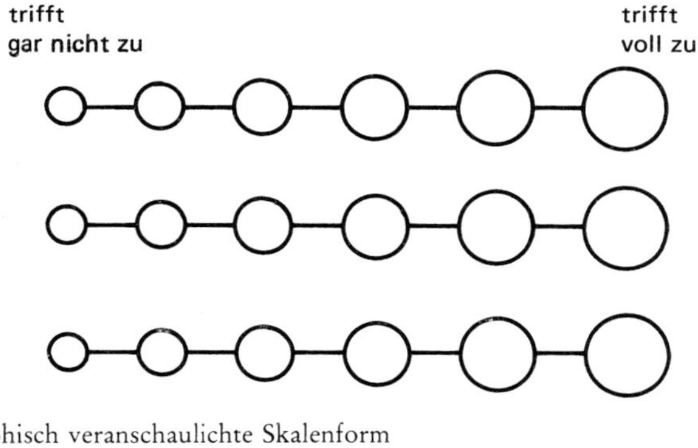

Abb. 17: Graphisch veranschaulichte Skalenform

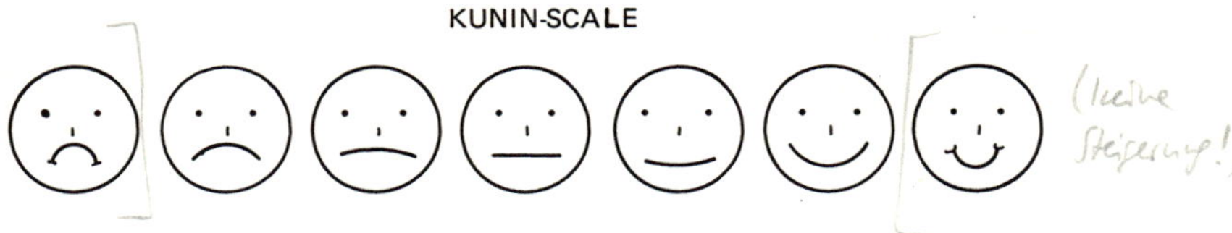

Abb. 18: Beispiel einer nicht-verbalen Skala

der Image- und Werbeforschung die unipolare Skala in breitem Maße durchgesetzt.

- *Abgestufte oder kontinuierliche Skalen*
  Beide Skalenformen haben in der Marktforschung ihre festen Anhänger. Unter einer abgestuften Skala versteht man die Untergliederung einer Skala in mehrere, gleich weit voneinander entfernte Skalenpunkte; unter einer kontinuierlichen Skala versteht man eine ungegliederte Skalenstrekke, bei der nur die Endpunkte bezeichnet sind:

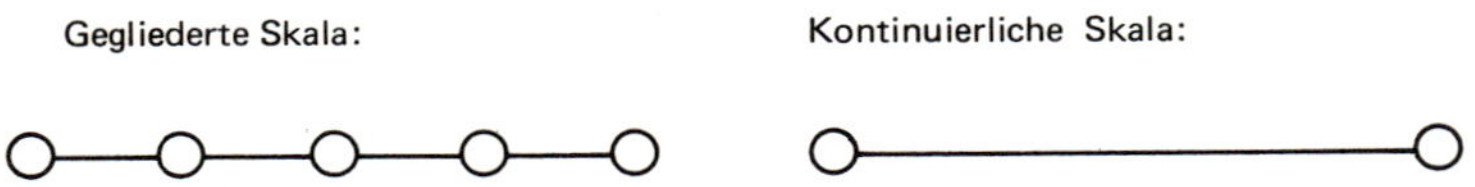

Abb. 19: Beispiel einer gegliederten und ungegliederten (kontinuierlichen) Skala

Der Vorteil der kontinuierlichen Skala wird vor allem in der Möglichkeit des Probanden gesehen, den Skalenraum nach eigenem Gutdünken gliedern zu können. Auf diese Weise erhoffen sich die Anhänger dieser Skalenform eine subjektiv richtigere und spezifischere Einstufung des jeweiligen Merkmals. Man vermeidet dadurch, der Testperson ein vorgegebenes Raster mit einer definierten Anzahl an Einstufungsmöglichkeiten vorzugeben und gestattet ihr, jede denkbare und persönlich wünschenswerte Aufteilung der Skala und Einstufung des Meinungsgegenstandes vorzunehmen. Das Problem, das sich hieraus ergibt, liegt auf der Hand: der subjektive Freiraum und damit die größere „subjektive Richtigkeit" der Meßergebnisse geht bei der Auswertung zwangsläufig wieder verloren, da die Einstufungen auf den Skalen nach einem einheitlichen Raster erfaßt und ausgewertet werden (müssen).

II. Methoden der Beobachtung

1. Definitionsversuch

Die nachfolgend skizzierten Beobachtungsmethoden lassen sich von den Befragungsmethoden sehr einfach dadurch abgrenzen, daß *während* der gesamten Beobachtungsphase keine Fragen an die Testperson gestellt werden. Die Tätigkeit des „Interviewers" beschränkt sich ausschließlich auf eine *Verhaltens*beobachtung, d. h. auf die Beobachtung und Aufzeichnung eines Handlungsablaufs.

Beobachtungen werden in der Regel dann durchgeführt, wenn das Verhalten des Verbrauchers in einer natürlichen und ungestörten Normalsituation analysiert werden soll. Das Geschehen soll weder durch einen Beobachter noch durch eine Testsituation gestört und beeinflußt werden.

In diesem Zusammenhang spricht B. Spiegel [150, S. 156] von (voll-)biotischen Verfahren, wenn „die Versuchsperson weder um ihre Situation als Versuchsperson weiß, noch um eine Aufgabe, geschweige denn um den Zweck des Versuchs."

Alle Beobachtungsverfahren gehen von der berechtigten Prämisse aus, daß erkennbare Test- und Befragungssituationen das natürliche Verhalten der Testperson von vornherein beeinträchtigen, unter Umständen sogar verfälschen. Beobachtungsverfahren streben somit nach einer Analyse des *realen und völlig unbeeinflußten Verhaltens.*

In der nachfolgenden Darstellung wird zwischen *quasi- und vollbiotischen* Methoden unterschieden. Wie bereits erwähnt, stellen die voll-biotischen Verfahren zwar den Idealfall dar, sind jedoch in der Praxis nur selten zu realisieren.

Alle Konsum- und Verhaltensbereiche, die sich bei den Befragten zu Hause abspielen, sind aufgrund der zu wahrenden Intimsphäre generell keiner Beobachtung zugänglich. Deshalb lassen sich voll-biotische Verfahren nur in öffentlichen Situationen verwirklichen, wie zum Beispiel beim Einkauf im Supermarkt oder bei der Beobachtung und Reaktion von Passanten auf Werbung in der Öffentlichkeit.

Als voll-biotisches Verfahren hat sich somit in erster Linie die Verhaltensbeobachtung am Kaufort (*p.o.p.* = point of purchase) durchsetzen können.

Die quasi-biotischen Verfahren stellen in diesem Sinne eine Hilfskonstruktion dar, „in der die Versuchsperson zwar darüber informiert ist, daß ein Versuch vorgenommen werden soll, wobei jedoch der zu beobachtende

Handlungsablauf so in eine übergeordnete Gesamtsituation integriert ist, daß ihm keine besondere Beachtung geschenkt wird." (B. Spiegel, [150, S. 140]). Im Unterschied zur voll-biotischen Testanordnung weiß die Versuchsperson zwar, daß sie sich in einer Testsituation befindet, sie weiß jedoch nicht, worum es geht und wird bei entsprechend geschickter Versuchsanordnung den eigentlichen Handlungsvollzug (auf den es in dieser Situation allein ankommt) so vornehmen, wie dies in der Normalsituation der Fall wäre.
Bei allen biotischen und quasi-biotischen Beobachtungsverfahren darf sich die Testperson *nicht* beobachtet fühlen. Der Beobachtungsvorgang muß also getarnt sein, der Beobachter selbst darf nicht in Erscheinung treten. Dies ist am ehesten dann gewährleistet, wenn der gesamte Beobachtungsvorgang über versteckte Kameras vorgenommen wird. Besonders geeignet sind hierfür Fernsehkameras (Video-Kameras) da sie völlig geräuschlos arbeiten und mit normalen Lichtverhältnissen auskommen. Dort, wo sich die Installation von Kameras als technisch zu schwierig oder zu kostspielig erweist, muß sich der Beobachter tarnen, sei es als Verkäufer (in einem Supermarkt), als Testperson (im Wartezimmer eines Teststudios) oder als Passant (vor Plakaten oder Schaufensterdekorationen).
Der Einsatz von Beobachtungsverfahren sollte sehr überlegt vorgenommen werden, da sowohl ethische wie auch praktische Probleme zu berücksichtigen sind. Es versteht sich von selbst, daß jede Beobachtung, die ohne Wissen des Beobachteten vorgenommen wird, einen Eingriff in dessen Intimsphäre darstellt, und zumindest eine nachträgliche Einholung der Erlaubnis zur Auswertung der Ergebnisse erforderlich macht.
Die praktischen Probleme liegen vor allem in der Subjektivität des Beobachtungsvorgangs, d. h. in der Gefahr von Fehldeutungen oder zumindest stark subjektiver Interpretation des Wahrgenommenen. Deshalb sollten sich Beobachtungsvorgänge soweit wie möglich auf objektive Tatbestände und Ereignisse beschränken. Sofern diese verlassen werden, muß gewährleistet sein, daß

- die Beobachtung von mehreren verschiedenen Interviewern durchgeführt wird,
- die Beobachtung anhand möglichst strikt vorgegebener Kriterien vorgenommen wird,
- die Beobachtung möglichst durch Film- oder Video-Aufzeichnungen gestützt wird, um eine objektive Auswertung zu gewährleisten,
- in den Beobachtungssituationen ein möglichst repräsentativer Quer-

schnitt aller möglichen Verhaltensweisen sowie aller beeinflussenden Kriterien erfaßt wird.

2. Quasi-biotische Beobachtungsverfahren

2.1 Beobachtung des Leseverhaltens

Wie schwierig die Abgrenzung zwischen Beobachtungs- und experimentellen Verfahren in der Praxis ist, zeigen die nachfolgend beschriebenen Methoden zur Beobachtung des Leseverhaltens. Im Rahmen der Werbeforschung ist die Frage von großer Bedeutung, wie lange eine betreffende Anzeige tatsächlich beobachtet wird und auf welche Details der Anzeigengestaltung sich die Aufmerksamkeit in erster Linie konzentriert. Diese Probleme können nur sehr unvollständig mit Hilfe von Befragungsmethoden gelöst werden, da sich der Normalverbraucher in der Regel nicht zu erinnern vermag, wie lange er eine bestimmte Anzeige betrachtet hat, auf welche Details er sich primär konzentriert hat und wie der Blickverlauf im einzelnen vor sich gegangen ist. Exakte Auskünfte hierüber lassen sich nur über die Beobachtung – und teilweise nur über experimentelle Methoden – gewinnen.

Die einfachste Form der Leseverhaltens-Beobachtung haben wir dann vor uns, wenn eine Testperson direkt oder indirekt beim Lesen einer Illustrierten beobachtet wird. In beiden Fällen wird man versuchen, eine weitgehend biotische Lesesituation herzustellen, indem man die Testperson in ein Wartezimmer bittet und ihr während der Wartezeit eine Illustrierte in die Hand gibt. Die *direkte Beobachtung* erfolgt dabei über die Anwesenheit eines Interviewers im Wartezimmer, der – wie die Testperson – auch auf das Interview zu warten scheint. Die Aufgabe des Interviewers besteht darin, die Zeiträume festzuhalten, die die Testperson auf das Betrachten einzelner Anzeigen verwendet. Da keine Messung mit einer Stoppuhr möglich ist, handelt es sich nur um grobe Annäherungswerte.

Präzisere Daten lassen sich mit Hilfe der *indirekten Beobachtung* ermitteln. Hier wird die Testperson über eine versteckte Fernsehkamera oder über einen Einwegspiegel aus einem Nebenraum heraus beobachtet. In beiden Fällen ist es möglich, die exakte Zeit (per Stoppuhr) festzuhalten, die die Testperson bei einzelnen Anzeigen verweilt.

Diese einfachen Beobachtungsmethoden haben den entscheidenden Nachteil, daß eine Analyse des Blickverlaufs nicht möglich ist.

Die Buchregistrierungsverfahren

Die Frage, wie oft bestimmte Anzeigenelemente in welcher Folge und wie lange angesehen werden, kann nur mit Hilfe von *Blickregistrierungsverfahren* beantwortet werden.

Zusätzlich zu der Frage, ob eine Anzeige überhaupt bemerkt wurde und wie lange sie Beachtung findet, vermögen Blickregistrierungsverfahren folgende zusätzliche Aspekte zu klären:

- Wie verläuft der Blick zwischen den einzelnen Anzeigenelementen?
- Wie lange verweilt die Testperson bei einzelnen Gestaltungsdetails?
- Welche Gestaltungselemente der Anzeige werden überhaupt nicht beachtet?
- Welche Anzeigenelemente werden besonders lange und intensiv betrachtet?
- Folgt der Blickverlauf in etwa dem Anzeigenkonzept, d. h. werden die wichtigsten Werbebotschaften in einem sinnvollen Zusammenhang wahrgenommen?
- Welche Textstellen werden wie lange gelesen und welche Texststellen werden ausgelassen?
- Wie dominant sind die Bildelemente der Anzeige, d. h. wie ausführlich und wie ausschließlich wendet sich ihnen die Testperson zu?
- Gibt es Anzeigenelemente, die wiederholt betrachtet werden?

Bei allen Blickregistrierungsverfahren ist es demnach entscheidend, wie exakt der Blickverlauf bei der Anzeigenbetrachtung erfaßt werden kann. Dies ist in der Regel nur mit *apparativen Hilfsverfahren* möglich, die in der Regel eine biotische Lesesituation kaum möglich machen. Aus der Darstellung der nachfolgenden Verfahren wird deutlich, daß bei zunehmender Annäherung an eine biotische Leseverhaltens-Situation die Exaktheit in der Erfassung der Pupillenbewegungen und damit eine exakte Analyse des Blickverlaufes zunehmend schwierig wird. Dennoch haben sich die biotischen Testansätze in der Marktforschung sehr viel stärker durchgesetzt.

Nachfolgend sollen drei Verfahren der Blickregistrierung dargestellt werden, die von der absolut offenen Laborsituation bis zur weitgehend biotischen Normalsituation reichen:

(1) Der eye-mark recorder NAC III

Der eye-mark recorder NAC III ist eine brillenähnliche Apparatur, die aus einer Kamera mit zwei getrennten Objektiven besteht, wobei durch das eine Objektiv das Blickfeld der Testperson aufgenommen wird und durch das andere Objektiv die Bewegungen der Hornhaut festgehalten werden, woraus wiederum die Blickrichtung zu entnehmen ist. Um die Blickrichtung genau zu erfassen, wird durch eine kleine, am Brillengestell montierte Richtlampe ein Lichtstrahl so auf die Hornhaut projiziert, daß entsprechende Veränderungen der Blickrichtung durch die unterschiedliche Reflektion des Lichtstrahls erfaßt werden können. Der Strahlengang aus beiden Objektiven wird übereinander geblendet, so daß auf einem entsprechenden Aufnahmegerät sowohl das Blickfeld der Testperson als auch der Markierungspfeil, der die Blickbewegungen verdeutlicht, beobachtet werden können (vgl. Abb. 20).

Der Vorteil des eye-mark recorders liegt in der exakten Erfaßbarkeit der Blickbewegungen, wodurch auf einer 50 cm entfernten Vorlage die Blickbewegung zwischen zwei Punkten erfaßt werden kann, die nur 2 cm auseinander liegen. Dieser exakten Meßbarkeit des Blickgeschehens steht der Nachteil gegenüber, daß die Testperson durch eine komplizierte Apparatur belastet wird und das Verhalten der Probanden durch den stark experimentellen Charakter der Testsituation nicht mehr der Normalsituation entspricht.

(2) Das Mannheimer Blickregistrierungs-Verfahren

Eine relativ weite Annäherung an die Realsituation erreichte das Institut für Marktpsychologie in Mannheim mit einem Testansatz, in dem der Proband in einer Wartezimmer-Situation gefilmt wird. Die methodische Besonderheit lag in einem schräg geneigten, verspiegelten Lesepult, das die Augenpartie und damit die Blickbewegungen widerspiegelte. Auf diese Weise konnte durch eine hinter der Testperson versteckt angebrachte Kamera sowohl die aufgeschlagene Illustrierte als auch die Blickbewegung aufgenommen werden.

(3) Die Leseverhaltens-Beobachtung nach dem Compagnon-Verfahren

In der Mannheimer Versuchsanordnung erwies sich das schrägstehende Lesepult vielfach als Hemmnis für ein natürliches und ungezwungenes Leseverhalten. Das Compagnon-Verfahren verbessert die biotische Situation dadurch, daß die Zeitschrift auf einem flachen, völlig normal anmutenden Couchtisch ausgelegt werden kann. Dieser verspiegelte Tisch wird durch eine Stehlampe beleuchtet, in der die Kamera versteckt ist. Durch einen technischen Trick kann man auf dem Fernsehschirm das Gesicht des Lesers beobachten und gleichzeitig die Zeitschrift genauso sehen, wie die Testperson sie sieht. Die Blickrichtung wird dann ganz einfach aus der Stellung der Augen zur Zeitschrift erschlossen.

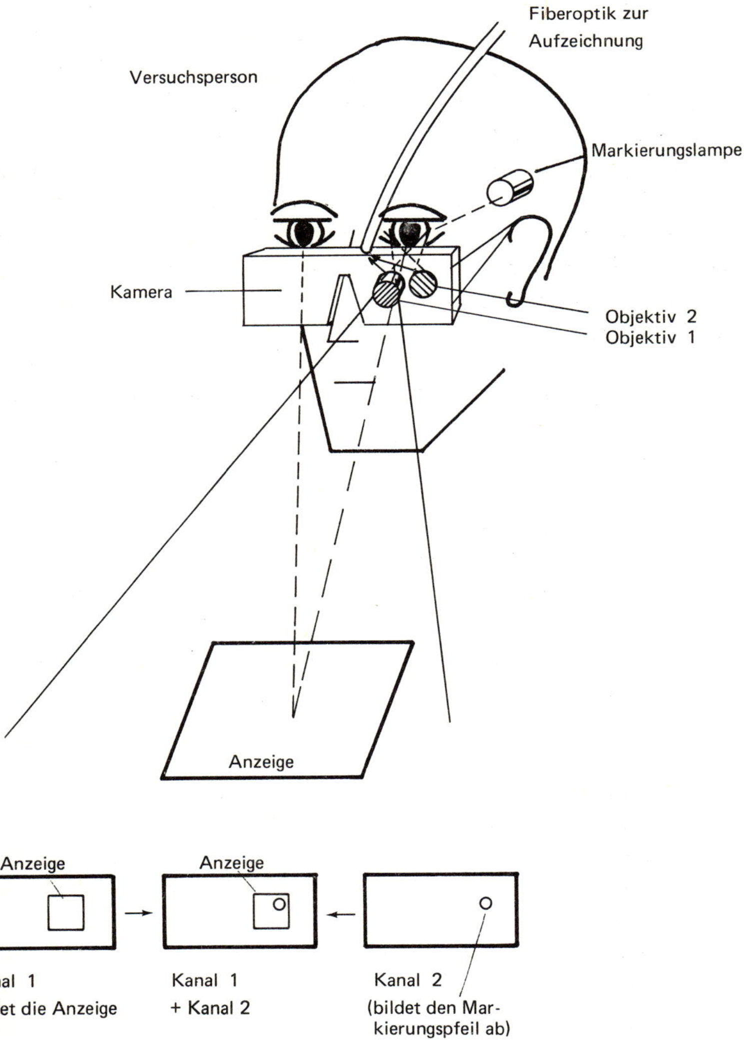

Abb. 20: Messung des Blickverlaufs mit Hilfe des „eye-mark recorders NacIII"

Abb. 21: Beobachtung der Blickbewegungen nach dem „Compagnon-Verfahren"

Es muß nicht besonders erwähnt werden, daß dieses Verfahren – ähnlich wie die Mannheimer Testanordnung – deutlich größere Unsicherheiten in der Erfassung der Blickrichtung mit sich bringt als der eye-mark recorder. Es bedarf einer relativ langen Übung und einer hohen Konzentration der Beobachter, um eine annähernd exakte Zuordnung der Augenbewegungen zu den jeweiligen Anzeigenelementen vornehmen zu können. Aufgrund der relativ starken Annäherung dieser Testordnung an ein normales und ungestörtes Leseverhalten ist man jedoch geneigt, die größere Unsicherheit in der Registrierung des genauen Blickverlaufes in Kauf zu nehmen.

2.2 Beobachtung von Handlungsabläufen

Bei vielen Produkten, insbesondere Gebrauchsgütern (Rasierapparate, Küchengeräte, Stereo-Anlagen, Fotoapparate etc.), aber auch bei den Verpakkungen von Konsumgütern kommt es sehr wesentlich darauf an, daß sie *funktionsgerecht* sind. Sie müssen so gestaltet sein, daß sie ohne Probleme zu handhaben sind, daß eine falsche Bedienung ausgeschlossen ist, daß sie sich möglichst einfach und problemlos dem normalen Bewegungsablauf anpassen. Nicht der Verbraucher soll lernen, wie er mit dem Gerät umzugehen hat, sondern das Gerät sollte so entwickelt sein, daß es sich den bestehenden Bedienungsgewohnheiten des Verbrauchers anpaßt.
Da es sich bei den Bewegungs- und Handhabungsabläufen weitgehend um *periphere* und kaum bewußte Vorgänge handelt, sind mit üblichen Befragungsmethoden keine verläßlichen Ergebnisse erzielbar. Wie schwer es uns fällt, selbst täglich wiederholte Handlungsabläufe zu beschreiben, zeigt sich darin, daß mehr als 50% der Autofahrer nicht in der Lage sind, die genaue Lage des Rückwärtsganges in ihrem Auto zu beschreiben.
B. Spiegel spricht hier von „geringfügigen Handlungsgepflogenheiten", die sich trotz täglicher Wiederholung als so selbstverständlich und daher bedeutungsschwach erweisen, daß ihr konkreter Vollzug eigentlich nie bewußt erlebt oder nachvollzogen wird. Die Schwierigkeit, Handlungsvollzüge zu beschreiben, demonstriert er an einem sehr prägnanten Beispiel (B. Spiegel, [150, S. 19]):

> „Zur Veranschaulichung sei hier ein allgemeines und vom Leser an sich selbst sogleich nachprüfbares Beispiel für eine solch geringfügige Handlungsgepflogenheit, die der Versuchsperson normalerweise unzugänglich ist, gegeben: Das Händefalten geschieht zwar nach einer ganz starr festliegenden Gepflogenheit, doch wird diese nicht erlebt und ist somit nicht erfaßbar. So falten manche Personen die Hände stets so, daß jeweils der rechte kleine Finger über den linken, der rechte Ringfinger über den linken, der rechte Mittelfinger über den linken, usw. zu liegen kommt, andere Personen gerade umgekehrt. Dieser Sachverhalt läßt sich nur durch *Probieren* ermitteln."

Die Durchführung von Handhabungstest

Um eine quasi-biotische Testsituation zu erreichen, ist es generell notwendig, die Testperson ungestört, d. h. ohne die Gegenwart eines Versuchsleiters, operieren zu lassen. Dies ist problemlos möglich, wenn der Handhabungstest in einem Studio durchgeführt wird, das mit Durchblickspiegel oder einer Fernsehanlage ausgerüstet ist.

Weiterhin empfiehlt es sich, den eigentlichen Handhabungstest nicht isoliert durchführen zu lassen, sondern ihn in einen übergeordneten Handlungsablauf einzubetten, in dem der eigentlich interessierende Test entweder nur eine Teilhandlung oder eine Vorbereitungshandlung darstellt.

Auf die Beobachtungsmöglichkeiten mit Hilfe eines Einwegspiegels bzw. einer Fernsehanlage wurde bereits verwiesen; es braucht deshalb nicht wiederholt zu werden. Die Beobachtung durch den Einwegspiegel bringt den Vorteil des größeren Bildausschnittes mit sich, die Beobachtung mit Hilfe einer Fernsehanlage ist nur dann wirklich vorteilhaft, wenn der gesamte Handlungsvollzug auch auf Videoband aufgezeichnet wird. Damit ergibt sich die Möglichkeit, ihn in mehreren Wiederholungsvorführungen ausführlich zu analysieren. Mit Hilfe des Standbildes (Film wird angehalten) können typische Bewegungen und Gesten besonders gründlich und eingehend studiert werden.

Anwendungsbeispiele für Handhabungstests

Die Anwendungsbereiche des Handhabungstests lassen sich am besten anhand einiger typischer Beispiele verdeutlichen:

(1) Ein Hersteller von Flaschenverschlüssen wollte die Akzeptanz sowie mögliche Handling-Probleme bei einem neuen Aufreißverschluß für Bierflaschen untersuchen. Man befürchtete einerseits Widerstände aus dem Lager der „typischen Biertrinker" (die den Verschluß möglicherweise als nicht bieradäquat ablehnen würden) sowie von seiten der älteren Menschen und Frauen, denen möglicherweise die Kraft zum Aufreißen des Verschlusses fehlen würde.

Die Tarnung des Versuches war relativ einfach. Man veranstaltete mehrere kurze Gruppendiskussionen mit jeweils 10 Personen, wobei vorher, mit Hilfe von Filterfragen, sichergestellt wurde, daß es sich nur um Biertrinker handelte. In die Mitte des Tisches wurden je fünf Bierflaschen mit den üblichen Kronkorken-Verschlüssen sowie mit den neuen Aufreißverschlüssen gestellt. Während der Diskussion wurden die Personen mehrmals gebeten, sich mit Getränken zu bedienen. Mit Hilfe einer Fernsehkamera konnte beobachtet werden, daß nahezu alle Befragten vor dem Auswählen der Flasche kurz zögerten, daß mehr als 80% der Testpersonen zu den Kronkorken-Flaschen griffen, daß das Öffnen der Aufreißverschlüsse den Frauen tatsächlich Schwierigkeiten bereitete und die Flaschen gelegentlich (ungeöffnet) wieder zurückgestellt wurden, während sich manche Männer mit roten Köpfen und deutlichen Schwierigkeiten bemühten, die Flasche zu öffnen und dann mit sichtlicher Verärgerung das Glas eingossen. Ganz allgemein fiel auf, daß vor dem Öffnen des Aufreißverschlusses die Flasche sowie der Verschluß näher begutachtet wurde, teilweise mißtrauisch untersucht wurde, daß gelegentlich noch einmal auf das Etikett gesehen wurde (ob es sich auch um Bier handelte) und der gesamte Handlungsablauf des Öffnens eher unwillig vollzogen wurde.

In einem zweiten Testansatz wurden die Bedingungen dahingehend verschärft, daß man für 10 Personen nur einen Flaschenöffner auf den Tisch legte. Auch hier zeigte sich die Skepsis gegenüber dem neuen Bierverschluß in aller Deutlichkeit. Die Testpersonen warteten geduldig, bis der Öffner um den ganzen Tisch wanderte und griffen erst dann zu den neuen Verschlüssen, als alle Kronkorken-Flaschen leergetrunken waren.

(2) Der Hersteller einer bekannten Haarspray-Marke wurde häufig mit der Klage konfrontiert, daß das Haarspray zu klebrig sei bzw. der Sprühmechanismus nicht exakt genug funktioniere (Klumpenbildung).

Um eine quasi-biotische Testsituation zu erreichen, wurde folgendes Vorgehen gewählt: Eine Reihe von Frauen unterschiedlichen Alters und mit unterschiedlichen Haarlängen und Frisuren wurde ins Teststudio geladen mit dem Hinweis, daß man eine neue Porträt-Kamera testen wolle. Jeder Frau wurde ein großes Porträt-Foto versprochen. Gleichzeitig bat man die Testpersonen, sich weder zu schminken, noch zu frisieren, da vor den Aufnahmen eine Kosmetikerin sowie eine Friseuse zur Verfügung stünden. Im Studio selbst war dann nur eine Kosmetikerin anwesend, die Friseuse wurde wegen Krankheit entschuldigt. Jede Testperson wurde gebeten, sich vor einem Spiegel selbst zu frisieren und zur Sicherheit auch etwas Haarspray zu verwenden. Hierbei konnten folgende interessante Beobachtungen gemacht werden: Frauen mit kurzen, gelockten Haaren (insbesondere Dauerwellen) neigten dazu, beim Frisiervorgang jede einzelne Locke gezielt mit Haarspray einzusprühen. Jede Locke wurde getrennt für sich gekämmt und eingesprüht. Da man hierbei verhindern wollte, daß Haarspray auf die noch nicht gekämmten Locken fiel, ging man mit der Dose sehr nah an das Haar heran. Durch die kurze Distanz zwischen Haarlocke und Sprühdüse konnte es zu keiner feinen Zerstäubung des Haarsprays kommen.

Völlig problemlos erschien hingegen die Anwendung des Haarsprays bei all den Frauen, die ihr Haar zuerst vollständig auskämmten und erst nach Abschluß der Frisurenbildung das gesamte Haar einsprühten. Hierbei wurde der erforderliche und optimale Abstand von ca. 15 cm zwischen Haar und Sprühdose nahezu immer eingehalten.

Die Folgerung aus diesen Beobachtungen war sehr einfach zu ziehen: Man entwickelte ein Sprühsystem, das selbst auf kürzeste Distanzen einen feinen Sprühnebel erzeugte und bot dieses Haarspray speziell für stark gelocktes Haar an (Mikro-Sprühung).

3. Beobachtungsverfahren in vollbiotischer Situation

Wie bereits erwähnt, wollen wir von einer vollbiotischen Beobachtungssituation nur dann sprechen, wenn das Verhalten der beobachteten Personen durch keinerlei Testeinflüsse beeinträchtigt wird. In diesem Sinne stellt bereits die Einladung ins Teststudio eine Beeinträchtigung dar, da trotz einer versteckten Einbettung des eigentlichen Testversuchs nicht vorausgesetzt werden kann, daß die beobachtete Person in einem Teststudio völlig natürlich und unbeeinflußt reagiert (= Labor-Effekt). Während quasi-biotische Testanordnungen somit im Studio durchgeführt werden können,

müssen vollbiotische Beobachtungen immer in der normalen und gewohnten Umgebung der Befragten ablaufen.
Im Rahmen der vollbiotischen Beobachtungstests hat sich vor allem die „Beobachtung des Kaufverhaltens am Kaufort“ in der Praxis durchgesetzt.

3.1 Die Kaufverhaltensbeobachtung

Bei der Kaufverhaltensbeobachtung soll der Kaufvorgang des Konsumenten, d. h. sein konkretes Auswahl- und Entscheidungsverhalten, unter wirklichkeitsgetreuen Verhältnissen, also unmittelbar am Kaufort beobachtet werden. Der entscheidende Vorteil dieses Verfahrens liegt in der absoluten Realitätsnähe der Beobachtung, die immer an den relevanten Einkaufsstätten durchgeführt wird; der entscheidende Nachteil hingegen in der Tatsache, daß nur marktreife Produkte getestet werden können.
Besonders ergiebig wird die Kaufverhaltensbeobachtung dann, wenn sie zur *Kaufentscheidungsanalyse* ausgeweitet wird, d. h. mit einer kurzen Befragung am Kaufort im Hinblick auf die jeweils relevanten Kaufmotive verbunden wird. Auf dieses erweiterte Verfahren (psychologischer Testmarkt) wird jedoch an späterer Stelle eingegangen (siehe S. 226 ff.).
Doch auch ohne anschließende Befragung bietet die vollbiotische Kaufverhaltensbeobachtung entscheidende Vorteile:

- Der Konsument wird in seinem natürlichen Kaufverhalten beobachtet, d. h. er denkt, entscheidet und handelt völlig unbeeinflußt und ohne Wissen um die Beobachtung.
- Der gesamte Kaufvorgang, vom ersten Sehen des Produktes bis zum positiven oder negativen Kaufentscheid, läuft nicht in einer Studiosituation sondern im natürlichen und gewohnten Umfeld der jeweils relevanten Einkaufsstätte ab (Supermarkt, Verbrauchermarkt, Fachhandel etc.)
- Der Konsument entscheidet sich nicht in einer unverbindlichen Testsituation, sondern in einer konkreten Realsituation, in der er das Produkt, das er gewählt hat, auch bezahlen muß.
- Das interessierende Produkt befindet sich im Umfeld realer Konkurrenzprodukte.
- Der Entscheidungsvorgang orientiert sich an den realen Anforderungen des Konsumenten (Preis-Nutzen-Relation) und nicht an „Ideal-Forderungen“, die in der Testsituation häufig an ein Produkt gestellt werden.

3.1.1 Zur Durchführung von Kaufverhaltensbeobachtungen

Erste und entscheidende Voraussetzung der Kaufverhaltensbeobachtung ist die Gewährleistung einer vollbiotischen Beobachtungssituation. Diese wird am ehesten durch den Einsatz von Fernsehkameras erreicht, wobei die zunehmende Installation von Überwachungsanlagen in großen Supermärkten einer Zweitnutzung für die Marktforschung geradezu entgegenkommt. In diesem Fall hat sich der Kunde bereits an die Präsenz dieser Kamera gewöhnt und wird sein Kaufverhalten entsprechend unbeeinflußt vornehmen. In allen anderen Fällen müssen die Fernsehkameras hinter Displaymaterial oder Kartons versteckt werden. Erweist sich der Einsatz von Fernsehkameras als zu schwierig, so ist in der Regel auch eine persönliche Beobachtung problemlos möglich. In diesem Fall „tarnt" sich der Interviewer mit einer weißen Verkäuferschürze und gibt sich bei der Niederschrift seiner Beobachtungen den Anschein, als ob er Regalbestände notieren würde.
Schwieriger als der eigentliche Beobachtungsvorgang ist die Gewährleistung einer einigermaßen aussagekräftigen und repräsentativen Stichprobe. Hierzu ist es erforderlich, die Beobachtung auf einen breiten Querschnitt aller relevanten Einkaufsstätten zu verteilen. Zu berücksichtigen ist dabei

- das Einzugsgebiet der jeweiligen Einkaufsstätte (vornehmes Wohngebiet, Arbeiterviertel, Vorort, Stadtzentrum, etc.)
- die Art der Einkaufsstätte (normales Lebensmittelgeschäft, Supermarkt, Verbrauchermarkt, Kaufhaus etc.)
- Lebensmittel-Einzelhandel oder Fachhandel.
- die Größe der Einkaufsstätte (in qm Ladenfläche).

Besonders schwierig erweist sich die Kaufverhaltensbeobachtung bei Produkten, die selten gekauft werden. Hier ist es unerläßlich, durch vorherige Befragung des Ladeninhabers oder Filialleiters die Umschlagshäufigkeit des jeweiligen Artikels zu ermitteln. Sollte sich ein Produkt weniger als 5 bis 10mal pro Tag verkaufen, so wird eine Kaufverhaltensbeobachtung in der Regel zu kostspielig werden, da der Interviewer (Beobachter) nichtsdestoweniger die ganze Zeit auf dem Posten stehen muß.
Um Kosten zu sparen, wird man normalerweise den Beobachtungszeitraum nicht auf den ganzen Tag ausdehnen, sondern auf die besonders frequentierten Stunden zwischen 8.30 Uhr und 10.30 Uhr, 11.30 Uhr bis 13.00 Uhr und 16.30 Uhr bis 18.30 Uhr einschränken.
Sind alle diese Voraussetzungen geklärt, so kann an die unmittelbare Testvorbereitung gedacht werden. Im Vordergrund steht dabei die Frage

der *Placierung* des Test-Produktes. Der Einfluß des Regalplatzes auf den Kaufentscheid ist hinlänglich untersucht worden und in seiner Wirksamkeit längst erwiesen. Bei der Testplacierung muß entschieden werden, ob man das Produkt an einer besonders günstigen Regalstelle unterbringen möchte (um den mangelnden Bekanntheitsgrad auszugleichen), ob man die Regalstelle variiert (und damit gleichzeitig den unterschiedlichen Placierungseinfluß mißt) oder ob man die Regalstelle der Willkür des jeweiligen Ladeninhabers überläßt (und damit am ehesten der Realsituation nahekommt).
Auf jeden Fall wird man auf die Gestaltung des Konkurrenzumfeldes Einfluß nehmen wollen. Das unmittelbare Produktumfeld ist von entscheidender Auswirkung auf den Kaufentscheidungsvorgang des Konsumenten.
Die eigentliche *Kaufverhaltensbeobachtung* selbst wird unter einem quantitativen und einem qualitativen Aspekt vorgenommen. Quantitativ soll ermittelt werden:

- wieviele Personen insgesamt am Regal vorbeigehen,
- wieviele davon vor dem Regal stehenbleiben,
- wieviele davon das Produkt oder ein Konkurrenzprodukt näher betrachten,
- wieviele es aus dem Regal herausnehmen und betrachten,
- wieviele um nähere Auskünfte und Erklärungen ersuchen,
- wieviele letztlich das Produkt wieder zurücklegen
- oder es tatsächlich kaufen
- oder aber ein Konkurrenzprodukt kaufen.

In qualitativer Hinsicht wird beobachtet:

- die Spontaneität der Zuwendung,
- die begleitende Mimik und Gestik,
- die Art und Weise des Umgangs mit dem Produkt (zögernde Herausnahme aus dem Regel bzw. rasches und spontanes Zugreifen / längere Betrachtung oder gleich in den Korb legen / ausführliches Lesen der Produktbeschreibung oder nur kurze Orientierung am Produkt- und Markennamen etc.),
- die Art der spontanen Äußerung („Oh, was Neues", „Was ist denn das?" etc.)
- die Ausführlichkeit der Zuwendung und Beschäftigung mit dem Produkt.

Ergänzend wird festgehalten, wieviele Personen eines der unmittelbaren Konkurrenzprodukte kaufen und ob diese Personen sich vorher mit dem Testprodukt beschäftigt haben.

3.1.2 Anwendungsbereiche der Kaufverhaltensbeobachtung

Die Kaufverhaltensbeobachtung erweist sich bei vielen unternehmerischen Problemen als hilfreiches und wirksames Instrument.

(1) Am häufigsten wird die Verhaltensbeobachtung am Kaufort eingesetzt zur Überprüfung der Marktchancen neu entwickelter Produkte. Hierbei soll ermittelt werden, ob sich das neue Produkt gegenüber der Konkurrenz durchsetzen kann, ob die Produkt- und Packungsgestaltung genügend Aufmerksamkeitswert erzielen kann und letztlich, ob der Produktnutzen (das Produktversprechen) genügend attraktiv erscheint, um zur Kaufhandlung zu führen.
(2) Zur Analyse des Kaufverhaltens bei Produkten, die überraschend Marktanteile verloren haben.
(3) Zur Analyse des Einflusses unterschiedlicher Regalplacierungen, insbesondere im Hinblick auf Konkurrenzprodukte.
(4) Zur Bestimmung der „richtigen" Placierung, d. h. des Ortes, wo der Verbraucher dieses Produkt am ehesten sucht (Beispiel: Soll eine in Dosen abgepackte Trinkmilch bei anderen Dosenprodukten, wie z. B. Kondensmilch, placiert werden oder bei Frischmilch oder letztlich in einer separaten Sonderplacierung?).
(5) Zur Analyse des Einflusses unterschiedlicher Packungs- oder Produktgestaltungen auf die Kaufbereitschaft des Konsumenten (wobei pro Einkaufsstätte nur eine Produkt- bzw. Packungsversion placiert werden kann).

Abschließend sei noch einmal erwähnt, daß die Kaufverhaltensbeobachtung ihre eigentliche und entscheidende Aussagekraft erst dann erhält, wenn sie mit einer Kurz-Exploration der wesentlichen Kaufmotive verbunden wird. Im Rahmen dieses erweiterten Verfahrens (siehe S. 226 ff.) werden konkrete und ausführliche Anwendungsbeispiele zitiert.

III. Experimentelle Methoden

Von experimentellen Methoden wollen wir einschränkend nur dann sprechen, wenn mit Hilfe von *apparativen* Verfahren Wahrnehmungs-, Entscheidungs- oder Handlungsabläufe analysiert werden, die auf andere Weise nicht oder nur mit erheblich größerem Aufwand untersucht werden könnten.

Experimente erscheinen dann sinnvoll – und der Befragung und Beobachtung überlegen –

- wenn es sich um Erlebnisinhalte handelt, die der Testperson nur schwer oder gar nicht zugänglich sind (geringfügige Tatsachen),
- wenn Handlungen in übergeordnete Abläufe so eingebettet sind, daß sie von der Testperson nicht isoliert und abstrahiert werden können (hier bietet das Experiment die Möglichkeit, Einzelvorgänge zu isolieren),
- wenn es darum geht, störende Nebeneinflüsse konstant zu halten,
- wenn Reaktionen beobachtet werden sollen, die in der Wirklichkeit zu schnell ablaufen, insbesondere bei Wahrnehmungsvorgängen (Analyse aktualgenetischer Prozesse).

Experimente bedürfen meist einer ergänzenden Befragung, da die im Experiment gemachten Erlebnisse und Beobachtungen der Testpersonen dem Versuchsleiter mitgeteilt werden müssen. Die Befragung hat dabei deutlich sekundären Charakter, da sie sich im wesentlichen auf die Mitteilung, allenfalls auf die Vertiefung der im Experiment erlebten Inhalte beschränkt.

Von den vielen experimentellen Methoden, die im Lauf der Jahre entwickelt wurden, bezogen sich nahezu alle ausschließlich auf den Bereich der Werbeforschung und hier insbesondere auf die Analyse von Wahrnehmungs- und Gedächtnisvorgängen. Von der breiten Palette der experimentellen Methoden, wie sie z. B. B. Spiegel in seinem Buch „Werbepsychologische Untersuchungsmethoden“ [150] noch darlegt, haben sich bis heute praktisch nur

- die Schnellgreifbühne – und in noch höherem Maße –
- das tachistoskopische Verfahren

durchsetzen können.

1. Das Tachistoskop

Ein Tachistoskop (griech.: schnell-sehen) ist ein Instrument, mit dem es möglich ist, einen Gegenstand in beliebig kurzen Zeitintervallen sichtbar zu machen. Die Darbietungs- oder Wahrnehmungszeiten können bei entsprechenden Geräten bis zu $^1/_{1000}$ Sekunde minimiert werden, so daß eine bewußte oder gar vollständige Wahrnehmung des vorgestellten Gegenstandes nicht mehr möglich ist. Die Testpersonen können nur über „verschwommene, nicht näher definierbare Eindrücke" berichten, die jedoch trotz – oder gerade wegen – ihrer Undifferenziertheit erste gefühlsmäßige Reaktionen auslösen (sympathisch – unsympathisch – freundlich – bedrohend etc.). Gerade hierin liegt das wesentliche Anliegen des tachistoskopischen Experiments. Durch das Ausschalten einer bewußten (sprich: rationalen) Wahrnehmung möchte man die ersten und spontanen Anmutungen eruieren, die durch eine bestimmte Wahrnehmung in den tieferen Schichten einer Person ausgelöst werden. Auf die hier zugrundeliegende Theorie der Aktual-Genese wird im Anschluß eingegangen.
Durch eine zunehmende Verlängerung der Wahrnehmungszeiten ($^1/_{100}$ Sekunde / $^1/_{10}$ Sekunde / $^1/_2$ Sekunde etc. ...) soll die Testperson ihren Wahrnehmungsvorgang Schritt für Schritt aufbauen.
Grundsätzlich kann im tachistoskopischen Test jeder Gegenstand (Anzeige, Packung, Produkt) untersucht werden.

1.1 Welche Fragen beantwortet der tachistoskopische Test?

Der tachistoskopische Versuch, der nichts weiter als eine Zergliederung des Wahrnehmungsvorganges darstellt, beantwortet demgemäß in erster Linie wahrnehmungspsychologische Fragen. Folgende vier Problembereiche stehen dabei im Vordergrund:

(1) Die bereits erwähnte Analyse früher *Anmutungsqualitäten*, die nur bei sehr kurzen Darbietungszeiten, d. h. in einem Zustand möglich ist, wo die Wahrnehmung (aufgrund ihrer Undeutlichkeit) noch nicht durch rationale Bewußtseinsvorgänge überbaut, verdeckt oder verändert werden kann (in der Regel $^1/_{1000}$ bis $^1/_{200}$ sec.).
(2) Die Ermittlung der *Wahrnehmungsdominanten*, d. h. derjenigen Gestaltungselemente, die am frühesten erkannt werden. Dies ist besonders wichtig, wenn die Deckungsgleichheit der Wahrnehmungsdominanten mit den zentralen Werbeaussagen ermittelt werden soll.

(3) Die Überprüfung der *Prägnanz* einzelner Gestaltungselemente, worunter die Eindeutigkeit und Richtigkeit der Wahrnehmung zu verstehen ist. Ein Gestaltungselement ist dann prägnant, wenn es von Anfang an *richtig* erkannt worden ist und zu keinerlei Fehldeutungen führte. Im Rahmen der Gestaltpsychologie wurde hierfür der Ausdruck „Gestaltfestigkeit" geprägt.

(4) Überprüfung der *Marken- und Produktadäquatheit* einzelner Gestaltungselemente. Im tachistoskopischen Test wird häufig ersichtlich, daß einzelne Gestaltungsdetails die Marken- oder Produktidentifizierung erschweren oder gar fehlleiten.
So führte eine dunkle Hintergrundfarbe auf einer Anzeige für Milchschokolade zur Assoziation von Bitter-Schokolade; so wird die Markenidentifikation von Nivea wesentlich erleichtert durch die Verwendung der typischen blauen Farbe auf den Anzeigen.

1.2 Psychologische Grundlagen zum tachistoskopischen Test

Das tachistoskopische Verfahren stützt sich – wie bereits mehrfach erwähnt – weitgehend auf die Theorie der *Aktual-Genese.* Ihr Kernsatz lautet: Optische Wahrnehmungen entstehen nicht augenblicklich, sondern prozessual.
Andererseits läuft der Wahrnehmungsprozeß so schnell ab, daß er nicht bewußt erlebt und nachvollzogen werden kann. Erst mit Hilfe einer experimentellen Verkürzung und Zergliederung des Wahrnehmungsvorganges (Tachistoskop) ist es möglich, diesen Prozeß erlebbar zu machen.
Eine entscheidende weitere Aussage der Aktual-Genese besteht darin, daß in den ersten Phasen des Wahrnehmungsvorganges nur die tieferen Schichten der Person angesprochen werden (unbewußt gefühlsmäßige Reaktionen) und erst in den späten Phasen der Wahrnehmung die höheren und bewußten Schichten hinzukommen (rationales, bewußtes Erkennen).
Während in der erlebten Wirklichkeit dieser Prozeß als untrennbare Einheit empfunden wird, kann er im Experiment aufgespalten werden. Durch die extrem kurzzeitige Darbietung wird genau der Zustand erreicht, der im prozessualen Wahrnehmungsablauf den ersten frühen Phasen (der gefühlsbetonten Reaktion) entspricht. Dadurch kann verhindert werden, daß die gefühlsmäßige Reaktion auf einen Wahrnehmungsvorgang von vornherein durch bewußte und rationale Momente überlagert, verdeckt oder gar verändert wird.

Die große Bedeutung, die der Analyse dieser gefühlsbetonten und unreflektierten Anmutungen zukommt, unterstreicht B. Spiegel mit folgenden vier Hinweisen [150, S. 52]:

(1) Der überwiegende Teil aller Alltagshandlungen und damit auch vieler Alltagskäufe wird unreflektiert vollzogen: Das Handeln wird entscheidend von den tieferen Schichten bestimmt.
(2) Selbst dann, wenn eindeutig rationale Überlegungen mitspielen, ist es interessant, das emotionale Fundament kennenzulernen.
(3) Die spontanen Anmutungen bestimmen, ob einem Werbemittel nähere Beachtung geschenkt wird oder ob es am Rande des Bewußtseins verbleibt.
(4) Die übliche Flüchtigkeit bei der Werbemittelbeachtung (Anmerkung: z. B. bei Anzeigen 1–2 sec.) führt nur in seltenen Fällen und oft erst nach zahlreichen Begegnungen zu einer bewußten Zuwendung. Es müssen daher schon die diffusen, kaum beachteten Anmutungen in die entscheidende Richtung weisen.

1.3 Die Durchführung des tachistoskopischen Tests

Das Tachistoskop selbst besteht im einfachsten Fall aus einem Diaprojektor mit einem Compur-Verschluß. Dieser erlaubt eine Einstellung verschiedener Projektionszeiten, die in etwa den Belichtungszeiten einer hochwertigen Kamera entsprechen und in der Regel bis zu $^{1}/_{1000}$ sec., mindestens jedoch bis zu $^{1}/_{500}$ sec. reichen. Das Projektions-Tachistoskop bringt den Nachteil mit sich, daß man in völlig oder zumindest weitgehend abgedunkelten Räumen arbeiten muß.
Deshalb wird vielfach das sog. „Elektronen-Tachistoskop" bevorzugt. Da die Versuchsperson nicht auf eine Leinwand, sondern in einen dunklen Kasten hineinsieht, in dem sich das Untersuchungsmaterial befindet, kann das Elektronen-Tachistoskop auch bei Tageslicht eingesetzt werden. Seine Funktionsweise kann man sich ähnlich wie bei einem modernen Elektronen-Blitzgerät vorstellen. Mit den modernsten Anlagen dieser Art lassen sich Belichtungszeiten von $^{1}/_{2000}$ sec. realisieren. Für die Praxis ist dies jedoch ohne großen Belang, da zwischen $^{1}/_{2000}$ sec und $^{1}/_{1000}$ sec. in der Regel keine Ergebnisunterschiede in den Wahrnehmungen erzielt werden können. Bei diesen extrem kurzen Darbietungszeiten sind die Testpersonen

nicht mehr in der Lage, mögliche Wahrnehmungsunterschiede zu realisieren – und noch weniger in der Lage, sie zu verbalisieren.

Die *Testdurchführung* an sich ist relativ einfach. Die Testperson wird darüber informiert, daß man ihr auf der Leinwand (Projektions-Tachistoskop) bzw. im Kasten (Elektronen-Tachistoskop) mit jeweils unterschiedlich langen Darbietungszeiten etwas zeigen wolle. Für die Vorführung selbst empfiehlt sich folgende Reihenfolge der Darbietungszeiten: $^1/_{1000}$ sec., $^1/_{500}$ sec., $^1/_{100}$ sec., $^1/_{50}$ sec., $^1/_{10}$ sec., $^1/_2$ sec., 1 sec., 3 sec. Vor jeder einzelnen Darbietung sollte die Testperson mit einem kurzen Zuruf: „Achtung, jetzt!" vorbereitet werden, da es bei den kurzen Darbietungszeiten in der Regel nicht möglich ist, die Blickrichtung zu korrigieren. Das heißt: Hat die Testperson nicht aufmerksam auf die Leinwand (bzw. in den Kasten) gesehen, so wird sie bei den kurzen Verschlußzeiten möglicherweise gar nichts gesehen haben.

Im Anschluß an jede einzelne Darbietung werden folgende vier Fragen gestellt:

(1) *Frage:* (Nur bei kurzen Darbietungszeiten bis zu etwa $^1/_{100}$ sec.):
Welchen Eindruck, welche Stimmung hat das, was Sie eben gesehen haben, bei Ihnen hinterlassen? (Diese Frage wird in der Regel noch explorativ ausgeweitet, weil ihre Beantwortung vielen Testpersonen Schwierigkeiten bereitet.)

(2) *Frage:* Was haben Sie gesehen? Beschreiben Sie mir alles, was Sie gesehen haben so ausführlich wie möglich.

(3) *Frage:* Was könnte das gewesen sein, was Sie gesehen haben? Worum könnte es sich dabei handeln?

(4) *Frage:* Haben Sie erkennen können, um welche Marke bzw. um welches Produkt es sich dabei handelt?
Woran haben Sie das erkannt?

Die Antworten der Testpersonen werden entweder mitprotokolliert oder auf Tonband aufgenommen.

1.4 Anwendungsbeispiele für tachistoskopische Tests

(1) Ein Hersteller exklusiver Polstermöbel hat seine Werbekampagne geändert. In diesem Zusammenhang ist man auf schwarzweiße Anzeigen übergegangen, während früher immer mit farbigen Anzeigen geworben wurde. Die Unternehmensleitung befürchtet nun, mit den schwarzweißen Anzeigen nicht mehr in gleicher Weise das atmosphärische Gefühl der Exklusivität und Attraktivität einer ausgefallenen Wohnlandschaft vermitteln zu können. Die Werbeagentur hingegen argumentiert, daß gerade in der schwarzweißen Gestaltung ein Höchstmaß an Vornehmheit und Eleganz zum Ausdruck komme.
Im tachistoskopischen Test ging es somit primär darum, den atmosphärischen Gehalt der

schwarzweißen Anzeigenkampagne im Vergleich zur bisherigen farbigen Anzeigenlinie zu untersuchen – und dies möglichst ohne daß der Verbraucher Produkt oder Marke erkennen konnte. Aus diesem Grund wurde ausschließlich mit kurzen Darbietungszeiten (1/2000 sec., 1/1000 sec., 1/500 sec., 1/250 sec., 1/100 sec.) gearbeitet.

Die Ergebnisse machten folgendes deutlich: Solange bei beiden Anzeigen das umworbene Produkt „Polstermöbel" nicht erkannt wurde (in der Regel bis zu 1/250 sec.) erhielt die farbige Anzeige eindeutig den Vorzug. Ihre Stimmungsqualitäten wurden umschrieben mit „freundlich, jugendlich, angenehm, sympathisch", während die schwarzweiße Gestaltung eher als „traurig, melancholisch, schlicht, elegisch" erlebt wurde. In der explorativen Auslotung dieser Stimmungskomplexe schien der Begriff der Exklusivität „für beide Anzeigen gleichermaßen passend zu sein", wobei bereits deutlich wurde, daß die farbige Anzeige eher modisch, jugendlich und poppig „exklusiv" wirkte, während die schwarzweiße Anzeige eher vornehm, zurückhaltend und gediegen „exklusiv" wirkte. Diese Tendenz verstärkte sich prägnant, als die Testpersonen das umworbene Produkt (Polstermöbel) erkannten. Trotz einer gelegentlich höheren Affinität zur farbigen Anzeige wurde der schwarzweißen Gestaltung eindeutig die höhere Eleganz und Exklusivität zugesprochen.

(2) Zwei Banken werben in großen Tageszeitungs-Anzeigen für ihre günstigen Privatkredite. Da es in beiden Kampagnen nicht nur um das gleiche „Produkt" geht, sondern sich die beiden Kampagnen in ihrer inhaltlichen und formalen Art auch sehr ähnlich sind, sollte im tachistoskopischen Test geklärt werden, inwieweit Verwechslungen zwischen beiden Banken vorkommen und welche der beiden Banken von diesen Verwechslungen eher profitiert.

Hierzu wurden zwei Testgruppen von je 150 Personen gebildet, denen je eine der beiden Anzeigen vorgestellt wurde.

Aus den Ergebnissen wurde eine hohe Verwechslungsquote deutlich, ohne daß jedoch eine der beiden Banken auf Kosten der anderen hiervon profitiert hätte.

Aus diesem Grund mußte eine Änderung des bisherigen Werbestils vorgeschlagen werden.

(3) Für eine neue Pralinensorte wurden zwei Anzeigenkonzepte entwickelt, wobei in beiden Gestaltungen besonderer Wert auf eine „zarte, anmutige, feminine" Stimmung gelegt wurde. Es galt zu untersuchen, welche der beiden Konzeptionen diesen Anforderungen eher entsprach. Beide Anzeigen enthielten ein zentrales Motiv in Form einer sehr zarten, jungen und feingliedrigen Frau in wallenden Chiffon-Gewändern. Als Hintergrund wurde einmal eine sonnendurchflutete Wiese und zum anderen ein elegantes, aber sehr feminines Frauengemach gewählt.

In der Analyse unterschieden sich beide Anzeigen schon in sehr kurzen Darbietungszeiten, wobei die Gestaltung „Wiese" von Anfang an als etwas strenger, herber und weniger feminin erlebt wurde. Bei längeren Darbietungszeiten, bei denen die Anzeigen in ihrem Aufbau weitgehend erkannt wurden, hoben sich diese Unterschiede wieder auf. Beide Anzeigen erschienen nun gleichermaßen romantisch und stimmungsvoll.

Bei genauer Analyse ergab sich ein überraschendes Ergebnis: Die etwas strengere und weniger feminine Anmutung resultierte nicht aus der Umgebung des betreffenden Mädchens (Wiese), sondern aus seiner *schwarzen* Haarfarbe. Das blonde Haar des anderen Mädchens wirkte bereits in extrem kurzen Darbietungszeiten (wo weder eine Identifizierung der Person noch der Haarfarbe möglich war) stimmungsadäquater und unterstrich in signifikanter Weise die Anmutungsqualität des Zarten und Femininen.

B. Spiegel [150, S. 61] bringt folgendes Beispiel:

(4) Ein Inserat enthielt eine anmutige sonnige Landschaft mit Weinbergen, die das Herkunftsland eines Weinbrandes darstellte. Im Vordergrund befand sich ein altertümlicher Eisenbahnzug mit Weinfässern. In den frühen Phasen der Wahrnehmung ergaben sich häufig Anmutungen in Richtung „Industrielandschaft" oder ähnliches, was offenbar bei normaler Wahrnehmung korrigierend überlagert wurde. Solche Anmutungen gingen freilich nicht in Richtung des werblich Auszusagenden. Anhaltspunkte hierfür schienen nicht vorhanden; als dann aber in systematischer Variation der weiße Dampf der Lokomotive, der einen Teil der sonnigen Weinberge verdeckte, entfernt worden war, blieben diese Fehlanmutungen zuverlässig aus."

2. Die Schnellgreifbühne

heute (1992) kaum noch gebräuchliches Verfahren

Bei der Schnellgreifbühne handelt es sich in der Regel um einen großen Kasten, in dem mehrere Produkte oder Packungen aufgestellt werden können. In Augenhöhe vor der Testperson befindet sich ein größeres Fenster, das mit einem aufrollbaren Vorhang oder einer Klappe verschlossen ist. Klappe oder Vorhang können über einen Schließmechanismus so gesteuert werden, daß die ausgestellten Produkte im Kasten für eine bestimmte Zeit sichtbar werden. Die Zeit wird dabei so bemessen, daß es der Testperson gerade noch möglich ist, eines der ausgestellten Produkte aus dem Kasten zu nehmen, ohne daß ihr jedoch die Möglichkeit bleibt, länger nachzudenken oder in Ruhe auszuwählen. Die Schnellgreifbühne geht somit über die reine Analyse des Wahrnehmungsvorganges hinaus, indem sie eine zusätzliche Wahlhandlung, also eine konkrete Entscheidung, der Testperson erfordert.

Obwohl sich die Schnellgreifbühne in ihrer theoretischen Grundlegung weitgehend auf das tachistoskopische Verfahren stützt, wobei man durch die Schnelligkeit der Wahlhandlung rationale Einflüsse auszuschalten versucht, werden gegen den Einsatz dieses Instruments vielfach doch sehr schwerwiegende Einwände geltend gemacht. Diese Grenzen und Probleme der Schnellgreifbühne sollen näher erläutert werden, bevor auf die Anwendungsmöglichkeiten eingegangen wird:

- Der entscheidende Unterschied zwischen Schnellgreifbühne und Tachistoskop wird durch den (relativ) großen Zeitaufwand bedingt, der für das Herausnehmen eines Produktes aus dem Kasten erforderlich ist.
  Die Praxis zeigt immer wieder, daß Durchschnittszeiten von mindestens

5 Sekunden benötigt werden, um zwischen mehreren Produkten unterscheiden und das gewählte Produkt aus der Schnellgreifbühne herausnehmen zu können. Wird der Verschlußmechanismus der Klappe auf 2 Sekunden eingestellt, was rein vom Bewegungsablauf her die schnellstmögliche Zeit darstellt, so zeigt es sich, daß die Mehrzahl der Testpersonen während dieser kurzen Zeit zu keiner Wahlhandlung kommt, d. h. entweder noch gar nicht in den Kasten gegriffen hat oder die Wahlhandlung nicht abschließen konnte, weil die Hand von der sich schließenden (gepolsterten) Klappe getroffen wird.

Außerdem führen zu kurze Zeiten zu erhöhter Nervosität der Testperson und häufig zur mißlichen Situation, daß nicht mehr aufgrund einer spontanen Wahlentscheidung, sondern aus reiner Willkür eine Packung ergriffen wird.

Darbietungszeiten unter 2 Sekunden sind für das Verfahren der Schnellgreifbühne völlig unrealistisch, so daß von einem Vergleich mit dem tachistoskopischen Test letztlich nicht gesprochen werden kann. Während hier Darbietungszeiten bis $^{1}/_{2000}$ sec. möglich sind, und eine systematische Analyse des Wahrnehmungsvorganges über eine zunehmende Verlängerung der Darbietungszeit wirklich gewährleistet ist, kann mit der Schnellgreifbühne allenfalls ausgeschlossen werden, daß längerwährende Überlegungen und Auswahlprozesse stattfinden können.

- Viele Testpersonen sind nicht in der Lage, einen Entscheidungsvorgang sowie einen Handlungsablauf so rasch zu vollziehen, wie er in der Greifbühne erforderlich ist. Hier spielt die subjektiv sehr unterschiedliche Eigenaktivität eine große Rolle. Während es sich beim Wahrnehmungsprozeß (Tachistoskop) um einen weitgehend passiven Erlebnisablauf handelt, muß bei der Schnellgreifbühne im Anschluß an den Wahrnehmungsvorgang („ich habe drei unterschiedliche Packungen gesehen") eine doppelte Aktivität erfolgen (1. „ich muß entscheiden, welche Packung mir am besten gefällt" / 2. „ich muß diese Packung auch noch herausnehmen"). Diese doppelte Eigenaktivität, die noch dazu unter dem Streß-Faktor „Zeit" entfaltet werden muß, überfordert sehr viele Testpersonen. So kommt es vielfach im ersten Testdurchgang zu *keiner* Wahlhandlung.
- Muß der Test in einem zweiten Wahlvorgang wiederholt werden. So trifft dies nun auf völlig veränderte Voraussetzungen, da nicht auszuschließen ist, daß gewisse Entscheidungen und Überlegungen während der ersten Phase doch bereits getroffen wurden und beim zweiten Wahlvorgang nun schon rationale Steuerungen eine stärkere Rolle spielen.

- Obwohl sich die Schnellgreifbühne darauf beruft, das realistische Wahlverhalten der Hausfrau experimentell zu simulieren, bleibt bestritten, ob sich die Hausfrau im Supermarkt wirklich so häufig spontan, d. h. ohne jede rationale Erwägung, entscheidet. Die Indizien mehren sich, daß auch der sog. „Spontankauf" der Hausfrau nicht völlig willkürlich abläuft, sondern daß hier durchaus (wenn auch rudimentäre) Nutzens- und Erwartungsvorstellungen mit einfließen. Beobachtungen des Kaufverhaltens in Supermärkten bestätigen immer wieder, daß beim Kauf eines neuen Produktes (oder eines alten Produktes in neuen Verpackungen) ein relativ langer Prozeß der Auseinandersetzung mit diesem Produkt stattfindet, bevor es die Hausfrau kauft. Bei nahezu allen Produkten, die die Hausfrau ohne lange Überlegung (sozusagen automatisch) aus dem Regal nimmt, handelt es sich um Gewohnheitskäufe, d. h. um Produkt- oder Markenentscheidungen, die seit langer Zeit bei der jeweiligen Hausfrau festliegen.
- Im Verfahren der Schnellgreifbühne darf die neue Verpackung ausschließlich mit anderen Neu-Entwürfen und nicht mit bereits auf dem Markt befindlichen Produkten verglichen werden. Eine Darbietungszeit von ca. 5 sec. reicht in aller Regel dazu aus, um bekannte Produkte oder Marken zu identifizieren. Nun ist es aber eine längst erwiesene Tatsache, daß Personen in Entscheidungsnot (Testsituation) eher zu bewährten „Lösungen" greifen, da man ihre Vorteile und Risiken bereits kennt. Das Wahlverhalten würde somit von bekannten Produkten stark beeinflußt werden.

  Das Verfahren der Schnellgreifbühne reduziert sich also auf den Vergleich der *spontanen* Anmutung neuer Packungsentwürfe und deren Durchsetzungsstärke im konkreten Wahlverhalten. Eine Aussage über die eigentliche *Kaufentscheidung* ist damit in aller Regel nicht möglich, da der Einfluß vieler anderer entscheidender Kauffaktoren (Marken-Image, Preisfaktoren, Produktqualität etc.) in der Testsituation nicht berücksichtigt wird.

In Anbetracht dieser starken inhaltlichen Einschränkung sowie der methodischen Probleme dieses Verfahrens erscheint der Einsatz der Schnellgreifbühne nur selten gerechtfertigt und sollte somit immer auf seine Zweckmäßigkeit überprüft werden.

Das entscheidende Problem der Schnellgreifbühne liegt in folgenden zwei Punkten: einerseits darin, daß der Wahrnehmungsvorgang nicht so sauber analysiert werden kann wie mit Hilfe des Tachistoskops (es sind keine

kurzen Darbietungszeiten möglich) und andererseits darin, daß über den Entscheidungs- und Wahlvorgang keine zuverlässigen Aussagen gemacht werden können, da die Testsituation eine experimentelle Abstraktion darstellt, die der Realsituation mit ihrer Vielfalt von Einflußfaktoren in keiner Weise gerecht wird.
Dennoch gibt es einige Fragestellungen, wo sich die Schnellgreifbühne einsetzen läßt. Ob sich dabei der experimentelle und apparative Aufwand lohnt, soll dahingestellt bleiben.
Hierzu einige Beispiele:

(1) In der Schnellgreifbühne sind drei verschiedene Dosen mit Apfelmus aufgestellt. Das Etikett der ersten Dose zeigt nahezu ausschließlich einen überdimensional großen Apfel, das zweite Etikett zeigt zur Hälfte die Aufschrift „Apfelmus“ und zur Hälfte wiederum eine Produktabbildung, während die dritte Dose ohne Produktabbildung und eher elegant und zurückhaltend aufgemacht ist. Die Testpersonen werden kurz darüber informiert, um welches Produkt es sich handelt und gebeten, eine der drei Dosen aus der Schnellgreifbühne zu nehmen. Die elegante Dose wird am häufigsten gewählt, die Dose mit dem großen Aufdruck „Apfelmus“ am seltensten. Dieses Ergebnis bestätigte eine Hypothese des Herstellers, wonach Apfelmus ein eher billiges und wenig attraktives Produkt-Image hat. Je prägnanter und dominanter der Hinweis (optisch oder verbal) auf „Apfelmus“, desto geringer die spontane Wahlneigung. Ein Zurückdrängen der Produktbezeichnung und eine Aufwertung durch die Packungsoptik könnte unter Umständen die Attraktivität des Produktes erhöhen.
Eine weitere Bestätigung erfuhr diese Hypothese durch eine zweite Testgruppe, der die drei Dosen und zusätzlich ein Apfelmus-Glas zur Auswahl vorgegeben wurden. Aus vorangegangenen Untersuchungen war bekannt, daß eine Glasverpackung gegenüber einer Dosenverpackung generell höhere Attraktivität genießt. Die elegante Dose schnitt nur unwesentlich schlechter ab als die Glasverpackung.

(2) Drei unterschiedliche Packungen einer Waschmittelmarke sollen getestet werden. Dazu werden vier gleich starke Testgruppen gebildet. Die erste Gruppe erhält lediglich die Instruktion, eine der Packungen aus der Greifbühne zu entnehmen. Die Darbietungszeit wird dabei extrem kurz gehalten (2 sec.). Die zweite Gruppe erhält die Instruktion, das *wirksamste* Waschmittel zu entnehmen. Die Darbietungszeit wird – ebenso wie bei den nachfolgenden Testgruppen – auf 5 sec. verlängert. Die dritte Gruppe wird gebeten, die *größte* Waschmittelpackung zu entnehmen, wobei verschwiegen wird, daß es sich um lauter gleich große Verpackungen handelt. Die letzte Gruppe wird angewiesen, die *auffälligste* Waschmittelpackung auszuwählen.
Da es sich hierbei um vier wichtige Anforderungen an eine Waschmittelpackung handelte (spontane Zuwendung, Produktwirkung, Größe, Auffälligkeit), mußte eine Packung gefunden werden, die sich in allen vier Punkten als dominant erwiese. Im ersten Testdurchgang konnte keine Packung dieser Forderung entsprechen. Erst nach entsprechenden Optimierungsversuchen wurde eine neue Packung entwickelt, die sich denn auch im zweiten Testdurchgang als klarer Favorit bei allen einzelnen Testgruppen erwies.

(3) Ein Hersteller von vergleichsweise preiswerten Filtertüten bobachtete das Phänomen, daß sein Produkt deutlich seltener gekauft wurde als ein teureres Konkurrenzprodukt. Er-

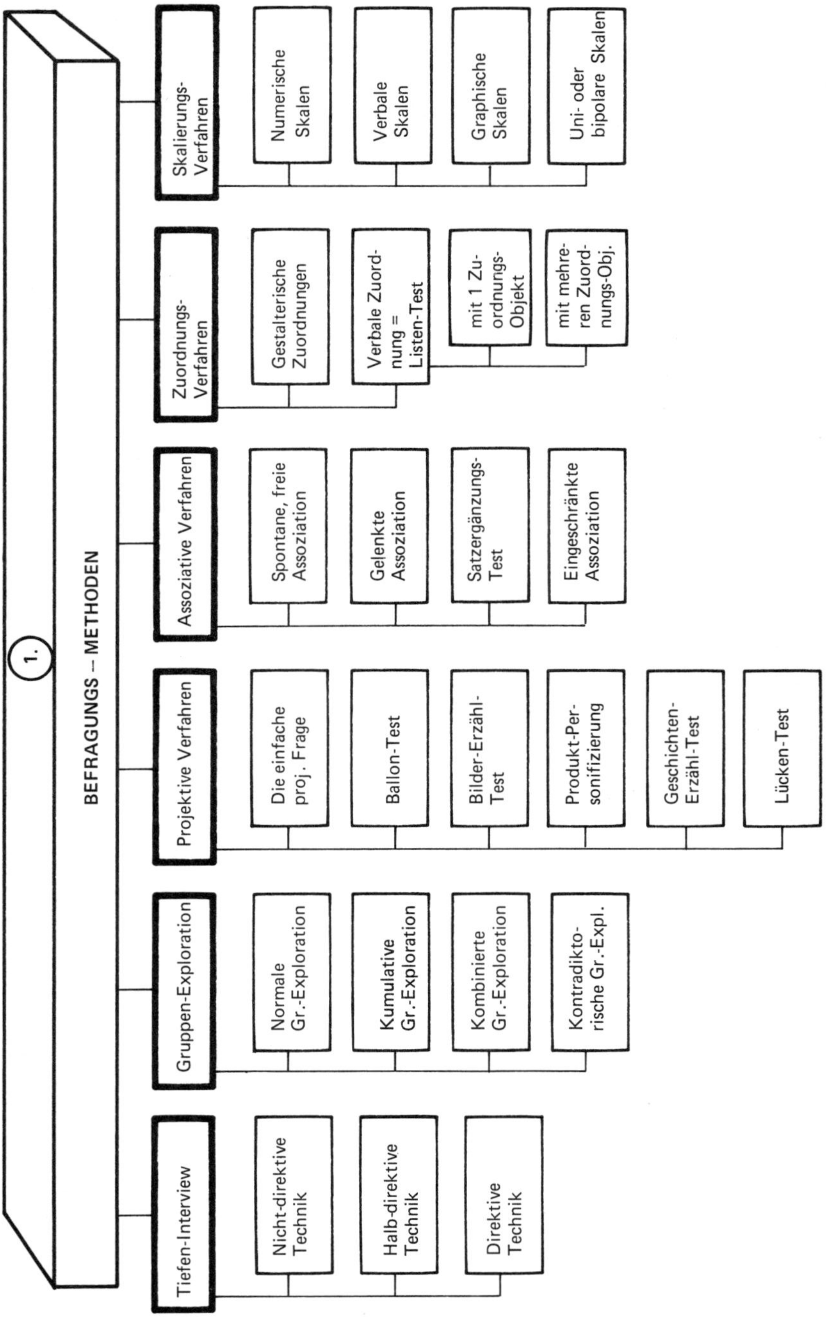

Abb. 22: Zusammenfassende Darstellung der wichtigsten Methoden in der psychologischen Marktforschung

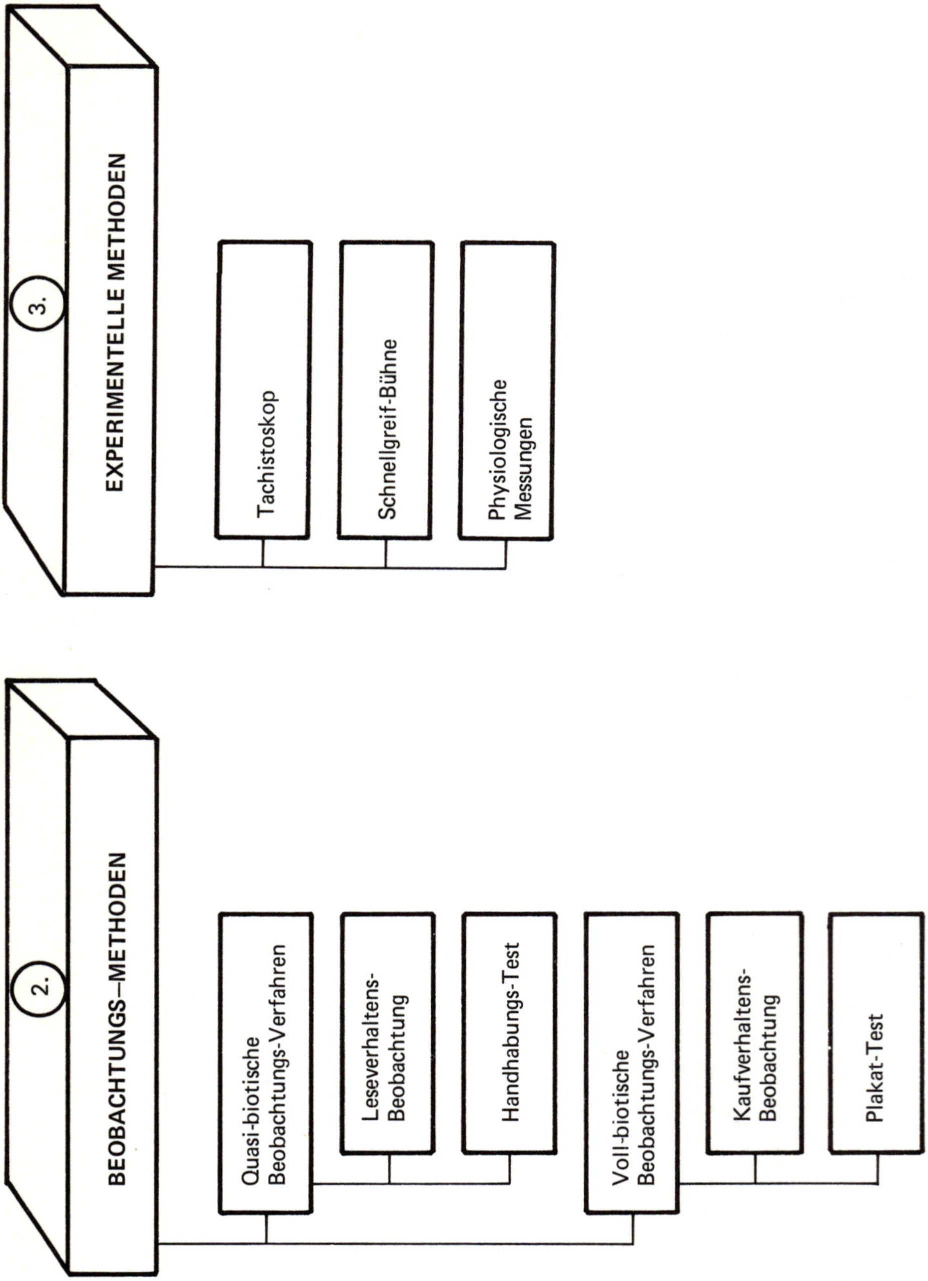
3.
EXPERIMENTELLE METHODEN
Tachistoskop
Schnellgreif-Bühne
Physiologische Messungen
2.
BEOBACHTUNGS–METHODEN
Quasi-biotische Beobachtungs-Verfahren
Leseverhaltens-Beobachtung
Handhabungs-Test
Voll-biotische Beobachtungs-Verfahren
Kaufverhaltens-Beobachtung
Plakat-Test

staunlicherweise griffen selbst preisbewußte Hausfrauen eher zu den teureren Tüten. Aus Untersuchungen wurde deutlich, daß die Verpackung zu teuer und aufwendig wirkte und den effektiven Preisvorteil optisch nicht unterstützte, sondern gerade ins Gegenteil verkehrte. Daraufhin wurden vier neue Packungsversionen entwickelt und mit Hilfe der Schnellgreifbühne getestet. Dabei erging an die Testpersonen die Instruktion, diejenige Packung zu wählen, die genau DM –,85 kosten würde. Dies entsprach exakt dem Preis, den die Filtertüten im Supermarkt kosten würden und der um DM –,30 unter dem Konkurrenzpreis lag.

Tatsächlich konnten mit dieser einfachen Verpackung höhere Abverkäufe erzielt werden.

Teil C
Die wichtigsten marktpsychologischen Verfahren und ihre Anwendungsbereiche

1. Die Image-Analyse

1.1 Erläuterung des Image-Begriffs

1.1.1 Begriffsbestimmung

Kaum ein Begriff der modernen Marktforschung hat in so kurzer Zeit eine so hohe Popularität erreicht, wie der Begriff des „Images". Obwohl die erste ernstzunehmende Veröffentlichung über den Image-Begriff gerade erst 20 Jahre zurückliegt, ist der Begriff heute bereits in aller Munde. Man spricht dabei vom Image einer Zigarettenmarke gleichermaßen wie vom Image einer bestimmten Automobilmarke, vom Image der Mineralölkonzerne im gleichen Atemzug wie vom Image eines Politikers oder eines Filmschauspielers, vom Image eines Fußball-Clubs oder letztlich gar vom Image einer ganzen Nation, z. B. dem „Image der Italiener".
Mit der Übernahme des Image-Begriffes in die Umgangssprache ließ sich eine zunehmende Ausweitung und definitorische Unschärfe nicht vermeiden. Nur selten kann man von den Personen, die den Begriff „Image„ ständig im Munde führen, klare Auskunft darüber erhalten, was sie unter „Image" eigentlich verstehen. Da auch die vielen Publikationen der letzten Jahre zum Thema „Image" eher zu einer Begriffsverwirrung denn zu einer Begriffsklärung beigetragen haben, wollen wir uns zunächst um Definition, Entstehungsgeschichte und Abgrenzung des Image-Begriffes bemühen.
Greift man auf den lateinischen Ursprung (= imago) zurück, so bedeutet Image in seiner einfachsten Form:

> „Vorstellung bzw. Vorstellungsbild von einem Objekt oder einer Person".

In diesem einfachen Sinn ist der Image-Begriff ein zentraler Aspekt des menschlichen Erlebens schlechthin. Betrachtet man den Wahrnehmungsvorgang, den Denkvorgang und letztlich den Entscheidungsvorgang des Menschen, so wird deutlich, daß der Mensch seine Eindrücke in *Bildern* ordnet, speichert, wieder abruft und zu Entscheidungen heranzieht, wobei es für diese Vorstellungsbilder zunächst unwesentlich ist, in welchem Ausmaß sie mit der Realität übereinstimmen. Da es dem Menschen heute aufgrund seiner vielen, aber meist nur oberflächlichen Erlebnisse und Eindrücke nur selten möglich ist, sich ein objektives (d. h. mit der Realität übereinstimmendes) Bild von den jeweiligen Gegenständen, Personen oder

Erlebnissituationen zu machen, kombiniert er die wenigen objektiven Informationen mit persönlichen Einstellungen, Neigungen und Kenntnissen zu einem subjektiven Vorstellungsbild. Dieses ist in aller Regel stark vereinfacht, subjektiv gefärbt und mehr emotional als rational bestimmt. Trotz dieser Unvollkommenheit sind solche subjektiven Vorstellungsbilder eine entscheidende Orientierungshilfe für den Menschen, da sie ihm in einfacher Form die Aufnahme (Wahrnehmung), die Speicherung (Gedächtnisleistung) und die Reaktion (Entscheidung) auf einwirkende Umweltreize ermöglichen. Wie wenig genügt, um Vorstellungsbilder oder Images entstehen zu lassen, wird besonders deutlich, wenn wir vom Image eines Filmschauspielers oder Politikers sprechen, den wir persönlich nie gesehen haben und von dessen wirklichem Leben wir so gut wie nichts wissen. Auch im Produktbereich wird die mangelnde objektive Basis von Images immer wieder deutlich.

So haben wir Imagevorstellungen von Automarken, die wir nie besessen haben und mit denen wir nie gefahren sind, von Zigarettenmarken, die wir nie geraucht haben, oder von sonstigen Produkten, die wir nie oder vielleicht nur einmal verwendet haben. So gering unsere objektiven Kenntnisse über den jeweiligen Meinungsgegenstand auch sind, so wenig hindert uns dies daran, eine sog. „eigene Meinung" zu haben und entsprechende Entscheidungen und Urteile zu fällen, sei es, daß wir einen bestimmten Schauspieler spontan ablehnen, eine bestimmte Automarke besonders attraktiv und begehrenswert finden oder eine bestimmte Zigarette als zu leicht und feminin aburteilen. So wenig diese Vorstellungsbilder mit der Realität übereinstimmen müssen, so wichtig sind sie dennoch für das Entscheidungsverhalten des einzelnen. In diesem Zusammenhang wurde der Satz geprägt:

„Nicht was ist, ist Realität, sondern was der Verbraucher glaubt, was ist, ist Realität."

Nach diesen einleitenden Ausführungen wollen wir aus dem reichen Zitatenschatz, den uns die einschlägige Literatur bis heute anbietet, einige, besonders charakteristische *Definitionen* des Image-Begriffs herausgreifen. So z. B.:

- „Image = die gesamte Persönlichkeit des Produktes, das nicht nur aus seiner chemischen Zusammensetzung und Form, sondern auch aus all den Ideen besteht, die die Öffentlichkeit von ihm hat. Es besteht in anderen Worten aus dem Bild, das sich der Konsument von seinen, ihm innewohnenden Qualitäten macht, echt oder vorgestellt (häufig letzteres), von der Art der Leute, die es benutzen, von der Art der Situationen, zu denen es paßt, von der Art der Person, als die er sich darstellt wenn er es benutzt usw.“ [59a, S. 88]

- „Image = ein charakteristischer Komplex von Gefühlen, Ideen und Vorstellungen, die mit einer Marke durch die Art ihrer Darstellung verbunden werden, einschließlich der Werbung und ihrer Produkteigenarten.“ [106b]
- „Image = das Resultat der dynamischen Auseinandersetzung einer Person mit der Umwelt. Psychische Energie bestimmter Art trifft auf Reize der Außenwelt und ergibt ein „Bild“. Dies ist der in der Psychologie bekannte Vorgang der Projektion. Images sind also – in anderen Worten – Projektionen psychischer Energie auf gegebene Reize. Sie zeigen, wie eine Person ihre Umwelt erlebt. Zusammengefaßt heißt dies also, daß wir unter Image in der modernen Form die dynamische Ganzheit von Vorstellungen einer Person oder einer Personengruppe von einem Reiz verstehen, etwa einem Menschen, einer Ware, einer Firma oder einer Situation.Das Image gibt an, unter welchem Blickwinkel etwas geschehen wird, mit welcher Schärfe, mit welchen gefühlshaften Tönungen, mit welchen Wertungen. Es handelt sich um eine dynamische Ganzheit, in der äußere Reize einerseits und Persönlichkeitsfaktoren andererseits verschmelzen zu einer von Spannungen und Energien beherrschten Gestalt.“ [82, S. 201]
- „Image = das Gesamtbild, das sich ein Mensch von einem Objekt macht, mit dem er sich auf irgendeine Weise auseinandersetzt. Ein Image kann also von jedem Gegenstand, von jedem Prozeß, von jedem belebten oder unbelebten Stück Materie, von jeder Idee usw. existieren. Stets bildet sich in der Auseinandersetzung mit diesen Objekten ein Image, das ich in mir trage, von dem zu vermuten ist, daß es meine Handlungsbereitschaft maßgeblich beeinflussen wird.“ [15, S. 124]

Soweit zu einigen Definitionen bekannter Autoren.
Betrachtet man diese Definitionen etwas näher, so lassen sich hieraus folgende allgemeine Bestimmungskriterien des Image-Begriffs ableiten:

Images –

- erleichtern dem Individuum die Bewältigung der pausenlos auf es einströmenden Umweltreize. Durch die rasche, bildhafte Verarbeitung und Einordnung dieser Reize (spontane Vorstellungsbilder) wird ihm die Orientierung wesentlich erleichtert.

- entstehen aus der Kombination objektiver und subjektiver Faktoren, d. h. sowohl aus objektiven Produkteigenschaften wie auch aus subjektiven Einstellungen, Meinungen und Erwartungshaltungen.
- sind somit keine objektiven Produktbilder, die bei jeder Person in identischer Weise wiederzufinden wären, sondern unterliegen jeweils unterschiedlichen subjektiven Beeinflussungsfaktoren. Das Image eines identischen Produktes kann somit bei unterschiedlichen Personen jeweils unterschiedlich aussehen.
- sind undifferenzierte, häufig komplexe Vorstellungsbilder, die der jeweiligen Person durchaus nicht klar bewußt sein müssen. Das Image besteht aus einer komplexen Agglomeration von Gefühlen, Erwartungen und Vorstellungen und zeichnet sich häufig gerade durch seine mangelnde objektive Begründbarkeit aus.
- sind gefühlsdominant, d. h. sie entstehen sofort, auch ohne rationale Beteiligung oder bewußtes Urteil.
- entstehen nicht nur schnell, sondern sind auch relativ inkonsistent. Ein Image kann man bereits in dem Augenblick haben, in dem man zum ersten Mal von einem Gegenstand hört, ohne daß man bereits eigene, persönliche Erfahrungen damit gemacht hat oder sich rational damit auseinandergesetzt hat. Ein Image ist somit etwas Vorläufiges und Oberflächliches, jede neue Information, aber auch jeder augenblickliche psychische Zustand der Person kann es verändern.
- sind nicht an objektive Informationen gebunden, Images entstehen auch – und gerade dann –, wenn der Zugang zu den objektiven Qualitäten und Informationen recht gering ist. Je geringer der Informationsstand über ein Imageobjekt ist, desto subjektiver ist das Imagebild.
- stellen die eigentliche Realität im Verbrauchererleben und Verbraucherverhalten dar. Der Mensch handelt gemäß seiner subjektiven Vorstellung, die er von einer Sache hat, und nicht gemäß der objektiven Realität, die dieser Sache gerecht werden würde. „Das Individuum richtet seine Entscheidungen gegenüber einem Meinungsgegenstand nicht danach, wie dieser ist, sondern danach, wie es glaubt, daß er wäre". (B. Spiegel: „Die Struktur der Meinungsverteilung im sozialen Feld", Stuttgart 1961)

Zusammenfassend wollen wir Image *definieren* als:

- *Das Vorstellungsbild eines Gegenstandes oder einer Person in Form einer Komplexqualität von Gefühlen, Einstellungen, Haltungen und Erwartungen, die zusammen das Verhalten des Individuums bezüglich dieses Gegenstandes prägen.*

1.1.2 Geschichte des Image-Begriffs

Allgemein werden die beiden Autoren B. Gardner und S. Levy mit ihrer Publikation: „The Product and the Brand", 1955, als Väter des Image-Begriffs angesehen. Sie definieren und verwenden den Image-Begriff erstmals im Produktions- und Dienstleistungsbereich und schaffen damit die Grundlage für eine Übernahme dieses Gedankengutes in die psychologische Marktforschung.
Ein Jahr später verfaßt K. Boulding sein Werk mit dem Titel: „The Image", 1956, wobei er weniger auf eine Einengung des Image-Begriffs auf die wirtschaftlichen Belange abzielt, sondern seine Image-Theorie als System beschreibt, mit dessen Hilfe das einzelne Individuum seine Umwelt erkennt und bewältigt.
In den darauffolgenden Jahren verbreitet sich der Image-Begriff in den gesamten USA und findet auch in den späten 50er Jahren bei uns in Deutschland erste Resonanz. G. Kleining publiziert 1959 einen ersten größeren Aufsatz mit dem Thema: „Zum gegenwärtigen Stand der Image-Forschung" (Psychologie und Praxis, 3. Jahrgang, 1959, Heft IV).
Weitere wichtige Arbeiten zum Image-Begriff in Deutschland folgen rasch aufeinander, so von R. Berth (Marktforschung zwischen Zahl und Psyche, 1959), R. Bergler (Psychologie des Marken- und Firmenbildes, 1963), G. Wiswede (Motivation und Verbraucherverhalten, 1965), und insbesondere von B. Spiegel mit seiner epochemachenden Theorie des „Vektormodells im sozialen Raum".
Eine sehr systematische und gründliche Darstellung der Image-Theorie und Image-Forschung neueren Datums findet sich im Buch von Uwe Johannsen mit dem Titel: „Das Marken- und Firmen-Image", 1971.

1.1.3 Abgrenzung des Image-Begriffs

Es gibt in der Psychologie drei Begriffe, die in ihrem Bedeutungsgehalt dem Image-Begriff relativ nahekommen:

- Einstellung (attitude),
- Stereotyp,
- social perception.

Einstellungen (attitudes) bilden den Hintergrund, auf dem menschliches Verhalten verständlich wird. So wird einem Kind die harte Strafe, die die

Mutter wegen einer Lüge verhängt, eher verständlich, wenn es weiß, daß die Mutter ihrer Einstellung nach in besonders hohem Maße um Aufrichtigkeit und Ehrlichkeit bemüht ist. Einstellungen sind demgemäß Richtlinien für ein bestimmtes Verhalten (Prädispositionen), die erwarten lassen, daß eine Person auf einen bestimmten Reiz hin in einer bestimmten Weise reagieren wird. (Bei einer Lüge bestraft die Mutter besonders hart.)

Einstellungen bestimmen jedoch nicht nur das Verhalten, sondern auch die kognitiven und affektiven Erlebnisbereiche. So kann beispielsweise ein erklärter Pazifist nicht in der Lage sein, das Schlachtengemälde eines großen Künstlers als Kunstwerk zu bewerten, da er über die realistisch dargestellten Grausamkeiten der Kampfszenen nicht hinwegkommt, während ein anderer Betrachter durchaus in den künstlerischen und ästhetischen Genuß des Gemäldes kommt.

Der Unterschied zwischen Image und Einstellung liegt im wesentlichen in folgenden vier Punkten:

Eine Einstellung ist gegenüber einem Image

- klarer und bewußter und damit weniger komplex und verschwommen.
  Eine Einstellung steuert das Verhalten in der Regel in sehr bewußter Weise, während Imagevorstellungen häufig unbewußt wirksam werden. Wenn ich aus einer persönlichen Einstellung heraus keine kleinen Kinder mag, dann kann ich in der konkreten Situation, d. h. in der Begegnung mit einem Kleinkind mein eher abweisendes Verhalten auch erklären. Wenn ich aus Imagegründen ein bestimmtes Produkt ablehne, so sind mir die Ursachen hierfür häufig nicht klar, mein Verhalten wird im wesentlichen aus unbewußten Regungen heraus beeinflußt, die rationale Begründung für mein Verhalten fällt mir entsprechend schwer.
- wesentlich konsistenter,
  d. h.: eine Einstellung wird durch neue Informationen oder sonstige Einflußfaktoren nicht ohne weiteres verändert. Imagebilder hingegen sind häufig nicht exakt festgelegt, jede neue Information kann sie entscheidend beeinflussen. Eine Einstellung ist somit eine langfristige Richtungskomponente (Grunddisposition des Menschen) im Unterschied zur kurzfristigen Orientierung durch rasch modifizierbare Images.
- nicht so sehr vom einzelnen Individuum abhängig
  und damit zwischen einzelnen Personen eher vergleichbar. Einstellungen sind grundsätzlich weniger von persönlichen Einflüssen (Stimmungslagen, Meinungen, Vorurteilen, etc.) abhängig als Imagebilder, sie sind stabiler und lassen sich demgemäß mehr verallgemeinern.

- rationaler und weniger gefühlsdominant,
  d. h.: Einstellungen umfassen in der Regel rationalere und bedeutsamere Gebiete; sie sind für das Verhalten der einzelnen Person von größerer Bedeutung, da sie häufig erst auf der Basis langer Überlegungen und rationaler Auseinandersetzungen mit bestimmten Themen und Problemen gewachsen sind. So wird die Einstellung zur „Kindererziehung und Kinderernährung" das Verhalten einer Mutter maßgeblicher bestimmen als das Image bestimmter Marken im Kindernahrungsbereich.

Stereotype werden von U. Johannsen [72, S. 45] verstanden als „extreme Werturteile einer Gruppe über sich, besonders aber über andere Menschengruppen. Diese verhaltenssteuernden Vorurteile (Stereotype, Klischees) sind entgegen dem Image-Begriff besonders dadurch charakterisiert, daß sie:

- mehr gruppenspezifisch und weniger individuell motiviert sind,
- schnell, sozusagen „voreilig" erfolgen,
- spezifische Wesensmerkmale vernachlässigen,
- auf keiner aktuellen Erfahrung beruhen,
- nicht überprüft und korrigiert werden,
- objektiv meist unrichtig sind und Sachverhalte falsch und verzerrt wiedergeben (Stichwort: Diskriminierung und Intoleranz),
- unzulässig verallgemeinern, ja über-verallgemeinern,
- von Anfang an starr, fest und schematisch (eben stereotyp) und wenn überhaupt, dann sehr schwer zu beeinflussen, zu wandeln sind." (Zitatende)

Der Begriff der *„social perception"* letztlich weist auf eine relativ späte Erkenntnis der psychologischen Forschung hin, die besagt, daß der Wahrnehmungsprozeß keine abstrakte Funktion ist, die im psycho-physikalischen Sinn analysiert werden kann, sondern daß die Wahrnehmung des Menschen abhängig ist von seiner individuellen und sozialen Situation. In diesem Sinne gibt es keine absolute Wahrnehmung, die sicherstellen würde, daß jeder Mensch jedes Objekt auf die gleiche Weise sieht. Vielmehr erlebt man häufig, daß verschiedene Menschen ein und dasselbe Objekt (z. B. eine Landschaft) völlig unterschiedlich sehen und dementsprechend auch unterschiedlich erleben können.

Der Begriff der social perception ist wohl am weitesten entfernt vom Image-Begriff, da er sich im wesentlichen nur auf eine erweiterte Wahrnehmungstheorie bezieht. Mit „Images" werden zwar verallgemeinerte, aber dennoch klar umrissene *Vorstellungsbilder* umschrieben (so z. B. das Produktbild von Persil oder das Image eines Politikers), während mit dem Begriff der social perception nur ausgesagt wird, daß das identische Produkt Persil von unterschiedlichen Personen durchaus unterschiedlich gesehen und erlebt werden kann.

1.2 Der Image-Begriff in der Marktforschung

1.2.1 Voraussetzungen für die rasche Verbreitung des Image-Begriffs in der Marktforschung

Wie bereits erwähnt, fand der Image-Begriff in der Marktforschung rasche Aufnahme. Diese spontane Akzeptanz des Image-Begriffs durch Marketing- und Produktmanager und die bereitwillige Nutzung der neuen Möglichkeiten, die sich in der praktischen Verwertung dieses Gedankengutes anboten, ergab sich nicht zufällig, sondern war durch eine gewisse Umorientierung im Denken der Unternehmer bereits vorbereitet worden. Folgende Entwicklungen im unternehmerischen Denken begünstigten die rasche Verbreitung des Image-Begriffs in der Marktforschung:

- Dem Unternehmer war zunehmend klargeworden, daß sich die Marktrealität nicht nur in der Qualität und Preiswürdigkeit eines Produktes erschöpft, sondern von einer Vielzahl subjektiver Faktoren auf Verbraucherseite mitbestimmt wird.
- Die Subjektivität und Emotionalität des Marktgeschehens war erstmals in das planerische Kalkül mit einbezogen worden, und der Verbraucher wurde zunehmend mehr als emotionales denn als rationales Wesen erkannt. (Abkehr vom „homo oeconomicus" und „homo rationalis")
- Für den Marketingstrategen wurde es deshalb immer wichtiger, diese subjektiven Produktbilder zu kennen und zu steuern, um durch die Beseitigung von Negativa und die Verstärkung von Positiva einen günstigen Kaufentscheid herbeizuführen (= Imagestrategien).
- Die Imagesteuerung wurde als wesentliches Mittel zur Beseitigung der Anonymität einzelner Produkte oder Firmen erkannt und erschien als probates Mittel, um das Vertrauen des Konsumenten in die eigenen Produkte herzustellen.
- Die Kenntnis der eigenen Imageposition erleichterte zunehmend die Differenzierung der eigenen Marke vom Konkurrenzangebot.

- Die Steuerung von Images bot somit ideale Möglichkeiten für neue Marktstrategien und für wirkungsvolle Ansätze in der Werbung zur Beeinflussung des Kaufentscheids.

1.2.2 Die verschiedenen Image-Arten

Ganz allgemein werden in der Marktforschung heute drei verschiedene Arten des Image-Begriffs unterschieden:

(1) Das *Produkt*-Image:
umfaßt den Vorstellungsbereich des Verbrauchers zu einem gesamten Produktbereich, zu einer bestimmten Produktgattung. In diesem Sinn wird auch öfter die Bezeichnung „Branchen-Image" verwendet. Hier geht es also um das Image einer ganzen Produktgruppe, wie z. B. „Handcremes" und nicht um das Image einer konkreten Einzelmarke, wie z. B. „Nivea".

(2) Das *Marken*-Image:
worunter sich alle Imagevorstellungen zu einer konkreten einzelnen Marke, wie z. B. „Nivea" verstehen.

(3) Das *Firmen*-Image:
umfaßt die Vorstellungen des Verbrauchers im Hinblick auf die Herstellerfirma (z. B. Beiersdorf).

Zu (1): *Das Produkt-Image*
Um in der unübersehbaren Flut von einzelnen Produkten und Marken nicht die Orientierung zu verlieren, kategorisiert und beurteilt der Verbraucher einzelne Marken vielfach nach den übergeordneten Merkmalen einer ganzen Produktgattung. In diesem Sinne erwartet der Verbraucher, daß eine Handcreme auf eine bestimmte Art zu wirken hat, eine bestimmte Duftnote und Konsistenz haben muß, auf eine bestimmte Art und Weise verpackt sein muß und nicht mehr als einen bestimmten, festgelegten Preis kosten darf. Fällt eine Einzelmarke aus diesem Gattungsschema deutlich heraus, so wird nicht nur ihre Identifizierung und Zuordnung erschwert, sondern häufig auch die spontane Kaufbereitschaft des Verbrauchers im Hinblick auf diese Marke beeinträchtigt.
Aus diesem Grunde ist es für jeden Unternehmer wichtig, die Anforde-

rungskriterien und Erwartungshaltungen zu kennen, die der Verbraucher mit einem bestimmten Produktbereich verbindet, weil hierdurch der Rahmen abgesteckt wird, in dem sich das neue Produkt in etwa bewegen muß. Bei wiederholt durchgeführten Produkt-Image-Analysen lassen sich auch Aufschlüsse darüber gewinnen, inwieweit sich einzelne Bedeutungskomplexe innerhalb des Produkt-Images ändern. Bei rechtzeitiger Diagnose solcher Verschiebungen im Produkt-Image kann eine frühzeitige Anpassung der eigenen Marke erfolgen (z. B. der Fettgehalt der Creme reduziert und die Verschließbarkeit der Dose verbessert werden) und damit ein mehr oder weniger großer Konkurrenzvorsprung erzielt werden. Obwohl sich das Produkt-Image weitgehend aus den konkreten Erfahrungen zusammensetzt, die der Verbraucher mit einzelnen Marken aus diesem Produktbereich gemacht hat, ist das Produkt-Image dennoch mehr als der reine Durchschnittswert aller zur Zeit auf dem Markt befindlichen Einzelmarken. Das Produkt-Image wird zwar weitgehend geprägt durch das aktuelle Produktangebot, geht jedoch letztlich darüber hinaus, da es auch Vorstellungen enthält, die der Verbraucher im gegenwärtigen Produktangebot nicht realisiert sieht. Diese unerfüllten Wünsche und Erwartungen können häufig den Ausgangspunkt für neue und erfolgreiche Produktideen bilden (Beispiel: Entwicklung einer Handcreme, die auch im heißen Spülwasser haften bleibt und Schutz bietet).

Zu (2): *Das Marken-Image*
Im Marken-Image fließen alle Erlebnisse, Meinungen und Urteile zusammen, die der Verbraucher mit einem bestimmten einzelnen Markenartikel verbindet (z. B. „Nivea").
Selbstverständlich sind in diesem Marken-Image wichtige Dimensionen des Produkt-Images enthalten, die nun jedoch eine spezifische Färbung und Akzentuierung bekommen haben, die weitgehend aus der Werbung, Produktausstattung (Verpackung) und den spezifischen Produktqualitäten dieses Markenartikels resultieren.
Die genaue Kenntnis des eigenen Marken-Images sowie des Images der wichtigsten Konkurrenzprodukte ist heute Voraussetzung für jegliche marketingpolitische Maßnahme. Nur auf dem Hintergrund dieser Kenntnisse lassen sich mögliche Imagestärken forcieren und entsprechende Imageschwächen beseitigen, läßt sich eine klare Abhebung der Marke vom Konkurrenzumfeld erreichen und läßt sich die Marke so profilieren, daß sie die wichtigsten Bedürfnisse des Verbrauchers erfüllt.
Mit Hilfe einer Markenimage-Analyse soll ermittelt werden,

- welche Vorstellungen der Verbraucher mit der jeweiligen Marke verbindet,
- wo er die Vor- und Nachteile dieses Markenartikels sieht,
- inwieweit diese Produktvorstellungen geeignet erscheinen, seine persönlichen Bedürfnisse zu befriedigen,
- wie eindeutig und unverwechselbar sich das Markenbild vom Konkurrenzumfeld abhebt
- und welcher Anreiz vom bestehenden Marken-Image ausgeht, das Produkt auch zu kaufen.

Eine Markenimage-Analyse ist somit als Kontrollinstrument zu verstehen, mit dem überprüft wird, inwieweit sich durch die bisherigen Marketingbestrebungen ein Marken-Image etabliert hat, das den Zielsetzungen des Unternehmens entspricht und das den Wünschen und Bedürfnissen des Verbrauchers gerecht wird.

Zu (3): *Das Firmen-Image*
Das Firmen-Image umfaßt die Vorstellungen, die der Verbraucher mit dem Hersteller eines bestimmten Produktes verbindet. Da der Konsument häufig nur über sehr geringe Kenntnisse im Hinblick auf die Herstellerfirma verfügt, spielt das Firmen-Image eine vergleichsweise untergeordnete Rolle in der Beurteilung eines bestimmten Markenartikels. Dennoch kann die Analyse des Firmen-Images von großer Bedeutung sein, vor allem dann, wenn

- eine Firma mehrere *unterschiedliche* Markenartikel herstellt und wissen möchte, welche Auswirkungen ihr Firmen-Image auf die einzelnen verschiedenen Marken-Images hat und ob beim Verbraucher ein einheitliches Firmen-Image besteht oder ob sich nur einzelne, isolierte Marken-Images verankert haben. Diese Frage ist vor allem dann von Bedeutung, wenn der Firmenname als sog. „Dachmarke“ über den einzelnen Produktmarken angesiedelt wurde (z. B. Nestlé).
- der Firmenname mit dem Markennamen nicht identisch ist (Beispiel: Beiersdorf – Nivea) und ermittelt werden soll, ob und inwieweit ein eigenständiges Firmen-Image überhaupt besteht,
- trotz einer Identität zwischen Firmen- und Markennamen (Beispiel: Shell) zu erwarten ist, daß zwischen Marken- und Firmen-Image deutliche Diskrepanzen bestehen. So haben z. B. alle großen Mineralölkonzerne gegenwärtig ein durchaus positives Produkt-Image (qualitativ hochwertige Produkte, bekannte Marken), während das Firmen-Image

deutlich negativ gefärbt ist (Ablehnung multi-nationaler Konzerne, Preisabsprachen, Preistreibereien während der Energiekrise, zu starker politischer Einfluß der Konzerne etc.)

Eine gründliche und systematische Image-Analyse beschränkt sich jedoch nicht auf diese drei Hauptbereiche (Produkt-, Marken- und Firmen-Image), sondern zieht in die Image-Betrachtung noch das sog.

- Konkurrenz-Image sowie das
- Selbst-Image

mit ein.
Unter dem „Konkurrenz-Image" ist das Marken-Image aller wichtigen und unmittelbaren Konkurrenzprodukte zu verstehen, unter „Selbst-Image" hingegen das Bild von der eigenen Persönlichkeit, das sich jeder Verbraucher macht und das insofern von Bedeutung ist, als er danach die jeweiligen Produkte und Marken auswählt, die seinem eigenen Selbstbild am ehesten entsprechen bzw. es am stärksten unterstützen.

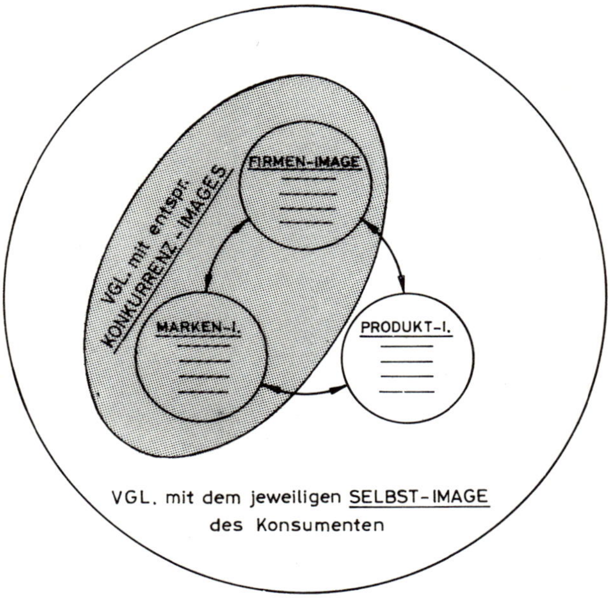

Abb. 23: Die verschiedenen Imagebereiche in ihrem gegenseitigen Bezug

Wenden wir uns zunächst der Betrachtung von *Konkurrenz-Images* zu. Der Kauf- und Entscheidungsprozeß des Verbrauchers geht in aller Regel auf eine vergleichende Wahlhandlung zurück, die entweder unmittelbar am Einkaufsregal selbst, d. h. im direkten und konkreten Vergleich aller konkurrierenden Produkte, oder aber in einer Vorentscheidung zu Hause, d. h. aufgrund bestehender Produkt- und Marken-Images getroffen wird. Die Vielfalt konkurrierender Markenangebote innerhalb eines Produktbereiches zwingt den Verbraucher zu einer Wahlhandlung und damit zu einem – wie auch immer gearteten – Vergleich zwischen mehreren Angeboten. Folgen wir einer später noch zu erörternden Hypothese, die besagt, daß der Konsument bemüht ist, eine möglichst hohe Entsprechung zwischen Selbstbild und Produktbild herzustellen, so können wir auch unterstellen, daß er keine völlig willkürliche (Zufalls-) Entscheidung treffen wird, sondern unter Abwägung verschiedener Alternativen die beste Lösung herzustellen versucht.

Für das Produkt- und Marken-Image heißt das: die Teilqualitäten eines Produkt- und Markenbildes werden nicht isoliert und sozusagen im luftleeren Raum beurteilt sondern auf der Basis vergleichbarer Konkurrenzprodukte. Aus diesem Grund ist es im Bereich der Imageforschung zur selbstverständlichen Gewohnheit geworden, die Marken-Images der wichtigsten Konkurrenzprodukte mit zu analysieren.

Wenden wir uns nun der Interdependenz zwischen Produktbild und *Selbstbild* zu.

Jeder Mensch hat von sich ein gewisses Selbstbild! Er ordnet sich bestimmte Charaktereigenschaften zu, bescheinigt sich eine gewisse (mehr oder weniger präzise) Weltanschauung, nimmt einen gewissen Platz in der Gesellschaft in Anspruch, hegt gewisse Hoffnungen und Wünsche und pflegt persönliche Abneigungen und Vorlieben.

Auf alle diese intrapersonalen Voraussetzungen treffen nun die jeweiligen Produkt- und Markenbilder, die gekennzeichnet sind durch möglichst unterschiedliche Charakteristika und Nutzenversprechen. Unterstellt man, daß der Verbraucher diese unterschiedlichen Produkt- und Marken-Images zumindest teilweise zu differenzieren vermag, so bietet sich bei seinem Wahl- und Entscheidungsverhalten die Möglichkeit, dasjenige Markenbild zu wählen, das seinen bewußten und unbewußten Erwartungen, Wünschen und Vorstellungen am ehesten entspricht.

Bei jedem Wahlakt, den der Verbraucher vornimmt, stellt er einen – wenn auch vielfach nur rudimentären und gelegentlich unbewußten – Vergleich zwischen seinem Selbstbild und den ihm angebotenen verschiedenen Markenbildern an. Durch viele Untersuchungen wurde die Hypothese erhärtet, daß es bei jedem Kauf- und Wahlakt um die Herstellung eines möglichst hohen Einklangs zwischen Selbst-Image und Produkt-Image geht. Das heißt: dasjenige Produkt hat die besten Absatzchancen, das dem Selbstbild einer möglichst großen Verbrauchergruppe möglichst stark entspricht. Rolf Berth [15] schreibt hierzu folgendes:

> „Daß Image und Selbst-Image für alle Arten von Markenentscheidung ausschlaggebend sind, leuchtet ein, wenn man sich vergegenwärtigt, daß nur im großen Gesamtzusammenhang aller Vorstellungen die einzelne Handlung begreiflich wird. Nur aus dem Gesamtbild, das er sich von sich selbst macht, wird deutlich, warum ein Käufer sich gerade für diese bestimmte Marke entschieden hat. Wenn man nicht dem sinnlosen Zufall das Wort reden will, so kann es einfach nur das Gefühl des Zueinanderpassens sein, das den Konsumenten veranlaßt, über Jahre eine bestimmte Produktmarke zu wählen. Eine sinnvolle Konsumentenentscheidung, die oftmals für lange Zeiträume zugunsten eines bestimmten Gutes getroffen wird, kann doch nur dann befriedigend sein, wenn sie ein Akt der Harmonie ist, zwischen dem Image, das der Konsument von sich selbst hat und dem Image, das er von den bevorzugten Artikeln hat. Die Persönlichkeitsstruktur ist der große und tiefe Hintergrund, gleichsam die Bühne, auf der die Images agieren und ihre Rolle spielen."

Die enge Verknüpfung zwischen Produkt- und Selbst-Image bestätigt sich auch in der längst erwiesenen Tatsache, daß die Produkte, mit denen sich ein Mensch heute umgibt, wesentlich dazu beitragen, sein Selbst-Image zu stützen und gleichzeitig das Vehikel sind, mit dem er es nach außen zu demonstrieren versucht. So wird sich Herr Schneider, der gut verdienender Prokurist in einer Maschinenfabrik ist, auf dem Lande wohnt, Familienvater ist, ein Haus mit Garten bewohnt und von dem eher Zuverlässigkeit und Vertrauenswürdigkeit denn Kreativität oder Individualität verlangt wird, mit großer Wahrscheinlichkeit keinen Sportwagen kaufen, obwohl er ihn sich leisten könnte und sich auch wünscht, sondern eher ein Auto der gehobenen Mittelklasse, wobei er hierbei vielleicht eine Marke wählen würde, die seinen sonstigen Neigungen und Erwartungen im Hinblick auf Sportlichkeit noch am ehesten entspricht. Andererseits wird Herr Kostany, der als Kreativ-Direktor in einer Werbeagentur arbeitet, und sich als ausgeprägter Individualist versteht, sehr wahrscheinlich nicht Ernte 23, sondern Gauloises oder Rothändle rauchen, eher eine ausländische „exotische" Automarke fahren und sich auch sonst mit Produkten umgeben, die seinem Anspruch an Individualität und Snob-Appeal entsprechen und auch nach außen zu dokumentieren vermögen. Diese Interdependenz von Produkt- und Selbst-Bild ist von den Praktikern der Marketing- und Werbearbeit frühzeitig erkannt worden und hat zu Entwicklungen geführt, die mit Begriffen, wie „Zielgruppe", „Marktsegmentierung" und „Produktpositionierung" nur angedeutet werden sollen. Diese Begriffe und die dahinterstehenden Marketing- und Imagestrategien haben die klassische Imagepolitik vielfach ergänzt und zu neuen Dimensionen geführt. An anderer Stelle wird hierauf ausführlich eingegangen.

Der Zusammenhang zwischen Produkt- und Selbst-Bild hat jedoch auch eine sehr naheliegende Auswirkung auf die Durchführung jeder normalen Image-Analyse. Unterstellt man, daß Personen mit stark divergierendem Selbst-Bild ein identisches Produkt durchaus unterschiedlich erleben werden, so wird plausibel, daß die ganzheitliche Betrachtung des Produkt-Bildes über alle Personen (Personengruppen) hinweg zu einem Imageprofil führen würde, dessen individuelle Unterschiede sich jeweils gegenseitig aufheben würden. Ein Produkt-Bild gewinnt immer dann an Prägnanz, wenn es nicht über alle Gruppen hinweg einheitlich erhoben wird, sondern für alle diejenigen Personen getrennt dargestellt wird, deren Selbst-Bild und deren Bedürfnisstruktur voneinander deutlich abweichen.

Aus diesen Überlegungen kommt der *Stichprobenbildung* bei Image-Analysen eine große Bedeutung zu.

1.2.3 Die Stichprobenbildung

Grundsätzlich wird sich die Zusammensetzung der Stichprobe weitgehend an der Zielgruppendefinition für das zu untersuchende Produkt orientieren. Sofern also die Zielgruppe eines Produktes einigermaßen klar bestimmbar und erfaßbar ist, wird man bei der Auswahl der Befragungspersonen ein möglichst getreues Bild dieser Zielgruppe (Verwendergruppe) zu rekonstruieren versuchen. Dies ist in der Regel nur dann möglich, wenn aus früheren Analysen die Käufer und Verwender der zu untersuchenden Marke bereits bekannt sind. Im Rahmen einer solchen Verwendergruppen-Analyse werden sowohl sozio-demographische Daten (Alter, Einkommen, Geschlecht, Beruf etc.) wie auch psychologische Daten (Einstellungen, Meinungen, Bedürfnisse etc.) und neuerdings auch Daten über das allgemeine Einkaufs- und Konsumverhalten erhoben. Insbesondere die sozio-demographischen Daten bieten den Vorteil, daß man Personen anhand dieser Beschreibungsmerkmale mit einfachen Filterfragen aus der Grundge-

samtheit auswählen kann, während die Auswahl von Personen mit einer bestimmten psychologisch einheitlichen Bedürfnishaltung ungleich schwieriger ist. Da die sozio-demographischen Daten heute jedoch vielfach nicht mehr ausreichen, um eine Zielgruppe exakt genug abzugrenzen (so sind beispielsweise die Verwender von Blend-a-med in allen Alters- und Einkommensgruppen zu finden), ist man vielfach gezwungen, psychologische Daten zur Zielgruppenbeschreibung und -abgrenzung heranzuziehen (so sind beispielsweise die Verwender von Blend-a-med in höherem Maße gesundheitsbewußt als die Verwender anderer Zahncreme-Marken).
Insgesamt gesehen ergeben sich folgende Möglichkeiten zur Stichprobenbildung bei psychologischen Image-Analysen:

(1) Die Stichprobe entspricht in etwa dem Querschnitt der durch das Produkt angesprochenen Zielgruppe.
Von dieser Möglichkeit wird man immer dann Gebrauch machen, wenn die Zielgruppe relativ klar abgrenzbar und bei der praktischen Erhebungsarbeit auch leicht wiederzufinden ist.
Typisches Beispiel: Stichprobenbildung für die Image-Analyse eines Schulbuch-Verlages. Da grundsätzlich nur in Lehrerkollegien über die Einführung von Schulbüchern entschieden wird, kann man in diesem Fall die Stichprobe problemlos auf Lehrer eingrenzen, die diesen Schulbuchgremien angehören. Der Stichprobenumfang ließe sich beispielsweise auf 200 Lehrer festlegen, die entsprechend der Schülerdichte in den einzelnen Bundesländern sowie entsprechend dem Anteil an Grundschulen, Hauptschulen, Realschulen und Gymnasien ausgewählt werden.

(2) In vielen Fällen ist die Bestimmung und vor allem das Wiederauffinden der relevanten Zielgruppe ungleich schwieriger. Hier kann je nach Problemlage und Aufgabenstellung der Analyse auf folgende Möglichkeiten zurückgegriffen werden:
(2.1) Befragung von 50% Verwendern der eigenen Marke und 50% Konkurrenz-Verwendern. Diese Stichprobenaufteilung ist sehr beliebt und wird immer dann gewählt, wenn die eigene Marke von starken Konkurrenzprodukten bedroht wird oder wenn die Abgrenzung der eigenen Image-Position aufgrund mangelnder objektiver Produktdifferenzierung sehr erschwert ist.
(2.2) Befragung von Intensiv-Verwendern sowie von gelegentlichen Verwendern der eigenen Marke. Hier handelt es sich um eine Stichprobenbildung, die sich vor allem dann empfiehlt, wenn

durch entsprechende Maßnahmen die Kaufhäufigkeit für die eigene Marke intensiviert werden soll.

(2.3) Befragung von Verwendern und Nicht-Verwendern der eigenen Marke,
insbesondere dann, wenn es darum geht, neue Zielgruppen für das Produkt zu erschließen.

(2.4) Befragung von gegenwärtigen und früheren Käufern des eigenen Produktes,
empfiehlt sich vor allem dann, wenn mit Hilfe der Image-Analyse die Ursachen für plötzliche oder allmähliche Umsatzrückgänge aufgedeckt werden sollen.

Neben diesen wenigen skizzenhaften Stichprobenvorschlägen ist letztlich jedes Stichprobenmodell denkbar, das Befragungspersonen voneinander trennt, die in sich möglichst homogen sind und sich von anderen Gruppen möglichst deutlich unterscheiden. Eine weitere plausible Forderung an jede Stichprobe für Image-Analysen: Es können nur Personen befragt werden, die zumindest rudimentäre Imagevorstellungen haben, d. h. das zu untersuchende Produkt bzw. die zu untersuchende Firma wenigstens dem Namen nach kennen.

1.3 Die Aufgabe von Image-Analysen

Im einfachsten Sinn gibt eine Image-Analyse darüber Auskunft, wie der Befragte (in der Regel der Verbraucher) einen gewissen Meinungsgegenstand (in der Regel eine bestimmte Firma bzw. eine bestimmte Marke) sieht. Mit Hilfe vieler indirekter Befragungstechniken, insbesondere projektiver und assoziativer Verfahren wird ermittelt, inwieweit die sog. „objektive Produktbeschaffenheit" durch subjektive Einstellungen, Meinungen und Erfahrungen, durch emotionale Sympathien und Antipathien sowie durch persönlichkeitsbezogene Eigenschaften des Konsumenten, wie Preisbewußtsein, Qualitätsbewußtsein oder Prestigeorientiertheit, verändert und zu einem neuen Produktbild umgeformt wird, das sich durchaus beträchtlich von der „objektiven Vorlage" unterscheiden kann. Die Image-Analyse ist für den Unternehmer der Spiegel, durch den er sein Produkt mit den Augen des Verbrauchers sehen kann. Je stärker die Verzerrungen dabei ausfallen, d. h. je stärker die Diskrepanz zwischen dem Produktbild des Herstellers und dem des Verbrauchers ist, desto fragwürdiger muß die

bisherige werbliche und marketingmäßige Betreuung des Produktes erscheinen, da der Unternehmer von Voraussetzungen ausging, die sich im Markt nicht wiederfinden lassen.
Die Ergebnisse einer Image-Analyse ermöglichen es dem Unternehmen somit eine *verbraucheradäquate* Produkt- und Werbepolitik zu betreiben. So informiert die Image-Analyse darüber,

- nach welchen Kategorien die Imagebildung in einem bestimmten Produktbereich erfolgt, d. h. welche Beurteilungsdimensionen innerhalb eines bestimmten Produktbereiches (z. B. Körperseife) eine dominante Rolle spielen,
- wo die Imagedominanten der eigenen Marke liegen,
- wo im Imageprofil der eigenen Marke besondere Stärken und Schwächen deutlich werden und welche Maßnahmen getroffen werden müssen, um eine erfolgreiche Imagekorrektur zu ermöglichen,
- wie klar sich die eigene Marke vom Imageprofil entsprechender Konkurrenzmarken abhebt und in welchen Punkten eine Profilierung und Distanzierung vom Konkurrenzumfeld am ehesten möglich ist,
- ob das eigene Markenimage mit den Veränderungen im Verbraucherverhalten Schritt hält,
- ob sich das eigene Markenimage soweit abgenutzt und überlebt hat, daß mit den Möglichkeiten einer normalen Imagekorrektur keine ausreichende Wirkung mehr erzielt werden kann und damit der Ausbau einer grundlegend neuen Image- und Produktstrategie dringend erforderlich erscheint.

Die Image-Analyse ist somit ein wichtiges Hilfsmittel für den Unternehmer, um den Erfolg seiner Produkt- und insbesondere seiner Werbepolitik zu überprüfen. Gleichzeitig signalisiert sie ihm die Notwendigkeit entsprechender Imagekorrekturen oder, sofern es sich um grundsätzliche Änderungen im Verbraucherverhalten handelt, auch die Notwendigkeit zur Änderung und Anpassung des gesamten Produktes an die neuen Verbrauchervorstellungen. In diesem Fall wird auch die Ausarbeitung einer weitgehend neuen Imagestrategie erforderlich sein.

1.4 Typische Ausgangsprobleme für Image-Analysen

Image-Analysen haben sich in den letzten Jahren immer dann als hilfreiches Instrument erwiesen, wenn vor dem Beginn größerer Marktaktivitäten der

Standort des Unternehmens (Firmen-Image) bzw. der Marke (Marken-Image) festgestellt werden sollte. Die Orientierung über den eigenen Standort erleichtert effiziente und zielgerichtete Maßnahmen zur Profilierung der eigenen Marke bzw. der eigenen Firma.
Die nachfolgend skizzierten Problemstellungen umfassen eine kleine aber typische Auswahl unternehmerischer Entscheidungen, zu deren Vorbereitung und Absicherung Image-Analysen in der Regel durchgeführt werden.

Beispiel 1: Überprüfung der bisherigen Image-Strategie

Die Situation:
Ein Unternehmen verfolgt seit über 2 Jahren eine konsequente Image-Strategie für eines seiner Hauptprodukte. Die Unternehmensleitung möchte wissen, ob die bisherige Imagepolitik ohne Änderung fortgeführt werden kann oder ob zur Erreichung des angestrebten Imagezieles Änderungen in den zukünftigen Marketingmaßnahmen notwendig werden.
Versteht man unter einer „Image-Strategie" das Bemühen der Marketingexperten, jeden Markenartikel so auszustatten, daß

- er neben den objektiven Produktqualitäten auch ein emotional wirksames Umfeld erhält und damit einen möglichst klar definierten psychologischen Zusatznutzen erfüllt,
- der einzelne Markenartikel einen möglichst wichtigen Bedürfnisbereich des Verbrauchers befriedigt,
- der einzelne Markenartikel in der Befriedigung dieses Verbraucherbedürfnisses möglichst allein steht und sich dementsprechend klar von der Konkurrenz abhebt,

so müssen im Rahmen dieser globalen Fragestellung unter anderem folgende Einzelfragen beantwortet werden:

Die Fragen:

- Wie sieht das Image des Produktes zum gegenwärtigen Zeitpunkt aus?
- Inwieweit entspricht das Image, das sich der Verbraucher vom jeweiligen Produkt macht, der Marketingzielsetzung des Unternehmens? (Wurde das Marketingziel erreicht?)
- In welchen speziellen Punkten weicht dieses Image von der Marketingzielsetzung ab und wie gravierend wirkt sich diese Abweichung auf die Gesamtakzeptanz des Produktes aus?
- Wie schlagkräftig erwies sich die neue Image-Kampagne, d. h. mit wel-

chem Erfolg konnte das Image-Bild beim Konsumenten verankert werden?

- Unterscheidet sich das Marken-Image immer noch klar genug von allen konkurrierenden Marken oder ergeben sich in bestimmten Imagedimensionen Überlagerungen?
- Entspricht das Image auch aktuellen Bedürfnissen des Verbrauchers und wie hoch ist die Kaufmotivation, die sich aus dieser Identität zwischen Bedürfnisstruktur und Produktbild ableiten läßt – oder haben sich die Verbrauchervorstellungen in einer Weise verändert, die den Nutzen unseres Produktes zunehmend weniger attraktiv erscheinen läßt?

Die Beantwortung dieser und ähnlicher Fragen erleichtert die Entscheidung, ob und auf welche Weise die bisherige Image-Strategie fortgeführt werden kann bzw. welchen Korrekturen und Modifikationen sie unterworfen werden muß, um den Vorstellungen des Verbrauchers sowie der eigenen Marketingzielsetzung gleichermaßen gerecht zu werden.

Beispiel 2: Korrekturbedürftiges Öffentlichkeitsbild des Unternehmens

Die Situation:
Ein Unternehmen, das seit mehreren Generationen in Familienbesitz ist und in früheren Zeiten eine marktbeherrschende Stellung innehatte, muß wiederholt feststellen, daß das Firmenbild als nicht mehr zeitgemäß erlebt wird – und dies, obwohl in den letzten Jahren starke Bemühungen zur Modernisierung unternommen wurden. Die Unternehmensleitung möchte Informationen darüber, mit welchen Maßnahmen ein zeitgemäßes Firmenbild am Markt realisiert werden kann.
Diese globale Fragestellung wird im Rahmen einer Image-Analyse in folgende Einzelfragen aufgelöst:

Die Fragen:

- Welche Imagedominanten beherrschen das Vorstellungsbild des Verbrauchers über die Firma?
- Beziehen sich diese Imagevorstellungen mehr auf die firmenbezogenen Aspekte, wie Tradition, Geschichte, Unternehmensführung, Marktstellung etc. oder mehr auf die Produktpalette, d. h. auf die Wertung einzelner oder mehrerer Produkte?
- Wirkt sich ein mögliches „Image der Tradition“ heute mehr störend als nützlich aus und sollte es demgemäß in den neuen Werbeaussagen eher in ein „modernes und progressives“ Firmen-Image umgewandelt werden?
- Wo liegen die positiven Ansatzpunkte für eine zeitgemäße Imageprofilie-

rung, d. h. wie läßt sich für dieses Unternehmen ein modernes Firmenbild erreichen?

- Wie genau kennt der Verbraucher die bisherigen Bemühungen um ein neues und modernes Firmengesicht, die bis zu diesem Zeitpunkt eingeleitet wurden? Was hält er von den bisherigen Maßnahmen? Können die bisher eingeleiteten Bemühungen also ihr Ziel erreichen, kann man sie fortsetzen oder muß man neue Wege gehen?
- Kann die neue Gestaltung des Firmen-Images ausschließlich über neue und entsprechend progressiv gestaltete public relation-Maßnahmen erfolgen oder ist zur Erreichung eines zeitgemäßen und dynamischen Firmen-Images auch die Entwicklung neuer und attraktiver Produkte unerläßlich? Frage also: Liegt die Imageschwäche des Unternehmens nur am nicht mehr zeitgemäßen Firmen-Image oder auch an der mangelnden Attraktivität der Produkte?

Erstaunlicherweise wurde der Entwicklung und Profilierung des eigenen Firmen-Images von den Unternehmern lange Zeit nur geringe Bedeutung beigemessen. So ist es erklärlich, daß viele tradierte Unternehmen heute vor dem Problem eines „überalterten" Firmen-Images stehen und feststellen müssen, daß der Verbraucher ihren Firmennamen mit Vorstellungen verbindet, die aus längst vergangenen Ereignissen der Firmengeschichte resultieren und die den heutigen Gegebenheiten des Unternehmens nicht mehr gerecht werden. Vielfach wurde in diesen Firmen versäumt, neben der Entwicklung von neuen Produkten auch auf die öffentlichkeitswirksame Entwicklung und Darstellung des gesamten Firmen-Images zu achten.
Immer mehr große Unternehmen gehen heute dazu über, eine sehr bewußte Pflege des Firmen-Images zu betreiben, wobei es im klassischen Sinn von PR-Maßnahmen weniger darauf ankommt, einzelne Produkte zu bewerben, als vielmehr eine breite „goodwill-Basis" beim Verbraucher für das gesamte Unternehmen herzustellen.
Verständlicherweise werden Maßnahmen zur Profilierung des Firmen-Images besonders dann aktuell, wenn das Unternehmen ins Kreuzfeuer der öffentlichen Kritik geraten ist. Als besonders exemplarisches Beispiel hierfür mögen die Mineralölkonzerne gelten, die im Rahmen der Energiekrise (1974/75) stark ins Schußfeld der öffentlichen Diskussion gerieten, wobei ihnen nicht nur Preistreiberei und überhöhte Gewinne, sondern auch – im Rahmen ihrer multi-nationalen Verflechtungen – eine Manipulation der gesamten Ölversorgung angelastet wurde. Aufgrund der großen Bedeutung, die Ölpreise und die gesamte Ölversorgung für jeden einzelnen

Bürger haben, wurde die öffentliche Diskussion entsprechend lebhaft und emotional geführt.
Seit dieser Zeit bemühen sich nahezu alle großen Mineralölkonzerne mit aufwendigen und sehr kostspieligen PR-Kampagnen, das Firmen-Image ihrer Unternehmungen wieder „ins rechte Licht" zu rücken. Mit großen Farbanzeigen in meinungsbildenden Zeitschriften versucht z. B. die ESSO AG mit Hilfe eindrucksvoller Bilddokumente die Schwierigkeit und Kostspieligkeit bei der Erschließung von neuen Ölvorkommen zu dokumentieren. Auf diese Weise sollen sowohl die hohen Investitionen der Mineralölkonzerne verdeutlicht werden, als auch die Verantwortlichkeit aufgezeigt werden, die diesen Unternehmen bei der Energieversorgung der Bevölkerung zukommt.
Unter stets wechselnden Slogans, wie „Öl macht schön" oder „Öl gibt Farbe", etc. versucht die BP – ebenfalls mit doppelseitigen Farbanzeigen – die breite Palette an Produkten zu verdeutlichen, die heute bereits aus Erdöl gewonnen werden, wie Arzneimittel, Düngemittel, Klebstoffe, Kosmetika, Lacke und Farben, etc. SHELL weist in seiner Kampagne auf die große Bedeutung der aus Erdöl gewonnenen Kunststoffe im Bereich der Medizin hin.

Beispiel 3: Verlust von Marktanteilen

Die Situation:
Ein Unternehmen verliert bei einem bestimmten Produkt ständig an Marktanteilen. Da die objektiven Produktqualitäten weitgehend unverändert blieben, müssen die Ursachen des Umsatzrückgangs in einem Imageverlust der Marke bzw. in veränderten Verbrauchererwartungen liegen.

Die Fragen:
- Lassen sich aus der Analyse des allgemeinen Produkt-Images (z. B. allgemeine Imagevorstellungen in Bezug auf eine Körperseife) Anhaltspunkte erkennen, die auf veränderte Konsumgewohnheiten und Bedürfnisse des Verbrauchers hinweisen (z. B. Wunsch nach mehr „Frische") und entspricht unsere Marke diesen veränderten oder erweiterten Bedürfniserwartungen?
- Haben sich die wesentlichen Image-Stärken unserer Marke im Lauf der Zeit zu sehr abgenutzt und erscheinen sie heute nicht mehr zugkräftig und überzeugend genug?
- Wo werden heute die Stärken und Schwächen unserer Marke gesehen?
- Wie hoch ist die Kaufbereitschaft für unsere Marke im Vergleich zu

Abb. 24: Kampagnen großer Ölkonzerne zur Korrektur des Firmenimages

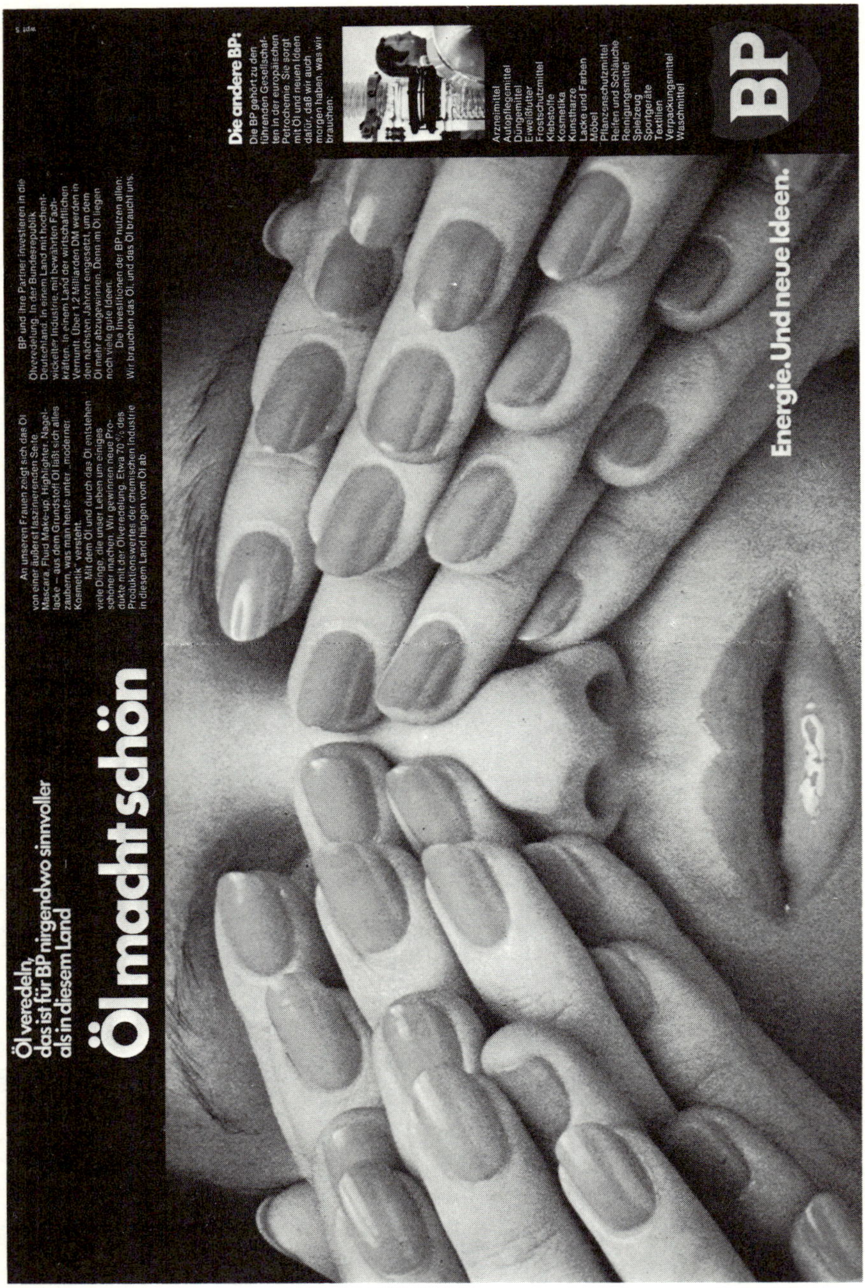
Öl veredeln, das ist für BP nirgendwo sinnvoller als in diesem Land
Öl macht schön
An unseren Frauen zeigt sich das Öl von einer äußerst faszinierenden Seite. Mascara, Fluid Make-up, Highlighter, Nagellacke – aus dem Grundstoff Öl läßt sich alles zaubern, was man heute unter „moderner Kosmetik" versteht.
Mit dem Öl und durch das Öl entstehen viele Dinge, die unser Leben um einiges schöner machen. Wir gewinnen neue Produkte mit der Ölveredelung. Etwa 70 % des Produktionswertes der chemischen Industrie in diesem Land hängen vom Öl ab.
BP und ihre Partner investieren in die Ölveredelung. In der Bundesrepublik Deutschland. In einem Land mit hochentwickelter Industrie, mit bewährten Fachkräften. In einem Land der wirtschaftlichen Vernunft. Über 1,2 Milliarden DM werden in den nächsten Jahren eingesetzt, um dem Öl mehr abzugewinnen. Denn im Öl liegen noch viele gute Ideen.
Die Investitionen der BP nutzen allen: Wir brauchen das Öl, und das Öl braucht uns.
Die andere BP:
Die BP gehört zu den führenden Gesellschaften in der europäischen Petrochemie. Sie sorgt mit Öl und neuen Ideen dafür, daß wir auch morgen haben, was wir brauchen:
Arzneimittel
Autopflegemittel
Düngemittel
Eiweißfutter
Frostschutzmittel
Klebstoffe
Kosmetika
Kunstharze
Lacke und Farben
Möbel
Pflanzenschutzmittel
Reifen und Schläuche
Reinigungsmittel
Spielzeug
Sportgeräte
Textilien
Verpackungsmittel
Waschmittel
Energie. Und neue Ideen.
BP

Vorstoß in die menschenleere Arktis.

Unsere Öltrupps haben keine Zeit, sich einsam zu fühlen.

Die Zeit der Hundeschlitten und Zelte in der Arktis ist vorbei. An ihre Stelle sind Raupenfahrzeuge und fahrbare, geheizte Unterkünfte getreten. An der Kälte, Trostlosigkeit und Einsamkeit dieses riesigen Raumes hat das nichts geändert. Aber unsere Männer haben keine Zeit, sich einsam zu fühlen.

Ständig unterwegs, ständig im Kampf gegen Schnee und Eis, fordern vielfältige Messungen, das Bohren von Sprenglöchern für seismographische Bodenuntersuchungen, die Auswertung der Meßergebnisse und der Funkkontakt zur Basis ihre ganze Aufmerksamkeit.

Seit 1968 an der Nordküste Alaskas riesige Erdöl- und Erdgaslager entdeckt wurden, suchen wir mit verstärkten Kräften weiter. Im Norden Kanadas und in Alaska bis hinauf in die Beaufort Sea und die arktischen Inseln.

Immer wieder stehen wir vor neuen Situationen, die es zu meistern gilt. Immer wieder vor der Frage der Finanzierung. Doch wir brauchen die reichen Öl- und Gasvorräte aus der Arktis für die Sicherung der Energieversorgung der westlichen Welt. Jede Tonne Öl, die irgendwo zusätzlich zur Verfügung steht, hilft uns allen.

Weitere Informationen zu diesem Thema erhalten Sie von
ESSO A. G. · Information 6 · Postfach 680 120 · 2000 Hamburg 65

Es gibt viel zu tun. Packen wir's an. ESSO

entsprechenden Konkurrenzprodukten und wie wird eine hohe bzw. eine niedrige Kaufbereitschaft begründet?
- Gibt es Konkurrenzmarken mit einem deutlich besseren Image und in welchen speziellen Punkten liegen die Imagevorteile dieser Marken?
- Ist unsere Marke noch in der Lage, zumindest ein spezielles Bedürfnis des Verbrauchers zu befriedigen, das durch kein anderes Produkt gleichermaßen befriedigt werden kann (Frage der „Alleinstellung")?

Aus der Beantwortung dieser Fragen wird sich ermessen lassen, inwieweit eine Imagekorrektur noch erfolgversprechend ist und ob sie sich weitgehend auf die Profilierung reiner Imagequalitäten beschränken kann oder ob sie auch die Änderung und Verbesserung konkreter Produkteigenschaften beinhalten muß. In der Anpassung an die neue Bedürfnissituation auf seiten des Verbrauchers und an die neue Wettbewerbssituation von seiten der Konkurrenz, können Maßnahmen zur erfolgreichen Wiederbelebung des Absatzes eingeleitet werden.

Beispiel 4: Probleme mit überalterten Produkten
Die Situation:
Ein Spirituosenhersteller hat seit über 40 Jahren eine Likörmarke im Sortiment, die im Laufe dieser Zeit mehreren relaunches, d. h. Image-Kampagnen zur Re-Aktualisierung der Marke, unterzogen wurde. Durch diese Bemühungen konnte ein kleiner aber weitgehend konstanter Marktanteil gehalten werden. Seit einiger Zeit sinken jedoch die Umsatzzahlen erneut, so daß das Unternehmen vor der Frage steht, einen erneuten relaunch-Versuch zu wagen, oder das Produkt endgültig aus dem Markt zu nehmen.
Da der gesamte Likörbereich ein eher rückläufiger Markt im Spirituosenbereich ist, muß zunächst geklärt werden, ob der Absatzverlust auf allgemeine Image-Probleme des Produktbereiches „Liköre" schlechthin zurückzuführen ist oder doch auf speziellen Problemen und Schwächen dieser einen spezifischen Marke beruht. In diesem Fall erscheint die Durchführung einer kombinierten Produkt-Image- und Marken-Image-Analyse sinnvoll.

Die Fragen:
- Wie steht der Verbraucher heute allgemein zu Likören im Vergleich zu anderen Spirituosen?
- Welches sind die Positiva und Negativa im Image-Profil des Produktes „Likör"?
- Liegen die möglichen Konsumbarrieren mehr im Imagebereich (altmodisch, weichlich, feminin, „Oma-Getränk") oder beruhen sie auf verän-

derten Geschmacksvorlieben (eher herb als süß, eher leicht als schwer, eher hart als weich, etc.)?

- Gibt es Beispiele für moderne und akzeptierte Likörmarken und welche spezifischen Image-Dominanten bzw. welche spezifischen Produkt-(Geschmacks-)Eigenschaften kennzeichnen diese Marken?
- Wie sieht der typische Konsument von Likör heute aus und wie hoch ist die Bereitschaft, sich mit diesen Personen zu identifizieren?
- Gibt es bestimmte Geschmacksrichtungen im Likörbereich, die heute eher favorisiert werden, wie z. B. herbe, fruchtige Richtungen?
- Korrespondiert das Image der eigenen Marke eher mit den positiven oder eher mit den negativen Komponenten dieses allgemein Produkt-Images von Likör?
- Wie wird die eigene Marke hinsichtlich Geschmack, Qualität, Produktausstattung (Flasche, Etikett) und Preis beurteilt?
- Wie wird der typische Konsument der eigenen Marke beschrieben? Insbesondere: Findet sich auch der junge und moderne Konsument im Bereich dieser Verwendervorstellungen?
- Wird der eigenen Marke noch ein gewisser good will vom Verbraucher entgegengebracht oder ist sie soweit abgewirtschaftet, daß ein relaunch-Versuch keinen Erfolg mehr verspricht?

Beispiel 5: Einführung neuer Produkte

Die Sitution:
Ein Unternehmen steht vor der Einführung eines neuen Produktes, das von der bisherigen Produktlinie relativ stark abweicht. In der Unternehmensleitung ist man sich darüber unklar, welche Auswirkungen sich aus dieser Produkteinführung auf das bisherige Image des Unternehmens ergeben und umgekehrt, welchen Einflüssen das neue Produkt aus dem bestehenden Firmen-Image ausgesetzt wird.

Die Fragen:

- Inwieweit deckt sich das Image des neuen Produktes mit dem bisherigen Marken- und Firmen-Image des Unternehmens?
- Erscheint das Unternehmen aufgrund seines bisherigen Firmen-Images als kompetent für die Herstellung des neuen Produktes?
- Welche Erwartungen wird der Verbraucher aufgrund des bestehenden Firmen- und Marken-Images an das neue Produkt herantragen?
- Wird das neue Produkt reibungslos in die bisherige Produktpalette integriert werden oder wird es ein isoliertes Eigenleben führen müssen?

- Läßt sich bereits erkennen, in welcher Weise das neue Produkt auf das bisherige Marken- und Firmen-Image Einfluß nehmen wird?

Welche unterschiedlichen Wirkungen aus der Einführung eines neuen und nicht ins bisherige Firmenprofil passenden Produktes entstehen können, sei an zwei nachfolgenden Beispielen erläutert:

Beispiel 1:
Ein Unternehmen der Elektroindustrie, das für seine technisch hochentwickelten Produkte sowie für ein besonders elegantes Design bekannt ist, plante ein Wegwerf-Feuerzeug auf den Markt zu bringen. Dieses Wegwerf-Feuerzeug sollte sowohl in technischer wie auch in gestalterischer Hinsicht deutlich über dem bisherigen Konkurrenzangebot liegen. Nach abgeschlossener Produktentwicklung kamen der Unternehmensleitung ernste Bedenken im Hinblick auf mögliche negative Auswirkungen, die von einem Wegwerfprodukt auf das Image der gesamten Produkt-Palette übergehen könnten. Aus diesem Grunde wurde ein Produkt- und Image-Test durchgeführt. Dieser bestätigte in vollem Umfang und in aller Schärfe die Bedenken der Unternehmensleitung. Das Produkt-Image eines Wegwerf-Feuerzeugs, auch wenn es sich dabei um eine technisch und gestalterisch anspruchsvollere Schöpfung handelt, ließ sich nicht mit dem hochqualifizierten und anspruchsvollen Gesamtimage dieser Firma verbinden. Ein Wegwerf-Feuerzeug bedeutet für den Verbraucher letztlich ein technisch einfaches, billiges und kurzlebiges Produkt, das sich mit dem Image der qualitativ hochwertigen, teueren, langlebigen und gestalterisch sehr anspruchsvollen Produkte dieser Firma nicht vereinbaren ließ. Die Produktidee eines Wegwerf-Feuerzeugs mußte aus diesen Gründen fallengelassen werden, obwohl sie mit nicht unerheblichen Kosten bis zur Serienreife entwikkelt worden war.

Beispiel 2:
Dieser Fall dokumentiert das Bemühen um die Gesamtaufwertung eines Firmen-Images durch ein imagemäßig höher angesiedeltes neues Produkt. Mit der Einführung des VW-Porsche, zu einer Zeit, da der VW-Käfer noch nahezu ausschließlich dominierte, wurde in sehr bewußter und gezielter Weise der Versuch unternommen, das etablierte und durch die enge Modellpolitik von VW festgefahrene Image aufzulockern. Dies geschah durch die Entwicklung eines neuen Modells, von dem man wußte, daß es sich weder in die bestehende Produktlinie noch in das bestehende Firmenbild von VW einpassen würde. Durch die Verbindung der beiden Markennamen „VW“ und „Porsche“ versuchte man die Kompetenz von VW für die Herstellung eines aufwendigeren Automobils zu dokumentieren und damit VW auch für anspruchsvollere Autokäufer zugänglich zu machen.

Ein neues Produkt muß sich demnach nicht immer reibungslos in das bestehende Marken- oder Firmen-Image einfügen, sondern kann in strategischer Hinsicht ganz bewußt dazu dienen, das Image einer Firma in einer gewissen gewünschten Richtung zu verändern. Ziel einer Image-Analyse ist es in diesem Fall, zu ermitteln, ob sich mit der Einführung des neuen Produktes die Veränderungen im Firmen-Image tatsächlich in der intendierten Richtung vollziehen.

Beispiel 6: Ausarbeitung einer neuen Werbekonzeption für bestehende Produkte

Die Situation:
Ein großes Markenartikelunternehmen plant für eines seiner Hauptprodukte eine neue Werbestrategie entwickeln zu lassen. Hierzu möchte man der Werbeagentur ein ausführliches „Briefing" vorlegen, das sowohl die gegenwärtige Markt- und Konkurrenzsituation, als auch das Image-Profil dieses Produktes umreißt. Diesem Situationsbericht werden Vorschläge angeschlossen, in welcher Richtung die geplante Image-Korrektur vorzunehmen ist. Dieses Briefing ist als Zielvorgabe für die Agentur zu verstehen, aus dem hervorgeht, welche Imageposition für die Marke angestrebt wird, welche Differenzierung von entsprechenden Konkurrenten gewünscht wird und welche Aspekte des Image-Profils besonders in den Mittelpunkt gerückt werden sollen.

Die Fragen:
- Wo liegen die gegenwärtigen Stärken und Schwächen im Markenbild?
- Wie sieht das Image der wichtigsten Konkurrenzmarken aus, in welchen Punkten sind sie uns ähnlich, in welchen über- bzw. unterlegen?
- Inwieweit hat sich das durch die bisherige Werbung herausgestellte Produktversprechen abgenutzt bzw. in welchen Details ist es nach wie vor attraktiv?
- Wie genau erinnern sich die Verbraucher an die bisherige Werbekampagne? Gibt es Ermüdungserscheinungen?
- Wie wird die Werbung der entsprechenden Konkurrenzmarken beurteilt und in welchen Punkten erscheinen die dort getroffenen Aussagen attraktiver?
- Gibt es neue Entwicklungen im Verbraucherverhalten, die werblich aufgegriffen werden könnten?

1.5 Ablauf einer Image-Analyse

Die in der Praxis durchgeführten Image-Analysen umfassen – wenn auch mit unterschiedlicher Schwerpunktbildung – in der Regel alle drei Imagebereiche. So wird man auch bei der Analyse des „Absatzrückganges einer bestimmten Marke", in der Fragen des Marken-Images klar im Vordergrund stehen, auf das Image der Herstellerfirma sowie auf das allgemeine Produkt-Image eingehen müssen, um sicherzustellen, daß die Markenprobleme nicht aus eventuellen Veränderungen des Firmen- oder Produkt-Images resultieren. Ähnlich wird man im Rahmen einer Firmen-Image-Analyse auch die einzelnen Marken-Images streifen müssen, da sich hieraus häufig starke Einflüsse auf das Firmen-Image herleiten. Diese enge Interdependenz von Marken-, Firmen- und Produkt-Image muß bei der Anlage einer Image-Analyse grundsätzlich berücksichtigt werden.

1.5.1 Die Analyse des Marken-Images

Die Analyse des Marken-Images beantwortet die Frage, wie ein bestimmter Markenartikel vom Verbraucher erlebt wird, welche Teilaspekte aus dem gesamten Markenbild besonders dominant erscheinen, wie diese Dominanten im einzelnen bewertet werden und mit welchen anderen Imagekriterien der Marke sie letztlich zu welchem individuellen Gesamtbild zusammenfließen.

Somit umfaßt die Analyse des Marken-Images drei wesentliche Fragenkomplexe:

(1) Wo liegen die Dominanten im Imagebild dieser Marke (z. B. Zärtlichkeit und Partnerbeziehung bei „Mon Chéri“)?

(2) In welcher Weise formen diese Imagedominanten das gesamte weitere Markenbild; welchen Einfluß haben sie beispielsweise auf Geschmacks-, Produkt-, Packungs- und Preisvorstellungen des Verbrauchers?

(3) Inwieweit ergibt die Gesamtheit aller vom Verbraucher erlebten Imagekriterien ein harmonisches und geschlossenes Gesamtbild, das vom Verbraucher als charakteristisches und unverwechselbares Markenbild erlebt wird und das sich entsprechend prägnant vom Umfeld konkurrierender Marken abhebt?

Diese globale Fragestellung gliedert sich in folgende Einzelthemen auf:

- Die Dominanten im Markenbild
  Um festzustellen, welche Produkt- und/oder Markenqualitäten bei der Beurteilung eines bestimmten Markenartikels im Vordergrund stehen, arbeitet man häufig mit Hilfe der sog. „Spontanassoziationen“ oder der „Satzergänzungstests“. Mit diesen beiden Verfahren sollen die spontanen Vorstellungen ermittelt werden, die der Verbraucher mit dem jeweiligen Markenbegriff verbindet.

Beispiel für eine solche offene, assoziative Frage:

Frage: „Sagen Sie mir doch bitte alles, was Ihnen spontan einfällt, wenn Sie den Namen „Mon Chéri" hören. Bitte antworten Sie, ohne lange nachzudenken und ohne auf den Sinn oder Zusammenhang des Gesagten zu achten."
(*Interviewer:* Mehrmals nachfassen: Was fällt Ihnen sonst noch alles ein?)

Beispiel für einen Satzergänzungs-Test:

Frage: „Ich lese Ihnen jetzt einige Satzanfänge vor, die Sie bitte so rasch wie möglich vervollständigen. Bitte denken Sie dabei nicht lange nach, sondern antworten Sie mit der ersten Ergänzung, die Ihnen dazu einfällt."
1. Wenn ich den Namen „Mon Chéri" höre . . . .
2. In erster Linie ist „Mon Cheri" . . . .
3. Im Unterschied zu anderen Produkten ist „Mon Chéri" . . . .
4. Wenn ich „Mon Chéri" kaufe . . . .
5. Ich schenke deshalb am liebsten „Mon Chéri" . . . .
6. Ich finde, „Mon Chéri" eignet sich besonders . . . .
7. etc. . . . .

Die auf diese Weise ermittelten spontanen Vorstellungen des Verbrauchers geben in recht ungeordneter Weise die Dominanten im Erscheinungs- und Erlebnisumfeld der jeweiligen Marke wieder, ohne daß hieraus bereits eine Gewichtung einzelner Faktoren im Hinblick auf Produktakzeptanz und Kaufentscheid vorgenommen werden könnte. Als typisches Beispiel hierfür sei die „blaue Dose" von Nivea angeführt, die in allen Spontanassoziationen erscheint und die dennoch einen vergleichsweise geringen Einfluß auf die Kaufentscheidung nimmt. Trotzdem erfüllt die blaue Dose eine wichtige Anforderung an jeden Markenartikel: die Schaffung einer klaren optischen Prägnanz, die im Sinne eines unverwechselbaren Erkennungszeichens nur diesem einen Produkt zugeordnet wird und damit eine spontane und problemlose Erkennung der Nivea-Creme unter allen Konkurrenzprodukten ermöglicht.
Somit ist festzuhalten: Spontanassoziationen geben zwar die prägnanten Merkmale eines Markenbildes wieder, ohne jedoch einen unmittelbaren Rückschluß auf die Bedeutung dieser Kriterien für die Bewertung des Produktes oder gar für den Kaufentscheid zu erlauben.

- Der globale Markeneindruck
  Wie bereits an anderer Stelle dargelegt wurde, sind Images vielfach komplexer und diffuser Natur. In der Befragungssituation führt dies häufig zu Formulierungsproblemen dergestalt, daß man die persönlichen Eindrücke, Urteile und Meinungen über einen Markenartikel nicht klar

genug fassen kann und in einer unpräzisen, „ganzhaften Anmutung" steckenbleibt. Um diese „ganzhafte" und vage Vorstellung von einer Marke fassen zu können, bedient man sich in der Regel des in Abb. 25 dargestellten Polaritätenprofils (nach P. Hofstätter) oder semantischen Differentials (nach C. E. Osgood).

Mit diesem einfach strukturierten Beurteilungsschema können die Befragten auch ein verschwommenes und unpräzises Markenbild erfassen und darstellen.

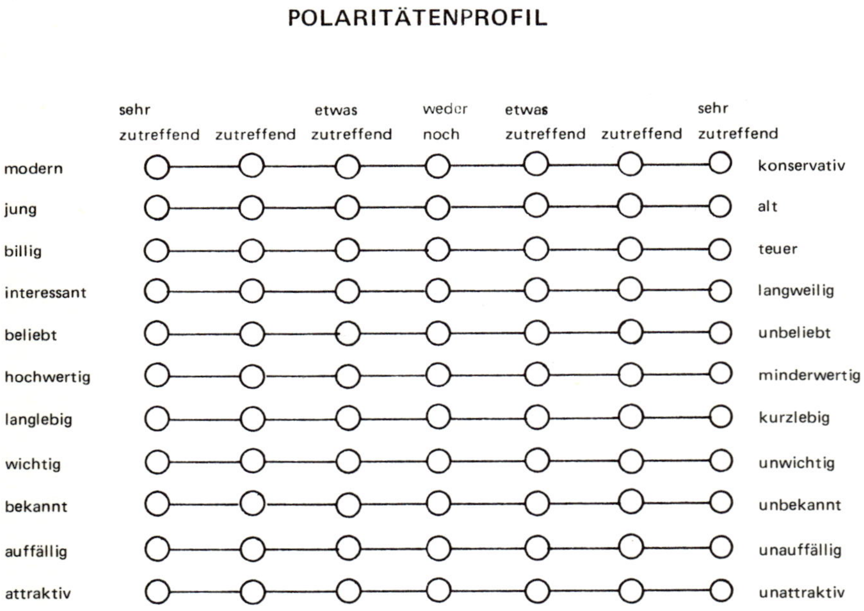

Abb. 25: Beispiel eines Polaritätenprofils zur Produktbeurteilung

- Der objektive und subjektive Produktnutzen

  Der Erfassung und Abgrenzung des objektiven und subjektiven Produktnutzens kommt bei der Analyse des Markenimages große Bedeutung zu. Unter objektivem Produktnutzen soll die Gesamtheit aller objektiv nachweisbaren Produkteigenschaften verstanden werden, unter subjektivem Produktnutzen hingegen nur diejenigen Teilaspekte, die der Verbraucher als für sich relevant und wichtig erachtet.

Häufig erlebt hier der Hersteller eines Markenartikels die große Enttäuschung, daß der Verbraucher aus der Vielzahl objektiv vorhandener Produktvorteile nur einen einzigen als für sich relevant herausgreift oder noch schlimmer, daß er überhaupt keinen persönlich relevanten Produktnutzen erkennt. Die Ursache hierfür kann sowohl in einer unzureichenden Kenntnis der objektiven Produktvorteile liegen als auch in einer zu geringen Übereinstimmung zwischen den objektiven Produktvorteilen des jeweiligen Markenartikels und der individuellen Bedürfnisstruktur des Verbrauchers. Konkret: der Verbraucher erkennt zwar die Besonderheiten des Produktes, sie interessieren ihn jedoch nicht und gehen damit nicht in die für ihn relevante Markenvorstellung mit ein. Da die subjektive Produkterwartung somit immer nur eine individuelle Auswahl aus dem objektiven Nutzenangebot des jeweiligen Produktes darstellt, muß zunächst ermittelt werden, ob und in welchem Umfang der Verbraucher die verschiedenen objektiven Besonderheiten des Markenartikels überhaupt kennt. Erweist sich dieser Kenntnisstand als zu gering, so muß über geeignete Werbemaßnahmen eine höhere Penetration der objektiven Produktvorteile angestrebt werden; ist der Kenntnisstand des Verbrauchers über die objektiven Produktbesonderheiten ausreichend, aber der erlebte subjektive Produktnutzen weiterhin gering, so ist zu vermuten, daß die objektiven Produktvorteile nicht den Bedürfnissen des Konsumenten entsprechen. In diesem Fall wird auch die verstärkte werbliche Auslobung dieser Aspekte zu keiner höheren Produktakzeptanz führen.

Die Analyse des *objektiven* Produktnutzens erfolgt u. a. über folgende Fragen:

Frage: „Was wissen Sie alles über Mon Chéri"?
(*Interviewer:* Zuerst frei antworten lassen, dann nachfassen im Hinblick auf Größe und Form der Praline, Grundstoffe und Zusammensetzung, Geschmack und Konsistenz).
Frage: „Welche der eben beschriebenen Aspekte sind für Mon Chéri besonders typisch?"
Frage: „Mit welchen anderen Pralinen könnte man Mon Chéri am ehesten vergleichen? Warum gerade mit diesen?"
Frage: „Hat Mon Chéri irgendwelche Besonderheiten, die man bei keiner anderen Praline findet? Welche sind dies?"

Der *subjektive* Produktnutzen läßt sich u. a. mit folgenden Fragen erfassen:

Frage: „Welche Besonderheiten von Mon Chéri schätzen Sie persönlich am meisten? Welche Eigenschaften sind Ihnen weniger bzw. gar nicht wichtig?"
Frage: „Warum kaufen Sie persönlich Mon Chéri und nicht andere Pralinen?"

Oder in Form eines Listentests:

Frage: „Hier sehen Sie eine Liste mit verschiedenen Merkmalen von Mon Chéri. Wählen Sie bitte diejenigen aus, die Ihnen persönlich besonders wichtig sind. Beginnen Sie dabei mit dem wichtigsten, dann mit dem zweitwichtigsten, dem drittwichtigsten usw."

Oder in Form von projektiven Fragen:

Frage: „Warum glauben Sie, kaufen so viele Männer Mon Chéri?"

Frage: „Man hört sehr häufig, daß Mon Chéri ein besonders zärtliches Geschenk wäre. Sind Sie auch dieser Ansicht und wenn ja, woran könnte das liegen?"

- Das psychologische Nutzenversprechen

Der klassische Markenartikel zeichnet sich gerade dadurch aus, daß neben die objektiven Produktvorteile noch zusätzliche psychologische Produktversprechen gestellt werden, die sich nicht auf nachweisbare Produkteigenschaften zurückführen lassen, sondern die auf Erlebnisinhalte abzielen, die dem Verbraucher wichtig sind und die sich auf geschickte Weise mit dem Produkt verbinden lassen. So, wenn eine Zigarette den „Duft der großen weiten Welt" oder eine andere das Gefühl von „Freiheit und Abenteuer" vermitteln soll, Eigenschaften, die mit Sicherheit nicht in der Zigarette selbst zu finden sind. Dem „nackten Produkt" wird sozusagen noch eine „psychologische Produktpersönlichkeit" aufgesetzt. Dieser psychologische Produktnutzen schafft vielfach erst die notwendige Differenzierung zwischen den verschiedenen Markenangeboten, die aufgrund der mangelnden objektiven Unterscheidbarkeit ansonsten gar nicht gewährleistet wäre.

Ein anderes Beispiel mag dies verdeutlichen: Der psychologische Produktnutzen von Mon Chéri läßt sich am ehesten mit „Zärtlichkeit", mit „glücklicher Partnerbeziehung", mit „Freude machen durch Geschenke" beschreiben. Dieser spezielle Produktnutzen von Mon Chéri, d. h. seine besondere Eignung als „zärtliches Geschenk von Mann zu Frau" ist im ureigentlichen Sinne als psychologischer Zusatznutzen zu verstehen, der das unspezifische Produkt „Kirschpraline" zum spezifischen Markenprodukt „Mon Chéri" macht. Der psychologische Zusatznutzen wird im wesentlichen durch Werbung und Produktausstattung geprägt. In diesem Sinne gilt es zu untersuchen,

- inwieweit die Werbung den angestrebten psychologischen Produktnutzen auch wirklich kommuniziert
- inwieweit der psychologische Zusatznutzen glaubhaft mit dem zugrunde liegenden Produkt verbunden werden kann (Extrembeispiel: Zigaretten!)
- und inwieweit dieser so herausgestellte Zusatznutzen einem manifesten oder zumindest latenten Bedürfnis des Verbrauchers entspricht.

Hierzu eignen sich u. a. folgende Fragen:

Frage: „Können Sie sich an irgendeine Werbung von Mon Chéri erinnern? Beschreiben Sie mir doch bitte, was Ihrer Ansicht nach mit dieser Werbung zum Ausdruck gebracht werden soll."

Frage: „Angenommen, Sie hätten mit Ihrer Frau (Freundin) eine kleine Meinungsverschiedenheit gehabt und wollen sie am nächsten Tag mit einem kleinen Pralinengeschenk wieder versöhnen, welche Pralinen würden Sie dann kaufen und warum gerade diese?"

Frage: „Ich lese Ihnen jetzt eine Reihe verschiedener Aussagen vor und Sie sagen mir bitte jeweils, auf welche der nachfolgenden fünf Marken (zarte Täfelchen von Lindt, Mon Chéri, After Eight, Suchard Milka, Edle Tropfen in Nuß) jede dieser Aussagen am ehesten zutrifft:

	Lindt	Mon Chéri	After Eight	Suchard	Edle Tropfen in Nuß
vornehm					
lieblich					
zart					
aromatisch					
kräftig					
romantisch					
sportlich					
verliebt					
stark					
feminin					

- Typische Konsum- bzw. Verwendungssituation
  Weitere Aufschlüsse über das Image eines Markenproduktes lassen sich auch über die Beschreibung einer „typischen Konsum- und/oder Verwendungssituation"erreichen. So wird in der Abb. 27 deutlich, daß ein bekanntes Schlagschaum-Produkt, gedacht als Substitutionsprodukt für Schlagsahne nur zu Obstsalat und Obstkuchen wirklich geeignet erschien, nicht aber in anspruchsvolleren Konsumsituationen akzeptiert wurde. Die Imageprobleme dieses Produktes werden in dieser Beschreibung typischer Konsumsituationen durchaus deutlich.

- Verpackungs-Beurteilung
  In vielen Produktbereichen, so besonders bei Pralinen und Kosmetika, kommt der Verpackung eine wichtige Rolle beim Aufbau des Markenbildes zu. Sie wird in diesen Fällen ein Teil der Produktpersönlichkeit und

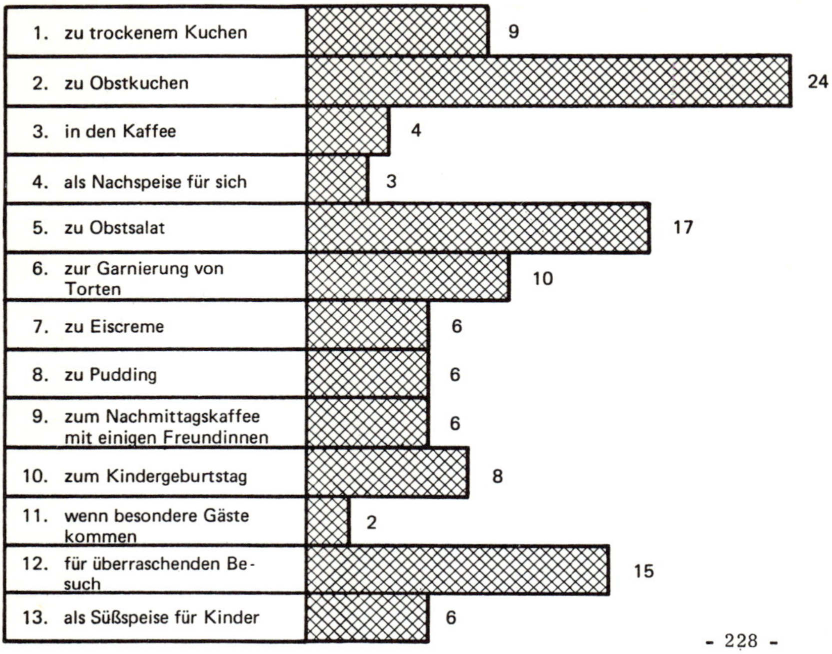

Abb. 26: Beschreibung typischer Konsumsituationen für eine Schlagschaum-Marke

eignet sich in besonderem Maße zur Verdeutlichung und Demonstration des psychologischen Produktnutzens. So kann die Verpackung zärtlich oder kräftig, elegant oder rustikal, wertvoll oder einfach, modern oder nostalgisch, maskulin oder feminin wirken. Obwohl im Rahmen der Markenimage-Analyse keine detaillierte Verpackungsuntersuchung vorgenommen werden kann, muß zumindest geprüft werden, ob und in welchem Ausmaß die wesentlichen Imagemomente des Produktes durch die Verpackung unterstützt werden.

In methodischer Hinsicht wird dabei häufig ein Polaritätenprofil eingesetzt, das den Testpersonen bereits zur Markenbeurteilung vorgelegt worden war und mit dessen Hilfe sie nun ihren Packungseindruck einstufen sollen. Auf diese Weise läßt sich in einfacher Form die Kongruenz zwischen Markenprofil und Packungseindruck ermitteln.

- Qualitäts- und Preisbeurteilung – oder: das Wert-Preis-Verhältnis. Es gibt zwei Faktoren, die bei der Kaufentscheidung eine dominante Rolle spielen: Erstens: der Grad der Bedürfnisbefriedigung, den das jeweilige

Produkt verspricht und zweitens: das „Qualitäts-Preis-Erleben", d. h. die Forderung des Verbrauchers nach einem möglichst hohen Gegenwert für den von ihm zu entrichtenden Kaufpreis. Da nun der Verbraucher, zur Befriedigung eines bestimmten Bedürfnisses häufig auf mehrere vergleichbare Markenangebote zurückgreifen kann, gibt das Qualitäts-Preis-Erleben vielfach den endgültigen Ausschlag für die konkrete Kaufentscheidung. In Einzelfällen ist der Verbraucher auch bereit, auf eine vollständige Bedürfnisbefriedigung zu verzichten, wenn er hierdurch eine wesentliche Preiseinsparung erzielen kann. Im Falle unseres Pralinenbeispiels würde dies bedeuten, daß der Konsument auf den Kauf von Mon Chéri verzichtet, obwohl er von der besonderen Eignung dieser Marke als „zärtliches Geschenk" überzeugt ist, wenn er ein Konkurrenzangebot findet, das bei vergleichbarer Qualität und Menge deutlich weniger kostet.

Konkret: Der psychologische Produktnutzen kommt in der Regel erst dann zur Wirkung, wenn sich Qualitäts- und Preisniveau zumindest die Waage halten.

Die Bestimmung dieses Verhältnisses erfolgt auf recht einfachem und anschaulichem Wege durch die Berechnung des sog. *Qualitäts-Preis-Index*. Da dieses Verfahren an anderer Stelle (siehe Kap. 3.7) ausführlich beschrieben wird, soll an dieser Stelle nur kurz erwähnt werden, daß es sich hierbei um eine Indexzahl aus dem arithmetischen Mittelwert aller Qualitätseinstufungen für diese Marke (auf einer 100 Prozent-Skala) und dem arithmetischen Mittelwert aller Preiseinstufungen für diese Marke (ebenfalls auf einer 100 Prozent-Skala) handelt nach der Formel:

$$I = \frac{\bar{x}_{\text{Qualität}}}{\bar{x}_{\text{Preis}}}$$

Ergibt sich eine Indexzahl nahe dem Wert von 1,0, so bedeutet dies, daß sich Qualitäts- und Preiseinstufung weitgehend decken. Ist die Indexzahl deutlich größer als 1,0, so signalisiert dies eine deutlich höhere Qualitätseinstufung bei einer gleichzeitig eher niedrigen Preiseinstufung. In diesem Fall kann mit einer hohen Kaufbereitschaft gerechnet werden. Liegt der Index umgekehrt deutlich unter einem Wert von 1,0, so stuft der Verbraucher das Qualitätsniveau unter dem Preisniveau ein, d. h., er hat das Gefühl, für dieses Produkt einen unangemessen hohen Preis bezahlen zu müssen.

- Beschreibung des „typischen Verwenders"

Mit der Beschreibung des typischen Verwenders eines Produktes soll in erster Linie die Übereinstimmung zwischen der von Marketing- und Produktmanagement intendierten Zielgruppe mit der vom Verbraucher wahrgenommenen Verwendergruppe überprüft werden. Gelegentlich muß zwischen Käufer und Verwender eines Produktes unterschieden werden, insbesondere dann, wenn es sich um Geschenkartikel handelt (typisches Beispiel: Mon Chéri) oder um Produkte, die die Hausfrau für Familienmitglieder einkauft. In zweiter Linie spiegelt die Beschreibung des „typischen Konsumenten" die wichtigsten Imagekriterien wider, die auch der Marke zugeordnet werden.

Frage: „Wer kauft Ihrer Ansicht nach am häufigsten Mon Chéri? Bitte beschreiben Sie mir diese Person so ausführlich wie möglich!"
Interviewer: Zunächst frei antworten lassen, dann nachfassen im Hinblick auf Alter, Geschlecht, sozioökonomische Kriterien, spezifische Charaktermerkmale, etc.
Frage: „Hier haben Sie 20 verschiedene Fotografien vor sich liegen. Welche dieser Personen kommt Ihrer Ansicht nach am ehesten als Käufer von Mon Chéri infrage und welche dieser Personen wird wohl am wenigsten Mon Chéri kaufen?
Beschreiben Sie mir doch bitte diese Personen etwas näher und begründen Sie mir dann, *warum* diese Personen Mon Chéri kaufen bzw. nicht kaufen."

Bei Mon Chéri ergaben sich auf diese Fragen folgende drei relevante Käufer-Gruppen: Unverheiratete junge Männer oder frisch gebackene Ehemänner, die Mon Chéri für ihre Freundin oder Ehefrau kauften, Männer jeden Alters, die Mon Chéri für ihre Mütter kauften sowie, und das war besonders überraschend – Frauen mittleren Alters, die ein hohes Zärtlichkeitsbedürfnis aufwiesen, sich häufig von ihrem Ehegatten vernachlässigt fühlten oder generell mit ihrem Leben nicht sehr zufrieden waren. Der Kauf von Mon Chéri hatte hier die Funktion des „sich selbst Belohnens", war als Ersatzhandlung im Sinne des „Zärtlichkeit-Kaufens" zu verstehen.

1.5.2 Die Analyse des Firmen-Images

Auf die starke Interdependenz zwischen Firmen- und Markenimage wurde bereits mehrfach hingewiesen. Besonders klar wird dies ausgedrückt in einer Definition der Market Planing Corporation, New York, wie folgt: „Although it is possible to separate brand and company images for purposes of analysis, the two are closely interrelated. As a matter of fact, depending on whether one is selling the parent company (Muttergesellschaft) or a particular brand put out by that company, either may be viewed as a component of the other. Thus a good company is one which makes good brands and a good brand is one which is made by a good company.“ [72]

Die Analyse des Firmenimages umfaßt in der Regel folgende Themenschwerpunkte:

- Bekanntheitsgrad des Firmennamens

  Der Bekanntheitsgrad eines Firmennamens hängt sehr wesentlich davon ab, in welchem Ausmaß die Firmenbezeichnung in den Markennamen integriert und mit diesem zusammen profiliert wurde. Entsprechende Beispiele wurden bereits zitiert (VW Golf, Braun-Sixtant, Ferrero-Küßchen, etc.). Allgemein ist die getrennte Analyse des Firmenimages nur dann sinnvoll, wenn ein zumindest rudimentärer Bekanntheitsgrad zu erwarten ist und wenn Firmen- und Markennamen nicht völlig identisch sind (z. B. Henkell-Sekt). Besonders ergiebig erweist sich die Firmenimage-Analyse immer dann, wenn sich unter einem großen und bekannten Firmennamen eine Reihe starker Einzelmarken gruppieren (Beispiel: Siemens, AEG, Grundig, Nestlé, Henkel, Hoechst, etc.).

  Der Bekanntheitsgrad wird in der Regel in einer offenen und einer gestützten Frage erhoben:

  Offene Frage: „Welche Firmen, die Pralinen herstellen, kennen Sie?
  Interviewer: Bitte alle Nennungen der Reihe nach notieren und untereinander schreiben!
  Gestützte Frage: „Hier sehen Sie eine Liste mit einer Reihe von Schokolade-Firmen.
  a) Bitte nennen Sie mir alle diejenigen, die Sie dem Namen nach kennen!
  b) Bitte nennen Sie mir alle diejenigen Firmen, die Ihrer Ansicht nach auch Pralinen herstellen!

		Kennen:	Pralinen herstellen:
Liste:	Suchard	○	○
	Tobler	○	○
	Ritter	○	○
	Ferrero	○	○
	Lindt	○	○
	Sarotti	○	○
	Stollwerck	○	○
	Hussel	○	○
	Trumpf	○	○
	Waldbaur	○	○

  Es empfiehlt sich, den Bekanntheitsgrad immer auf beide Arten zu messen, da mit einer offenen Frage insofern keine völlig realistischen Werte erfaßt werden, als der Firmenname dem Befragten zwar bekannt sein kann, er sich zum Zeitpunkt der Befragung aber nicht daran zu erinnern vermag. Diese spontanen Erinnerungsbarrieren werden in der gestützten Frage mit Hilfe der Vorgabenliste beseitigt. Das Problem der gestützten Fragen hingegen liegt in dem gelegentlich zu beobachtenden „Imponiergehabe" mancher Testpersonen, die ein Interview als Leistungstest mißverstehen und – um Eindruck zu machen – aus der Vorgabeliste auch solche Firmennamen nennen, die sie eigentlich gar nicht kennen.

Ein weiterer Vorteil der offenen Frage liegt in der – neben der Erfassung des numerischen Bekanntheitsgrades (wie oft wird der Firmenname genannt) – in der zusätzlichen Ermittlung der sog. *spontanen Präsenz* eines Firmennamens. Unter spontaner Präsenz versteht man die Leichtigkeit und Schnelligkeit, mit der ein Firmenname erinnert werden kann, was vor allem aus der Reihenfolge ersichtlich wird, in der die einzelnen Namen erinnert werden. So kann sich trotz gleicher numerischer Erinnerungshäufigkeit ein deutlicher Unterschied in der spontanen Präsenz zweier Firmennamen ergeben, wenn der eine der beiden Namen immer unter den ersten drei Nennungen steht und dem Befragten auch immer spontan und rasch über die Lippen kommt, während der andere Name immer an späterer Stelle und erst nach längerem Nachdenken erinnert wird.

- Spontane Vorstellungsinhalte, die sich mit dem Firmennamen verbinden
  Wie bereits im Rahmen der Markenimage-Analyse geschildert, werden auch hier die Verfahren der Spontanassoziationen, der Satzergänzungstests sowie die Einstufung der Firma im semantischen Differential (Polaritätenprofil) eingesetzt.
- Größe des Unternehmens
  Vielfach lassen sich überraschende Diskrepanzen zwischen der effektiven Größe eines Unternehmens und der Vermutung bzw. Schätzung des Verbrauchers feststellen. Da die Größe einer Firma in der Vorstellung des Verbrauchers vielfach gleichbedeutend ist mit dem Erfolg und der Marktbedeutung dieses Unternehmens, kann es sich bei starken Diskrepanzen zwischen der Realität und der Verbrauchervorstellung als notwendig erweisen, die Größe und „Potenz" des Unternehmens in zukünftigen PR- und Werbeaussagen stärker als bisher zu betonen.
- Marktstellung des Unternehmens – Konkurrenzsituation. Ähnlich wie der einzelne Markenartikel, so steht auch das einzelne Unternehmen nicht im leeren und neutralen Beurteilungsraum, sondern in direkter und unmittelbarer Konkurrenz zu anderen vergleichbaren Firmen. Aus dem Vergleich der Imageprofile konkurrierender Firmen, läßt sich die Image-

position eines Unternehmens häufig klarer erkennen und abgrenzen als aus der isolierten Imagebetrachtung. In methodischer Hinsicht bietet sich für den Konkurrenzvergleich wiederum das Polaritätenprofil, aber auch der Zuordnungstest als geeignet an. Abb. 27 zeigt ein Beispiel für den Imagevergleich dreier konkurrierender Brauereien (A, B, C) mit Hilfe eines Zuordnungstests.

- Die Unternehmensform
  In gewissen Branchen ist die Frage, ob es sich bei den zu untersuchenden Unternehmen um einen Familienbetrieb oder um eine Aktiengesellschaft handelt, durchaus von Bedeutung. Als besonders typisches Beispiel sei hierfür die Brauereibranche angeführt, wo den Familienbrauereien in aller Regel ein qualitativ besseres und gepflegteres Bier zugesprochen wird als den großen Aktienbrauereien. Hierbei spielen stereotype Vorstellungen über den „kleinen und intimen Familienbetrieb, mit alten und tradierten Braurezepten und einem Braumeister, der sich noch persönlich um alles kümmert" auf der einen Seite und einer „„anonymen, großen und auf Massenausstoß bedachten Bierfabrik" auf der anderen Seite eine beträchtliche Rolle.
- Das Management
  Vorstellungen über die Unternehmensführung spielen auch in der breiteren Öffentlichkeit zunehmend eine Rolle bei der Beurteilung des Firmenimages. Dabei sind es nicht nur die markanten Unternehmerpersönlichkeiten, die für die Imageanalyse so ergiebig sind, wie z. B. Herr Jahn, der sich noch immer „persönlich" um die Gäste seiner 450 Wienerwald-Lokale kümmert, oder ein jet-setender Gunter Sachs, ein wunder-wirkender und dennoch bescheidener Toni Schmücker, ein smarter und weltmännischer Henri Nannen oder ein waghalsiger, draufgängerischer und motorradfahrender Robert Lutz, sondern vielfach sind es die einfachen Rückschlüsse vom gesamten Unternehmensimage auf ein – gar nicht bekanntes – Firmenmanagement, die so wertvolle Aufschlüsse geben. So, wenn die Unternehmensführung einer Firma als „jung, progressiv, aggressiv, dynamisch, erfolgreich und kreativ" beurteilt wird, während das Management einer anderen Firma als „konservativ, zurückhaltend, verantwortungsbewußt und seriös" gilt. Diese oder ähnliche Beschreibungen einer Unternehmensführung erlauben wichtige Rückschlüsse auf das gesamte Firmenimage.
- Die Produkte der Firma
  Aufgrund der Interdependenz zwischen Marken- und Firmenimage ist es erklärlich, daß Firmen mit einem heterogenen oder gar divergierenden

1 diese Brauerei macht das beste Bier

2 Diese Brauerei ist am bekanntesten

3 Diese Brauerei ist besonders modern und fortschrittlich

4 Gibt viel Geld für Werbung aus

5 Macht eine gute Werbung

6 Hat bei guter Qualität den niedrigsten Preis

7 Ist eher eine altmodische Brauerei

8 Hat die besten Etiketten

9 Macht ein besonders gutes Pils-Bier

10 Ist die kleinste und unbedeutendste Brauerei

11 Hat den besten Heimdienst

12 Hat die sympathischsten Wirtschaften

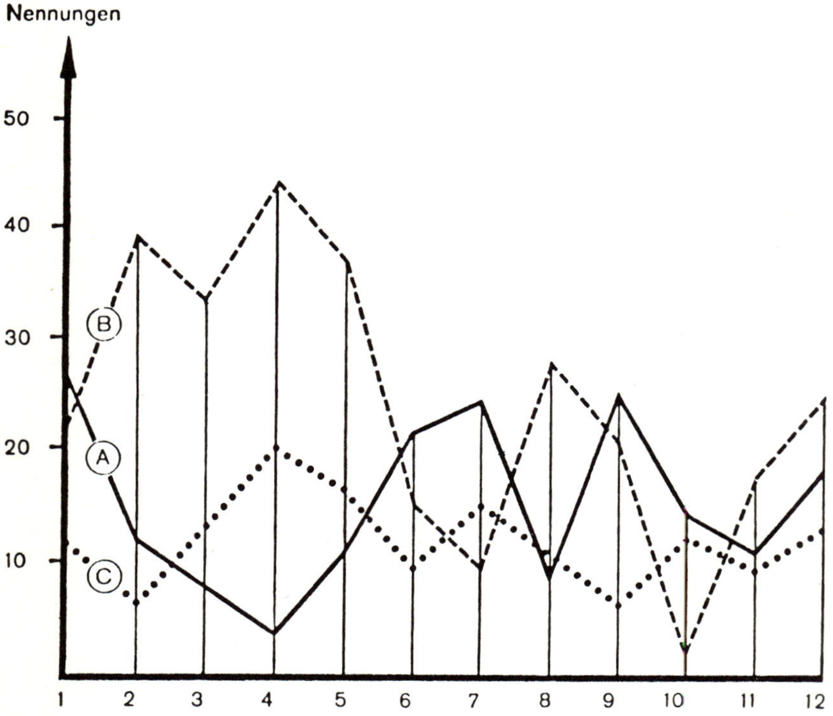

Abb. 27: Imageprofile dreier konkurrierender Brauereien

Produktprogramm und vielen unterschiedlichen Einzelmarken ein schillerndes und häufig gleichzeitig unpräzises Imagebild aufweisen. Für diese Unternehmen entsteht ein sog. „corporate-identity-Problem", d. h. die Gefahr, in einzelne und völlig isolierte Marken-Images zu zerfallen, denen der Verbraucher auch keine einheitliche Firmenherkunft mehr zuordnet. Sofern diese Auflösung des Firmenimages zu Gunsten starker Einzelmarken nicht das erklärte Ziel der Unternehmenspolitik ist, muß mit verstärkten Werbe- und PR-Maßnahmen versucht werden, ein Firmenbild zu kommunizieren, das dem Verbraucher, trotz der Kenntnis der unterschiedlichen Produkte und Marken als prägnant und geschlossen erscheint. Umgekehrt entsteht für manche Firmen auch das Problem, daß ihr Firmenimage, trotz einer breiten Produktpalette, nur durch eine einzige Marke entscheidend geprägt wird. Beispiele hierfür: Beiersdorf mit Nivea, Blendax mit Blend-a-med, Allgäuer Alpenmilch mit Bärenmarke.

- Die Werbung
  Die Kenntnisse und Vorstellungen des Verbrauchers über einzelne Firmen resultieren zum großen Teil aus der Werbung dieser Unternehmen. Dabei sind es nicht nur die einzelnen thematischen Werbeaussagen, sondern gleichermaßen der jeweilige Werbestil und insbesondere die Werbeintensität, die das Vorstellungsbild der Firma prägen.

  Frage: „Können Sie sich an irgendeine Werbung der Firma Grundig erinnern?"
  Frage: „Wissen Sie noch, wo (Fernsehen, Illustrierte, Radio, Tageszeitung, etc) geworben wurde?"
  Frage: „Beschreiben Sie mir doch bitte möglichst ausführlich, worum es in dieser Werbung ging?"
  Frage: „Welche einzelnen Aussagen oder Bilder sind Ihnen besonders deutlich in Erinnerung geblieben?"
  Frage: „Was meinen Sie, was die Firma mit dieser Werbung zum Ausdruck bringen wollte?"

1.5.3 Die Analyse des Produktimages

Wie bereits an früherer Stelle definiert wurde, umfaßt das Produktimage die „Gesamtheit aller Vorstellungen, die der Verbraucher mit einem bestimmten Produktbereich (z. B. Liköre) verbindet". Wie ebenfalls schon erwähnt, setzt sich das Produktimage zwar weitgehend aus den konkreten Erfahrungen zusammen, die der Verbraucher mit einzelnen Marken aus diesem Produktbereich gemacht hat, geht jedoch über den reinen Durchschnittswert dieser Erfahrungen hinaus und umfaßt auch alle subjektiven Wünsche,

Bedürfnisse und Anliegen, die im Augenblick noch durch kein konkretes Produkt befriedigt werden.

Die genaue Kenntnis des Produktimages ist insofern für jeden Hersteller wichtig, als hierdurch der Rahmen abgesteckt wird, in dem er sich mit seinem spezifischen Markenimage bewegen kann. Wie gefährlich es ist, diesen Rahmen zu verlassen, macht das nachfolgende Beispiel deutlich:

Ein Hersteller von Hifi-Geräten ermittelte im Rahmen einer Produktimage-Analyse, daß „technische Komplexität im Sinne einer aufwendigen und detaillierten Elektronik (z. B. Angaben über Klirrfaktor, Frequenzumfang, Sinusleistung, mdB-Werte, etc.) eine wesentliche Imagedominante dieses Produktbereiches darstellte. Aus einer früheren Untersuchung wußte man jedoch bereits, daß der durchschnittliche Käufer von Hifi-Anlagen mit den technischen Detailangaben im Prospekt oder in der Bedienungsanleitung nichts anzufangen wußte. Selbst wichtigste Kennwerte wurden vom Verbraucher nicht verstanden. Aus diesen Ergebnissen zog man den Schluß, daß es sinnlos sei, den Verbraucher mit für ihn unverständlichen Detailangaben zu füttern und entschied sich, in der zukünftigen Werbung nur in allgemeiner Form über den hohen technischen Standard der eigenen Geräte zu sprechen und ansonsten die technischen Details weitgehend aus Werbung, Prospekt- und Produktgestaltung zu eliminieren. Bereits nach kurzer Zeit ging der Umsatz dieses Unternehmens drastisch zurück! Nur durch eine rasche Korrektur dieses Fehlers konnten stärkere Einbrüche verhindert werden. Die Vorstellungen, die der Verbraucher mit dem Produktimage von Hifi-Geräten verbindet, durften nicht ungestraft verlassen werden.

Das Produktimage deckt jedoch nicht nur die übergeordneten Leitlinien für das Markenimage ab, sondern vermag auch über *veränderte Einstellungen* des Verbrauchers Auskunft zu geben.

Der Unternehmer, der veränderte Einstellungen und die hieraus resultierenden Verschiebungen im Produktimage als erster erkennt, wird einen wertvollen Konkurrenzvorsprung erzielen; sei es dadurch, daß er die sich neu bietende Marktnische als erster erkennt und mit einem neuen Produkt besetzt, sei es, daß er das Markenprofil seines Produktes als erster den neuen Anforderungen anpaßt.

Hierfür ein Beispiel aus dem Schokoladenmarkt:

Das Produktimage von Tafelschokolade hat sich in den letzten 10 Jahren entscheidend gewandelt. Imagedominanten wie „schwer, massig, kalorienhaltig, üppig" oder „einfach und einfallslos verpackt, langweilig aufgemacht" oder „nicht portioniert, alles am Stück" und letztlich „uninteressantes, langweiliges Produkt" traten immer mehr in den Vordergrund. Wie sich in Untersuchungen herauskristallisierte, erlebte der Verbraucher in diesem Produktbereich jahrzehntelang keine Neuerungen, was umso stärker zu einem Desinteresse an diesem Produktbereich führte, als ihm andererseits interessante neue Spezialitäten aus dem Pralinenmarkt angeboten wurden, deren Preis nur unerheblich über dem einer guten Markenschokolade lag. Dieses stark angegriffene Produktimage konnte nur noch durch originelle Markenideen wie „Lindt – feine Täfelchen", „Ferrero Kinderschokolade" oder „Ritter-Sport" aufgefangen und korrigiert werden. In allen Fälllen wurde dabei versucht, über neue Produkt- und

Verpackungskonzepte der Tafelschokolade die „Schwere und Fülle" zu nehmen und ihr durch entsprechend aufwendige Verpackungs- und Darbietungsformen (Lindt, Ritter) sowie durch neue Produktversprechen (Ferrero) die verloren gegangene Attraktivität wiederzugeben.

Die *Analyse* des Produktimages erfolgt im wesentlichen auf die gleiche Weise wie die Ermittlung des Markenimages:

- Imagedominanten
  Spontanassoziationen: Durch welche Vorstellungen, Meinungen und Erfahrungen wird das Image des jeweiligen Produktbereiches geprägt?
- Erlebnismäßige Bedeutung des Produktbereiches
  Wie wichtig ist der jeweilige Produktbereich für den Verbraucher, wie hoch ist das Interesse, das er ihm entgegenbringt, wieviel und was bedeuten ihm die einzelnen Produkte, warum bedeuten sie ihm viel oder wenig?
- Kritische Beurteilung des Produktbereiches
  Wird der gesamte Produktbereich noch als aktuell und zeitgemäß erlebt oder gibt es hier starke Abnutzungserscheinungen (Beispiel: Tafelschokolade, Likör, Büstenhalter?) Gibt es noch wirksame und attraktive Produktversprechen?
- Besondere Merkmale und Charakteristika
  Gibt es noch unverwechselbare Merkmale und Charakteristika dieses Produktbereiches, wo liegen sie und wie attraktiv sind sie für den Verbraucher?
- Veränderungen im Produktimage
  Haben sich in der Betrachtung und Bewertung dieses Produktbereiches Veränderungen ergeben und erfolgten diese zum Positiven oder Negativen? Wodurch sind diese Veränderungen eingetreten und wie sind sie möglicherweise korrigierbar?
- Die wichtigsten Bedürfnisse innerhalb dieses Produktbereiches
  Welche aktuellen Bedürfnisse hat der Verbraucher in diesem Produktbereich, welche sind ihm dabei besonders wichtig, welche weniger wichtig?
- Abdeckung dieser Bedürfnisse durch konkrete Markenangebote (Marktnischen, Marktlücken)
  Werden die akuten Bedürfnisse des Verbrauchers im jeweiligen Produktbereich durch das bestehende Markenangebot voll abgedeckt oder bleiben hier Wünsche und Anliegen offen? Gibt es noch latente Bedürfnisse des Verbrauchers, die bisher nicht entdeckt wurden?
- Qualitäts- und Preisnormen
  Welche qualitativen Anforderungen werden gestellt? Werden sie erfüllt?

Wo liegen die Preisgrenzen und Preisbarrieren in diesem Produktbereich?

- Konkrete Konsum- und Einkaufsgewohnheiten des Verbrauchers in diesem Produktbereich

In methodischer Hinsicht kommt der Analyse von Produktimages das gleiche Instrumentarium zu wie dem der Marken- oder Firmenimages. Besonders häufig wird jedoch mit Polaritätenprofilen gearbeitet, die den Vorteil bieten, daß sie mit den jeweiligen Markenprofilen unmittelbar vergleichbar sind und Abweichungen zwischen Produkt- und Markenprofil auf diese Weise sehr anschaulich demonstriert werden können.

1.6 Möglichkeiten und Grenzen der Imagestrategie

In den letzten Jahren mehren sich die Stimmen, die die Grenzen – und auch schon das Ende der bisher praktizierten Image-Strategien prophezeien. In der Tat häufen sich auch die Fälle, wo sorgfältig vorbereitete Image-Strategien, die exakt auf den Bedürfnissen des Verbrauchers aufgebaut wurden, zu Mißerfolgen führen. Obwohl in den Vorbereitungs- und Planungsarbeiten zur Marketingstrategie mit Hilfe von Marktanalysen die Bedürfnisse des Verbrauchers im jeweiligen Produktbereich klar herausgearbeitet wurden und obwohl das Markenimage exakt auf diesen Bedürfnissen plaziert wurde, konnte sich das neue Produkt beim Verbraucher nicht durchsetzen. Welche Fehler hatte man also gemacht, wie kam es zu diesen Mißerfolgen? Erinnern wir uns hierzu an den historischen Ausgangspunkt der Image-Strategien: Imagedifferenzierung war notwendig geworden, weil die Produkte selbst sich objektiv kaum noch voneinander unterschieden und nur noch dann wirkungsvoll im Denken des Verbrauchers verankert werden konnten, wenn sie (meist über seine emotionale Ansprache hinweg) auf konkrete Bedürfnisse und Wünsche des Verbrauchers ausgerichtet waren. Auf diese Weise kam es zunehmend zu einer psychologischen Differenzierung der Produkte (Basis der Image-Strategien). Diese Möglichkeit zur Produktdifferenzierung wurde in den darauf folgenden Jahren sehr intensiv genutzt und führte zu einer explosionsartigen Entwicklung neuer Markenartikel mit immer subtileren Image-Differenzierungen, die der Verbraucher schon bald nicht mehr zu unterscheiden vermochte. G. Gutjahr [55, S. 75] schildert dies wie folgt: „Diese hochstilisierte Image-Werbung im Sinne des Wettbewerbs stößt heute an ihre natürlichen Wirkungsgrenzen. Das Maß der notwendigen Differenzierung hat das Maß der möglichen Differenzierung erreicht und gelegentlich gar überschritten. Es wurden kunstvoll Image-Differenzen etabliert, die vom Verbraucher in dieser Weise aufgrund der semantisch einfachen Konstruktion seines Vorstellungsraumes nicht mehr nachvollziehbar und erlebbar waren. In der Tat erweist sich der Verbraucher als überfordert, wenn er aus dem Argument der einen Marke „im Rauch nikotinarm“ im Vergleich mit dem Argument der anderen Marke „leicht, nikotinarm“ zu einer verhaltensrelevanten Angebots-Differenzierung kommen soll“.

Zweifellos haben wir heute in manchen Produktbereichen die Möglichkeiten der Image-Differenzierung bereits voll ausgeschöpft und stehen vor dem Stadium, wo jeder Versuch einer neuen Image-Differenzierung zwangsläufig zum Mißerfolg werden muß.

Die Ursachen für diese Grenzen liegen u. a.

- in dem gelegentlich bereits grotesken Mißverhältnis zwischen den echten und unterscheidbaren Bedürfnissen des Verbrauchers einerseits und den bereits vorhandenen Markenartikeln und Image-Strategien andererseits,
- in der Tatsache, daß die interessanten und verhaltenswirksamen Bedürfnisse des Verbrauchers schon weitgehend ausgeschöpft und mit entsprechenden Imagestrategien besetzt wurden, so daß
  - entweder auf sekundäre oder tertiäre Bedürfnisbereiche zurückgegriffen werden mußte (mit denen eine wirksame Ansprache des Verbrauchers immer schwieriger wird)
  - oder das eine wichtige Bedürfnis durch zu viele, sich nur in Nuancen unterscheidende Strategien abgedeckt wurde.
- in der Überschätzung des Differenzierungsvermögens auf seiten des Verbrauchers. Dort, wo der Verbraucher nur nach einfachen Kategorien unterscheidet, lassen sich keine kunstvollen und komplizierten Imagestrategien verwirklichen.
- in einer falschen Einschätzung der *Intensität* von Bedürfnissen, so daß Image-Strategien teilweise auf Bedürfnissen aufbauen, denen im eigentlichen Kaufentscheid keine verhaltenswirksame Bedeutung mehr zukommt.
- in einer gewissen Innovationsmüdigkeit des Verbrauchers, der sich zunehmend wehrt, neue Produkte und deren Images aufzunehmen
- in der Entwicklung von festen Einkaufs- und Konsum*gewohnheiten,* die das Orientierungs- und Entscheidungsverhalten des Verbrauchers wesentlich erleichtern (muß sich nicht jedesmal neu entscheiden!) und die

gelegentlich geradezu als Schutzmaßnahme gegen die unaufhörlichen Innovationen aufgebaut werden.

- und letztlich auch in einer stärkeren Mündigkeit des Verbrauchers, die durch zunehmende Verbraucheraufklärung gefördert wird und die sich besonders gegen emotionale Image-Apelle wendet und objektive Produktinformation fordert.

Erfolgreiche Image-Strategien sind auch heute noch möglich, wenn sie auf einem konkreten und wirksamen Verbraucherbedürfnis aufbauen, das nicht bereits durch konkurrierende Produkte und Imagestrategien besetzt ist und wenn es gelingt, dieses Bedürfnis auf einfache und verständliche Weise durch das Produkt zu aktualisieren.

2. Die Motivforschung

Der Übergang von der Imageforschung zur Motivforschung fällt relativ leicht. Hatten wir zuletzt die Image-Strategie definiert als die „Entwicklung von Produkten oder Produktstrategien, die auf konkreten oder latenten Bedürfnissen des Verbrauchers aufbauen", so ist es nun an der Zeit, sich zu fragen, wie die Marketing- oder Imagestrategen zu den notwendigen Informationen über Bedürfnisse und Bedürfnisstrukturen auf seiten des Verbrauchers kommen.

Diese Bedürfnisse aufzudecken ist die wesentliche Aufgabe der Motivforschung.

Widmen wir uns zunächst einigen Begriffsdefinitionen, da wir es hier mit einem Gebiet der psychologischen Forschung zu tun haben, dem die Theoretiker und Empiriker der psychologischen Fakultäten lange Zeit Priorität einräumten. Dementsprechend zahlreich sind die Motivationstheorien und die ihnen zugrunde liegenden Begriffe und Inhalte.

2.1 Begriffsbestimmung

In einem ersten, vorwissenschaftlichen Sprachgebrauch, wird „Motiv" vielfach gleichgesetzt mit „Ursache, Beweggrund, angestrebtes Ziel". In diesem Sinne mag vom Verbraucher eine attraktive Verpackung als das „Motiv" für seinen Kauf angesehen werden. Hier wird also eine bestimmte Eigenschaft des Produktes (attraktive Verpackung) als Ursache für dessen

Kauf angesehen. Das Motiv für einen Kauf wird am außenliegenden Objekt und nicht „innerhalb" des handelnden Subjekts gesehen. In diesem Sinn definiert Leontjev [90a] ein Motiv „als ein Objekt, das einem Bedürfnis entspricht und dadurch das Verhalten des Subjekts leitet".
Dieses Motiv-Verständnis konnte sich im Rahmen der psychologischen Modell- und Theorie-Bildung nicht durchsetzen. Vielmehr wurde hier zunehmend der „Innenaspekt" hervorgehoben, unter dem das Motiv als

- „die Summe aller Prozesse verstanden wird, die eine Handlung vorbereiten" (Meumann), oder als
- „Inhalt des Bewußtseins verstanden wird, der in diesem einen Akt zu Folge hat durch den es sich ein Ziel setzt" (Geyser), oder als
- „der Zustand des Organismus, in dem körperliche Energie mobilisiert und auf Teile der Umgebung gerichtet wird" (Newcomb) und letztlich als
- „Bereitschaft zum Handeln" (Hull).

Nach den bisherigen Definitionen kann Motiv oder Motivation somit bestimmt werden als „Mobilisierung und Ausrichtung von Energie zur Erreichung eines bestimmten Zieles". Nach den behavioristischen Theorien werden die diffusen Antriebsenergien (Bedürfnisspannungen) durch Motive in bestimmte Kanäle gelenkt und damit einer konkreten Zielerreichung nähergebracht. Die Erreichung des angestrebten Zieles führt zur Bedürfnis- oder Triebbefriedigung. Mit dem Trieb-Abbau verliert das Motiv gleichzeitig an Wirksamkeit. Motive bleiben somit nur solange wirksam, wie die Trieb- oder Bedürfnisspannung anhält. Motive bedingen jeweils nur eine zeitweilige und kurzfristige Orientierung, im Gegensatz zur Einstellung, wie später noch zu zeigen ist, die auf eine dauerhafte Orientierung des Individuums hinweist.
Wie verhält es sich nun mit der sog. „Mobilisierung" von Energien durch Motive? Hier gilt ein sehr einfaches Gesetz: Je stärker das Motiv, um so geringer muß die Bedürfnisspannung sein, damit es zu einer Handlung kommt, je schwächer das Motiv, um so höher muß umgekehrt der Triebdruck sein, damit es zur Aktion kommt. Am konkreten Beispiel: Eine schön gedeckte Festtafel mit besonders appetitlich angerichteten Speisen wird auch denjenigen anregen der gerade keinen Hunger hat, umgekehrt wird ein Stück trockenes Brot, das ansonsten keinerlei Motivwirkung hätte, von demjenigen als begehrenswertes Motiv erlebt, der unter starkem Hunger leidet. In diesem Sinne können starke Motive durchaus Verhalten in Gang bringen, auch wenn im Augenblick kein konkretes Bedürfnis danach

bestanden hat (= Bedürfnisaktivierung). Diese Aussage gilt nur im Hinblick auf die Aktualität, nicht aber im Hinblick auf die grundsätzliche Existenz dieses Bedürfnisses. D. h.: Bedürfnisse können durch Motive nur aktiviert, nicht jedoch grundsätzlich „neu“ geschaffen werden. Der vielfach propagierte Irrglaube, daß man mit entsprechend starken Reizen (Motiven) Bedürfnisse wecken kann, die bisher gar nicht vorhanden waren, hat sich in Marktforschungsstudien nie bestätigt. Vielmehr zeigte sich, daß Motive in Form von Produkten oder Produktversprechen nur dann erfolgreich sind, wenn sie auf Bedürfnisse stoßen, die bisher kaum oder im Extremfall auch noch gar nicht aktiviert worden sind (latente Bedürfnisse). Aus diesen Ausführungen heraus wird deutlich, daß ein Produkt um so *leichter* erfolgreich ist, auf je stärkere und manifestere Bedürfnisse es trifft und umgekehrt um so härter um den Erfolg ringen muß und um so stärkere und attraktivere Produktversprechen offerieren muß, je geringer die Bedürfnisse nach diesem Produkt ausgeprägt sind.

Über einen weiteren Punkt sind sich fast alle Theoretiker der Motivation einig: Motive werden im Laufe des Lebens erworben, d. h. erlernt. G. Wiswede [163, S. 67] schreibt hierzu:

> „Motive werden im Laufe des Lebens erworben und die Komplexität solcher Motivsysteme wächst mit fortschreitender Entwicklung des Individuums ... Die Verbindung der Spannungen des Organismus (Bedürfnisspannungen) mit bestimmten Zielen ist Ergebnis eines Lernprozesses, der sich von Kind an in den einzelnen Sozialisationsphasen vollzieht. Durch Lernen werden die diffusen und richtungslosen Antriebsenergien zu Motiven ... Individuen werden vor allem solche Aktivitäten lernen, die dazu geeignet sind, eine Spannungsreduktion herbeizuführen“.

Im Zusammenhang mit der Klärung des Motivbegriffes muß auch die Bedeutung von *Trieb* und *Bedürfnis* geklärt werden.

Unter „*Trieb*“ versteht Hull [70a] „einen starken Reiz, der den Organismus zum Handeln zwingt“. Triebe wurden somit im frühen Behaviorismus als Drangerlebnis verstanden, deren Entstehung autogen ist und nicht vom Bewußtsein beeinflußt wird. In diesem Sinne wurden als typische Triebe psychologische Mangelzustände verstanden wie Hunger, Durst, Schlaf, Wärme, etc. Obwohl im späteren Behaviorismus der Terminus „drive“ immer mehr durch den des „Bedürfnisses“ (need) ersetzt wurde, und damit auch eine weitgehende Begriffsvermischung eingeleitet wurde, wollen wir den Begriff des „Bedürfnisses“ doch klar von dem des „Triebes“ absetzen. Der wesentliche Unterschied liegt darin, daß Triebe primär auf physische

Mangelzustände eingeengt werden, während Bedürfnisse auf jeden Zustand eines inneren Ungleichgewichtes abzielen und ihnen gleichzeitig eine stärkere Richtungsorientiertheit zukommt.
Bedürfnisse weisen in der Regel bereits klarer auf die Zielrealisierung hin als Triebe.

Beispiel: Ein starker Hunger kann zunächst sehr allgemein als Drangerlebnis oder Triebspannung erlebt werden, ohne daß sich bereits eine Richtung der Triebreduzierung andeutet, während ein bestimmter Appetit, d. h. das Bedürfnis nach etwas, bereits den Rahmen der möglichen Befriedigung absteckt. So hat man ein Bedürfnis nach „Süßem" oder nach „Herzhaftem", nach „Delikatem" oder nach „Hausgemachtem", auf jeden Fall Richtungen, die die Bedürfnisbefriedigung bereits andeuten und gewisse andere Möglichkeiten des Hungerstillens ausklammern.

- Unter einem *Bedürfnis* wäre somit jedes innere Ungleichgewicht zu verstehen, das einen Spannungszustand erzeugt, der zur Auflösung drängt, wobei die grundsätzliche Richtung der Spannungslösung im Bedürfnis selbst angedeutet ist.

In diesem Sinne ist das Bedürfnis als spezifizierter Trieb zu verstehen, wobei über entsprechende Lern- und Erfahrungsprozesse die Möglichkeiten der Triebbefriedigung (Motive!) bereits in den Trieb integriert wurden und zur Ausformung unterschiedlicher Bedürfnisrichtungen innerhalb des Triebes führten.
Aus den bisherigen Ausführungen wird deutlich, daß sich das primäre Interesse der Motivforschung nicht zu sehr auf die Motive selbst richtet, da diese im Rahmen der Bedürfnisbefriedigung vielfach austauschbar sind und auch den Trieben keine große Beachtung geschenkt wird, da sie zu global auf dranghafte, ungerichtete und häufig physiologische Mangelzustände eingeengt wurden, sondern sich in erster Linie den *Bedürfnissen* zuwendet.
Die menschlichen Bedürfnisse sind eine ergiebige Fundgrube für den Marktforscher, da sich in ihnen nicht nur die gesamte Bandbreite des menschlichen Erlebens wiederfindet (Bedürfnis nach Wissen, Liebe, Geselligkeit, Anerkennung, Unterhaltung, Abwechslung, Prestige, etc. . . .), sondern aus der Verflechtung von inneren Trieb- und Spannungszuständen mit bereits angedeuteten Problemlösungen (Möglichkeiten des Spannungsabbaus) die interessantesten Ansatzpunkte für die Marktforschung ergeben.
Letztlich zielt die Fragestellung des „Motiv"forschers immer darauf ab, Bedürfnisse zu eruieren, die noch nicht voll befriedigt erscheinen und

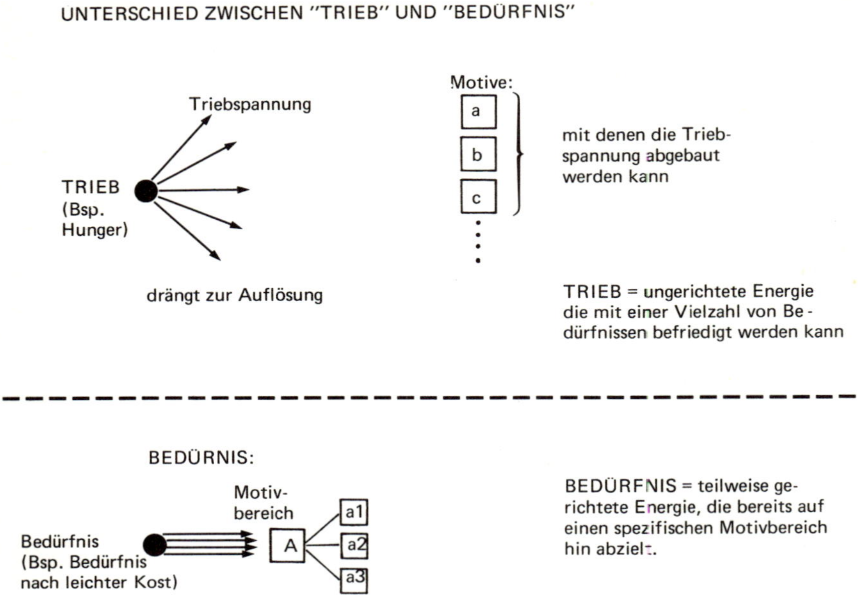

Abb. 28: Unterscheidung zwischen Trieb und Bedürfnis

Möglichkeiten zu ermitteln, auf welche Weise, d. h. mit welchen Produkt- oder Dienstleistungsideen diese Bedürfnisse optimal befriedigt werden können.
Nach dem bisher Gesagten wäre es folgerichtig und logisch, nicht von Motivforschung, sondern von „*Bedürfnis-Analysen*“ zu sprechen. Da aber in der praktischen Marktforschung die Fragestellung nach den Bedürfnissen häufig unmittelbar mit der Frage nach den ihnen entsprechenden Motiven (= neue Produktideen) gekoppelt ist, und da sich die Bezeichnung „Motiv-Forschung“ im allgemeinen Sprachgebrauch fest verankert hat, erscheint es legitim, diesen Begriff trotz seiner definitorischen Unschärfe beizubehalten.

2.2 Die Aufgabe der Motivforschung: Erhellung von Bedürfnisstrukturen

Die zentrale Aufgabe der Motivforschung liegt in der Erhellung und Analyse von *Bedürfnisstrukturen.* Diese interessieren in doppelter Hinsicht: zum einen sollen damit Ansatzpunkte für die Entwicklung neuer Produktideen gewonnen werden (Bedürfnislücken), zum anderen soll hiermit konkretes Verbraucherverhalten erklärt werden (dominante Bedürfnisrichtungen).

In diesem Sinne soll die Motivforschung darüber Auskunft geben, warum sich ein Verbraucher auf eine bestimmte Weise und nicht anders verhält, warum er Produkt A, aber nicht Produkt B kauft und warum eine bestimmte Werbeaussage sein Verhalten eher beeinflussen kann als eine andere.

Bei beiden Überlegungen geht man davon aus, daß das menschliche Verhalten nicht rein zufällig abläuft, sondern von bestimmten Bedürfnissen in Gang gebracht und gesteuert wird. Welcher Art diese Bedürfnisse (Triebe) sind, wird in den unterschiedlichen Motivationstheorien jeweils anders beantwortet.

So wird in

- der psychologischen Theorie (primär Freud)
  in erster Linie eine dualistische Trieblehre (Sexualtrieb, Todestrieb) vertreten, die durch eine Reihe von Triebmechanismen, wie Verdrängung, Verschiebung, Rationalisierung, etc. ergänzt wird.
- Die Lerntheorien (Skinner, Tolman, Hull, etc.)
  weisen vor allem darauf hin, daß Motive nicht angeboren sind sondern im Laufe des Lebens erlernt werden, wobei dieser Lernmechanismus je nach Schule wiederum sehr unterschiedlich erklärt wird. Starke Bedeutung hat dabei die „instrumentelle Konditionierung" von Skinner gewonnen, die besagt, daß die „Konsequenzen eines bestimmten Verhaltens die Wahrscheinlichkeit seines zukünftigen Auftretens beeinflussen". In einfachen Worten: je positiver ein Erlebnis ist, um so eher wird es zu einem dauerhaften Motiv.
- Die Feldtheorie (H. Lewin)
  verweist darauf, daß sich das Individuum nicht völlig isoliert verhält, sondern daß es je nach den Kräften, die in seinem Lebensraum eine Rolle spielen, entsprechend bewegt wird. Lewin geht davon aus, daß alle Objekte im Lebensraum eines Menschen positive oder negative Valenz haben, d. h. attraktiv oder abstoßend für das jeweilige Individuum sind. Je nach der Bedürfnissituation des Individuums können sich diese Valenzen mehr oder weniger stark auswirken.
- Die kognitiven Theorien (Heider, Osgood, Festinger),
  deren bekannteste die sog. „Dissonanz-Theorie" von Festinger ist. Grundannahme dieser Theorie ist, daß jeder Mensch bestrebt ist, kognitive Dissonanzen abzubauen oder zumindest zu reduzieren.

Unabhängig von den einzelnen Standpunkten sind sich heute alle Motivationstheoretiker darin einig, daß das Verhalten des Menschen nicht durch ein jeweils einzelnes, sondern durch eine Vielzahl verschiedener Motive bestimmt wird. Damit erübrigt sich auch weitgehend die Diskussion, ob es bestimmte Grundbedürfnisse gibt, die man dem Verhalten des Menschen generell zugrunde legen kann. Ein besonders bekannter Vertreter dieser Bedürfnis- oder Motiv-*Systeme* ist Maslow, der mit seiner Bedürfnispyramide ein solches System aufgestellt hat. Alle Versuche, umfassende und allgemein gültige Motiv- (Bedürfnis-, Trieb)-kataloge aufzustellen, führten sich jedoch selbst ad absurdum. Somit ist die Feststellung noch einmal zu unterstreichen:

> Jegliches Verhalten wird durch eine Vielzahl gleichzeitig wirksamer Bedürfnisse bestimmt, die sich teilweise verstärken, aber auch teilweise widersprechen und in dieser Verflechtung (Verkettung) eine jeweils spezifische Struktur erkennen lassen.

Aufgabe der Motivforschung ist es, diese Bedürfnisstrukturen aufzuzeigen und in ihrer Verkettung sowie in ihrer Verhaltensrelevanz zu verdeutlichen. Akzeptiert man diese Aufgabenstellung für die Motivforschung, so ist es notwendig, sich mit dem Aufbau und den Gesetzmäßigkeiten von Bedürfnisstrukturen näher zu beschäftigen. Erfreulicherweise haben hier die Motivationstheoretiker (Hull, Tolman, Skinner, Lewin) sehr viel Vorarbeit geleistet, die man sich im Rahmen der Motivforschung zunutze machen kann.

Im nachfolgenden halten wir uns weitgehend an diese Erkenntnisse, wobei wir in vereinfachender Form nur diejenigen Faktoren beschreiben wollen, die im Rahmen einer marktorientierten Motivanalyse auch zu erheben sind. Folgende Faktoren nehmen grundsätzlich Einfluß auf die Art und Beschaffenheit einer *Bedürfnisstruktur* und sollten deshalb im Rahmen einer Motivanalyse behandelt werden:

- Die *Zahl* der wirksamen Bedürfnisse
  Die Bedürfnisstruktur innerhalb eines bestimmten Produktbereiches kann mehr oder weniger komplex sein. Dies hängt zum einen vom jeweiligen Produktbereich ab und zum anderen von der befragten Zielgruppe. Je mehr ein Produktbereich zur Befriedigung einfacher Grundbedürfnisse dient (z. B. Brot), umso einfacher ist die zugrunde liegende Bedürfnisstruktur.
  Je weiter sich ein Produktbereich hiervon entfernt (wie z. B. Kosmetika),

umso differenzierter und komplexer wird die zugrunde liegende Bedürfnisstruktur (Schönheit, Jugend, Gesundheit, Sauberkeit, Sicherheit im sozialen Kontakt, etc. . . .).
Je stärker die Zielgruppe innerhalb eines bestimmten Produktbereiches eingeengt wird, umso klarer, geordneter und homogener wird in der Regel auch die Bedürfnisstruktur. Dies wird an einem sehr einfachen Beispiel deutlich:

Die Bedürfnispalette zur Verwendung von Kosmetika ist sicher sehr breit, wenn man die Gesamtheit aller Bürger, d. h. Männer und Frauen jeglichen Alters und jeder sozialen Schicht betrachtet; sie wird zunehmend enger und homogener, wenn man nur noch Frauen als Zielgruppe sieht oder diese noch weiter einengt in die Zielgruppe der „Frauen ab 40 mit hohem Einkommen".

Gerade die homogenere Bedürfnisstruktur von engeren und abgegrenzten Verbrauchergruppen hat in der letzten Zeit verstärkt dazu geführt, Motivanalysen nur noch zielgruppenspezifisch durchzuführen. Nur hierdurch läßt sich das Problem der zu komplexen und heterogenen Bedürfnisstrukturen, die letztlich keine klare Richtung mehr erkennen lassen, umgehen.
Um es noch einmal festzuhalten: Das erste Kennzeichen einer Bedürfnisstruktur ist somit die Zahl der einzelnen, voneinander unterscheidbaren Bedürfnisse.

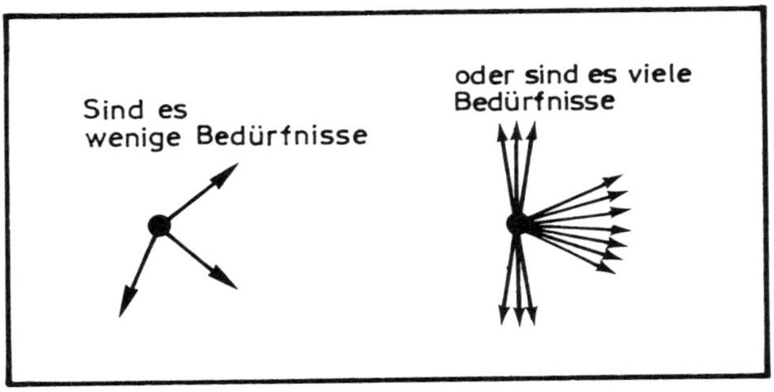

Abb. 29: 1. Schritt der Motivanalyse: Anzahl der unterscheidbaren Motive

- Die *Intensität* der Bedürfnisse
  Nicht alle Bedürfnisse, die das Verhalten des Verbrauchers bestimmen, sind gleich wichtig. Gewisse Bedürfnisse haben eine höhere Triebspannung und drängen eher zu Bedürfnisbefriedigung als andere. Die Intensität eines Bedürfnisses kann sich dabei sowohl aus dem Stellenwert im

Vergleich zu anderen relevanten Bedürfnissen ergeben („ist mir gerade das Wichtigste") und kann sich andererseits auch als additive Komponente aus dem Zusammenfallen mehrerer ähnlicher Bedürfnisse ergeben. Hier summieren sich dann mehrere vergleichbare Bedürfnisse wie Angst vor rauhen Händen, Wunsch nach glatter, geschmeidiger Haut, Bedürfnis nach Gepflegtheit oder femininer Ausstrahlung zu einem Gesamt-Bedürfnis: Vermeidung von groben und rauhen Hausfrauenhänden!
Die unterschiedliche Intensität, die einzelnen Bedürfnissen zukommt, wollen wir in unserem graphischen Beispiel mit der Länge der jeweiligen Vektoren kennzeichnen.

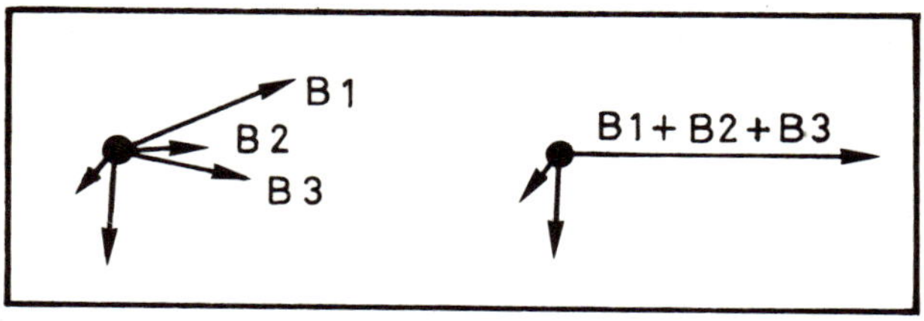

Abb. 30: 2. Schritt der Motivanalyse: Intensität der Bedürfnisse

- Die *Interdependenz* der verschiedenen Bedürfnisse
  Ein weiteres Kennzeichen einer Bedürfnisstruktur ist die gegenseitige Beeinflussung und Abhängigkeit der einzelnen Bedürfnisse. Man spricht in diesem Zusammenhang auch von der „Verkettung" der Bedürfnisse, womit man zum Ausdruck bringen möchte, daß die Motivstruktur als *ganzheitliches* Phänomen verstanden werden muß, in der nicht einzelne Motive isoliert wirksam werden, sondern alle Motive in ihrer gegenseitigen Beeinflussung und in ihrem wechselseitigen Zusammenhang verhaltensrelevant werden. Dabei können sich die einzelnen Bedürfnisse gegenseitig stützen und ergänzen (*Verstärkung* der Bedürfnisspannung), oder sie können einander entgegenlaufen und widersprechen (*Reduzierung* der Bedürfnisspannung). So kann es durchaus vorkommen, daß zwei starke Bedürfnisse so sehr gegenläufig sind, daß sie einander blockieren und damit eine Handlung oder einen Entschluß des Individuums völlig unterbinden.
  Als drittes Merkmal einer Motivstruktur kann somit der divergente oder konvergente Verlauf der einzelnen Bedürfnis(richtungen) gelten.

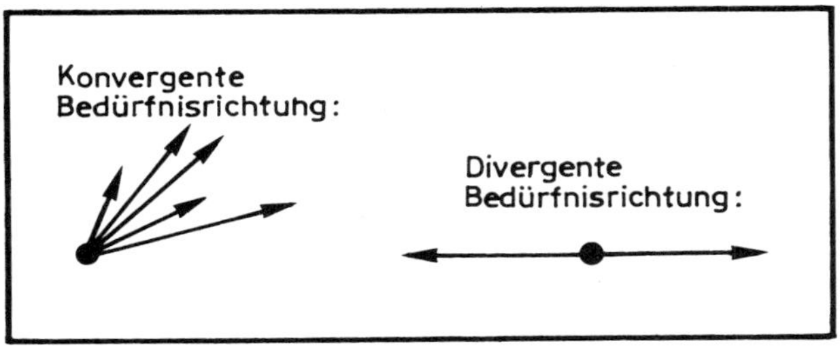

Abb. 31: 3. Schritt der Motivanalyse: Richtung der Bedürfnisse

- *Klarheit und Bewußtheit* der Bedürfnisse
  Ein wesentliches Problem vieler Motivuntersuchungen liegt in der mangelnden Bewußtheit und damit in der schwierigen Erfragbarkeit mancher Bedürfnisse. Häufig wird man von einer „inneren Spannung" angetrieben, von einem nicht näher diagnostizierbaren Gefühl der „Unzufriedenheit" geplagt, ohne daß man angeben könnte, was man möchte bzw. was man nicht möchte. Triebspannung und Bedürfnisdruck äußern sich als anonyme Kraft, deren Abbau oder Reduzierung, aufgrund mangelnder Kenntnis der zugrunde liegenden Bedürfnisse nicht erfolgen kann. Auch in einem anderen Zusammenhang spielt die Bewußtheit der Bedürfnisse eine große Rolle. Gelegentlich beobachten wir an uns selbst, daß durch ein neues Produkt oder eine neue Werbekampagne ein Bedürfnis in uns geweckt wurde, das wir bis zu diesem Zeitpunkt noch nicht an uns beobachtet haben. Dabei entsteht die Frage, ob es sich hier um ein künstlich gewecktes Verlangen handelt, das keinem echten zugrunde liegenden Bedürfnis entspricht oder ob ein bestehendes *latentes* Bedürfnis durch dieses neue Produkt erstmals angesprochen wurde.
  Alle bisherigen Markterfahrungen haben immer wieder bewiesen, daß Bedürfnisse nicht von außen her durch Produkte oder Werbung – sozusagen künstlich – geschaffen werden, sondern daß sie auf latente Dispositionen (Bereitschaften) treffen, die durch entsprechende geesellschaftliche Einflüsse und Ereignisse bereits vorbereitet wurden. Als typisch gelte hierfür das Beispiel einer vollschlanken Frau, die plötzlich teure, kalorienarme Diätprodukte kauft. Niemand wird ernsthaft behaupten, daß die Hersteller dieser Schlankheits-Produkte künstlich Bedürfnisse geschaffen haben, sondern es erscheint viel eher plausibel, daß die soziale Umwelt mit ihren neuen Normen der Fitness, Schlankheit und Sportlichkeit den Nährboden für die Bedürfnisse gelegt hat.

Latente Bedürfnisse schlummern in uns und kommen erst dann zur Entfaltung, wenn der Bedürfnisdruck ein gewisses Maß überschreitet oder wenn sie durch ein neues Produkt, das sich zur Bedürfnisbefriedigung besonders eignet, auf die aktuelle Bewußtseinsebene gehoben werden.

Latente Bedürfnisse haben somit die Bewußtseinsschwelle noch nicht überschritten, sind aber für jeden Unternehmer von größtem Interesse, da sie durch ein geeignetes Produktangebot rasch geweckt und aktualisiert werden können.

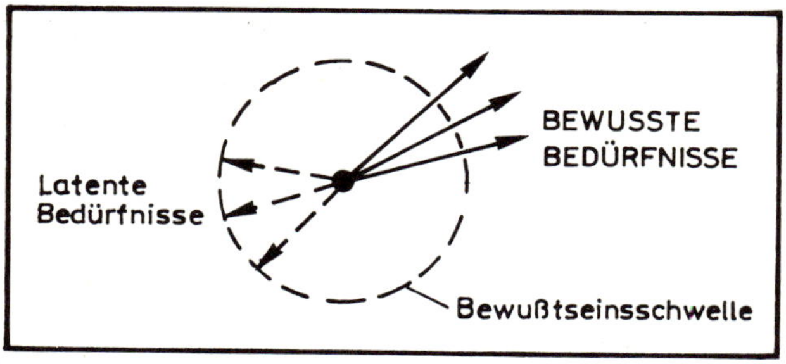

Abb. 32: 4. Schritt der Motivanalyse: Bewußtheit der Bedürfnisse

- *Zielorientiertheit* der Bedürfnisse
  Jeder Mensch ist versucht, seine Bedürfnisse so rasch und vollkommen wie möglich zu befriedigen. Dies gelingt ihm umso leichter, je genauer er die Möglichkeiten zur optimalen Bedürfnisbefriedigung kennt. Im Idealfall ist das Bedürfnis bereits von Anfang an mit klaren Produkt- und Markenvorstellungen besetzt, so daß die Bedürfnisspannung auf eine klare Zielvorgabe gerichtet werden kann. Je genauer Bedürfnis und Ziel miteinander verbunden sind, umso rascher wird es zu einer Entscheidungs- und Kaufhandlung kommen. Verfügt der Konsument jedoch über keine klaren Zielvorstellungen, so kann dies – durch die notwendige Informationsphase – zu einer Abschwächung der Bedürfnisspannung oder gar zu einem völligen Verzicht auf Bedürfnisbefriedigung führen.

- *Realisierungschance* von Bedürfnissen
  Nicht alle Bedürfnisse haben Realisierungschancen! Da vor der konkreten Bedürfnisbefriedigung vielfach rationale Kontrollmechanismen eingeschaltet werden (muß das sein?, kann ich mir das leisten?, ist das auch das Richtige?, was wird mein Mann / was die Nachbarn dazu sagen?,

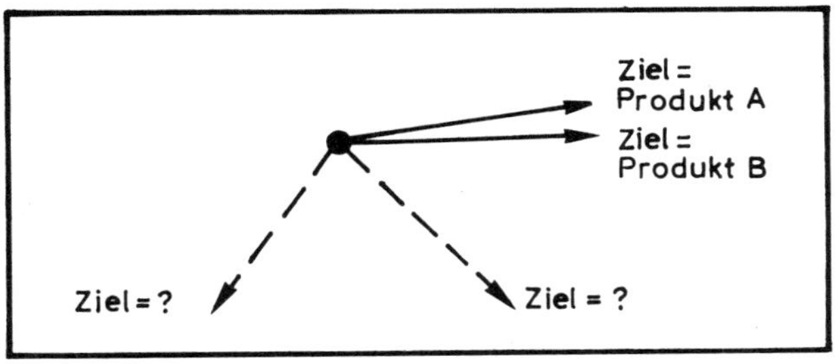

Abb. 33: 5. Schritt der Motivanalyse: Zielorientiertheit der Bedürfnisse

etc.), kommt das Individuum häufig zum Ergebnis, daß einer Bedürfnisbefriedigung zu viele Barrieren im Wege stehen. Diese Hindernisse können sowohl vom Individuum selbst (ist mir zu teuer) als auch durch die gesellschaftlichen Normen und Restriktionen der Umwelt aufgebaut werden. Dabei muß es nicht immer zu einem vollständigen Realisierungsverzicht kommen; häufig kommt es auch nur zu einer „Verbiegung" des Bedürfnisses, d. h. zu einer gewissen Modifikation und Anpassung an ein etwas verändertes – und nun akzeptiertes Motiv (= Zielverlagerung).

Auf diese Weise wird eine Umgehung der Barrieren und eine zumindest teilweise Bedürfnisbefriedigung möglich.

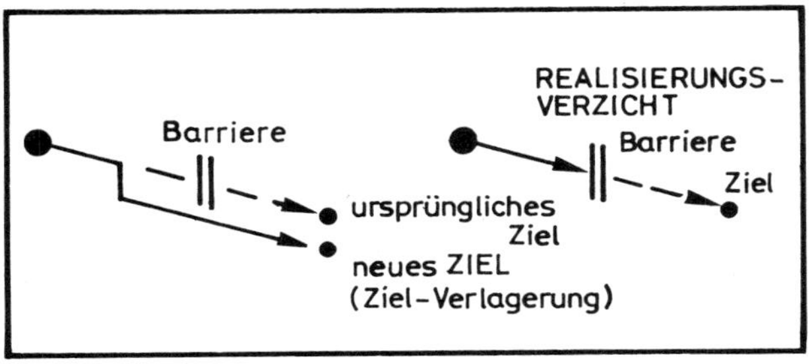

Abb. 34: 6. Schritt der Motivanalyse: Barrieren bei der Bedürfnisbefriedigung

- *Emotionale Einflüsse*
  Gelegentlich wird die rationale Kontrolle der Bedürfnisbefriedigung dadurch verhindert, daß das Individuum einer plötzlichen Stimmung, einer spontanen Eingebung folgt und einen sog. „*Spontankauf*" tätigt. Diese Spontankäufe werden häufig durch reine Äußerlichkeiten ausge-

löst, die einen hohen Signalwert im Hinblick auf emotionale Appelle haben. Meist finden sie nur bei kleinen, niedrigpreisigen Artikeln statt.

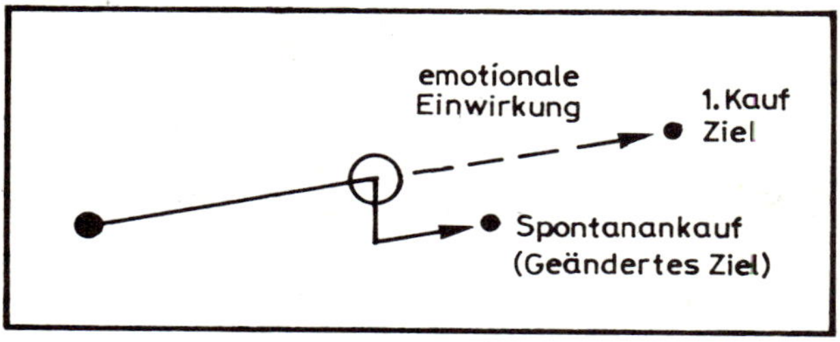

Abb. 35: 7. Schritt der Motivanalyse: Ablenkung der Bedürfnisse durch spontane (emotionale) Einflüsse

- *Verfestigte Bedürfnisse = Einstellungen*
  Letztlich ist bei Erhellung von Bedürfnisstrukturen darauf zu achten, ob sich einzelne Bedürfnisse durch ihr häufiges Auftreten und die immer gleiche Art der Bedürfnisbefriedigung insoweit verfestigt haben, daß man hier nicht mehr von Bedürfnissen sprechen kann, sondern daß es sich bereits um *grundlegende Einstellungen* handelt, die zu festen Verhaltensgewohnheiten führen.

2.3 Der Ablauf einer Motivanalyse

Wie bereits erwähnt wurde, ist es Aufgabe der Motivforschung, Bedürfnisstrukturen aufzuzeigen und zu erhellen. In diesem Sinne orientiert sich die Motivanalyse inhaltlich weitgehend an den bisher aufgezeigten Dimensionen der Bedürfnisstruktur. Folgende Aufgaben stehen dabei im Mittelpunkt:
Ermittlung aller relevanten Bedürfnisse innerhalb eines Produktbereiches.
Ziel dieses ersten Arbeitsschrittes ist es, möglichst viele relevante Bedürfnisse aufzudecken, die dem Kauf und der Verwendung eines bestimmten Produktes zugrunde liegen, ohne bereits die Frage nach der Bedeutung oder Rangreihe der einzelnen Bedürfnisse zu stellen. Es genügt vorerst die reine Auflistung möglichst vieler einzelner Bedürfnisse, ohne daß diese einer näheren Betrachtung unterzogen werden.
Das *methodische* Vorgehen erfolgt auf zweierlei Weise: einmal mit Hilfe der psychologischen Exploration (meist mit Tonband), soweit es sich um die

einigermaßen bewußten, wichtigeren und vordergründigeren Bedürfnisse handelt, zum anderen um überwiegend „projektive Techniken“, sofern es sich um die Analyse latenter, vorbewußter und tabuisierter Bedürfnisse handelt.

Wenden wir uns zunächst der *explorativen* Bedürfnis-Analyse zu. Hier werden in der Befragung selbst drei Komplexe unterschieden, und zwar

- der *Produktbereich* als solcher (im wesentlichen das Produkt-Image),
- der *Verbraucher* als Person mit all seinen Vorlieben, Bedürfnissen, Wünschen, Einstellungen, Meinungen und Haltungen,
- die *Verhaltensgewohnheiten* im Umgang mit dem jeweiligen Produkt.

Auf den *Produktbereich* als solchen braucht nicht näher eingegangen zu werden, da es sich hier im wesentlichen um eine verkürzte Produktimage-Analyse handelt (vgl. S. 175 ff.), mit dem Ziel, alle wichtigen Beurteilungsdimensionen zu ermitteln, die in diesem Produktbereich eine Rolle spielen, so insbesondere:

- die Imagedominanten, d. h. die Schwerpunkte, die bei der Beurteilung dieses Produktes (z. B. Handcreme) bedeutsam werden,
- die konkreten Stärken und Schwächen dieses Produktes (was kann es, was kann es nicht?)
- die spezifischen Produkterwartungen (welche Anforderungen muß eine Handcreme erfüllen?)
- die möglichen Marktlücken
- die Qualitäts- und Preisnormen.

Breiteren Raum hingegen wird den *personen-spezifischen* Aspekten gewidmet, die in diesem Produktbereich eine Rolle spielen. Die Exploration könnte hier unter anderem folgende Themen haben:

- Woran erkennt man eine gepflegte Frau?
- Vorstellungen über Hautpflege im allgemeinen.
  (Was ist Hautpflege eigentlich? Was versteht man darunter?
  Was gehört alles zur Hautpflege?)
- Welche Bedeutung kommt der Hautpflege zu?
  (Welchen Stellenwert mißt man ihr selbst bei, wie wichtig ist sie im Vergleich zu anderen kosmetischen Aspekten? etc).
- Warum ist Hautpflege so wichtig?
  (Welche Aspekte des persönlichen Wohlbefindens bzw. der zwischenmenschlichen Beziehungen und sozialen Akzeptanz spielen hier eine Rolle?)

- Was würde passieren, wenn man Hautpflege vernachlässigt?
- Auf welche Dinge muß man im Rahmen der Hautpflege besonders achten?
  (Welche Aspekte spielen hier eine große, welche eine eher untergeordnete Rolle?)
- Wann, d. h. nach welchen Situationen oder Gelegenheiten ist Hautpflege besonders wichtig?
  (Warum ist sie hier besonders wichtig? Was passiert in diesen Situationen mit der Haut?)
- Wo ist Hautpflege besonders wichtig?
  (Ist Hautpflege am ganzen Körper gleichermaßen wichtig oder gibt es exponierte Stellen, an denen die Hautpflege besonders wichtig ist?)
- Welche Bedeutung kommt speziell der Handpflege im Bereich der sonstigen Haupflege zu?
  (Ist sie wichtiger oder weniger wichtig als die Pflege der Gesichts- oder Körperhaut? Warum? Warum nicht?)
- Steht die Handpflege mehr unter kosmetischen oder mehr unter gesundheitlichen Aspekten?
  (Welchem der beiden Aspekte „Gesundheit" oder „Aussehen" kommt letztlich die größere Bedeutung zu?)
- Woran erkennt man gepflegte Hände?
- Was kann man alles tun, um seine Hände zu pflegen?
- Gibt es aktuelle Trends in der Handpflege?
- Welche Anforderungen stellt man an eine gute Handcreme?
- Welche Erfahrungen hat man mit guten und weniger guten Handcremes schon gemacht?
- Welche Arten von Handcremes gibt es?
  (Worin unterscheiden sie sich, worin liegen die jeweiligen Vor- und Nachteile, welche erscheint letztlich für eine optimale Handpflege am ehesten geeignet?)
- Abgrenzung der Handcreme von anderen verwandten Produkten (z. B. Hand- und Körperlotion).

Im Hinblick auf die *Verhaltensgewohnheiten* im Umgang mit Handcremes ließen sich in der Exploration unter anderem folgende Themen ansprechen:

- Was macht man persönlich alles im Bereich der Handpflege?
- Was könnte man darüber hinaus noch alles tun?
- Hat man seine Gewohnheiten im Bereich der Handpflege in letzter Zeit verändert, warum?

- Welche Produkte verwendet man zur Handpflege, welche nicht? Warum?
- Welche spezifischen Marken verwendet man und warum gerade diese? (Was leisten sie im Vergleich zu anderen Marken? Warum hat man sich gerade für diese Marken entschieden?)
- Wie häufig verwendet man Handcremes und zu welchen Gelegenheiten?
- Welche Verwendungsanlässe stehen dabei im Vordergrund? Wie zufrieden ist man mit der Wirkung der verwendeten Handcreme?
- Vermag die verwendete Handcreme alle Anforderungen an eine optimale Handpflege zu erfüllen? Welche nicht?
- Können diese unerfüllten Anliegen durch andere Produkte befriedigt werden, durch welche, wie geschieht dies?
- Welche persönlichen Bedürfnisse im Bereich der Handpflege werden zur Zeit durch kein auf dem Markt befindliches Produkt abgedeckt?

Wie bereits erwähnt, würde diese Exploration in jedem Fall ergänzt werden durch eine Reihe projektiver und assoziativer Fragetechniken, um zu gewährleisten, daß auch latente oder dem Bewußtsein gerade nicht zugängliche Bedürfnisse aufgedeckt werden können.

Hierzu ebenfalls einige kurze Beispiele:

Satzergänzungstest:
1. Wenn ich eine Frau mit roten Händen sehe . . . .
2. Gepflegte Hände sind für mich das Zeichen für . . . .
3. Besonders wichtig erscheint mir die Handpflege . . . .
4. Das Schlimmste an rauhen und aufgerissenen Händen wäre mir . . . .
5. Wenn ich eine Freundin mit rauhen Händen hätte, so würde ich ihr raten . . . .

Projektives Streitgespräch:
Frage: Nehmen Sie an, Sie werden Zeuge eines Gespräches zwischen zwei Frauen. Welcher der beiden Frauen würden Sie eher beipflichten und aus welchem Grund?
Frau A: Ich weiß, daß ich etwas rauhe und rissige Hände habe, aber das ist als Hausfrau mit einer größeren Familie gar nicht zu vermeiden. Ich bin auch der Anschauung, daß man solche Hände nicht zu verstecken braucht, weil sie beweisen, daß man der Arbeit nicht aus dem Wege geht. Außerdem kann da auch eine Handcreme nicht helfen.
Frau B: Da bin ich anderer Meinung. Mich persönlich stört es sehr, wenn man meinen Händen die Hausarbeit ansieht. Aus diesem Grund achte ich sehr sorgfältig darauf, welche Handcreme ich verwende und probiere auch immer wieder mal was Neues aus.

Listentest: Auf dieser Liste stehen eine Reihe von verschiedenen Aussagen! Bitte streichen Sie diejenigen 5 Aussagen an, die Sie bei einer Handcreme als besonders wichtig erachten:

○ fettet nicht
○ nährt die Haut
○ duftet gut

- O enthält Feuchtigkeit
- O ist zur Pflege des ganzen Körpers geeignet
- O enthält natürliche Wirkstoffe
- O besonders für ältere Haut
- O heilt rissige Hände
- O macht Haut zart und geschmeidig
- O erneuert die Haut
- O schützt auch im heißen Spülwasser
- O ist in einer Dose mit Schraubverschluß
- O zieht rasch ein
- O behält lange die Wirkung
- O ist medizinisch getestet

Mit Hilfe der bisher geschilderten explorativen und projektiven Befragungstechniken lassen sich folgende Aufgaben einer Motivstudie lösen:

- Bestimmung aller relevanten Motive und Bedürfnisse im jeweiligen Produktbereich (= Zahl)
- Ermittlung, ob es sich dabei um manifeste oder latente Bedürfnisse handelt (= Klarheit/Bewußtheit)
- Feststellung, ob und wie gut die aufgefundenen Bedürfnisse durch das bestehende Produktangebot befriedigt werden (= Zielorientiertheit).

Nicht gelöst wurden bisher die Fragen, wie stark die einzelnen Bedürfnisse sind (Intensität), wie sie untereinander zusammenhängen (Interdependenz) und ob ihrer Befriedigung keine Hindernisse im Weg stehen (Realisierungschance).
Wenden wir uns diesen Aspekten noch näher zu.

Messung der Intensität der Bedürfnisse
Obwohl man sich darüber im klaren ist, daß die Intensität und Spannung einzelner Bedürfnisse letztlich – wie alle psychischen Inhalte – nicht exakt gemessen werden können, versucht man doch wenigstens zu Annäherungswerten zu kommen. Die einfachste Form dieser groben und näherungsweisen Intensitätsmessung geschieht über die *Rangreihen-Bildung.* Hierbei bittet man die Testperson, die von ihr geäußerten Bedürfnisse der Bedeutung nach zu ordnen.

Frage: „Sie haben eben eine Reihe von Aspekten genannt, die Ihnen im Rahmen der Körperpflege wichtig sind. Wenn Sie nun versuchen, diese Punkte in eine Rangreihe zu bringen, welcher Punkt ist Ihnen am wichtigsten, welcher am zweitwichtigsten, etc. . . .“

1. Rang: . . . .
2. Rang: . . . .
3. Rang: . . . .

Neben der Rangreihenbildung erfolgt die Intensitätsmessung überwiegend mit Hilfe der „Skalierungsverfahren“ (vgl. S. 93 ff.). Obwohl in der Praxis alle denkbaren Skalentypen verwendet werden, haben sich die metrischen Skalen mit 4-6 Skalenpunkten und Verbalisierungshilfen am ehesten durchgesetzt.

Beispiel 1):

sehr wichtig	wichtig	weniger wichtig	gar nicht wichtig
○	○	○	○

Beispiel 2):

trifft völlig zu	trifft weitgehend zu	trifft etwas zu	trifft nicht mehr ganz zu	trifft kaum noch zu	trifft gar nicht zu
○	○	○	○	○	○

In diesem Sinne würde eine Intensitätsmessung von unterschiedlichen Bedürfnissen im Hautpflege-Bereich wie folgt aussehen können:

	sehr wichtig	wichtig	weniger wichtig	gar nicht wichtig
1. Der Haut muß viel Feuchtigkeit zugeführt werden	○	○	○	○
2. Die Haut braucht zur Regeneration Vitamine	○	○	○	○
3. Haut muß täglich mehrmals gepflegt werden	○	○	○	○
4. Hände brauchen dauerhaften Schutz	○	○	○	○

Die praktischen und methodischen Probleme bei der Intensitätsmessung von Bedürfnissen liegen in mehreren Punkten. So ist es für die Befragten vielfach sehr schwierig, ein globales Bedürfnis wie z. B. „gepflegt zu erscheinen“ aufzugliedern und einer differenzierten Betrachtung zugänglich zu machen. Soll dieses aufgegliederte Einzelbedürfnis dann noch gewichtet werden nach der Triebspannung, die hinter ihm steht, so werden die einzelnen Befragten vielfach überfordert. Die „Messung“ der Bedürfnisintensität ist somit nur als grober Gewichtungsversuch zu werten, der im Hinblick auf metrische Genauigkeit den Anforderungen nicht genügen kann.

Ein praktisches Problem der Durchführung liegt in der notwendigen Mehrstufigkeit des Untersuchungsansatzes. So müssen in einer ersten Untersuchungsstufe die verschiedenen Bedürfnisse erst einmal ermittelt werden, bevor man sie in einer zweiten Stufe zur Intensitätsskalierung vorgeben kann. Vielfach behilft man sich dadurch, daß man den ersten Analyseschritt (Bedürfnis-Sammlung) an einer kleinen Stichprobe (30–60 Personen) vornimmt und erst dann mit den ausgearbeiteten Bedürfnislisten an größere Fallzahlen herangeht.

Aufdeckung der Interdependenz einzelner Bedürfnisse sowie Herausarbeitung dauerhafter Einstellungskomponenten.

Wie bereits dargelegt wurde, ist die Bedürfnisstruktur als Ganzheit zu verstehen, in der alle auftretenden Einzelbedürfnisse einander beeinflussen und verändern. Obwohl es im Rahmen einer analytischen Betrachtung unerläßlich ist, einzelne Bedürfnisse zu eliminieren und einer gründlichen Einzelbeurteilung zugänglich zu machen, darf der Ganzheitsaspekt nicht völlig vernachlässigt werden. Die ganzheitliche Betrachtung der Bedürfnisstruktur geht davon aus, daß das hieraus resultierende Verhalten nicht einfach aus der Addition vieler Einzelbedürfnisse erklärt werden kann, sondern daß sich aus dem Zusammenwirken mehrerer Einzeldimensionen eine vorher nicht erkennbare, neue Gesamtrichtung ergeben kann.

Noch in einem anderen Zusammenhang ist die Interdependenz der Einzelbedürfnisse von Bedeutung. Gelegentlich läßt sich die Beobachtung machen, daß mehrere Einzelbedürfnisse wiederum eine gemeinsame Ursache haben, d. h. daß sie *einer* Quelle, einem gemeinsamen Grundbedürfnis entspringen. Die Kenntnis dieser Zusammenhänge ist somit für die Abschätzung des möglichen Verbraucherverhaltens von großer Bedeutung.

Lange Zeit hindurch konnte man diese Zusammenhänge nur vorsichtig aus den Explorationen heraus erschließen und nur zu vagen Interpretationen kommen, bis man sich einer Methode besann, die aus dem Bereich der mathematischen Statisitik kam und zur Analyse komplexer Zusammenhänge in sozialwissenschaftlichen Studien verwendet wurde: der *Faktorenanalyse!*

Die Faktorenanalyse gestattet es, aus dem spezifischen Zusammenhang zwischen verschiedenen Merkmalen auf Zahl und Art der Bedingungen zu schließen, die ihnen gemeinsam zugrunde liegen. Mithilfe einer Faktorenanalyse ist es also möglich, eine unübersichtliche Zahl an Zusammenhängen auf einige wenige Grundstrukturen zurückzuführen.

Da die Faktorenanlyse an anderer Stelle (vgl. S. 313 ff.) ausführlicher behandelt wird, sei hier nur auf ihre Möglichkeiten im Rahmen der Motivforschung hingewiesen. Mit Hilfe der Faktorenanalyse können einzelne Bedürfnisse daraufhin untersucht werden,

- inwieweit sie miteinander in Beziehung stehen (Interkorrelationen) und wie stark diese Beziehungen sind,
- inwieweit diesen Bedürfnissen ein zentraler Faktor zugrunde liegt, der u. U. eine dauerhafte Einstellung repräsentiert,
- wie diese Einstellung (Faktor) zu benennen ist und
- welche spezifischen Einzelbedürfnisse in welch hohem Ausmaß diese grundlegende Einstellung mitbestimmen und beeinflussen (Faktorladungen).

Mit Hilfe der Faktorenanalyse lassen sich somit die Interdependenzen innerhalb der Bedürfnisstruktur ordnen, wobei nicht nur der Zusammenhang zwischen einzelnen Bedürfnissen und Bedürfnisgruppen erkannt wird, sondern auch gleichzeitig grundlegende Einstellungsdimensionen transparent werden, die den verschiedenen Einzelbedürfnissen zugrunde liegen.

Realisierungschance einzelner Bedürfnisse
Für den Unternehmer ist es von großer Bedeutung, die

- Realisierungschance bzw.
- den bereits erreichten Realisierungsgrad

aufzudecken, mit dem die einzelnen Bedürfnisse auch tatsächlich befriedigt werden.
Unter *Realisierungschance* verstehen wir sowohl die *Bereitschaft* wie auch die *Möglichkeit* des Individuums, seine Bedürfnisse zu befriedigen. Die Realisierungschance hängt somit sowohl von der Bedürfnisintensität wie auch von der Zahl und der Stärke der möglichen Barrieren ab, die der Bedürfnisbefriedigung im Wege stehen. In anderen Worten: ist ein Bedürfnis sehr stark und stehen ihm keine oder nur unbedeutende Hindernisse im Weg, so ist die Realisierungschance entsprechend hoch.
Umgekehrt: Ist der Bedürfnisdruck nicht mehr ganz so hoch und stehen ihm keine oder nur unbedeutende Hindernisse im Weg, so ist die Realisierungschance entsprechend hoch.
Umgekehrt: Ist der Bedürfnisdruck nicht mehr ganz so hoch und stehen der Befriedigung auch noch Hindernisse im Wege, so ist die Realisierungschance entsprechend gering. Gelegentlich weicht der einzelne dann auf Ersatzlösungen aus, die in den primären Zielvorstellungen gar nicht enthalten waren (Ersatzbefriedigung).
Glücklicherweise entwickelt der Mensch primär solche Bedürfnisse, die

eine gewisse Realitätskontrolle bereits passiert haben, d. h. auf ihre grundsätzliche Erreichbarkeit hin überprüft wurden. Dies gilt zumindest im Hinblick auf die finanziellen Möglichkeiten des einzelnen. Nur selten werden utopische Wünsche zu echten Bedürfnissen; sie scheitern meist sehr schnell an der Realitätsschwelle und führen nicht zu echten Bedürfnisspannungen.

Neben dem finanziellen Bereich gibt es eine Vielzahl an Ebenen, auf denen sich Barrieren gegen die Befriedigung eines bestimmten Bedürfnisses aufrichten können. Als besonders problematisch erweisen sich z. B. die Barrieren und Hindernisse, die aus gesellschaftlichen und sozialen Normen erwachsen können. Hier steht das individuelle Bedürfnis dem sozialen Tabu gegenüber. So z. B., wenn sich eine Dame in fortgeschrittenem Alter gern mit besonders „jugendlichen" Produkten umgibt, gleichzeitig aber das Befremden und die Kritik ihrer gesellschaftlichen Umgebung wahrnimmt und deshalb ihrem Bedürfnis keinen freien Lauf läßt.

Insofern müssen im Rahmen einer Motivanalyse nicht nur die Bedürfnisse selbst, sondern auch die Barrieren herausgearbeitet werden, die sich der Verwirklichung in den Weg stellen können. Dies ist sowohl mit direkten wie auch mit projektiven Frageformulierungen möglich:

Direkte Fragen:

„Wie muß das Produkt aussehen, das Ihren eben geäußerten Bedürfnissen am ehesten entspricht?"

„Gibt es dieses Produkt bereits auf dem Markt, werden Sie es kaufen bzw. welches andere Produkt werden Sie kaufen und warum dieses?"

„Finden Sie es richtig, daß Sie Ihrem Bedürfnis in vollem Umfang nachgeben, oder halten Sie es für richtiger, wenn Sie in diesem oder jenem Punkt Abstriche machen? In welchen Punkten? Warum gerade hier?"

Projektive Fragen:

„Viele Frauen erachten den Kauf von Fertigprodukten als Zeichen von Bequemlichkeit. Andere wiederum meinen, daß man hierdurch mehr Zeit für die Familie gewinnt. Welche dieser Meinungen ist Ihrer Ansicht nach eher stichhaltig?"

„Es gibt heute Frauen, die den Kauf einer Spülmaschine strikt ablehnen und es gibt Frauen, die ihn stark befürworten. Welche Gründe werden wohl beide Gruppen haben? Bitte äußern Sie sich zu beiden Gruppen so ausführlich wie möglich!"

Informationen über die Realisierungschance von Bedürfnissen sind für den Unternehmer wichtig, weil er mit ihrer Hilfe abschätzen kann, ob in einem bestimmten Produktbereich mit einer weitgehend problemlosen Bedürfnisbefriedigung zu rechnen ist bzw. welche Barrieren auftreten und ob diese Barrieren zu einem Zielverzicht (Aufgabe des Bedürfnisses) oder nur zu einer Zielverlagerung (Deformierung des Bedürfnisses) führen. Bei Kennt-

nis dieser Barrieren ist es vielfach möglich, durch Werbeaussagen eine gewisse Alibi-Funktion aufzubauen, die das Hindernis entschärft (z. B. „*leicht* rauchen") bzw. das Produkt so auszustatten, daß es der neuen und sanktionierten Zielvorgabe entspricht (Zielverlagerung).
Mit der Frage nach dem „*tatsächlich erreichten Realisierungsgrad*" soll ermittelt werden, inwieweit der Verbraucher seinen Bedürfnissen nachgibt, mit welchen Produkten er dies tut und wie hoch die Bedürfnisbefriedigung ist, die er damit erzielt. Hierunter fällt letztlich auch die Frage, welche Imagevorstellungen der Verbraucher von den infrage kommenden Produkten hat und inwieweit diese Imagestrukturen mit seinen eigenen Bedürfnisstrukturen übereinstimmen. Läßt sich eine solche Deckung nicht erreichen, bleibt der Verbraucher also in gewissen Aspekten unbefriedigt, so lassen sich hieraus u. U. Ansatzpunkte für neue Produktideen ableiten. Hat der Verbraucher hingegen einen hohen Realisierungsgrad seiner Bedürfnisse erreicht, so muß dieser Produkt-(Bedürfnis-) Raum als weitgehend besetzt angesehen werden. Neue Produkte werden in einem solchen Markt nur noch über latente, d. h. noch nicht aktivierte Bedürfnisse eingeführt werden können.

3. Psychologische Produkt-Tests

3.1 Marktforschung im Lebenszyklus des Produktes

Jedes Produkt hat seine ihm gemäße typische Lebenskurve. Diese durchläuft während der gesamten Dauer der Marktpräsenz verschiedene Phasen, so die

- Geburtsphase,
- Wachstumsphase,
- Reifephase,
- Sättigungsphase,
- Abstiegsphase
- und schließt ab mit dem „Produkttod", d. h. der Herausnahme des Produktes aus dem Markt.

Zeichnet man diese Lebenskurve zwischen den Achsen „Zeit" und „Absatz" auf, so ergibt sich das Bild einer Glockenkurve, deren exakter Verlauf von verschiedenen Faktoren abhängt, wie der Art des Produktes (kurzlebiger Konsumartikel oder langlebiges Gebrauchsgut), von der Intensität der Konkurrenzsituation, von der Veränderung der Verbrauchergewohnheiten, etc.

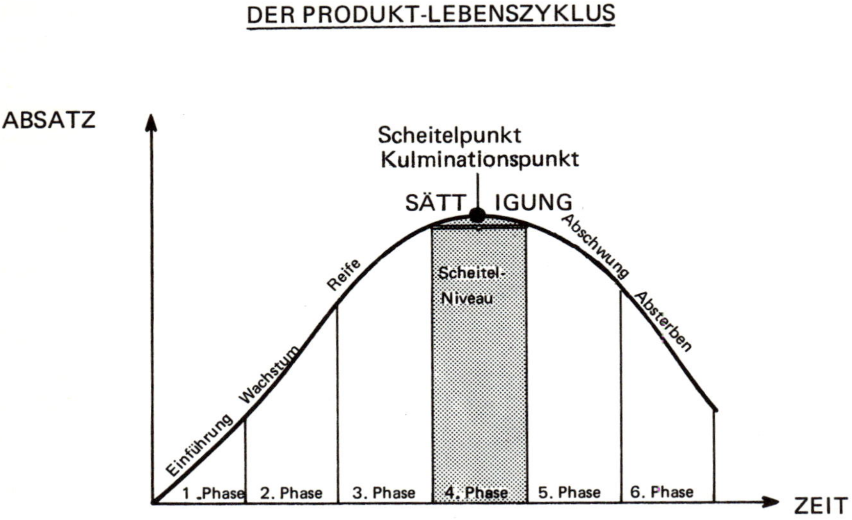

Abb. 36: Der Produkt-Lebenszyklus

Betrachten wir den Produkt-Lebenszyklus etwas näher, so wird verständlich, daß es das Bestreben jedes Herstellers ist, den Scheitelpunkt seiner Produkt-Lebenskurve möglichst schnell zu erreichen, hoch anzusetzen und möglichst lange auf diesem Kulminationspunkt oder zumindest im Scheitelniveau der Kurve zu verweilen.

Dieses Idealziel ist in der Marktrealität nur selten zu erreichen. Zu viele Störfaktoren werden den Lebenszyklus des Produktes beeinflussen, seien es plötzliche, massive Aktionen der Konkurrenz, seien es Änderungen im Verbraucherverhalten oder sei es die nachlassende Attraktivität des Produktes selbst. Wird das angestrebte Scheitelniveau nicht erreicht, oder fällt das Produkt zu schnell von der Sättigungsphase in die Abschwungphase, wird man sich mit geeigneten Marketingmaßnahmen bemühen müssen, eine neue Wachstumsphase des Produktes einzuleiten.

In welchen Phasen des Lebenszyklus werden nun welche Produkt-Tests mit welcher Zielsetzung durchgeführt?

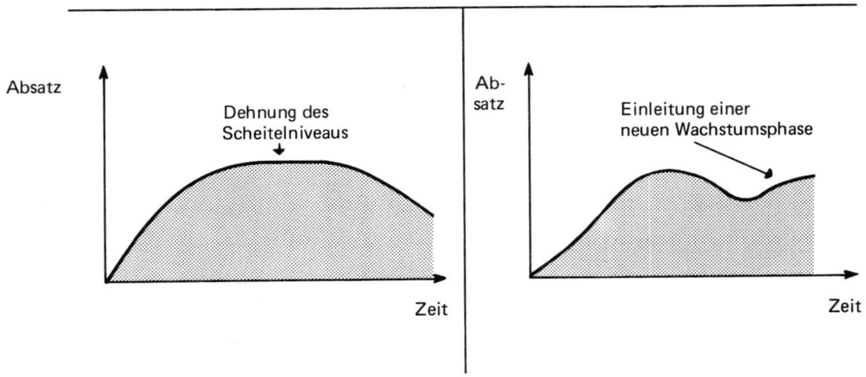

Abb. 37: Möglichkeiten zur Verlängerung der Lebenskurve

Bevor wir diese Frage beantworten können, müssen wir eine grundsätzliche Unterscheidung treffen, und zwar zwischen

- *neuen* Produkten, die noch in der Entwicklung und Planung stehen,
- *eingeführten* Produkten, die bereits seit längerer Zeit auf dem Markt sind.

Legt man die Verhältnisse in der Praxis zugrunde, so werden heute etwa 70% bis 80% aller Produkt-Tests im Rahmen der Planungs- und Entwicklungsphase zu neuen Produkten durchgeführt, d. h. zu einem Zeitpunkt bevor das Produkt auf den Markt kommt. Dies ist verständlich, wenn man berücksichtigt, daß die Entwicklungs- und Einführungskosten für einen normalen Konsumartikel bereits in die Millionen gehen und man sich bei der ständig steigenden Flop-Rate (Anteil der Neueinführungen am Markt, die sich nicht durchsetzen konnten) verständlicherweise soweit wie möglich absichern möchte. Aus diesem Grunde wurde im Lauf der Jahre ein immer breiteres Testprogramm zur Überprüfung jedes einzelnen Entwicklungsschrittes bei der Planung eines neuen Produktes eingesetzt. Dieses Testprogramm gehört heute mehr oder weniger zur Standardausrüstung eines jeden gediegenen Produkt-Managers.
Da wir auf die einzelnen *Phasen der Produktentwicklung* und die hiermit verbundenen Testverfahren an späterer Stelle noch ausführlich eingehen, wollen wir hier nur einen kurzen Überblick vorschalten:
(1) Schritt: Suche nach neuen Produktideen (oder Produktverbesserungen)
Die Suche nach neuen Produktideen geschieht heute mehr denn je auf

systematische Weise. Die einsame Unternehmerentscheidung oder die häufig am Verbraucher vorbeizielenden Expertenmeinungen genügen immer seltener, um ein erfolgreiches Produkt zu kreieren. Die Marktforschung verfügt heute über eine Reihe von Möglichkeiten, um von vornherein den Verbraucher in die Ideensuche mit einzubeziehen, wobei die Palette von eher kreativen bis zu sehr systematischen Methodenansätzen reicht. Wesentliches Marktforschungsziel dieser ersten Phase ist es, Marktnischen im Sinne von Bedürfnislücken aufzuzeigen.

(2) Schritt: Umsetzung der Produktideen in konkrete *Produkt-Konzepte*

Das Ausfüllen der Marktnische bzw. der Bedürfnislücke mit *genau dem richtigen Produkt* ist keine leichte Aufgabe. Da ein bestimmtes Bedürfnis häufig auf mehrere Arten befriedigt werden kann, kommt es in der Regel zur Formulierung unterschiedlicher Produkt-Konzepte. Mit Hilfe von Marktforschungstechniken soll nun entschieden werden, welche der vorliegenden Produktideen den Bedürfnissen des Verbrauchers am nächsten kommt. In dieser Phase weitgehender Unsicherheit werden aus Kostengründen meist nur Konzepte, d. h. verbale Produktbeschreibungen und Produktskizzen, aber noch keine fertigen Produkte getestet.

(3) Schritt: Entwicklung von *Prototypen*

Sobald das chancenreichste Produktkonzept ermittelt wurde, erfolgt die Ausgestaltung des konkreten Produktes – meist in Form von Prototypen. Sofern es sich um ein verpacktes Konsumgut handelt, wird parallel hierzu die Verpackung entwickelt. Bevor das Produkt in die Serienfertigung geht, wird es noch einmal gründlich getestet, um die „kleinen Fehler" zu korrigieren, die einer vollen Akzeptanz durch den Verbraucher entgegenstehen.

(4) Schritt: Markteinführung

Konnte der Prototyp entsprechend bereinigt werden, so steht der Serienfertigung nichts mehr im Wege. Vor der nationalen Markteinführung, d. h. an der letzten Nahtstelle vor dem endgültigen Markterfolg oder -mißerfolg, werden noch einmal Tests durchgeführt, die Aufschluß darüber geben sollen, inwieweit sich das neue Produkt in der konkreten Konkurrenzsituation und unter möglichst realistischen Marktverhältnissen durchzusetzen vermag. An dieser Stelle kommen die sog. „store-Tests" oder „Testmarkt-Verfahren" zur Anwendung, wo der Abverkauf des neuen Produktes in einer begrenzten Anzahl von Geschäften, d. h. unter realistischen Verhältnissen, beobachtet und analysiert wird.

In Abb. 38 sind die wichtigen Phasen der Produktentwicklung und der sie begleitenden Produkt-Tests noch einmal zusammengefaßt:

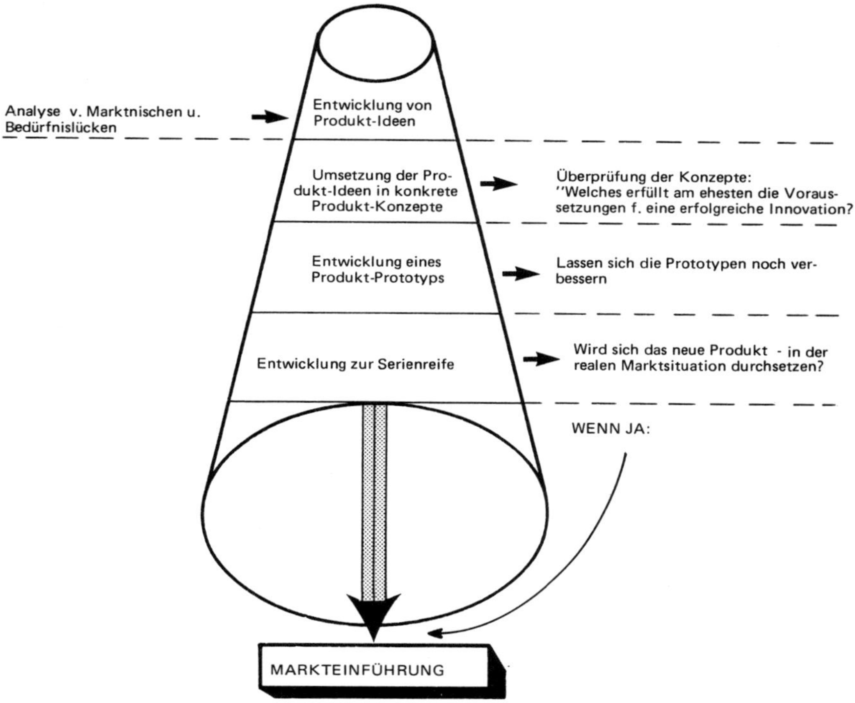

Abb. 38: Möglichkeiten zur Marktforschung während der einzelnen Phasen der Produktentwicklung

Bei *bereits auf dem Markt befindlichen* Produkten tritt eine längere Marktforschungspause ein, wenn man von den Panel-Erhebungen absieht, die erst dann unterbrochen wird, wenn das Produkt den Scheitelpunkt seiner Lebenskurve überschritten hat und die Abschwungphase erkennbar wird. Spätestens zu diesem Zeitpunkt ist es wieder erforderlich, Untersuchungen anzustellen, um nach neuen Möglichkeiten der Produkt-Aktualisierung (relaunch) zu suchen. Relaunch-Versuche gelingen jedoch keineswegs immer und werden umso problematischer, je später der „Rettungsversuch" unternommen wird. Da die notwendigen Marktforschungsarbeiten und die darauf folgenden Produkt- und Werbekorrekturen einen nicht unbeträchtlich langen Zeitraum in Anspruch nehmen, kommen solche Relaunch-Aktionen häufig zu spät (1.). Aus diesem Grund ist der Unternehmer besser beraten, der sich bereits in der Scheitelphase seiner Produkt-Lebenskurve

der Marktforschung bedient, um mögliche Ursachen für ein Abgleiten des Produktes in die Abschwungphase rechtzeitig erkennen zu können (2.).
Ein dritter Ansatzpunkt für Produkt-Tests ergibt sich dann, wenn der Lebenszyklus bereits in den ersten drei Phasen atypisch verläuft, d. h. bereits in der Wachstums- oder Reifephase abkippt und in die Abschwungphase eintritt. Wie bereits erwähnt, können solche Störungen durch neue und besonders attraktive Konkurrenzprodukte, durch eine überraschende Verhaltens- und/oder Einstellungsänderung des Verbrauchers oder durch eine nachlassende Attraktivität des Produktes verursacht werden (3.).
Insgesamt gesehen ergeben sich somit drei typische Situationen für Produkt-Tests bei bereits auf dem Markt befindlichen Produkten (Abb. 39).

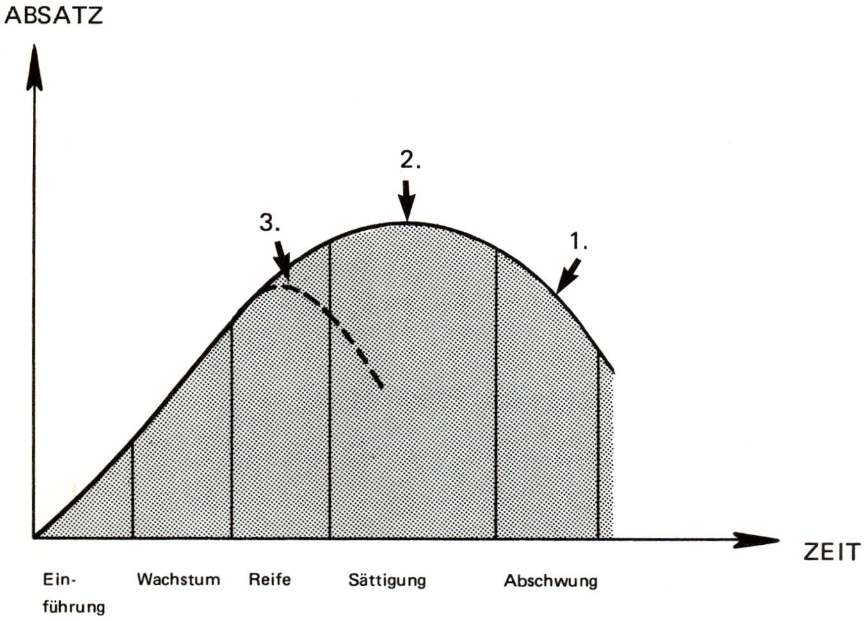

Abb. 39: Typische Zeitpunkte zur Durchführung von Produkttests

3.2 Marktforschung im Rahmen der Neu-Entwicklung von Produkten

Wie bisher ausgeführt, wird die Planung und Entwicklung neuer Produkte in vier entscheidenden Phasen durch Marktforschung begleitet:

(1) Bei der Suche nach neuen Produktideen
(2) Bei der Umsetzung der Produktidee in eines oder mehrere konkrete Produktkonzepte
(3) Bei der Ausgestaltung eines vorläufigen Prototyps
(4) Bei der Markteinführung

Die wichtigsten Marktforschungsverfahren, die in diesen Phasen zum Einsatz gelangen, sollen nachfolgend dargestellt werden:

3.2.1 Suche nach neuen Produktideen

Wie an anderen Stellen bereits aufgezeigt wurde (Imageforschung, Motivanalyse), gelingt es heute nur noch selten, völlig unbesetzte Marktnischen zu finden. Die Bedürfnisse des Verbrauchers sind meist nicht nur mit einem Produkt, sondern mit sehr vielen Produktvarianten abgedeckt, so daß wirklich jede Bedürfnisnuancierung erfaßt wird. Aus diesem Grund ist es zunehmend schwierig geworden, erfolgreiche *Innovationen* auf den Markt zu bringen. Diese Entwicklung führte auch zu einer Inflation des Innovations-Begriffes, den man immer weiter ausdehnte und nicht nur auf neue und originäre Produkt-Entwicklungen beschränkte, sondern gleichermaßen auf bloße Produktveränderungen oder neue Kombinationen altbekannter Elemente erstreckte.
In diesem Sinne definiert E. Rogers die Innovation als „jede Idee, Konzeption und jedes Produkt, das dem jeweiligen Adressaten, dem potentiellen Innovator, als neu erscheint."
Auf der Suche nach neuen Produktideen bzw. den ihnen zugrundeliegenden Bedürfnislücken, werden die unterschiedlichsten Verfahren eingesetzt, die von Kreativitätstechniken bis zur psychologischen Marktsegmentierung reichen. So kommen unter anderem zum Einsatz:

- Kreativitätstechniken,
- psychologische Gruppenexplorationen,
- die Motivanalyse,
- die Imageforschung (in begrenztem Umfang),

- die Marktsegmentierung, insbesondere die Marken-Positionierung, die erkennen läßt, inwieweit Bedürfnisse des Verbrauchers durch bereits bestehende Produkte und Marken abgedeckt bzw. ganz oder teilweise unbesetzt sind.

Es soll nicht verschwiegen werden, daß manche erfolgreiche Produktideen in den Unternehmen selbst, d. h. ohne die Hilfe der Marktforschung entwickelt werden. Dabei braucht es sich nicht nur um plötzliche unternehmerische Einfälle und Intuitionen handeln; vielmehr werden solche Ideen gelegentlich aus langer Produkt- und Marketingerfahrung sowie aus Experten-Ratings und Kreativitäts-Sitzungen gewonnen.
Als Beispiel herfür kann ein großes Elektrounternehmen gelten, dessen Marketingleiter auf der Suche nach Diversifikationsmöglichkeiten folgende interessante Feststellungen über den Tischfeuerzeug-Markt machen konnte:

Beispiel:

- Bei Tischfeuerzeugen gab es praktisch keinen profilierten Marken-Anbieter.
- Das Angebot war insgesamt sehr zersplittert, man konnte keine klaren Orientierungslinien im Hinblick auf vorherrschende Design-Linien oder technische Besonderheiten erkennen.
- Es gab praktisch keine Tischfeuerzeuge mit modernem und gutem Design.
- An der Technik von Tischfeuerzeugen hatte sich seit Jahrzehnten nichts geändert.

Alle diese Erkenntnisse konnten aus der reinen Marktbeobachtung gewonnen werden. Auf der Basis dieser wenigen, aber entscheidenden Feststellungen wurde ein Experten-Rating durchgeführt. Hierzu trifft sich eine Runde hauseigener Experten (Verkaufsleiter, Produktionsleiter, Werbeleiter, Designer und Marketingleiter) zusammen mit einem externen Marktforscher sowie gegebenenfalls auch einem zweiten externen Designer oder Techniker. In dieser Gruppe werden mit Hilfe verschiedener *Kreativitäts-Techniken* erste Ideen für ein neues Tischfeuerzeug gesammelt. Dies kann zum einen in Form eines völlig freien *Brainstormings* geschehen, dessen einziges Ziel die Sammlung möglichst vieler Ideen ist und dessen einzige Beschränkung darin liegt, daß keine Kritik erlaubt ist. Quantität geht dabei vor Qualität. Ziel ist es, möglichst viele außergewöhnliche Ideen zu produzieren, ohne schon auf deren Realisierbarkeit achten zu müssen.

Neben dieser sehr spontanen Methode gibt es zwei weitere Kreaitivitäts-Techniken, die den Teilnehmern etwas mehr Zeit und Spielraum lassen, eigene Ideen und Überlegungen zu entwickeln.

Besonders hervorzuheben ist dabei die *Methode 635.* Man stellt dazu eine Gruppe aus sechs Personen zusammen. Jede Person beschreibt auf losen Blättern innerhalb von fünf Minuten drei Ideen und reicht das Formular an das nächste Gruppenmitglied weiter. Sofern die Methode exakt gehandhabt wird, liegen nach ca. 30 Minuten 108 Vorschläge vor.

Die zweite schriftliche Methode ist bekannt unter dem Namen *„Collective Note Book“* (auch CNB-Methode). Dieses Verfahren hat den zusätzlichen Vorteil, daß man sich nicht zu einer gemeinsamen Sitzung zusammenfinden muß (Zeit- und Koordinierungsprobleme entfallen), sondern daß jedes Mitglied des Kreativitätsteams an einem beliebigen Ort zu einem beliebigen Zeitpunkt arbeitet. Hierzu werden vom Teamleiter Problembeschreibungen (z. B.: „Entwickeln Sie Ideen zu einem Tischfeuerzeug mit attraktivem Design und neuem technischen Nutzen.“) an die Gruppenmitglieder verteilt, mit der Aufforderung, möglichst viele Problemlösungsvorschläge oder Ideen schriftlich zu skizzieren. Alle Unterlagen werden nach spätestens einem Monat an den Teamleiter zurückgegeben und von diesem ausgewertet.

Das Ziel dieser ersten Phase liegt somit im wesentlichen in einer Sammlung möglichst attraktiver Produktideen auf Expertenebene.
Aus diesem Experten-Rating werden die Ideen selektiert, die am erfolgversprechendsten erscheinen. In unserem Beispiel fand dabei die Idee eines neuen elektromagnetischen Zündsystems, das den Feuerstein überflüssig machte und erhöhte Zündsicherheit garantierte, besonderen Anklang. Nach Rücksprache mit den Technikern der Entwicklungsabteilung wurde dieses neue elektromagnetische Zündsystem für technisch machbar und preislich erschwinglich erachtet. Die neue Produktidee, ein elektromagnetisches Tischfeuerzeug mit einem guten modernen und funktionellen Design, war geboren.

Der vorsichtige Unternehmer wird jedoch solche Ideen, insbesondere dann, wenn sie mit höheren Entwicklungskosten verbunden sind, einer Akzeptanz-Prüfung beim Verbraucher unterziehen. Trotz der spontanen Überzeugungskraft der neuen Tischfeuerzeug-Idee blieb beispielsweise ungeklärt, ob sich der Verbraucher – z. B. aufgrund der weitgehenden Verbreitung von Taschenfeuerzeugen – vom Tischfeuerzeug bereits soweit entfernt hatte, daß kein reales Kaufbedürfnis mehr zu wecken war.

So wurden drei zusätzliche Gruppenexplorationen mit Verbrauchern durchgeführt, die einem doppelten Zweck dienten:

- zum ersten sollte festgestellt werden, ob sich auf Verbraucherebene zusätzlich neue Produktideen finden ließen (kumulative Gruppenexplorationen),
- zum zweiten sollte am Ende jeder Diskussionsrunde die Attraktivität des „elektromagnetischen Zündsystems“ etwas ausgeleuchtet werden.

Erst auf der Basis dieser zusätzlichen Informationen legte man im Expertenkreis die endgültige Produktidee fest.
Abb. 40 veranschaulicht ein 3-stufiges-Modell zur Entwicklung neuer Produkt-Ideen.

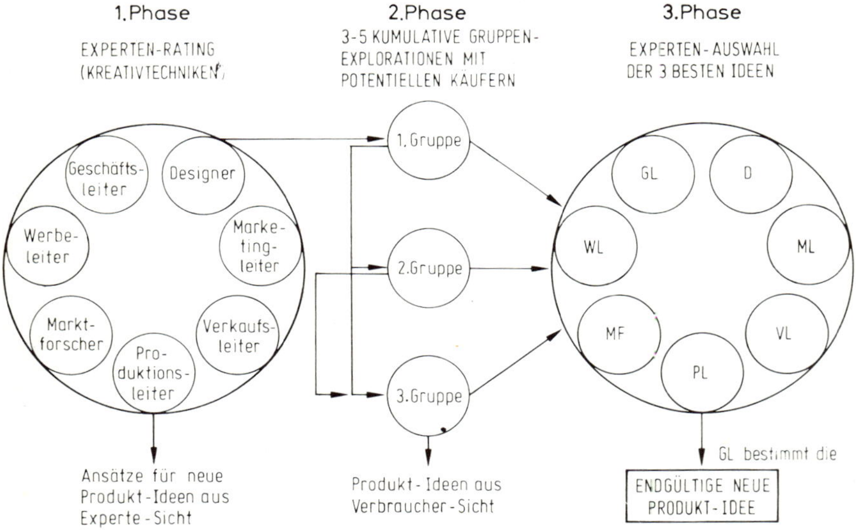

Abb. 40: Entwicklung neuer Produktideen im 3-Phasen-Modell

Dieses Beispiel dokumentiert die einfachste Art einer systematischen Hilfestellung bei der Entwicklung neuer Produktideen.
Erweist sich dieser Ansatz als nicht fruchtbar, muß auf profundere Analysen zurückgegriffen werden. Im Vordergrund steht hierbei die klassische Motivanalyse, auf deren Möglichkeit zur Aufdeckung unbefriedigter Bedürfnisse bereits ausführlich eingegangen wurde. Sofern man nicht unbe-

dingten Wert auf eine echte Produkt-Innovation legt, sondern sich auch mit der wirkungsvollen Verbesserung bestehender Produkte begnügt, kann man durch Produktimage-Studien wertvolle Hinweise erlangen.
Nun noch ein kurzes Wort zur *Marktsegmentierung!* Obwohl wir dieses Verfahren an späterer Stelle ausführlich darlegen, sind hier bereits einige Erläuterungen angebracht. Unter „psychologischer Marktsegmentierung" verstehen wir die Aufteilung des Marktes in abgegrenzte, möglichst homogene Gruppen von Verbrauchern, die sich durch relativ ähnliche Bedürfnisstrukturen auszeichnen. Im Rahmen der Motivforschung wurde bereits erläutert, daß Bedürfnisstrukturen um so klarer, präziser und transparenter werden, je enger und genauer die zugrundegelegte Zielgruppe gefaßt wird. Marktnischen sind heute eigentlich nur noch bei klar definierten und möglichst eng abgegrenzten Zielgruppen zu finden. Als erfolgreiches Beispiel hierfür mag die Entwicklung einer Zigarette „speziell für die Frau" gelten, die im Hinblick auf Produktbeschaffenheit (lang und schlank), im Hinblick auf die Verpackung (feminin und verspielt) und im Hinblick auf die Werbung (Darstellung von emanzipierten und attraktiven Frauen) ausschließlich auf diese umgrenzte Zielgruppe ausgerichtet ist.
Ein weiteres *Beispiel* für erfolgreiche Marktsegmentierung:

Das Motorrad erlebt im Augenblick einen Boom wie noch nie. Insbesondere die schweren Motorräder sind hiervon betroffen. Lange Zeit hatte man geglaubt, Motorräder nur noch an „jugendliche Rocker" verkaufen zu können. Die Produktion schrumpfte entsprechend und viele Betriebe zogen sich aus dem Markt zurück. Im Lauf der letzten Jahre kristallisierte sich jedoch eine neue Käufergruppe heraus, die sich im Rahmen von Marktsegmentierungen voll bestätigte: die Gruppe der gut verdienenden Manager, leitenden Angestellten und Selbständigen. Es fand sich in dieser Gruppe eine Persönlichkeits- und Bedürfnisstruktur, die nahezu ideale Voraussetzungen für eine gezielte Motorradwerbung völlig neuen Stils ergab: das Bedürfnis nach Freiheit, Abenteuer, kontrolliertem Risiko, Kraft, Männlichkeit, Extravaganz etc. Als zusätzlicher Vorteil erwies sich die hohe Kaufkraft dieser Gruppe, die es ihr gestattete, das Motorrad als Zweit- oder gar Dritt-Fahrzeug zu benutzen. Eine Motorradwerbung völlig neuen Stils und eine Ausrichtung des Produktprogrammes auf schwere und teuere Maschinen bescherten dieser Branche einen ungeahnten Boom.

Noch einmal: Die psychologische Marktsegmentierung versucht durch Aufgliederung des gesamten Marktes in abgegrenzte Teilmärkte, neue, in bezug auf ihre Bedürfnisse und Wünsche homogene Verbrauchergruppen zu definieren, in der Hoffnung, daß die so ermittelten spezifischen Wünsche und Bedürfnisse dieser Teilgruppe durch das bestehende Produktangebot nicht genügend befriedigt werden und somit Anhaltspunkte zu neuen, bedürfnisadäquaten Produkten erkennen lassen.

3.2.2 Produkt-Konzept-Tests

Die Ausgestaltung einer Produktidee zu einem konkreten Produkt-Konzept, d. h. zur Präzisierung der Produkteigenschaften, der Produktoptik und des spezifischen Produktnutzens, ist häufig keine leichte Aufgabe und führt aus einer gewissen Unsicherheit heraus vielfach zur Entwicklung mehrerer Konzept-Alternativen. Mit dem *Produkt-Konzept-Test* soll nun herausgefunden werden, welche der vorliegenden Konzept-Alternativen den Bedürfnissen des Verbrauchers am ehesten entspricht und den Anforderungen an eine erfolgreiche Innovation am ehesten gerecht wird.
Wenden wir uns zunächst der Frage zu, an welchen Kriterien eine *erfolgreiche Innovation* zu messen ist:

- Neuheitscharakter
  Der Verbraucher muß das Produkt auf Anhieb als neu erkennen, er muß ein gewisses „Aha-Erlebnis“ damit verbinden, es muß sein Interesse, seine Neugier wecken.
- Konkurrenzvorteil
  Die Innovation muß sich zumindest in einem Punkt als besser erweisen als alle vergleichbaren Konkurrenzprodukte.
- Bedürfnis-Adäquatheit
  womit das Ausmaß bezeichnet wird, mit dem das Produkt einem oder mehreren Bedürfnissen des Verbrauchers entspricht.
- Normen-Adäquatheit
  kennzeichnet die Übereinstimmung der Innovation mit bestehenden Normen, Richtlinien und Wertmaßstäben der Gesellschaft und kann als Meßlatte für die „soziale Akzeptanz“ des Produktes gelten.
- Sofortige Wirkung
  Je rascher eine Innovation zur Bedürfnisbefriedigung führt, um so höher ist der Kaufanreiz.
- Verfügbarkeit
  ist die Möglichkeit, jederzeit, d. h. auch bei einem spontan auftretenden Bedürfnis das Produkt greifbar zu haben. Sei es, daß es über eine gute Distribution jederzeit zu kaufen ist, sei es, daß es zu Hause beliebig lange lagerbar ist.
- Probiermöglichkeit
  Besonders wichtig bei teureren Produkten, wo die Möglichkeit geschaffen werden soll, entweder durch Ausprobieren im Laden (Probeausschank, Probeverzehr, Probefahrt) oder durch entsprechend kleine und

preiswerte Probiereinheiten erste Erfahrungen mit dem Produkt sammeln zu können, ohne gleich den vollen Preis bezahlen zu müssen.

- Handhabbarkeit
  Das neue Produkt muß für den Verbraucher einfach und problemlos sein und darf ihm weder beim Öffnen (Verpackung) noch bei der Handhabung (umständliche Zubereitung) oder bei der Verwendung Schwierigkeiten machen.
- Teilbarkeit
  kennzeichnet die Möglichkeit, auch Teilaspekte oder Teilfunktionen der Innovation nutzen zu können, so z. B. den Vorteil der elektromagnetischen Zündung aus unserem früheren Feuerzeug-Beispiel, aber in einer einfacheren, preiswerteren Designgestaltung.
- Demonstrationswirkung
  kennzeichnet die Möglichkeit, die Vorteile des neuen Produktes nach außen erkennbar werden zu lassen, wodurch sowohl Besitzerstolz wie auch Prestigeaspekte gleichermaßen befriedigt werden.
- Kommunizierbarkeit
  Das neue Produkt muß in einfacher Form kommunizierbar sein, d. h. es muß dem Verbraucher gegenüber mit einfachen und wenigen Worten verständlich und attraktiv gemacht werden können.
- Merkbarkeit
  Hierunter versteht sich die Prägnanz, d. h. die Merkbarkeit und Unverwechselbarkeit des Produktes, die dem Verbraucher die Identifizierung und Wiedererkennung erleichtert.

Diese Anforderungskriterien sollte ein neues Produkt-Konzept so gut wie möglich erfüllen. Sofern mehrere Konzept-Alternativen zur Diskussion stehen, ist durch vergleichende Analysen festzustellen, welches Konzept diesem Anforderungskatalog am ehesten genügt. Die Testdurchführung sollte dabei möglichst in monadischer Form erfolgen, d. h. jede Testpersonengruppe sollte nur ein Konzept beurteilen. Es müssen demnach so viele Testgruppen gebildet werden, wie Produkt-Konzepte vorliegen. Die Testgruppen sollten dabei von ihrer Struktur her homogen und vergleichbar sein. Jede Testgruppe bewertet das Konzept nach den gleichen Kriterien und mit demselben Fragebogen. Durch den nachträglichen (indirekten) Vergleich der Ergebnisse wird die Gefahr unkontrollierbarer Einflüsse vermieden, die entsteht, wenn eine Testgruppe zwei oder mehr Konzepte zu beurteilen hat. Die Auswirkungen, die sich aus der Beurteilung des einen Konzepts auf die Beurteilung des anderen ergeben, sind in der Regel unkontrollierbar und verhindern einen objektiven Vergleich der Konzept-Alternativen.

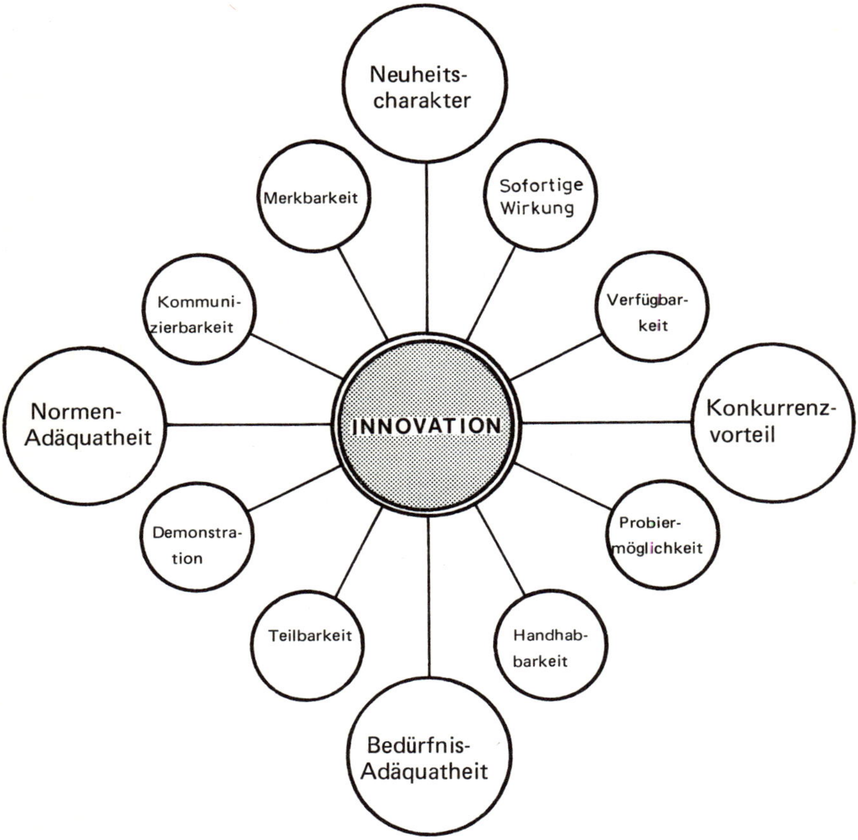

Abb. 41: Erfolgsindikatoren für neue Produktideen (Innovationen)

3.2.3 Produkt-Gestaltungs-Tests

3.2.3.1 Kurzer Überblick über die Produkt-Gestaltungs-Tests

Sobald das Produkt-Konzept endgültig verabschiedet ist, geht es an die konkrete Ausgestaltung des Produktes. Während dieser Arbeiten setzt eine Reihe unterschiedlicher Testverfahren ein, die letztlich alle das Ziel haben,

das Produkt vor der Serienfertigung in allen denkbaren Einzelheiten zu optimieren.
Die Palette der Produkt-Gestaltungs-Tests ist nicht zuletzt deshalb so umfangreich, weil die unterschiedlichen Produktarten unterschiedliche Testformen verlangen. Besonders wichtig ist dabei der Unterschied zwischen Konsum- und Gebrauchsgütern, da erstere immer einen Degustationstest und letztere häufig einen Handhabungstest erforderlich machen. Weiterhin unterscheiden sich die Gestaltungs-Tests auch danach, ob es sich um einfachere oder komplexere Produkte handelt. Erstere können meist problemlos im Rahmen eines Studio-Tests untersucht werden, letztere vielfach in zeitraubenden und kostspieligeren „home-use-Tests".
Unter einem *Studio-Test* versteht man die Durchführung von Befragungen in speziell dafür gemieteten oder fest installierten Testräumen, die im Idealfall mit Beobachtungsanlagen ausgerüstet sind (vgl. Skizze auf S. 59). In diese Studios, die tunlichst in zentralen Fußgängerzonen liegen sollten, werden Passanten zu einem kurzen Interview hereingebeten. Die Nachteile von Studio-Tests liegen einmal im sog. „Labor-Effekt", d. h. in einer gewissen Angst- und Streß-Situation, der viele Befragte unterliegen, sowie in der relativ kurzen Testzeit, die normalerweise im Studio zur Verfügung steht. Passanten, die man von der Straße ins Studio geholt hat, sind nur selten bereit, länger als 15 bis maximal 20 Minuten für eine solche Befragung aufzubringen.
Unter *home-use-Tests* versteht man alle Verfahren, in denen das Testprodukt von den Probanden zu Hause getestet wird. Der Vorteil dieses Verfahrens liegt in der weitgehend ungestörten Realsituation, der Nachteil in den hohen Kosten dieses Verfahrens, da meist mehrere Interviewerbesuche notwendig sind.

Im *Test-Studio* werden in erster Linie folgende Tests durchgeführt:

(1) Der Produkt-Akzeptanz-Test
Hier wird der Verbraucher mit dem neuen Produkt bekannt gemacht und im Rahmen einer Kurzexploration um eine Beurteilung des Produktes gebeten. Auf die Themen des Tests wird nachfolgend näher eingegangen. Mit diesem Testverfahren sollen möglicht umfassende Informationen über eine erste Beurteilung und Akzeptanz des Produktes sowie über Verbesserungsmöglichkeiten gewonnen werden. Die explorative Beurteilung des Produktes wird bei Konsumgütern meist mit einer Degustation (Geschmackstest) und bei Gebrauchsgütern meist mit einem Handhabungstest verbunden.

(2) Der Greifbühnen-Test
Dieses Testverfahren, dessen methodische Aspekte bereits auf S. 123 ff. beschrieben wurden, dient in erster Linie zur Ermittlung der spontanen Anmutungsqualität, der Durchsetzungsstärke gegenüber anderen Produkten oder Entwürfen sowie der persönlichen Kaufneigung.

(3) Der Prägnanz-Test im Tachistoskop
wo ermittelt werden soll, wie rasch das neue Produkt identifiziert werden kann und durch welche Produkt- oder Packungsdetails die Identifizierung unter Umständen erschwert wird.

Im Rahmen der *Home-use*-Tests unterscheidet man folgende Vorgehensweisen:

(1) Home-use-Test mit Vor- und Nachbefragung
Gelegentlich wird der eigentlichen home-use-Phase, d. h. dem Ausprobieren des Produktes eine kurze Motivanalyse vorgeschaltet, in der die Einstellung des Befragten zum jeweiligen Produktbereich sowie seine persönliche Bedürfnisstruktur in diesem Bereich näher ausgeleuchtet wird. Im Anschluß an diese Befragung wird ihm das Testprodukt zur Verwendung überlassen. Nach einem angemessenen Zeitraum erfolgt eine ausführliche mündliche Nachbefragung, in der alle Erfahrungen mit dem Produkt sowie die hieraus resultierende Produktakzeptanz und Kaufbereitschaft analysiert werden.

(2) Home-use-Tests mit mündlicher Nachbefragung
In den meisten Fällen werden home-use-Tests jedoch als reine Produkt-Tests, d. h. ohne vorangehende Motivstudie durchgeführt. In diesen Fällen überläßt der Interviewer nach einer entsprechenden Produktinformation und Testanweisung den Befragten das neue Produkt zur Verwendung bzw. zum Verzehr und führt nach der festgelegten Testzeit mit den Versuchsteilnehmern ein ausführliches Gespräch über Produkterfahrung, Produktbeurteilung und letztlich über die Produktakzeptanz (Kaufmotivation).

(3) Home-use-Tests mit schriftlicher Nachbefragung
Besonders preisgünstig lassen sich home-use-Tests dann durchführen, wenn auf ein persönliches Interview völlig verzichtet wird. In diesem Falle wird das Testprodukt mit einer ausführlichen Produktbeschreibung und Testanweisung an eine relevante Zielgruppe verschickt und nach Ablauf der Testzeit eine *schriftliche* Abfrage der Produkterfahrungen und Produktbeurteilungen vorgenommen. Gelegentlich verlangt man während der Test- und Probierzeit auch die Führung eines Test-

protokolles, in das die Testperson nach jeder Verwendung des Produktes kurze Notizen über Erfahrungen und Beobachtungen eintragen soll.

Insgesamt gesehen ergeben sich somit je nach Art des Produktes die in Abb. 42 gezeigten Möglichkeiten zur Durchführung von Produkt-Gestaltungs-Tests:

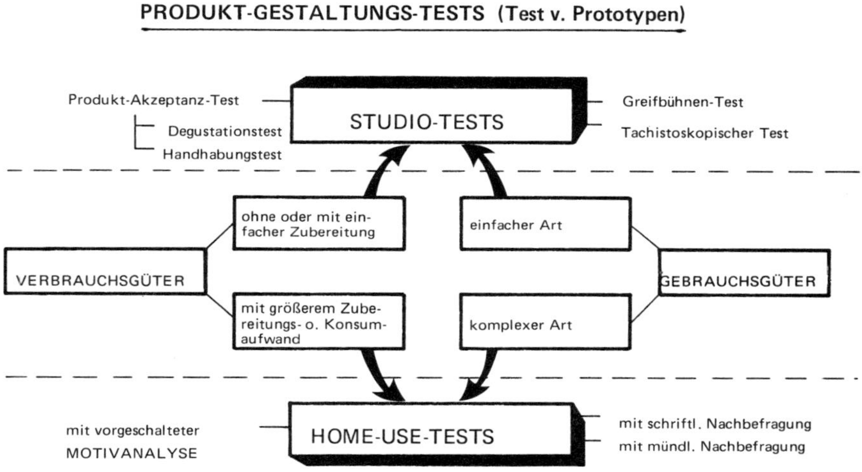

Abb. 42: Produkt-Gestaltungs-Tests (Test von Prototypen)

3.2.3.2 Der Produkt-Akzeptanz-Test

Unter Produkt-Akzeptanz-Test wollen wir die gründliche *explorative* Analyse des Testproduktes verstehen, wobei sowohl die erste spontane Reaktion des Verbrauchers als auch seine detaillierte und kritische Auseinandersetzung mit dem neuen Produkt erfaßt wird. Aus der unmittelbaren, spontanen Anmutung sowie aus dem kritischen Gesamturteil nach längerer Beschäftigung mit dem Produkt soll erschlossen werden, wie hoch die Aufnahmebereitschaft (Akzeptanz) des Verbrauchers für das Testprodukt ist und durch welche Produktveränderungen die Akzeptanz gegebenenfalls erhöht werden kann.

In diesem Sinn ist der Produkt-Akzeptanz-Test das wichtigste Instrument der Produkt-Marktforschung.

Folgende Themen werden im *Produkt-Akzeptanz*-Test behandelt:

- Erste Anmutung und spontane Attraktivität
  Mit projektiven und assoziativen Fragen wird eine möglichst spontane erste Beurteilung des Produktes durch den Verbraucher angestrebt. Beabsichtigt ist zunächst eine unreflektierte, d. h. wenig rationale und kritische Stellungnahme zum Produkt im Sinne einer eher emotionalen und spontanen Reaktion. Die Testperson soll ihren ersten Eindruck wiedergeben, ohne daß sie bereits auf Einzelheiten eingeht.
- Transparenz der Produktbesonderheit
  Mit der Frage nach der Produktbesonderheit oder dem primären Produktnutzen wird ermittelt, ob der Produktvorteil (das Neue am Produkt) klar und unmittelbar zum Tragen kommt, d. h. vom Verbraucher so verstanden wird, wie er in der eigentlichen Produktidee konzipiert worden war. Je unmittelbarer der Produktnutzen transparent wird, d. h. je rascher der potentielle Käufer die Neuartigkeit und Besonderheit dieses Produktes zu erkennen vermag, um so stärker wird das Produkt- und Kaufinteresse sein.
- Welchen Zusatznutzen erfüllt das Produkt?
  Welche sonstigen Anforderungen vermag das Produkt über den primären Produktnutzen hinaus zu erfüllen? Wie sieht also die Gesamtpalette aller Nutzungserwartungen auf Verbraucherseite aus?
- Detaillierte Beurteilung der Produktoptik
  Wie wird die Produktgestaltung, das Design, das Aussehen des Produktes beurteilt?
- Verwendungs- bzw. Konsumanlässe
  Für welche Verwendungs- bzw. Konsumanlässe erscheint das Produkt besonders geeignet, für welche weniger oder gar nicht mehr?
- Berücksichtigung bereits etablierter Verhaltens- und Konsumgewohnheiten
  In vielen Produktbereichen haben sich mehr oder weniger feste Verhaltens- und Konsumgewohnheiten entwickelt, die bei der Gestaltung eines neuen Produktes berücksichtigt werden müssen, da es sonst, aufgrund von Umstellungsproblemen des Verbrauchers zu Mißverständnissen in der Anwendung oder gar zur Ablehnung des Produktes kommt.
- Berücksichtigung von Erlebnisqualitäten
  Über den Erfolg eines Produktes entscheidet nicht allein der Produktnutzen, sondern auch die von ihm vermittelte Erlebniswirkung. Dabei muß es sich nicht um originäre und völlig neuartige Erlebnisse handeln,

sondern es genügt bereits, wenn das Produkt vorhandenen Erlebnisbereichen nicht zuwiderläuft, d. h. bestehende Erwartungen und Wünsche erfüllt.

Als Beispiel hierfür mögen die großen Schwierigkeiten gelten, mit denen Sekthersteller zu kämpfen hatten, als sie vom althergebrachten „echten" Korken auf Kunststoffkorken oder – wie in Einzelfällen – sogar auf Drehverschlüsse übergingen. Hierdurch wurde das Erlebnis eines festlichen, exklusiven und teueren Getränkes empfindlich gestört und in Richtung eines billigeren Konsumproduktes abgewertet.

- Die Produktadäquatheit
  Jedes Produkt muß so gestaltet sein, daß es wesentliche Merkmale und Erkennungszeichen der Produktgattung in sich trägt.

  So konnten z. B. Fertigkartoffeln, die in gekochter und geschälter Form in Gläsern angeboten wurden, lange Zeit deshalb nicht verkauft werden, weil sie der Verbraucher gar nicht als Kartoffeln erkannte. Kartoffeln kannte man nur mit Schale, so daß sich die notwendige Produktidentifikation erst dann einstellte, als man das Glas mit einem Etikett versah, auf dem sowohl geschälte als auch ungeschälte Kartoffeln abgebildet waren.

  „G. Gutjahr [55, S. 134] zitiert folgendes Beispiel:
  „Eine Landwirtschaftsmaschine hatte bei Bauern deshalb keinen rechten Erfolg, weil sie wie ein Kleinlastwagen aussah; dabei war das Gerät zum Pflügen, Eggen etc. ebenso gut geeignet, wie herkömmliche Traktoren; es bot sogar durch die Ladepritsche den Zusatznutzen des Transportes von Gütern. Die äußere Gestaltung war aber wegen der geltenden Vorstellungsnormen der Bauern – sieht nicht aus wie ein richtiger Traktor – nicht produktadäquat und mußte deshalb geändert werden.
- Markenadäquatheit
  Sobald ein neues Produkt den Namen einer bekannten Firma oder Marke trägt, wird es von deren Imageumfeld beeinflußt.
  In diesem Sinne ist zu prüfen, ob der Verbraucher das neue Produkt problemlos in das bestehende Markenimage integriert bzw. ob eine Dissonanz erlebt wird, die sich störend auf die Produktbeurteilung oder auch auf das bestehende Markenimage auswirken könnte.
- Preiserwartungen
  Hierbei interessieren sowohl die konkreten Preiserwartungen, die der Verbraucher mit dem Testprodukt verbindet, als auch die Kriterien, an denen er diese Preisvorstellungen orientiert. Durch eine entsprechende Korrektur dieser Kriterien kann unter Umständen das Preis-Erwartungsgefüge verändert und den Marketingzielen angepaßt werden.
- Der Konkurrenzvorteil
  Hier ist zu klären, in welches Konkurrenzumfeld der Verbraucher das neue Produkt einordnet, ob und welche Wettbewerbsvorteile er dafür sieht und ob diese Vorteile ausreichen, andere Produkte zu verdrängen (Substitution).

- Kaufbereitschaft
  Obwohl hinreichend bekannt ist, daß der im Test geäußerten Kaufbereitschaft kaum Validität zukommt, ist man doch geneigt, diese Frage gegen Ende des Testverlaufs zu formulieren, da sie eine verdichtete Aussage über den Attraktivitätswert des Produktes darstellt.
- Beurteilung der Verpackung
  Die Verpackung ist heute in vielen Produktbereichen nicht nur von wesentlicher sondern vielfach von entscheidender Bedeutung für die Produktanmutung und Produktakzeptanz, so z. B. in großen Teilen des Lebensmittelbereichs sowie bei Kosmetik- und Geschenkartikeln. Da wir die Verpackung aber bereits zur werblichen Ausgestaltung des Produktes zählen möchten, soll an dieser Stelle nicht näher darauf eingegangen werden.
- Der Handhabungs-Test
  Bei allen Gebrauchsgütern und gelegentlich auch bei komplizierteren Verpackungen muß nach der explorativen Analyse noch ein Handhabungs-Test angeschlossen werden. Da im Studio aufgrund der knappen Zeit nur begrenzte Möglichkeiten zur Verfügung stehen, wird sich die Analyse somit weitgehend auf ein kurzes Ausprobieren des Produktes beschränken müssen und dabei
  - Bedienungsablauf,
  - Bedienungsprobleme,
  - Bedienungskomfort,
  - die Leistungsbeurteilung des Produktes
  - sowie eine Beschreibung der taktilen Erlebnisse
    (die sich weitgehend aus der Beschaffenheit der Oberflächenmaterialien herleiten)

  erfassen. Gelegentlich wird der gesamte Handlungsablauf mit Hilfe einer Video-Kamera aufgezeichnet, so daß er einer nachträglichen gründlichen Analyse unterzogen werden kann.
- Der Degustations-Test (Geschmacks-Test)
  Bei allen Verbrauchsgütern kommt es weniger auf die Handhabung als vielmehr auf die Geschmacksbeurteilung an. Sofern die Zubereitung des Produktes im Studio nicht zu aufwendig ist, erfolgt gegen Ende der Exploration eine Verkostung des Produktes. Ein Geschmacks-Test wird üblicherweise in zwei Phasen durchgeführt, und zwar zunächst als
  - Blind-Test,
    wobei es um eine Verkostung und Beurteilung des Produktes *ohne* Markenkenntnis geht. In diesem Blind-Test wird zunächst

- das neue Produkt verkostet und in geschmacklicher Hinsicht beschrieben und beurteilt und daraufhin
- ein Vergleich des neuen Produktes mit ebenfalls anonymen Konkurrenzprodukten vorgenommen.

– offener Test (bei Markenkenntnis), wobei die gleiche Verkostungs- und Beurteilungsprozedur wiederholt wird, aber nun mit den Originalpackungen und voller Markenkenntnis.

Der Vergleich der Testergebnisse gibt Aufschluß darüber, ob und in welcher Weise die Markenkenntnis die Produktbeurteilung beeinflußt und inwieweit sich das Testprodukt sowohl in der offenen als auch in der Blindtest-Phase gegenüber den Konkurrenzprodukten zu behaupten vermag.

Der *Greifbühnen-Test*

Sowohl bei der Greifbühne wie auch beim nachfolgend beschriebenen Tachistoskop handelt es sich nur um Ergänzungsverfahren zur explorativen Produkt-Analyse. Da sie nur spezifische Teilaspekte der Produktbeurteilung erfassen, können sie nicht als eigenständige und vollwertige Testverfahren der Produktforschung gelten.

Mit Hilfe der sog. „Schnellgreifbühne", deren methodische Aspekte bereits auf S. 123 ff. behandelt wurden, können zwei zusätzliche Fragen beantwortet werden:

(1) Welche von mehreren vorliegenden Produktalternativen hat die höchste Aufforderungsqualität (wird am häufigsten aus der Greifbühne herausgenommen)?

(2) Welche Produktgestaltung entspricht am ehesten ganz bestimmten und spezifischen Produktanforderungen?
Um diese Frage zu klären, werden an unterschiedliche Testgruppen jeweils unterschiedliche Testanweisungen gestellt, wie z. B.:
Gruppe 1: Bitte greifen Sie spontan das am exklusivsten wirkende Produkt heraus!
Gruppe 2: Bitte greifen Sie das Produkt heraus, das sportliche Männer am ehesten anspricht!
Gruppe 3: Bitte greifen Sie das Produkt heraus, das auf anspruchsvolle und verwöhnte Männer am ehesten wirkt!

Trotz der methodischen Einwände, die gegen dieses Verfahren erhoben werden, wird die Greifbühne für die oben skizzierten Aufgabenstellungen relativ häufig eingesetzt. Solange sie nur als Ergänzungsverfahren zum Produkt-Aktzeptanz-Test dient und ihre Ergebnisse nicht als vollwertiger Produkt-Test gewertet werden, ist gegen ihren Gebrauch nichts einzuwenden.

Tachistoskopische Produktanalyse

Obwohl das Tachistoskop schwerpunktmäßig in der Werbeforschung (Anzeigenanalyse) eingesetzt wird, lassen sich hiermit auch in der Produktforschung Fragen beantworten, die in der explorativen Analyse nicht zu ermitteln sind, so z. B.:

- Wie prägnant ist die Produktgestaltung?
  Ab welchen Darbietungszeiten erkennt die Testperson genau, um welches Produkt es sich handelt; wieviele Fehl-Identifikationen gibt es, welcher Art sind diese, wodurch werden sie hervorgerufen?
- Welche Anmutungsqualität vermittelt das Produkt bei kurzem Blickkontakt?

In der Realsituation, d. h. im Verkaufsregal des Supermarktes müssen Produkte nicht nur rasch erkennbar sein, sondern auch schnell eine Anmutung vermitteln können, die Sympathie und Zuwendung auslöst. Diese spontanen Anmutungsqualitäten, die entstehen, wenn der Blick der Hausfrau über die vollen Verkaufsregale wandert und nur Bruchteile von Sekunden bei einem Produkt verweilt, können nur im Tachistoskop simuliert werden.

3.2.3.3 Home-use-Test

Der home-use-Test stellt nur eine ausführlichere und realitätsbezogenere Form des bereits behandelten Produkt-Akzeptanz-Tests dar. Da die Befragten zur Produktbeurteilung nicht in ein Teststudio gebeten werden, sondern das Produkt in aller Ruhe und über einen längeren Zeitraum hinweg zu Hause verwenden und erproben können, ist hier der sog. „Labor-Effekt" weitgehend reduziert. Sofern es Zeit und Kosten erlauben, ist der home-use-Test dem Studio-Test somit vorzuziehen.

Home-use-Tests können auf mehrere Arten durchgeführt werden:

1. Möglichkeit: Vorgeschaltete Motivanalyse – Produkt-Test – Nachbefragung

Der Interviewer führt mit der Testperson ein längeres Gespräch über ihre Bedürfnisse, Verwendungsmotive und Einstellungen im jeweiligen Produktbereich, ohne daß die Testperson weiß, daß sie nachfolgend um die Teilnahme an einem Produkt-Test gebeten wird. Die vorgeschaltete Motivanalyse dient dem Ziel, die nachfolgende Produktbeurteilung auf dem allgemeinen Einstellungshintergrund dieser Person gewichten zu können. Letztlich möchte man wissen: gibt es Zielgruppen mit einer homogenen Bedürfnisstruktur, die auch zu einer einheitlichen Beurteilung unseres Produktes neigen? Oder anders formuliert: lassen sich diejenigen Personen, die unser Produkt eher positiv bzw. eher negativ beurteilen, als einheitliche Gruppen kennzeichnen und welche Bedürfnisse dieser Gruppen werden mit unserem Produkt besonders gut bzw. weniger gut befriedigt?

Im Anschluß an dieses erste Interview wird die Testperson gebeten, das neue Produkt persönlich auszuprobieren. Es wird ein gewisser Test-Zeitraum vereinbart, nach dem der Interviewer zu einem zweiten Gespräch vorbeikommt. Je nach Produkt und Fragestellung erscheint es gelegentlich sinnvoll, den Testablauf über bestimmte Anweisungen zu steuern. So könnte man die Testperson bitten, in abwechselnder Reihenfolge, einmal täglich das neue Produkt und einmal täglich ihr bisher verwendetes Produkt zu gebrauchen. Diese Testanweisungen schränken die freie und unbeeinflußte Verwendung des Testproduktes jedoch wieder ein, so daß in der Mehrzahl der Fälle hierauf verzichtet wird und das Produkt ohne weitere Instruktionen ausgehändigt wird.

Nach Ablauf der vereinbarten Testzeit meldet sich der Interviewer zu einem zweiten Gespräch. In diesem zweiten Interview bemüht er sich um einen möglichst intensiven Erfahrungsbericht. Dabei sollen alle Verwendungsanlässe (wann, wozu, wie oft wurde das Produkt verwendet?) erhoben werden, eine detaillierte Beurteilung des Produktes erfolgen, ein Vergleich mit dem bisher verwendeten Produkt bzw. entsprechend favorisierten Konkurrenzprodukten vorgenommen werden und letztlich eine Einstufung und Begründung der persönlichen Kaufbereitschaft für das Testprodukt erfolgen.

2. Möglichkeit: Das gleiche Verfahren wie unter 1., jedoch ohne vorhergehende Motivanalyse

3. Möglichkeit: Home-use-Test mit schriftlicher Befragung

Das Testprodukt wird postalisch an Personen versandt, die sich vorher bereit erklärt haben, an einem Produkt-Test mitzuwirken. Die notwendigen Testinstruktionen werden schriftlich gegeben. Nach Ablauf der vereinbarten Testzeit wird den Teilnehmern ein schriftlicher Fragebogen zugesandt, der ausgefüllt und an das Institut zurückgeschickt werden muß.

Diese schriftliche Befragung ist zweifelsohne die kostengünstigste Testmöglichkeit, unterliegt jedoch neben den grundsätzlichen Problemen der schriftlichen Befragung auch einer Reihe von Fehlermöglichkeiten und Mißverständnissen bei der Produktanwendung, so daß der Einsatz des postalischen home-use-Tests nur in Ausnahmefällen und unter sorgfältiger Berücksichtigung aller Fehlerquellen empfohlen werden kann.

Eine interessante Anreicherung der Testergebnisse läßt sich bei allen home-use-Tests durch die Verwendung eines sog. „*Testprotokolls*" erzielen. Hier handelt es sich um eine einfache (gelegentlich standardisierte), aber regelmäßige Berichterstattung der Testpersonen nach jeder Verwendung des Testproduktes. In kurzen Stichworten soll sie alle Besonderheiten festhalten, die ihr bei der Verwendung, bei der Zubereitung oder beim Konsum des jeweiligen Produktes aufgefallen sind. Dieses Testprotokoll erweist sich in zweierlei Hinsicht als sehr hilfreich: zum einen werden während einer längeren Testzeit viele kleine Beobachtungen wieder vergessen, die dann im Abschlußinterview nicht aufgeführt werden, zum anderen bietet dieses Testprotokoll eine wertvolle und ergiebige Basis für das Schlußgespräch. Der Interviewer kann auf diese Weise einzelne Erfahrungen und Beobachtungen aus dem Protokoll herausgreifen und einer vertiefenden Analyse zugänglich machen.

3.2.4 Überprüfung der Serienreife: Produkt-Tests in der Realsituation

Hat eine neue Produktentwicklung die bisherigen Testverfahren erfolgreich durchlaufen, so kann das Unternehmen die Freigabe zur Serienfertigung erteilen.

Vor der endgültigen Einführung des Produktes in den Markt, gilt es jedoch noch eine letzte Unsicherheit auszuräumen. Mit allen bisherigen Produkt-Tests konnte die entscheidende Frage nicht beantwortet werden:

> Wie verhält sich der Verbraucher im realen Kaufgeschehen. Wie entscheidet er sich am Regal des Supermarktes unter dem Einfluß aller relevanten Konkurrenzprodukte, wie stark wirkt sich seine Markenbindung aus, welche Rolle spielt der Preisvergleich in der harten Realität des Kaufgeschehens, in der die Testperson nicht mehr eine unverbindliche Wahl trifft (wie in der Testsituation), sondern wo sie für ihre Entscheidung auch einen realen Kaufpreis zu entrichten hat?

Wir berühren damit eine Frage, die das Markt- und Marketinggeschehen von Anfang an bewegte, nämlich die Frage:

Anhand welcher Kriterien entscheidet sich der Verbraucher? Wonach richtet er sein Kaufverhalten aus? Und: Ist die Kaufentscheidung prognostizierbar?

Die Analyse der Kaufmotivation, d. h. die Ermittlung der Faktoren, die den Konsumenten veranlassen, ein bestimmtes Produkt zu kaufen, ist eine noch weitgehend ungelöste Aufgabe der Marktforschung. Sowohl Marktforschungsinstitute wie auch wissenschaftliche Hochschulinstitute haben immer wieder den Versuch unternommen, diejenigen Faktoren zu ermitteln, die im Augenblick des Kaufentscheids eine bestimmende Rolle spielen. Der Versuch, eine allgemein gültige Matrix von Wirkfaktoren für den Kaufentscheid zu erstellen, ist bisher noch immer gescheitert. Zu umfangreich und zu heterogen ist die Zahl der möglichen Einflüsse.
Diese können sich sowohl aus allgemeinen Persönlichkeitseigenschaften (dynamisch, zögernd, konservativ, modern, progressiv, innovativ etc.), aus augenblicklichen Stimmungsmomenten (gut oder schlecht gelaunt, euphorisch oder melancholisch etc.), aus dem generellen und augenblicklichen Informationsverhalten, aus dem Preisbewußtsein, aus der Art des Einkaufsverhaltens sowie aus der speziellen persönlichen Beziehung zu einem bestimmten Produkt herleiten. In den USA hat man sich der Mühe unterzogen, alle bisher in der Literatur erwähnten Beeinflussungsfaktoren des Kaufentscheids zusammenzustellen. Nachdem man über 5000 unterschiedliche Kriterien gesammelt hatte, wurde der Versuch unternommen, über Regressions- und Faktorenanalysen zu einer vernünftigen Reduzierung und Kategorisierung dieser Einflußgrößen zu gelangen. Der Versuch wurde ohne Ergebnis abgebrochen.
Neben der großen Zahl verschiedener Faktoren, die das Entscheidungsverhalten beeinflussen und die es unmöglich erscheinen lassen, ein allgemeines Modell zu entwickeln, ergibt sich ein weiteres Problem. Auch der Versuch, die Kaufmotivation für ein bestimmtes, konkretes Produkt zu erfassen, hat sich bisher als sehr schwierig erwiesen, da sich der Konsument die entscheidungsrelevanten Gründe keineswegs bei jedem Kauf bewußt macht und in Befragungen, die noch dazu häufig lange Zeit nach dem konkreten Kauf erfolgen, dementsprechend überfordert ist. Die entscheidenden Probleme liegen somit im späten Zeitpunkt der Befragung, wie auch im geringen Reflektions- und Bewußtheitsgrad täglicher Kaufentscheidungen.
Gewisse Fortschritte wurden mit Testverfahren erzielt, die *unmittelbar* nach einem in der *Realsituation* getätigten Kauf (also noch am Kaufort) die Kaufentscheidungsgründe zu eruieren versuchen und wo vor der Befragung

eine *Kaufbeobachtung* durchgeführt wird, so daß aus gewissen Verhaltensweisen (z. B. Zögern, wieder Zurücklegen etc.) Ursachen exploriert werden können, die man ansonsten nicht hätte bewußt machen können.
Nachfolgend sei ein solches dreistufiges Testverfahren geschildert:

Das psychologische Testmarktverfahren

Das psychologische Testmarktverfahren ist sowohl bei neuen Produkten (Kaufmotivation) als auch bei alten Produkten (Kaufbarrieren) einsetzbar. In beiden Fällen wird das zu untersuchende Produkt in einer repräsentativen Auswahl von Einzelhandelsgeschäften (Supermärkte, Kaufhäuser, Verbrauchermärkte etc.) im normalen Regal- und Konkurrenzumfeld placiert. Bei neuen Produkten muß es sich selbstverständlich um eine serienreife Produkt- und Packungsgestaltung handeln.

Das Testprogramm gliedert sich wie folgt:
(1) Testschritt: Verhaltensbeobachtung am Kaufort
In jedem der ausgewählten Einzelhandelsgeschäfte steht ein Interviewer, der mit einem Verkäufermantel getarnt das Verhalten aller Personen beobachtet, die sich dem Test-Regal nähern. Der Interviewer nimmt eine Verhaltensbeobachtung (Gesten, Mimik, Äußerungen) all der Personen vor, die sich in irgendeiner Weise mit dem Testprodukt auseinandersetzen, sei es nur eine einfache Blickzuwendung oder sei es der vollzogene Kauf. Gleichzeitig beobachtet er all diejenigen Personen, die sich einem der engeren Konkurrenzprodukte zuwenden. Die Verhaltensbeobachtung läuft dabei unter einem qualitativen und einem quantitativen Aspekt ab.
Quantitativ soll ermittelt werden, wieviele Personen insgesamt am Regal vorbeigehen, wieviele dabei das Testprodukt beachten (Blickkontakt), wieviele es in die Hand nehmen und näher betrachten, wieviele um Auskünfte und Erklärungen bitten, wieviele das Produkt wieder zurücklegen und wieviele es letztlich kaufen.
Qualitativ erfolgt eine psychologische Verhaltensbeschreibung während der Beschäftigung mit dem Test-Produkt. Hierbei wird vor allem auf die Spontaneität der Zuwendung, die begleitende Mimik und Gestik, auf eventuelle Äußerungen sowie auf die Ausführlichkeit der Zuwendung (Dauer und Intensität) geachtet. Insgesamt werden alle verbalen und Verhaltensäußerungen registriert, die im Zusammenhang mit dem Test-Produkt erfolgen.
Nach der Verhaltensbeobachtung erfolgt eine kurze und *sofortige* Exploration all der Personen,

- die das Produkt in die Hand genommen und genauer angesehen haben, *ohne* es aber zu kaufen,
- die das Test-Produkt *gekauft* haben,
- die ein *Konkurrenzprodukt gekauft* haben.

(2) Testschritt: Kurzexploration am Kaufort
Der Interviewer bittet alle oben beschriebenen Personen unmittelbar am Regal (unter Umständen auch in einem kleinen Nebenraum) um ein kurzes Gespräch, das er mit Hilfe eines Tonbandgerätes aufzeichnet.
Dabei werden folgende Themen exploriert:

- Wodurch wurde die Aufmerksamkeit des Kunden auf das Produkt gelenkt? Welche Einzelheiten erregten dabei sein besonderes Interesse?
- Was bewog ihn, das Produkt in die Hand zu nehmen und es näher zu betrachten?
- Warum hat er es schließlich wieder ins Regal zurückgelegt?
- Warum hat man das Produkt gekauft?
- Warum hat man ein Konkurrenzprodukt gekauft?
  Und: Hat man das Test-Produkt gar nicht bemerkt, hat man es in die Kauferwägung mit einbezogen und warum hat man es dann letztlich doch nicht gekauft?
- Werden im Test-Produkt irgendwelche Besonderheiten (positiver oder negativer Art) gesehen?
- Welche Erwartungen stellen die Käufer an das Testprodukt?
- Wie genau wurde der Preis beachtet, welche Rolle spielte der Preis im Kaufentscheidungsprozeß, wie wird der Preis in Relation zu vergleichbaren Konkurrenzprodukten beurteilt?
- Für welche spezifischen Konsum- oder Verwendungsanlässe hat man das Produkt vorgesehen?

Nach dieser kurzen Exploration, die einen Zeitraum von 5 bis 10 Minuten möglichst nicht überschreiten soll, werden den Befragten (sowohl den Käufern des Test-Produktes wie auch den Konkurrenz-Käufern) einige (weitere) Test-Produkte mit nach Hause gegeben, mit der Bitte, diese über einen gewissen Zeitraum hinweg auszuprobieren und sich anschließend zu einem erneuten Interview zur Verfügung zu stellen.
(3) Testschritt: Home-use-Test
Hier handelt es sich um den bereits ausführlich beschriebenen home-use-Test, der bei den

- *Käufern* klären soll, inwieweit die Produkterwartungen, die sich mit dem

Kauf des Test-Produktes verbanden, in der konkreten Produkterfahrung auch bestätigt wurden, worauf eventuelle Produktenttäuschungen zurückzuführen sind und wie hoch die persönliche Wiederkaufbereitschaft eingestuft wird.

- *Nicht-Käufern* klären soll, ob sich während der Probierphase eine positivere Hinwendung zum Test-Produkt ergeben hat und wodurch diese erreicht wurde oder ob die ursprüngliche neutrale oder gar negative Haltung gegenüber dem Produkt weiterhin besteht.
- Sofern es sich bei dem Test-Produkt um eine Neuentwicklung handelt, muß in *beiden Gruppen* geklärt werden, in welchen Aspekten das neue Produkt dem bisher verwendeten über- bzw. unterlegen ist und ob das Test-Produkt nur als gelegentliche Alternative oder als echtes Substitutionsprodukt in Betracht kommt.

3.3 Marktforschung bei bestehenden Produkten

Erinnern wir uns noch einmal an den Produkt-Lebenszyklus (Vgl. Darstellung auf S. 202), so wurden hier drei wesentliche Zeitpunkte für die Durchführung von Produkt-Tests herausgearbeitet (Vgl. S. 206, Abb. 39):

(1) Beim Umkippen der Lebenskurve in die Abschwungphase (das Produkt hat seinen Höhepunkt hinter sich und weist bereits deutliche Absatzverluste auf.)

(2) Das Produkt befindet sich noch im Scheitelniveau der Lebenskurve; Maßnahmen zur Verhinderung des Abschwungs sollen jedoch rechtzeitig eingeleitet werden.

(3) Das Produkt erreicht erst gar nicht das angestrebte Scheitelniveau, sondern gleitet bereits in der Wachstums- oder Reife-Phase in ein „Zwischentief“ ab; Korrekturmaßnahmen sind sofort erforderlich!

Da die Ursachen für eine Abschwungphase der Produkt-Lebenskurve immer in drei zentralen Faktoren liegen können, nämlich

- in einer nachlassenden Attraktivität und Aktualität des Produktes,
- in einer veränderten Konkurrenzsituation (neue attraktive Produkte oder Werbestrategien der Konkurrenz),
- in Einstellungsänderungen des Verbrauchers gegenüber dem gesamten Produktbereich bzw. Änderungen in seinen grundsätzlichen Verhaltens-, Kauf- und Konsumgewohnheiten,

(Kaufmotivation in der Realsituation)

1. Phase:
Beobachtung im
Testladen

- mögliche Kontaktfrequenz
- optischer Kontakt
- Greifkontakt
- Information
- Kauf < Produkt / Konkurrenz

2. Phase:
Kurzexploration im
Testladen

- Aufmerksamkeitswert
- Begründung des Kaufs
- Kurzbeurteilung der Packung
- Markenbekanntheit und -beurteilung
- Preisbeurteilung

3. Phase:
Produkt- u. Packungstest zuhause

- detaillierte psychologische Produkt- u. Packungsanalyse

Abb. 43: Das psychologische Testmarktverfahren

müssen diese drei Faktoren somit gleichermaßen in die Ursachen-Analyse mit einbezogen werden. In diesem Sinne handelt es sich bei bereits auf dem Markt befindlichen Produkten letztlich um eine kombinierte *Produkt-Motiv-Analyse.*
Da dem tatsächlichen oder zu erwartenden Umsatzrückgang somit immer die gleichen Probleme zugrundeliegen (Inaktualität des Produktes/Konkurrenzeinfluß/veränderte Einstellung des Verbrauchers), können auch in allen drei geschilderten Problemphasen der Lebenskurve die identischen Untersuchungsverfahren eingesetzt werden, und zwar

- die kombinierte Produkt-Motiv-Analyse,
  die wir im Zusammenhang mit dem home-use-Test bereits ausführlich geschildert haben und die sich besonders in der Sättigungsphase anbietet, wo es um eine Ausleuchtung der zukünftigen Chancen und Probleme eines noch gesunden Produktes geht.
- das psychologische Testmarktverfahren,
  das uns insbesondere bei einer bereits abfallenden Lebenskurve Informationen über die (nachlassende) Kaufmotivation geben kann,
- die Verbraucher-Typologie,
  die meist im Zusammenhang mit einer Motiv-Produkt-Analyse durchgeführt wird und die ermitteln soll *ob und welche* Einstellungs- und Bedürfnisunterschiede zwischen den noch vorhandenen Käufern, den früheren Käufern und den Konkurrenz-Käufern bestehen.

Noch ein Wort zur Stichprobenbildung:
Eine sorgfältige *Zielgruppenanalyse* ist bei der Untersuchung von Absatzverlusten immer von großer Bedeutung! Einstellungs- und Verhaltensänderungen umfassen häufig nicht die Gesamtheit der Verbraucherschaft, sondern beschränken sich in vielen Fällen auf spezifische und abgegrenzte Zielgruppen, wie z. B. Innovatoren, die sich bereits wieder neuen Produkten zuwenden, so daß durch eine typologische Analyse, insbesondere der abgewanderten Käufer (frühere Verwender) häufig homogene Gruppen und damit Ursachen sichtbar werden, die mit relativ einfachen Maßnahmen korrigiert werden können.
Eine sinnvolle *Stichprobenbildung* für die Analyse von Absatzverlusten würde demnach folgende vier Gruppen enthalten:

(1) Käufer unseres Produktes,
um diejenigen Bedürfnisse klarzulegen, die durch unser Produkt noch befriedigt werden.

(2) Frühere (abgewanderte) Käufer,
um zu ermitteln, warum das Produkt heute nicht mehr gekauft wird, und ob dies an einer zunehmenden Inaktualität des Produktes oder an geänderten Wünschen und Bedürfnissen des Verbrauchers liegt. Gleichzeitig ist von Interesse, welche Produkte von dieser Gruppe heute verwendet werden und wo deren Vorteile (Unterschiede) im Vergleich zum früher verwendeten (Test-)Produkt gesehen werden.
(3) Konkurrenz-Käufer,
um festzustellen, ob sich diese Gruppe in ihrer Einstellungs- und Bedürfnisstruktur grundsätzlich von der Käufergruppe unseres Produktes unterscheidet.
(4) Wechsel-Käufer,
die entweder gleichzeitig oder nacheinander mehrere Produkte (darunter auch unseres) verwenden, um zu sehen, welche spezifischen Bedürfnisse und Anforderungen durch welches Produkt abgedeckt werden und um gleichzeitig festzustellen, ob diese Gruppe durch eine gezielte Änderung unserer Produktstrategie nicht doch in stärkerem Maße gewonnen werden könnte.

Insgesamt gesehen ergibt sich somit eine recht breite Palette verschiedener Produkt-Tests, die wir abschließend noch einmal in übersichtlicher Form darstellen wollen:

4. Die psychologische Werbeforschung

4.1 Was ist Werbung?

Werbung ist ein Kommunikationsgeschehen! Ein Kommunikationsgeschehen, in dem der Hersteller den Verbraucher über sein bislang anonymes Produkt informieren möchte.

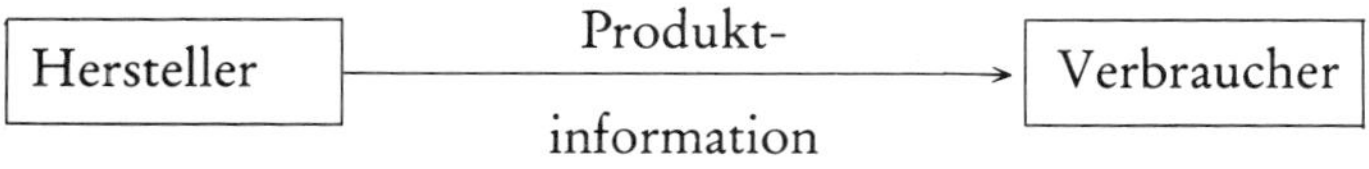

Werbung ist also somit in erster Linie Information! Dabei handelt es sich nicht um Information im Sinne objektiver und neutraler Berichterstattung, die gleichermaßen über Vor- und Nachteile aufklärt, sondern um motivie-

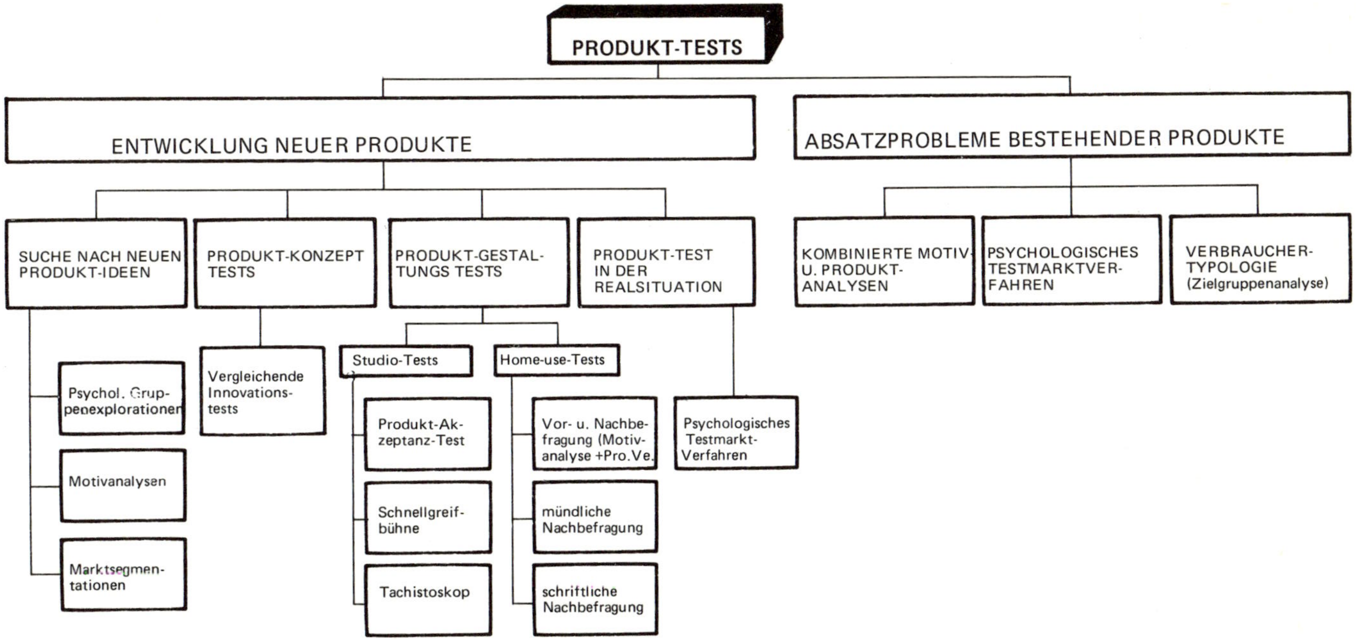

Abb. 44: Überblick über die einzelnen Verfahren im Bereich der psychologischen Produkt-Marktforschung

rende Information, die über den Hinweis auf Vorteile und Besonderheiten des Produktes beim Verbraucher Besitz- und Kaufwünsche wecken möchte.
Damit haben wir neben der Information ein zweites Werbeziel herausgearbeitet:

die Motivation!

Werbung will also den Verbraucher nicht nur über das neue Produkt informieren, sondern sie will ihn überzeugen, sie will *Verhalten in Gang bringen!*
Auf der Basis dieser beiden Grundziele lassen sich bereits einige wichtige Aufgaben der Werbung bestimmen:

(1) Bekanntmachung des neuen Produktes (Information)
(2) Abhebung des neuen Produktes vom Konkurrenzumfeld durch die Betonung seiner Vorteile und Besonderheiten (motivierende Information)
(3) Überzeugung des Verbrauchers durch eine Verbindung des Produktes mit attraktiven Bedürfnisversprechen (Motivation)
(4) Auslösung des Wunsches, das Produkt zu besitzen (Hinstimmung zum Kauf)
(5) Kaufhandlung

Für diese verschiedenen Aufgaben der Werbung wurden kurze und einprägsame Formeln entwickelt, deren bekannteste die sog. „AIDA-Formel“ ist:

DIE AIDA–FORMEL:

A	=	attention	(Aufmerksamkeit)
I	=	interest	(Interesse)
D	=	desire	(Besitz-, Kaufwunsch)
A	=	action	(Kaufhandlung)

Abb. 45: Die AIDA-Formel

In ähnlicher Weise drückt dies LH. Britt aus, indem er von

- awareness (Wahrnehmung des Produktes)
- knowledge (Wissen, Kenntnisse über das Produkt)
- preference (Bevorzugung dieses Produktes vor anderen)
- action (Kauf)

spricht.

Kehren wir noch einmal zur Informationsaufgabe der Werbung zurück. Wie wir bereits erwähnt haben, lassen sich in der Werbung die Begriffe „Information" und „Motivation" nur künstlich trennen, da werbliche Information a priori überzeugend und motivierend sein muß, wenn sie Verhalten in Gang bringen will.

So sehr man in der ethischen Diskussion um die Werbung auch bemüht ist, den Informationsapsekt herauszukehren und darauf zu verweisen, daß die Werbung dem Verbraucher das Orientierungsverhalten in der mittlerweile unübersichtlichen Flut vergleichbarer Produkte erleichtert, daß sie ihm einfache und leicht merkbare Informationen zur Unterscheidung der Produkte vermittelt etc., so läßt sich die Tatsache weder leugnen noch beschönigen, daß Werbung letztlich immer auf Überzeugung und auf den Kauf des umworbenen Produktes abzielt. G. Wiswede [163, S. 184] schreibt dazu:

> „Die Frage nach den Wirkungen der Werbung ist ein wenig vorbelastet durch zwei ideologische Positionen. Die eine wird von den meisten Marketing-Praktikern und auch einigen Theoretikern eingenommen, indem man sich bemüht, der Werbung sehr viele positive Funktionen und möglichst edle Absichten anzudichten. Als Folge wird dann insbesondere die Information als positive Leistung des Werbenden herausgehoben. Die andere ideologische Position vermutet in der Werbung ein Grundübel dieser Gesellschaft, mit dem der Verbraucher manipuliert und in einen Konsumfetischismus hineingedrängt werde. Beide Positionen haben ein recht vereinfachtes Weltbild hinsichtlich der tatsächlichen Wirkung von Werbebotschaften."

Ohne allzu breit auf eine ethische oder weltanschauliche Diskussion der Werbung einzugehen, sind wir doch der Ansicht, daß das letzte Ziel der Werbung, die „Hinstimmung auf den Kauf" nicht wegzudiskutieren ist und in einem Wirtschaftssystem, das auf stetiges Wachstum angelegt ist und ohne Zuwachsraten zu Arbeitslosigkeit und sinkendem Lebensstandard führt, auch gar nicht fehlen kann. Wer die Werbung als solche grundsätzlich ablehnt, erklärt sich auch gegen unser freies Wirtschaftssystem, womit die

Diskussion in wirtschaftsphilosophische, politische oder gar weltanschauliche Fragen gerät.

Viel sinnvoller als über die Werbung an sich, läßt sich über die Praktiken der Werbung diskutieren, so z. B. über eine unangebrachte Emotionalisierung (T. Brückner spricht hier von einer Krise der Sachinformation und einer zunehmenden Emotionalisierung der Werbung), über die Einseitigkeit des Kommunikationsprozesses, in dem der Verbraucher zu wenig Rückkoppelungsmöglichkeiten zum Hersteller hat oder über ein zu vereinfachendes Verbraucherbild (der unmündige Verbraucher), das der Hersteller seiner Werbung zugrundelegt.

Gehen wir auf diese Punkte etwas näher ein, gegen die sich auch die immer stärker werdende consumerism-Bewegung wendet:

„Die Überflutung des Verbrauchers mit Produkten, die er nicht mehr haben will und die ihn kaum noch interessieren sowie das Bombardement mit Werbeargumenten, die sich ausschließlich in emotionalen Appellen erschöpfen und keinerlei Sachinformation mehr bieten."

Dieser Vorwurf ist berechtigt und in der Praxis auch gelegentlich zu erleben. Es ist unbestreitbar, daß manche Unternehmen mit einem immensen Werbeaufwand auch dann Produkte „in den Markt boxen", wenn dafür kein wirkliches Bedürfnis besteht, und daß zuweilen fehlende Produktargumente durch ethisch bereits sehr kritische Appelle an das „Gewissen der Hausfrau" ersetzt werden, und daß wirklich erfolgreiche Produkte und Werbekampagnen nur dann entstehen, wenn der Verbraucher in diesen Entstehungsprozeß *mit einbezogen* wurde. Das heißt, daß in Zukunft verstärkt nur solche Produkte erfolgreich sein werden, die auf vorher untersuchten Bedürfnissen des Verbrauchers aufbauen und die dann auch mit klaren, sauberen und verständlichen Argumenten beworben werden können. In diesem Sinne wäre das Kommunikationsgeschehen ein wechselseitiges, wo nicht mehr nur der Hersteller zum Verbraucher spricht, sondern wo vorher der Verbraucher bereits gefragt wurde und seine Wünsche artikulieren konnte.

4.2 Wie funktioniert Werbung?

Werbung wurde bisher als Kommunikationsprozeß definiert, in dem der Hersteller den Verbraucher über sein Produkt informiert. Die Information wird dabei so gegeben, daß sie möglichst wirksam ist, d. h. (Kauf-) Verhalten in Gang bringt.

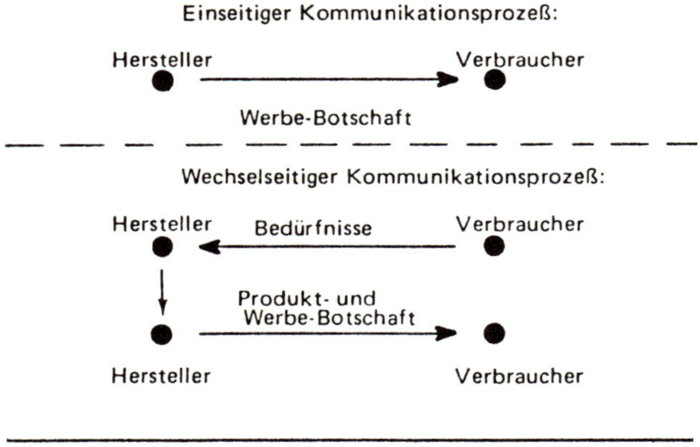

Abb. 46: Werbung als wechselseitiger Kommunikationsprozeß zwischen Hersteller und Verbraucher

Wie wird nun eine werbliche Botschaft wirksam?
Auf welche Weise gelingt es ihr, nicht nur zu informieren, sondern auch zu überzeugen und Verhalten in Gang zu bringen?
Bevor wir diese Fragen nach der Wirksamkeit näher untersuchen, wollen wir auch den werblichen Kommunikationsprozeß näher durchleuchten und feststellen, wie Werbebotschaften verarbeitet werden.
Der werbliche Kommunikationsprozeß durchläuft drei Phasen:

1. Phase: Wahrnehmung einer Botschaft
2. Phase: Verarbeitung der Botschaft
3. Phase: Wirkung der Botschaft

Betrachten wir diese Phasen etwas näher:
1. Phase: Wahrnehmung der Botschaft
Entscheidende Voraussetzung für jegliche Werbewirkung ist die Wahrnehmung der Werbebotschaft. Dies ist keineswegs so selbstverständlich, wie es klingt. Selbst wenn Werbebotschaften über gut ausgearbeitete Streupläne (Zahl und Art der Medien in denen geworben wird) nahezu jeden Verbraucher erreicht haben, ist damit noch keineswegs gewährleistet, daß alle sog. „Kontaktchancen" auch zu einer wirklichen Wahrnehmung der Werbebotschaft geführt haben. Von der unerhörten Zahl an Reizen (stimuli) und Informationen, die täglich auf den Menschen eindringen, nimmt er nur diejenigen auf, die für ihn eine persönliche Relevanz besitzen. Die Botschaften, die auf den Menschen eindringen, laufen dabei wie durch einen Filter,

wobei nur sehr wenige Informationen in die untersten Schichten dieses Filters vordringen, zu echten Bewußtseinsinhalten werden und dadurch die Chance erlangen, konkretes Verhalten auszulösen.

F. M. Vicosia [157a] spricht von einem „Trichtermodell der Wahrnehmung", wobei aus dem Universum aller Botschaften diejenigen ausgefiltert werden, die letztlich zu Einstellungsänderungen und konkretem Kaufverhalten führen.

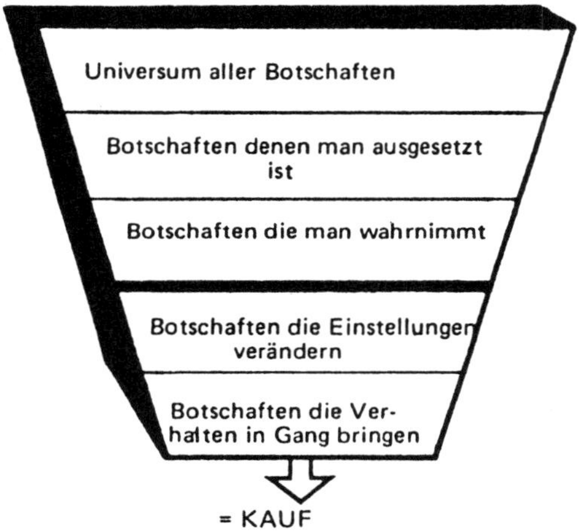

Abb. 47: Das Trichtermodell der Wahrnehmung (nach F. M. Vicosia)

Ist eine Botschaft wahrgenommen worden, so ergeben sich noch eine Reihe zusätzlicher Fragen:

- Ist die Werbeaussage „richtig" wahrgenommen worden, d. h. ist die Botschaft vom Verbraucher so verstanden worden, wie es vom Hersteller beabsichtigt war? Zum Beispiel: Appelliert ein neues convenience-Produkt (z. B. Fertig-Knödel) so an die Bequemlichkeit der Hausfrau, daß hieraus kein Gewissenskonflikt im Hinblick auf Faulheit, Bequemlichkeit resultieren muß?
- Wieviele Personen haben die Werbebotschaft wahrgenommen?
  Diese Frage hängt nicht nur von der Höhe des Werbeetats ab, sondern auch von der Klarheit, Einfachheit und Verständlichkeit der Werbebotschaft und letztlich auch vom Interesse, das die Aussage als solche bei den betreffenden Zielpersonen zu wecken vermag.

- Letztlich erhebt sich noch die Frage, von welchen Personen die Werbebotschaft wahrgenommen wurde. Handelt es sich hierbei auch wirklich um den Personenkreis, der als Zielgruppe für das neue Produkt anvisiert wurde?

2. Phase: Verarbeitung der Botschaft
Hier spricht man auch häufig von einer „Internalisierungs-Phase". Gemeint ist die „Einverleibung" einer Botschaft durch das Individuum, d. h. die weitere interne Verarbeitung.
Die Frage, wie eine Botschaft verarbeitet wird, hängt primär von folgenden Faktoren ab:

- der persönlichen Bedürfnisstruktur,
  die entweder mit dem durch die Botschaft vermittelten Produktbild harmonisiert, davon unberührt bleibt, oder gar einer Aufnahme entgegenwirkt,
- den gesellschaftlichen (ethischen) Normen,
  die gegebenenfalls die Aufnahme oder zumindest die weitere Verarbeitung der Botschaft verhindern können,
- der Erreichbarkeit des durch die Botschaft vermittelten Produktes,
  konkret: die finanziellen oder sonstigen Voraussetzungen, die den Erwerb des Produktes ermöglichen müssen.

Je nachdem, auf welche der eben skizzierten Voraussetzungen die Botschaft trifft, kann sich

- eine mehr oder weniger reibungslose Akzeptanz der Botschaft ergeben,
- kann sie, trotz grundsätzlicher Akzeptanz, auf Barrieren oder Abwehrhaltungen treffen,
- kann sie weitgehend indifferent bleiben,
- kann sie völlig abgelehnt werden.

3. Phase: Wirkung der Botschaft
Grundsätzlich kann eine Werbebotschaft nur dann Wirkung erzielen, wenn sie, im Rahmen des Internalisierungs-Prozesses, auf keine grundlegenden Hemmungen oder Barrieren gestoßen ist. Je nachdem, auf welche „internen" Bedingungen die Botschaft getroffen ist, d. h. ob sie auf harmonisierende, neutrale oder divergierende Bedürfnisstrukturen gestoßen ist, kann sich die Wirkung auf einer oder mehrerer der drei nachfolgenden Ebenen einstellen:

(1) Ebene: Wissen, Kenntnisse

Dies ist die bescheidenste Auswirkung einer Botschaft, die den gesamten Internalisierungsprozeß durchlaufen hat. Aufgrund der Auseinandersetzung mit der Botschaft hat sich zwar ein erweitertes Wissen um das Produkt ergeben, ohne daß jedoch weitergehende Einflüsse auf Einstellung oder Verhalten des Individuums wirksam geworden wären. Es handelt sich hier also um eine Informationswirkung, die zu keiner positiven Einstellung gegenüber dem Produkt geführt hat. Inwieweit es sich bei diesem Personenkreis nur um eine indifferente oder gar eine negative Haltung gegenüber dem Produkt handelt, hängt davon ab, ob die persönliche Bedürfnisstruktur dem Produktversprechen eher neutral oder gar divergent gegenübersteht.

(2) Ebene: Auswirkungen auf Einstellungs- und Bedürfnisstrukturen

Hier müssen zwei Gruppen unterschieden werden: Personen, die eine gewisse Harmonie zwischen Produktbild und Persönlichkeitsbild erleben, ohne daß wirkliche Bedürfnisse angesprochen werden (es kommt zu einer gewissen unverbindlichen Sympathiehaltung) und Personen, die die Werbebotschaft als ein Produktversprechen interpretieren, das ihnen die Erfüllung eines bisher unbefriedigten Bedürfnisses oder die bessere Befriedigung (im Vergleich zu Konkurrenzprodukten) eines bisher nur teilweise erfüllten Bedürfnisses garantiert.

Nur letzere werden auch auf der dritten Ebene Wirkung zeigen, der Verhaltens-Ebene.

(3) Ebene: Auswirkung auf das Verhalten

Der volle und eigentliche Erfolg einer Werbebotschaft wird erst dann erreicht, wenn sich aus der Aufnahme, Verarbeitung und Akzeptanz der Werbebotschaft eine Verhaltensänderung, d. h. letztlich ein Kauf des Produktes ergibt.

Dieser Verarbeitungs- oder Werbewirkungs-Prozeß ist in Abb. 48 noch einmal zusammenhängend dargestellt.

4.3 Wie kommt es zur Werbewirkung?

Naturgemäß ist über *Werbewirkung* viel nachgedacht worden. Immer wieder hat man versucht, die Voraussetzungen zu ermitteln und in allgemeinen Check-Lists zusammenzustellen, die eine Werbebotschaft erfüllen muß, um wirklich werbewirksam zu werden.

Spricht man von Werbewirkung, so darf nicht vergessen werden, daß diese

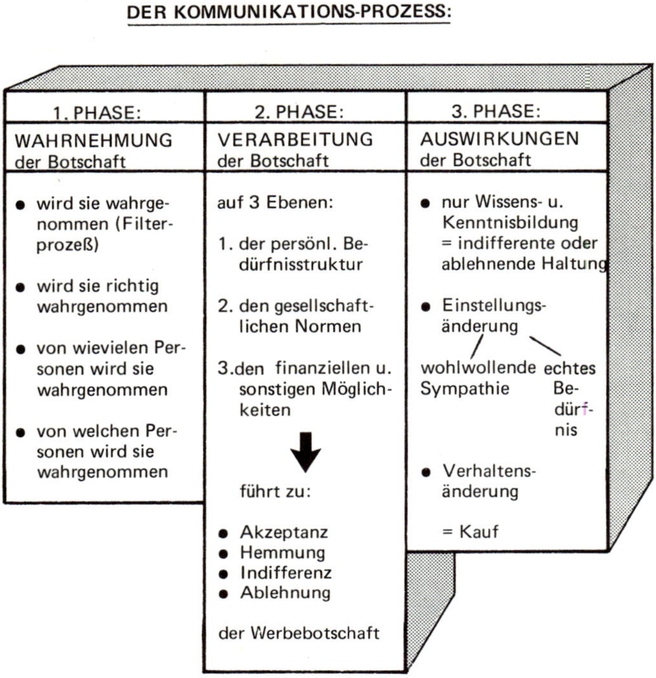

Abb. 48: Der Werbewirkungs-Prozeß

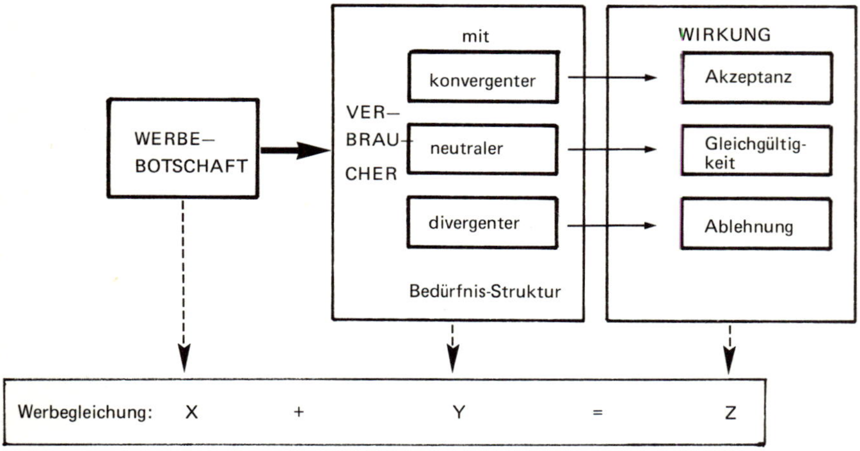

Abb. 49: Die zwei Unbekannten in der Werbegleichung

nicht allein von einer – wie auch immer gearteten – Gestaltung der Werbebotschaft abhängt, sondern wesentlich durch die Voraussetzungen und Bedingungen mitbestimmt wird, auf die die Werbebotschaft bei den jeweils umworbenen Individuen trifft.
Es hieße, den Prozeß der Werbewirkung sehr stark vereinfachen, wollte man die Wirksamkeit einer Werbebotschaft „nur" von der jeweils spezifischen Bedürfnisstruktur abhängig machen, auf die sie bei den jeweiligen Individuen trifft.
Eine Reihe anderer Faktoren spielt hier fördernd oder störend mit herein. H. J. Hoffmann [63, S. 18] schreibt hierzu:

> „Vergegenwärtigen wir uns noch einmal ein paar dieser Faktoren, die zwischen Werbenachricht und Kauf störend, verändernd oder auch fördernd eingreifen: Da ist zunächst der Kommunikant selbst. Ablehnend und bevorzugend wählt er nur bestimmte Nachrichten oder Teile von ihnen aus; seine Bedürfnisse, Erwartungen, Einstellungen, Vorurteile, Gewohnheiten, Rollenmuster usw. bestimmen die Richtung der Selektion. Dann die Gruppen, in denen er lebt, beeinflussen seine Reaktionen über ihre Opinion leader, Torhüter, Change agents, Vorbilder, Rangordnungen, Normen und öffentlichen Meinungen. Weiter das Reizumfeld der Werbenachricht, mit seinem konkurrierenden Angebot an Informationen. Dann die vielen deformierenden Vorgänge während der Aufnahme der Nachricht, wie z. B. der Van-Restorff-Effekt (prägnante Elemente der Nachricht werden rascher wahrgenommen und fester gespeichert). Schließlich die große Zahl von Bedingungen, die den Vorsatz bilden helfen und seine Realisierung begünstigen oder hemmen.
> Die Werbewirklichkeit ist also von einer so hohen Dimensionalität, daß jede Hoffnung oder Befürchtung einer linearen Manipulation eine Illusion ist."

4.3.1 Voraussetzungen an eine wirkungsvolle Werbebotschaft

Wenden wir uns also zunächst dem ersten Glied (X) unserer Werbegleichung zu. Wie muß eine Werbebotschaft beschaffen sein, um eine optimale Wirkung zu erzielen? Trotz oder gerade wegen der hohen Zahl von intervenierenden Variablen, die die Werbewirkung so schwer prognostizierbar machen, hat man immer wieder versucht, alle wichtigen Bedingun-

gen und Voraussetzungen zu erfassen, die für die wirkungsvolle Gestaltung einer Werbebotschaft von Bedeutung sind.
G. Gutjahr [56, S. 57] stellt folgende Voraussetzungen an werblich wirkungsvolle Informationen:

(1) Sie müssen die Aufmerksamkeit des Verbrauchers gewinnen.
(2) Sie müssen einen bleibenden Eindruck hinterlassen.
(3) Sie sollten die Bekanntheit der werblichen Information erhöhen.
(4) Sie sollten Gefühls-, Stimmungs-, kurz Erlebniswerte vermitteln,
(5) auf Konflikte des Verbrauchers eingehen,
(6) Möglichkeiten der Konfliktsteuerung und
(7) der Identifikation anbieten,
(8) sich dabei kommunikativer Symbole bedienen und
(9) der öffentlichen Meinung Rechnung tragen.
(10) Sie sollten ein Image konstituieren,
(11) auf Rollenverhalten und
(12) Normen Rücksicht nehmen und
(13) den Regeln der Nachrichtentechnik nicht widersprechen."

G. Wiswede ([163, S. 171], freie Zusammenfassung des Autors) definiert eine *prägnante Werbebotschaft* mit Hilfe folgender fünf Faktoren:

(1) Ganzheitlichkeit
Worunter er in erster Linie eine untrennbare Beziehung zwischen Produkt und Werbeaussage versteht. Vielfach beobachtet man in der Werbung das Phänomen, daß sich Werbebotschaften, gerade aufgrund ihrer starken Wirkung verselbständigen und das Produkt verdrängen oder mit ihm nicht mehr in Verbindung gebracht werden. Die Werbeaussage, das Motiv, führt ein gefährliches Eigenleben. Diese Verselbständigung tritt besonders dann auf, wenn ausgefallene Gags, starke Stimmungsmomente (schöne Landschaftsaufnahmen etc.) oder starke erotische Momente (ein attraktives nacktes Mädchen) als Träger der Werbebotschaft auftreten.
(2) Simplifizierung
Worunter Wiswede eine „positive Vereinfachung der Realität" versteht, wobei die Werbebotschaft auf die wichtigsten, merkbaren, verständlichen und wirksamen Informationen beschränkt werden soll, da der Verbraucher ansonsten nicht in der Lage ist, „einen festen, gestalthaften und prägnanten Eindruck zu gewinnen".

(3) Kongruenz
Hier ist vor allem „die Identität zwischen Werbestil und Produktstil“ gemeint.
(4) Kontinuität
Hierunter versteht sich die Forderung, den Werbestil über längere Zeit beizubehalten, um „die Stabilität des Produktbildes“ zu fördern und auszubauen.
(5) Originalität
Im Sinne von „unverwechselbarem Werbestil“, der dann automatisch mit dem Produkt verbunden wird (Signalfunktion).

Beide Autoren geben mit ihrem Anforderungskatalog zur Optimierung von Werbebotschaften sicherlich Hilfen für die praktische Werbearbeit. Dennoch ließen sich diese Kataloge nahezu beliebig fortführen, je nachdem, welche theoretische Grundhaltung oder welches Werbemodell zugrundegelegt wird, sei es das Impact-Modell, das Einstellungs-Modell, das Image-Modell, das psychoanalytische Modell, etc. (Vgl. hierzu die ausführliche Darstellung von 8 Werbemodellen in: H. J. Hoffmann, [63, S. 41 ff.]).

4.3.2 Zielgruppenspezifische Betrachtung der Werbewirkung

Wenden wir uns dem zweiten Faktor unserer Wirkungsgleichung zu (Y), nämlich dem Verbraucher oder der in engerem Sinne angestrebten *Zielgruppe.*
Wie immer unsere Werbebotschaft beschaffen sein wird, nie wird es ihr gelingen, alle potentiellen Verbraucher zu effektiven Verbrauchern unseres Produktes zu machen. Unterstellt man also, daß es für jedes Produkt und für jede Werbebotschaft immer

- Ablehner,
- Indifferente und
- Befürworter/Interessierte

geben wird, so würden wir dann von einer hohen Werbewirkung sprechen, wenn es der Botschaft gelänge, einen möglichst hohen Prozentsatz der potentiellen Zielgruppe für das Produkt zu interessieren bzw. zum Kauf zu bewegen. In anderen Worten: Der Anteil der Interessenten sollte durch die Werbemaßnahmen erhöht, der Anteil der Indifferenten und unter Umständen auch der der Ablehner entsprechend reduziert werden.

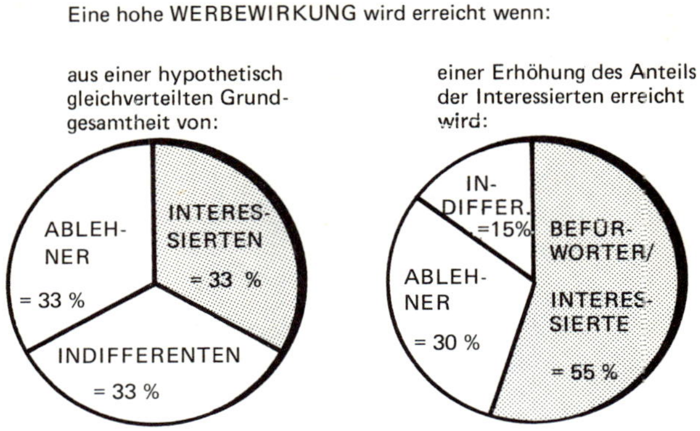

Abb. 50: Werbewirkung = Erhöhung des Anteils an Interessierten und Senkung des Anteils an Indifferenten

Im Hinblick auf diese drei Konsumenten-Gruppen konzentriert sich die Werbebotschaft zunächst auf zwei Ziele:

(1) Informieren der Interessierten
Jede Produktinnovation wird einen gewissen spontanen Interessentenkreis finden, der nicht erst überzeugt oder motiviert werden muß. Diese Personen, die sich unmittelbar für das Produkt interessieren, brauchen in der Regel nur noch mit den notwendigen Informationen versorgt werden.

(2) Motivieren der Indifferenten
Diejenigen Personen, die sich spontan nicht oder nicht besonders für das Produkt interessieren, müssen durch die Werbebotschaft aus ihrer indifferenten Haltung gelockt werden und durch eine entsprechende Produktdarstellung zu Interessenten und Käufern des Produktes gemacht werden.

Nur selten bemüht man sich bereits im ersten Werbeanstoß um den harten Kern der *Ablehner,* weil die wirkungsvolle Beeinflussung dieser Gruppe nur sehr schwer möglich ist und in der Regel einen Werbeaufwand erfordert, der in keiner vertretbaren Relation zur erzielbaren Werbewirkung steht.
Somit erscheint es plausibel, daß die wichtigste Aufgabe der Werbung in einer Überzeugung und Motivation des indifferenten Konsumenten besteht.

Unter dem Aspekt der Zielgruppenbetrachtung könnte Werbewirkung somit definiert werden als

- Reduzierung des Prozentsatzes an Indifferenten durch geeignete Werbemaßnahmen und Erhöhung des Anteils an echten Interessenten / Käufern des umworbenen Produktes.

Betrachten wir also die Gruppe der *Indifferenten* etwas näher. Nach G. Wiswede unterscheiden sich Personen, die einem Produkt oder einer Werbebotschaft gegenüber indifferent sind, auf folgende Weise:

- Das *Produkt betrifft* diese Personen gar nicht. So werden z. B. Männer durch Zigarettenmarken, wie Kim oder Eve nicht angesprochen, weil sich die Werbung dieser Produkte ausschließlich an Frauen wendet. Andererseits wird sich auch ein Familienvater mit einem Haushalts-Nettoeinkommen von DM 1 500,– nicht für die Effektenwerbung einer Großbank oder für Immobilienbesitz in Kanada interessieren. Hier handelt es sich also um Personen, die *außerhalb* der für das jeweilige Produkt in Frage kommenden Zielgruppe stehen.
  Aufgabe des Werbeplaners oder Werbungtreibenden ist es demnach, die für sein Produkt relevante Zielgruppe abzugrenzen und die Werbemaßnahmen möglichst nur auf diese Gruppe zu konzentrieren.
- Personen, die von dem umworbenen Produkt nicht *berührt* werden.
  Hier handelte es sich um Personen, die zwar grundsätzlich als Konsumenten/Käufer für dieses Produkt in Frage kämen (Zielgruppe), deren Bedürfnisstruktur jedoch keine Parallelen zum umworbenen Produkt erkennen läßt. Hier setzt die eigentliche Aufgabe einer wirkungsvollen Werbung an, indem sie versucht, das Produkt und die damit verbundene Werbeaussage den Bedürfnissen und Vorstellungen dieser noch uninteressierten Zielgruppe anzupassen. Aktualität und Appetenz müssen somit erst geweckt werden.
- Personen, die einem inneren Konflikt unterliegen,
  sei es einem persönlichen Entscheidungskonflikt oder einem sozialen Normenkonflikt. Unter einem persönlichen Entscheidungskonflikt versteht man die Unsicherheit hinsichtlich mehrerer Wahlalternativen (z. B.: soll ich mir einen Porsche, einen Alfa Romeo oder ein BMW-Coupé kaufen?).
  Unter einem sozialen Normenkonflikt versteht man die Angst, sich mit der jeweiligen Entscheidung außerhalb der gewohnten und gesellschaftlich sanktionierten Denk- und Handlungsweisen zu bewegen (z. B. kann

ich mir als Durchschnittsbürger und Familienvater einen so auffälligen Sportwagen kaufen?).

Eine gute und wirkungsvolle Werbung wird Hilfestellungen für solche Konflikte anbieten, sei es durch überzeugende Argumente gegenüber den relevanten Konkurrenzangeboten (bei Entscheidungskonflikten) oder sei es durch wirkungsvolle „Alibis", die eine Entscheidung auch gegen soziale Normen ermöglichen (z. B. durch Betonung des geringen Benzinverbrauchs und der ausgereiften, erprobten und langlebigen Technik eines Porsche).

- Personen, die *nicht in der Lage sind,* das Produkt von anderen Produkten *zu differenzieren.*

  Dieses Problem wird um so größer, je stärker der jeweilige Produktbereich durch Markenangebote bereits besetzt ist und je geringer die tatsächlichen und objektiven Unterschiede zwischen den einzelnen Marken sind. Eine wirkungsvolle Produktabhebung wird in solchen Fällen vielfach erreicht, wenn die Werbung – in genauer Umkehrung dessen, was wir gerade erwähnt haben – eine echte Konfliktbildung herbeiführt und das neue Produkt als Lösung dieses Konfliktes (Problemlöser) erscheinen läßt. (Vgl. Werbung bei Putz- und Waschmitteln).

4.4 Das System der psychologischen Werbeforschung

4.4.1 Eingliederung der Werbeforschung in den Prozeß der Werbeplanung

Bevor wir auf die einzelnen Verfahren der Werbeforschung näher eingehen, wollen wir ihren Stellenwert im gesamten Werbeplanungsprozeß ermitteln, um auf diese Weise die konkrete und jeweils spezifische Aufgabe eines jeden Werbetests besser abgrenzen zu können.

Betrachten wir hierzu den gesamten Planungs- und Durchführungsprozeß einer Werbekampagne, und zwar am Beispiel einer Einführungswerbung für ein neu entwickeltes Produkt.

Grob gesehen läßt sich der gesamte Werbeplanungsprozeß in neun Phasen einteilen (vgl. auch. G. Haedrich [58, S. 110]):

(1) Phase: Erarbeitung der Werbeplattform

Die Werbeplattform umfaßt alle relevanten Aussagen über das neue Produkt, über dessen geplante Positionierung im Konkurrenzumfeld sowie über alle wichtigen Daten der damit zusammenhängenden Marketingstrategien. Diese Daten werden in einem sog. „Briefing" vom Auftraggeber zusammengefaßt und der Agentur als Arbeitsgrundlage zur Verfügung gestellt. Gelegentlich wird dieses Briefing auch von Auftraggeber und Agentur gemeinsam verfaßt. Ein gutes Briefing ist als Handbuch zu verstehen, in dem alle Daten über das neue Produkt (objektive Beschaffenheit, mögliche Produktvorteile, relevante Zielgruppenabgrenzungen, mögliche Konkurrenzpositionierungen) sowie erste Absichtserklärungen im Hinblick auf eine mögliche erfolgreiche Produktdarstellung enthalten sind.

Dem Werbebriefing werden in aller Regel auch die Marktforschungsstudien beigelegt, die während der Produkt-Entwicklungsarbeiten durchgeführt wurden.

(2) Phase: Zielgruppenbestimmung

Bevor es an die Ausarbeitung einer Werbekonzeption geht, muß die Zielgruppe bestimmt und abgegrenzt werden, an die sich die Werbebotschaft richten soll. Vielfach liegen bis zu diesem Zeitpunkt nur Anhaltspunkte aus qualitativen Studien (Produkt-Tests, Motiv-Analysen) über die möglichen Verwender des neuen Produktes vor, so daß nun eine exaktere Definition und Abgrenzung der Zielgruppe erfolgen muß. Dies kann, je nach Produkt, durch eine gründliche Analyse der qualitativen Vorergebnisse erfolgen oder muß, insbesondere bei Produkten mit schwer abgrenzbarer Zielgruppe, durch exakte psychologische Zielgruppenbestimmungen erfolgen (multivariate Verfahren).

(3) Phase: Ausarbeitung der Werbekonzeption

Der erste Entwurf für die Werbekonzeption ist ein weitgehend kreativer Akt. Hier geht es darum, eine tragfähige Werbeidee zu entwickeln, die in der Lage ist, die Besonderheiten des Produktes auf einfachste, eindringlichste und überzeugendste Art zum Ausdruck zu bringen.

Bei der Erstellung einer Werbekonzeption handelt es sich also darum, die herausragenden Aspekte der Produkt- und Marketingstrategie in eine prägnante, überzeugende und auf den Bedürfnissen des Verbrauchers basierende Werbebotschaft zu übersetzen.

Werbekonzepte werden aufgrund ihrer zentralen Bedeutung für die weitere Werbeplanung in aller Regel durch Werbekonzeptions-Tests überprüft.

(4) Phase: Gestaltung der Werbemittel

Sobald das Werbekonzept verabschiedet ist, geht es an die konkrete Gestaltung der einzelnen Werbemittel, worunter man Anzeigen in Illustrierten oder Tageszeitungen, TV- oder Rundfunk-Spots, Plakate, Prospekte und sonstiges Verkaufsförderungsmaterial versteht. Auch die Verpackung des

Produktes wird meist zu den Werbemitteln gerechnet. In der Ausarbeitung und Gestaltung der Werbemittel, d. h. in der Umsetzung der Werbekonzeption in wirksame und attraktive Anzeigen, Fernseh-Spots und Plakate, liegt der Schwerpunkt der Werbearbeit. Dementsprechend nehmen Werbemittel-Tests (Gestaltungs-Tests) mit Abstand den größten Raum im Bereich der Werbeforschung ein. Die konkrete Ausgestaltung einer Werbeidee (z. B. „Freiheit und Abenteuer" für eine Zigarettenmarke) kann auf sehr unterschiedlicher Art und Weise erfolgen und dementsprechend zu völlig unterschiedlichen Erlebnisweisen und Reaktionen beim Verbraucher führen. Den vielfältigen Themen, die im Rahmen der Werbegestaltungs-Tests behandelt werden, wollen wir uns an späterer Stelle ausführlich widmen.

(5) Phase: Korrektur und Endgestaltung der Werbemittel

Nur selten gelingt es, eine Anzeige bereits beim ersten Entwurf optimal zu gestalten. Meist ergeben sich aus den durchgeführten Werbemittel-Tests Hinweise auf notwendige Verbesserungen, sei es in der prägnanteren und verständlicheren Formulierung der Headline oder der Body-Texte, sei es im Hinblick auf eine Verbesserung der emotionalen Anmutung oder sei es letztlich die klarere Abgrenzung vom Konkurrenzumfeld. Sofern diese Korrekturen einen größeren Umfang angenommen haben, kann es sich als notwendig erweisen, einen nochmaligen Gestaltungstest durchzuführen.

(6) Phase: Entscheidung über Werbeträger

Eine Anzeige kann im „Spiegel" oder „Stern" erscheinen, ein TV-Spot kann im Regionalprogramm der ARD oder im nationalen Programm des ZDF ausgestrahlt werden, die Werbung in Tageszeitungen kann in vielen kleinen Lokalblättern oder in einem großen überregionalen Blatt erfolgen, etc. Die Frage, welche Werbeträger für die Werbekampagne verwendet werden, richtet sich weitgehend nach der Zielgruppe sowie dem zur Verfügung stehenden Werbeetat. Jede Zeitschrift, jede Illustrierte und jede Tageszeitung hat ihren bestimmten Leserkreis, der mit Hilfe von regelmäßig durchgeführten Media- und Leseranalysen exakt festgelegt und beschrieben wird. In diesen, von Verlagen meist frei erhältlichen Leser-Analysen erfährt der Werbungtreibende die genaue sozio-demographische Struktur, die speziellen psychologischen Einstellungen sowie die Daten über das Kaufverhalten der Leser dieser bestimmten Medien.

Die Aufgabe der Agentur besteht nun darin, möglichst solche Medien auszuwählen, deren Leserstruktur der Zielgruppe des zu umwerbenden Produktes weitgehend entspricht. Hierfür hat sich eine eigene Teildisziplin der Marktforschung entwickelt, die sog. „Media-Forschung", die die werbungtreibende Industrie sowie die Agenturen konstant mit neuen Leser-,

Hörer- und Seher-Daten versorgt. Zur Auswahl der Werbeträger entwikkelten viele Agenturen und Verlage sog. „Optimierungsmodelle", deren Ziel die größtmögliche Ausschöpfung der werblich angestrebten Zielgruppe ist.

(7) Phase: Schaltung der Kampagne

(8) Phase: Werbewirkungskontrollen

Nach einer gewissen Laufzeit der Kampagne versucht man, die bisher erreichte Werbewirkung zu überprüfen. Dabei stehen, korrespondierend mit der Laufzeit der Kampagne, unterschiedliche Fragen im Mittelpunkt:

(1) Frage: Welchen Aufmerksamkeitswert konnte die Kampagne innerhalb eines bestimmten Zeitraumes erzielen und wie hoch ist der bis dahin erreichte Bekanntheitgrad der Marke?

(2) Frage: Welches Marken-Image konnte durch die Kampagne in diesem Zeitraum aufgebaut werden und in welchen Punkten unterscheidet sich dieses Image von dem der Konkurrenzprodukte?

(3) Frage: Wie hoch ist die Kaufbereitschaft für das neue Produkt nach einem bestimmten Zeitraum oder bescheidener: Konnte die angestrebte Zielgruppe durch die Werbung erreicht und gewonnen werden und wie hoch ist der Anteil in dieser Gruppe, der unserem Produkt noch indifferent oder ablehnend gegenübersteht?

(9) Phase: Übergang von der Einführungs- zur Fortführungs- und Erinnerungs-Werbung

Unabhängig von der Tatsache, daß sich jede Werbekampagne im Laufe der Zeit abnützt und einer Aktualisierung oder neuen Thematisierung bedarf, unterscheidet man in der Produktwerbung häufig zwischen einer Einführung-, Fortführungs- und Erinnerungskampagne. Es handelt sich hierbei und jeweils neu ausgearbeitete Werbekonzeptionen, die sich im wesentlichen an den Phasen der Produkt-Lebenskurve orientieren und jeweils unterschiedlichen Zielsetzungen folgen. So wird in der Einführungs-Werbung immer eine rasche Durchsetzung der Werbebotschaft über einen hohen Aufmerksamkeitswert der Kampagne angestrebt werden, während in der Fortführungsphase, d. h. nach einer weitgehenden Bekanntmachung des Produktes, auf die inhaltliche Image-Profilierung stärker geachtet wird und in der Erinnerungs-Kampagne die Werbefrequenz deutlich reduziert wird und nur noch auf eine konstante Produkterinnerung und Kaufbestätigung abzielt.

In Abb. 51 sind die einzelnen Phasen der Werbeplanung noch einmal zusammengefaßt und jene Punkte gekennzeichnet, an denen die unterschiedlichen Verfahren der Werbeforschung einsetzen.

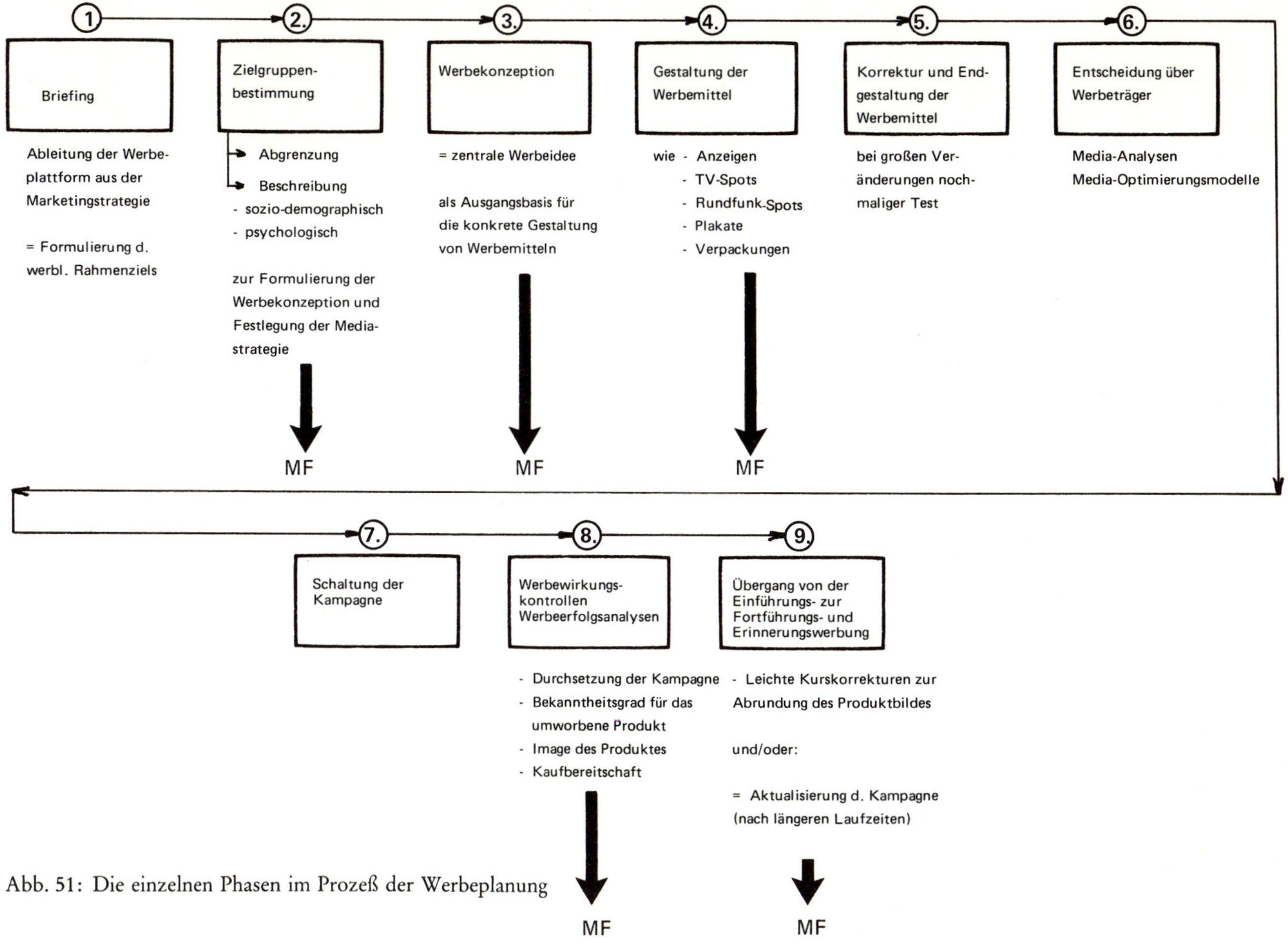

Abb. 51: Die einzelnen Phasen im Prozeß der Werbeplanung

4.4.2 Das System der Werbeforschung

Aufgrund der zahlreichen einzelnen Verfahren im Bereich der Werbeforschung wurden viele Systematisierungsversuche unternommen.
Besonders stark eingebürgert hat sich hierbei die Unterscheidung zwischen

- Pre-Tests und
- Post-Tests.

Unter *Pre-Tests* versteht man jede Art von Werbeforschung, die *vor* dem Einschalten der Kampagne erfolgt (also in der Regel Konzeptions- und Gestaltungs-Tests), während man unter *Post-Tests* alle Verfahren einordnet, die *nach* der Einführung der Kampagne durchgeführt werden (also in der Regel alle Werbeerfolgs-Kontrollen).

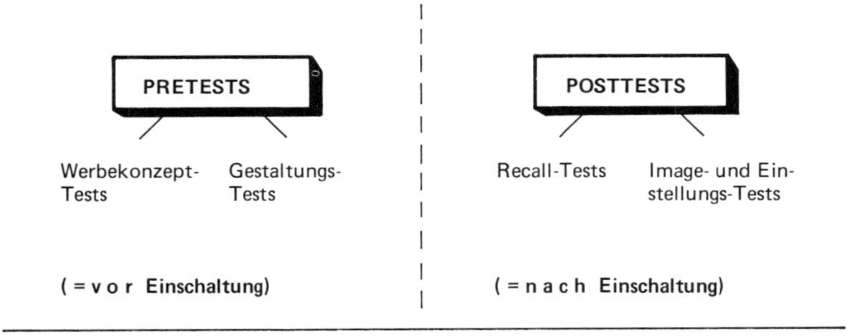

Abb. 52: System der Werbeforschung I

Ein anderer Systematisierungsversuch der Werbeforschung orientiert sich nicht am Zeitpunkt der ersten Einschaltung, sondern an den zentralen Phasen der Werbeplanung. Hiernach unterscheidet man zwischen

- Werbekonzept-Tests,
  worunter sich die Überprüfung der zentralen Werbeidee versteht. (Phase 3 in Darstellung 51)
- Werbegestaltungs-Tests,
  worunter die Analyse und Überprüfung aller gestalteten Werbemittel, wie Anzeigen in Illustrierten oder Tageszeitungen, TV- oder Rundfunk-Spots sowie Plakate oder andere Werbemittel, fällt.
- Werbewirkungsanalysen,
  wo in der Regel zwischen den Recall- und Recognition-Verfahren einer-

seits (Messung reiner Erinnerungs- und Aufmerksamkeitswerte) und den gründlicheren Image- und Einstellungs-Analysen unterschieden wird.

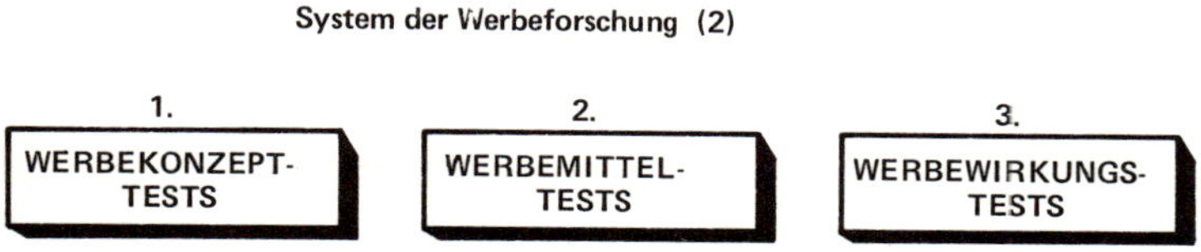

Abb. 53: System der Werbeforschung II

Dieses zweite System der Gliederung von Werbeforschungs-Verfahren, das wir nur durch die Zielgruppenbestimmung erweitert haben, wollen wir als Gliederung für die weitere Darstellung der einzelnen Werbeforschungsverfahren beibehalten. Es erscheint uns für eine sinnvolle Ordnung aller in der Praxis eingesetzten Werbe-Tests am ehesten geeignet.
Abb. 54 vermittelt einen ersten Überblick über die einzelnen psychologischen Werbe-Tests, die wir im weiteren Ablauf näher beschreiben werden.

4.5 Zielgruppenbestimmungen

Es erscheint spontan plausibel, daß Werbebotschaften um so wirksamer gestaltet werden können, je genauer die Kenntnisse über die anzusprechende Zielgruppe sind. Personen mit überwiegend hohem Bildungsniveau wird man anders ansprechen müssen als Personen mit unterdurchschnittlichem Bildungsniveau. Personen mit hohem Lebensstandard werden andere Interessen oder Bedürfnisse aufweisen als Personen mit bescheidenem Einkommen, qualitätsbewußte Käufer verlangen eine andere Argumentation als preisbewußte Käufer, emotional betonte Menschen werden eine andere Anzeigenstimmung bevorzugen als rationale, nüchterne Menschen. Die gleiche Werbebotschaft kann somit, je nach Gestaltung, durchaus unterschiedliche Zielgruppen ansprechen und die gleiche Werbebotschaft kann an einer bestimmten Zielgruppe völlig vorbeigehen, wenn sie deren Grundstruktur nicht beachtet.
Eine erste Zielgruppenbestimmung sollte bereits im Rahmen der Produktplanung erfolgen. Bereits hier sollte ermittelt werden, wer in die enge und weitere Zielgruppe des Produktes gehört und durch welche sozio-demographischen und psychologischen Merkmale diese Gruppe gekennzeichnet ist.

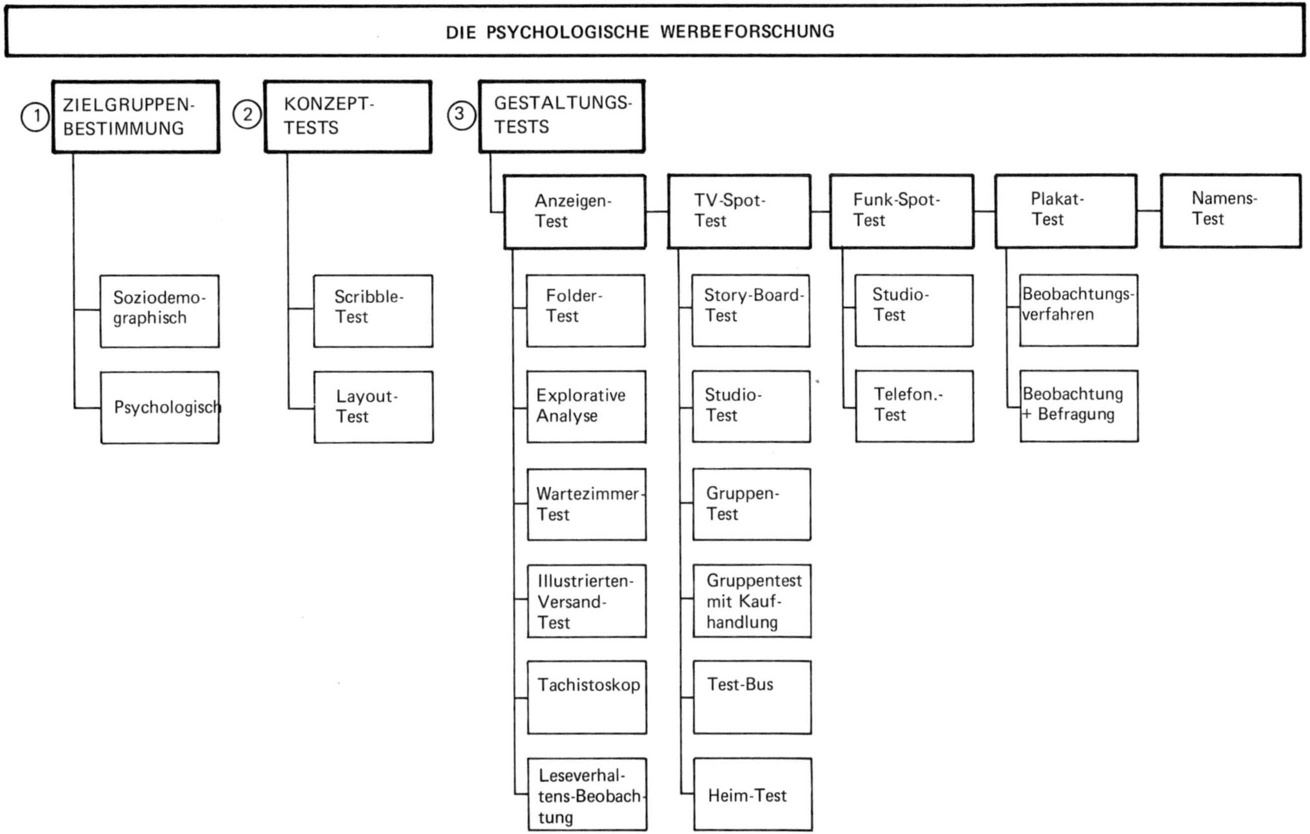

Abb. 54: Die Verfahren der psychologischen Werbeforschung

Dieser Zielgruppe und ihren spezifischen Bedürfnissen sollte man nicht erst bei der Werbeplanung, sondern bereits bei der Produktentwicklung Rechnung getragen haben. Sofern das Unternehmen auf diese systematische Weise Produktentwicklung betrieben hat, kann im Rahmen der Werbeplanung bereits auf die wichtigsten Daten der Zielgruppe zurückgegriffen werden. Es versteht sich von selbst, daß die Werbe-Zielgruppe nicht nur Personen umfaßt, deren spezifische Bedürfnisstruktur eine Verwendung des Produktes bereits nahelegt (engere Zielgruppe), sondern auch solche Personen, die zum Produkt selbst eine eher neutrale Haltung einnehmen und die im Laufe der Werbekampagne erst gewonnen werden müssen (weitere Zielgruppe).
In der Beschreibung und Abgrenzung der Werbe-Zielgruppe unterscheidet man demnach generell zwischen einer

- engeren Zielgruppe, die dadurch gekennzeichnet ist, daß ihre subjektive Bedürfnisstruktur eine Verwendung (Kauf) des neuen Produktes bereits nahelegt,
- weiteren Zielgruppe, die dadurch gekennzeichnet ist, daß einer Verwendung des Produktes zwar keine sozio-ökonomischen (Einkommen, Alter, Schichtzugehörigkeit, etc.) oder psychologischen Barrieren (divergente Bedürfnisstrukturen) entgegenstehen, aber auch noch kein aktives Produktinteresse besteht.

Nachfolgend als Beispiel die sozio-demographische und psychologische Beschreibung der Zielgruppe für einen kleinen englischen Sportwagen:
Sozio-demographische Merkmale:
Personen in der Altersgruppe von 18 bis 30 Jahren, beiderlei Geschlechts (leichter Schwerpunkt bei Männern); überwiegend ledig; mittleres Einkommen; überwiegend städtische Bevölkerung; Beruf: Studenten, Jung-Akademiker, aufsteigende Angestellte, etc. . . .
Psychologische Merkmale:
Bedürfnis nach Differenzierung; Anders-Sein-Wollen; Bedürfnis nach Unabhängigkeit und Freiheit; gewisse Profilierungsnot im Sinne des Sich-Umgebens mit Produkten, die einen gewissen Lebensstil dokumentieren, gewisser vordergründiger Individualismus, der jedoch nur im Rahmen sozial akzeptierter Normen verwirklicht wird, etc. . . .
Aus diesen beiden Zielgruppenbeschreibungen wird unschwer deutlich, daß die für die Werbegestaltung relevanten Anregungen eher aus der psychologischen Zielgruppen-Skizze kommen. Dennoch hat diese psychologische Zielgruppenbeschreibung einen entscheidenden Nachteil. Die schwierige

Erfaßbarkeit von Personen, die zu dieser Zielgruppe gehören! Es ist sehr viel einfacher, Personen nach ihren sozio-demographischen Daten zu gruppieren, zu erfassen und in der Gesamtbevölkerung wiederzufinden, als nach ihren psychologischen Eigenschaften. So erhebt sich für den Werbungtreibenden die schwierige Frage, wie und wo er die Personen wiederfindet, die „ein Bedürfnis nach Freiheit und Unabhängigkeit" oder „gewisse Profilnöte" haben und mit welchen Medien er sie ansprechen kann. Glücklicherweise haben sich in den letzten Jahren immer mehr Werbeträger (Illustrierte, Tageszeitungen, Fachzeitschriften etc.) dazu entschlossen, neben den sozio-demographischen Daten ihrer Leserschaft auch psychologische Beschreibungsmerkmale aufzunehmen. In diesem Sinne kann der Werbungtreibende seinen Mediaplan heute auch nach psychologischen Kriterien ausrichten und eine Zielgruppenerfassung anstreben, die nicht nur der weiteren (sozio-demographischen) Zielgruppe, sondern auch der engeren (psychologischen) Zielgruppe seines Produktes entspricht.

Der Marktforscher hingegen, der seine Werbetests an den relevanten Zielgruppen durchführen möchte, ist auf Eigenhilfe angewiesen. Grundsätzlich wird auch er die wichtigsten sozio-demographischen Daten in seinem Stichprobenplan mit berücksichtigen. Daneben muß er jedoch ein zusätzliches Instrument entwickeln, das ihn in die Lage versetzt, seine psychologisch relevante Zielgruppe zu erfassen. Dies geschieht in der Regel mit einem faktorenanalytisch überprüften Item-Pool, der mit Hilfe weniger aussagekräftiger Items diejenigen Bedürfnisdimensionen erfaßt (z. B. Freiheitsbedürfnis und Profilnot), die für die Beschreibung unserer Zielgruppe besonders relevant sind.

Abschließend sei noch einmal betont, daß die Zielgruppenbestimmung sowohl für die gesamte Werbeplanung wie auch für die Durchführung von Werbe-Tests von großer Bedeutung ist. Es erscheint plausibel, daß die Wirkung und Akzeptanz einer Werbebotschaft nicht an einer Stichprobe untersucht werden kann, in der die potentiellen Verwender unseres Produktes deutlich unterrepräsentiert sind.

4.6 Werbekonzeptions-Tests

Bereits im Frühstadium der Konzeptionsentwicklung stellen sich eine Reihe grundlegender und wichtiger Fragen, die die Richtung der weiteren Arbeit maßgeblich bestimmen. Im Vordergrund steht dabei die Frage, ob die Besonderheiten des neuen Produktes durch die geplante Werbekonzeption

klar (= verständlich), prägnant (= deutlich unterscheidbar von anderen Produkten) und wirksam (= überzeugend) kommuniziert werden.
Im Rahmen der Werbekonzeptions-Untersuchung geht es somit nicht um konkrete Fragen der Ausgestaltung von Anzeigen, TV-Spots oder Plakaten, sondern um

- eine vergleichende Bewertung unterschiedlicher Werbeideen (unterschiedlicher Konzepte) im Hinblick auf die Frage:
- Welches Konzept bringt das am besten zum Ausdruck, was ich über mein Produkt sagen möchte?

Am besten läßt sich die Fragestellung für Werbekonzeptions-Tests an einigen Beispielen verdeutlichen:

(1) Beispiel:
Läßt sich die besondere Pflegewirkung einer neuen Gesichtslotion durch einen sehr dramatisch dargestellten Wirkungsbeweis besser darstellen (in einem TV-Spot wird gezeigt, wie ein trockenes, welkes Ahornblatt mit der Lotion eingerieben wird, worauf es sich wie von Zauberkräften wieder erholt und entfaltet = Konzept 1) als durch ein zweites Konzept, das nicht so sehr die Wirkungskraft als vielmehr die natürlichen Grundstoffe (verschiedene Kräuter) betont, die in dieser Lotion enthalten sind? (Konzept 2: in einem TV-Spot wird ein blühendes Kräuterfeld gezeigt, das im Sonnenlicht flutet und das in einer Trickaufnahme in die Flasche einfließt. Slogan: Die ganze Kraft und Milde der Natur in unserer Lotion.)
(2) Beispiel:
Werden Mütter von einem Babynahrungsprodukt stärker angesprochen, wenn in der Anzeige eine fantasienreiche (von einem Künstler gezeichnete) Märchen- und Zwergenwelt dargestellt wird oder durch ein Anzeigenmotiv, in dem – wie üblich – die Mutter durch das Foto eines liebenswerten Babys zum Kauf überzeugt werden soll.
(3) Beispiel:
Kann eine Brauerei mit dem Konzept „aus dem Herzen der Natur“ zum Ausdruck bringen, daß ihr Bier aus einer „heilen Umwelt“ kommt, d. h. aus einer Gegend, in der es noch keine Umweltverschmutzung gibt, in der noch reines Quellwasser und saubere, natürliche Rohstoffe vorkommen, in der man noch die Zeit und die Muße zum Brauen eines qualitativ hochwertigen Bieres hat und – kann man sich mit einer solchen Werbeaussage glaubhaft und wirkungsvoll von konkurrierenden Großstadtbrauereien abheben?

(4) Beispiel:
Kann man in der Werbung für eine Sektmarke „exklusive Atmosphäre“ (Prestige) mit „unbekümmerter, sprudelnder Lebensfreude“ (Jugendlichkeit) verbinden, ohne daß einer der beiden Faktoren zu sehr vom anderen überlagert wird?

Konzept-Tests werden aus Kostengründen nicht mit Hilfe fertig ausgestalteter Anzeigen- oder TV-Spots durchgeführt, sondern meist mit sog. „Layouts“ oder „Scribbles“ im Anzeigenbereich und sog. „Story-Boards“ im TV-Bereich.
In einem Layout, Scribble oder Story-Board sind alle wichtigen Elemente der zukünftigen Endgestaltung, also Schlagzeile, Textblock und vor allem das Bildmotiv bereits dargestellt, aber meist nur in handgezeichneter Form. Je nachdem, ob es sich dabei um eine mehr oder weniger rohe Skizze oder um eine sorgfältig ausgeführte Reinzeichnung handelt, spricht man von einem *Scribble* bzw. einem *Layout.*
Da die endgültige Ausgestaltung einer Anzeige oder eines TV-Spots insbesondere die Foto- oder Filmaufnahmen einen nicht unbeträchtlichen Kostenfaktor darstellen, versucht man in dieser ersten Phase konzeptioneller Ungewißheit mit einfacheren und kostengünstigeren Möglichkeiten zu arbeiten. Dies erscheint insoweit gerechtfertigt, als es im Konzept-Test nicht um die detaillierte Analyse einzelner Gestaltungselemente oder um die „atmosphärische Anzeigenanmutung“ geht, sondern um die Bewertung der grundsätzlichen Werbeidee. Insofern muß in einem Layout oder Story-Board nur das Wesentliche dieses Werbekonzeptes erkennbar sein.
Bei den beiden Beispielen (Abb. 55 und 56) handelt es sich um zwei verschiedene Layouts, mit deren Hilfe ein neues Konzept für Kinderbreie bzw. Tokajer getestet werden sollte.
Es soll und darf keineswegs verschwiegen werden, daß Werbekonzeptions-Tests allgemein vor einem großen Problem stehen: Die Vorlage von Layouts, Scribbles oder Story-Boards bringt insofern große Unsicherheiten mit sich, als bei einer späteren Ausgestaltung der Anzeige bzw. des TV-Spots andere Wirkungen, Stimmungen und damit Gesamtbewertungen der jeweiligen Kampagne resultieren können, als dies im Konzept-Test der Fall war.
Insofern vermag ein Konzept-Test keine Aussagen über die spätere Wirksamkeit oder die spätere Gesamtbewertung einer Anzeige oder eines TV-Spots zu geben, sondern bleibt strikt beschränkt auf den relativen Vergleich mehrere alternativer Konzepte im Hinblick auf die bessere

Abb. 55: Layout einer Anzeige für Kinderbreie

Abb. 56: Layout einer Anzeige für Tokajer

(attraktivere und überzeugendere) Vermittlung eines bestimmten Hauptversprechens.
Ein weiteres Problem kommt hinzu: Vielfach sind die Befragten nicht in der Lage, von der vorläufigen Form eines Layouts zu abstrahieren und nur die Werbeidee, die Grundaussage zu beurteilen. Sie verlieren sich vielmehr in einer Detailkritik an der Ausführung der Anzeige bzw. des Spots, die fatalerweise auch unkontrollierbare Auswirkungen auf die Gesamtbeurteilung der Werbekonzeption hat.
Nicht zuletzt aus diesem Grund werden Konzept-Tests häufig nur dann durchgeführt, wenn grundlegende Meinungsverschiedenheiten innerhalb der Agentur oder zwischen Agentur und Auftraggeber zur Unsicherheit über ein bereits entwickeltes Werbekonzept führten, oder wenn mehrere gleichermaßen interessant erscheinende Werbekonzepte parallel entwickelt wurden und die endgültige Auswahl und Entscheidung dem Verbraucher überlassen werden soll.
In der frühen Phase der Konzeptentwicklung vermag die Marktforschung somit Anhaltspunkte darüber zu geben, welche von mehreren vorliegenden Konzept-Alternativen am ehesten in der Lage ist, die Besonderheit eines neuen Produktes zu kommunizieren bzw. festzustellen, welche Werbeidee ein bestimmtes Werbeziel am ehesten zu realisieren vermag.
Mit der Verabschiedung des Werbekonzeptes ist die gesamte weitere Werbelinie ihrer grundsätzlichen Form sowie ihrem grundsätzlichen Inhalt nach vorgezeichnet.

4.7 Werbemittel-Tests

Sobald das Werbekonzept endgültig festgelegt ist, beginnt die Agentur mit der Umsetzung in entsprechende Werbemittel. In dieser Umsetzungsphase, d. h. in der konkreten und endgültigen Ausgestaltung von Anzeigen, Plakaten, Fernseh- bzw. Rundfunkspots, Verkaufsförderungsmaterial, Prospekten etc. liegt noch einmal ein wesentlicher Unsicherheitsfaktor. Es erhebt sich die Frage, inwieweit es der Agentur gelungen ist, die intendierte Werbeidee in ihren Anzeigen (Plakaten etc. . . .) auch optimal zum Ausdruck zu bringen. Optimal bedeutet dabei, daß der Betrachter die Werbebotschaft unmittelbar und spontan erkennt und daß er diese Botschaft sowohl aufgrund ihres Inhalts als auch ihrer Darbietungsform als entsprechend attraktiv erlebt. Gerade in der Umsetzungsphase unterlaufen immer wieder schwerwiegende Fehler. So erweist sich ein Slogan als zu dominant, indem er die Aufmerksamkeit von anderen wichtigen Anzeigendetails ablenkt und somit nur zu einem teilweisen Werbeverständnis und unvollständigem Produktbild führt, so werden Motive fotografiert, die die relevante Zielgruppe nicht ansprechen oder von ihr gar abgelehnt werden, es werden Passagen getextet, die zu lang und zu unverständlich sind und es werden Farben gewählt, die in ihrer psychologischen Wirkung nicht zum Stimmungsgehalt passen, der in der Anzeige zum Ausdruck kommen soll. Welche Fragen im Rahmen eines psychologischen Werbemittel-Tests gestellt werden, soll zunächst am Beispiel des Anzeigentests verdeutlicht werden, da den Anzeigen in Tageszeitungen oder Zeitschriften im Bereich der gesamten Media-Werbung die größte Bedeutung zukommt. Dies wird aus den Werbeaufwendungen für die einzelnen Medienbereiche deutlich, die dem ZAW-Jahresbericht 1970 entstammen [115a, S. 771).

Medien	Werbeaufwendungen in Mio 1970
Zeitungen	3 117,3
Zeitschriften	2 005,3
Adreßbücher	163,1
Fernsehen	645,5
Hörfunk	205,7
Plakatanschlag	262,2
Kino	57,2
Direktwerbung	3 097,6
Gesamt 1970:	9 553,9

4.7.1 Anzeigen-Tests

Berücksichtigt man, daß der größte Teil des Werbeetats von Markenartikeln in die Anzeigenwerbung fließt, daß im Jahre 1970 für Anzeigenwerbung allein in Tageszeitungen ein Betrag von über 3 Mrd. und ein weiterer Betrag von 2 Mrd. für Anzeigenwerbung in Zeitschriften ausgegeben wurde, berücksichtigt man weiterhin, daß die einmalige Schaltung einer einseitigen Farbanzeige in Publikumszeitschriften bis zu DM 50 000,– kostet (Hör Zu, Stern), so ist es verständlich, daß mit allen Mitteln eine Optimierung der Anzeigen angestrebt wird.

Aus diesem Grunde wurde eine Vielzahl von sog. Anzeigen-Tests (auch: Pre-Tests, Copy-Tests) entwickelt, die mit jeweils unterschiedlichen Methoden und Methodenkombinationen die wichtigsten Fragestellungen im Hinblick auf die spätere Anzeigenwirkung zu beantworten versuchen.
Die Fragen, die ein umfassender Anzeigen-Test beantwortet, gelten in nahezu identischer Form für Fernsehspots, Rundfunkspots, Plakate oder Prospekte und können deshalb stellvertretend für alle Werbemittel-Tests stehen! Aus diesem Grunde wollen wir vor der Beschreibung der einzelnen Verfahren den thematischen Inhalt abgrenzen, den ein Anzeigentest im besonderen und ein Werbemittel-Test im allgemeinen zu beantworten hat.

4.7.1.1 Themeninhalte von Anzeigen-Tests

Erinnern wir uns an die bereits zitierte AIDA-Formel (A = attention, I = interest, D = desire, A = action), so ist uns zwar hiermit ein Grundraster an Anforderungskriterien an die Hand gegeben, das von jeder Anzeige erfüllt werden muß, das jedoch für die exakte Analyse und Bewertung einer Anzeige und noch mehr für die Ermittlung von Verbesserungsmöglichkeiten entschieden zu grob ist. W. Gutjahr [56, S. 103] schreibt hierzu:

> „Nach dieser (AIDA-)Formel sollte eine Anzeige so gestaltet sein, daß sie zunächst die Aufmerksamkeit des Betrachters erregt, dann sein Interesse weckt, damit er die Anzeigeninformationen übernimmt, durch die Qualität der Information den Wunsch nach dem Konsum des beworbenen Produktes entstehen läßt und schließlich direkt kaufauslösend wirkt, d. h. dazu führt, daß der Betrachter das Produkt im Geschäft auch tatsächlich kauft. Die wesentlichen werbepsychologischen Probleme der Anzeige werden jedoch erst offenbar, wenn konkret gefragt wird, wie denn z. B. die Aufmerksamkeit des Zeitschriftenlesers wirkungsvoll erregt werden kann, wie sein Interesse zu wecken ist, kurz, was getan werden muß, um den in der AIDA-Formel beschriebenen Wirkungsprozeß in Gang zu setzen und zum erfolgreichen Abschluß zu bringen."

Betrachten wir also im einzelnen, welchen Anforderungen und Überprüfungskriterien eine Anzeige im werbepsychologischen Test standzuhalten hat:

- *Aufmerksamkeitswert* der Anzeige
  Jede Werbebotschaft kann nur dann ihr Ziel erreichen, wenn die Anzeige überhaupt beachtet wird, d. h. entsprechende Aufmerksamkeit und Zu-

wendung des Betrachters auslöst. Stellt man dabei die enorme Zahl an Anzeigen in Rechnung, denen der Verbraucher heute ausgesetzt ist, – in einer einzigen „Stern“-Ausgabe sind häufig bis zu 100 ganzseitige Anzeigen enthalten –, so erscheint es nicht verwunderlich, daß sich die durchschnittliche Betrachtungsdauer für eine Anzeige zwischen 0,5 und 3 Sek. bewegt. In dieser kurzen Zeitspanne muß es einer Anzeige also gelingen, die Aufmerksamkeit und das Interesse des Betrachters zumindest soweit zu wecken, daß er sich der Anzeige länger zuwendet – oder: es muß ihr gelingen, in dieser kurzen Betrachtungszeit die wichtigsten Inhalte der Werbebotschaft bereits zu kommunizieren. Da letzteres in der Regel nicht möglich ist, sollte die Anzeige aufmerksamkeitsstark genug sein, um das Interesse des Lesers länger zu binden. In der Praxis wird der Aufmerksamkeitswert einer Anzeige immer im Vergleich zu anderen (Konkurrenz)-)Anzeigen gemessen. Einfachstes Maß hierfür ist die durchschnittliche Länge der Betrachtungsdauer für jede Anzeige.

Folgende Einzelfragen werden hierbei geprüft:

- Wird die Anzeige überhaupt von einer entsprechend großen Anzahl von Lesern bemerkt?
- Erregt die Anzeige genügend Aufmerksamkeit im Vergleich zu Anzeigen der Konkurrenz?
- Liegt die Anzeige über oder unter dem Durchschnitt der Betrachtungsdauer für andere Anzeigen im gleichen Heft?
- Wie schnell werden die wichtigsten Aspekte der Werbebotschaft erkannt?

• *Wahrnehmungsverlauf*

Neben der reinen Betrachtungsdauer ist es für die Wirkung einer Anzeige von großer Bedeutung, wie der Wahrnehmungsverlauf im einzelnen vor sich geht. So kann sich die Aufmerksamkeit des Lesers ausschließlich auf ein – für die Produktaussage – relativ unwichtiges Anzeigen-Detail konzentrieren, sie kann sich an der Headline oder am Bildmotiv „festbeißen“ oder sie kann, im Sinn der Anzeigengestaltung, sich auf alle wichtigen Inhalte erstrecken. In methodischer Hinsicht eignen sich hierzu die Verfahren der Blickregistrierung, mit denen folgende Fragen geklärt werden können:

- Wo liegen die Schwerpunkte der Aufmerksamkeitszuwendung, d. h. welche Gestaltungselemente der Anzeige fesseln die Aufmerksamkeit am stärksten?

- Wie läuft der Blickverlauf insgesamt ab, d. h. folgt er dem Konstruktionsprinzip der Anzeige (z. B.: von der Headline zum Bildmotiv, dann zum Produkt, dann zum body-Text)?
- Gibt es Teile der Anzeige, die generell ausgespart, d. h. nicht beachtet werden?
- Wurde der Text gelesen? Wie intensiv?
- Welche Textteile wurden nicht gelesen?
- Welche Bildelemente der Anzeige wurden am häufigsten, welche nicht beachtet?
- Ist die Produktdarstellung bzw. die Produktbezeichnung (Markenname) genügend beachtet worden?

• *Erinnerungswerte*
Eine wichtige Aufgabe eines jeden Werbemittel-Tests betrifft die Erinnerungsanalyse! Letztlich kann nur das werbewirksam werden, was nach dem Betrachten einer Anzeige auch im Gedächtnis haften blieb. Insofern ist die Frage von entscheidender Bedeutung, *wieviele* und *welche* Details der Anzeige in der Erinnerung verankert blieben, um eventuell später wirksam werden zu können. Die Erinnerungsanalyse kann auf unterschiedliche Art und Weise vorgenommen werden, hängt jedoch letztlich immer von zwei entscheidenden Faktoren ab: der Realitätsnähe der Betrachtungssituation sowie der Länge der Betrachtungsdauer. Es erscheint plausibel, daß eine Erinnerungsanalyse, die in einer offenen und bewußten Testsituation vorgenommen wurde (z. B. Vorlage einer Reihe von Anzeigen in einem Teststudio mit der Anweisung, jede Anzeige genau 10 Sek. lang zu betrachten), andere Ergebnisse bringen wird als eine Erinnerungsanalyse, die in einer weitgehend realitätsgetreuen Situation erfolgte (z. B. Vorlage einer Illustrierten in einer Wartezimmer-Situation, ohne daß die Testperson weiß, daß sie im Interview nach den Anzeigen gefragt wird). Erstrebenswert ist letztlich immer eine weitgehend biotische, d. h. natürliche und unbeeinflußte Konfrontation der Testperson mit dem Werbemittel. Die hierbei angewandten Verfahren werden wir später noch darstellen.
Im Rahmen der Erinnerungsanalyse stehen folgende Fragen im Mittelpunkt:
- Welche Erinnerungsdominanten ergeben sich, d. h. welche Aussagen oder Gestaltungsdetails werden am häufigsten erinnert?
- In welcher Weise prägen diese Erinnerungsdominanten das Verständnis der Werbeaussage und die Akzeptanz des auf diese Weise kommunizierten Produktbildes?

- Wie häufig wird der Markenname erinnert?
- Wie häufig, wie klar und wie eindeutig werden einzelne Produktaussagen erinnert?
- Welche Textpassagen werden erinnert?
- Wie werden Bildererinnerungen wiedergegeben und beschrieben?
- Wie hoch ist der Erinnerungswert der Test-Anzeige im Vergleich zu den Umfeld-Anzeigen?

• *Assoziatives Umfeld*
Bei den in der Realsituation üblichen kurzen Beachtungszeiten einer Anzeige (0,5 bis 3 Sek.) kommt es naturgemäß leicht zu Verwechslungen und Fehlassoziationen. Insbesondere dann, wenn die Anzeigengestaltung Elemente enthält, die dem Betrachter aus einem anderen Zusammenhang heraus bekannt erscheinen. Diese Fehlassoziationen, d. h. dieses irrtümliche Einordnen von Anzeigeninhalten in andere Erlebnis- und Erinnerungszusammenhänge, gilt es zu vermeiden. In diesem Zusammenhang wird auch von der *Prägnanz* einer Anzeige gesprochen, worunter die eindeutige Zuordnung einer Anzeige zu einem bestimmten Produkt bzw. einer bestimmten Marke zu verstehen ist.
Folgende Punkte gilt es im einzelnen zu klären:
- Welche spontanen Assoziationen werden durch die Anzeige ausgelöst?
- Wie eindeutig sind die Produkt- und Markenzuordnungen?
- Wie häufig kommt es zu Fehlassoziationen, d. h. zur Verwechslung des Produktes mit anderen Produkten bzw. zur Verwechslung der Marke mit entsprechenden Konkurrenzmarken?
- Durch welche Gestaltungselemente werden die Fehlassoziationen ausgelöst?
- Kommen die Fehlassoziationen nur bei sehr kurzen Betrachtungszeiten (unter 1 Sek.) oder auch bei längeren Zeiten vor?

• *Anmutungs- und Stimmungsgehalt*
Jede Anzeige, jeder TV-Spot, jedes Plakat strahlt eine gewisse Stimmung, eine bestimmte Atmosphäre aus, die häufig sehr spontan und unmittelbar erlebt werden kann. Diese sog. „Anmutungsqualität" einer Anzeige, d. h. ihre unmittelbare emotionale Wirkung, die meist schon vor der Produkt- oder Markenidentifikation eintritt, hat nicht nur gravierende Auswirkungen auf die Gesamtakzeptanz einer Anzeige, sondern auch auf das Produkterleben und die Produktbeurteilung. Wenn eine Anzeige unter dem Slogan „Mehr erleben" nicht spontan Fernweh, Reiselust und Erlebnishunger weckt, kann die Werbebotschaft ihrem Anspruch sicher nicht gerecht werden; wenn eine Anzeige für ein teueres Parfum nicht

von vornherein Exklusivität und Eleganz kommuniziert, so wird dies mit Sicherheit Auswirkungen auf die Produktbeurteilung haben.

Folgende Fragen werden in diesem Zusammenhang eruiert:
- Welches spontane Gefühl, welchen erlebnismäßigen Eindruck, welche Stimmung hinterläßt die Anzeige beim Betrachter?
- Ist dieses Stimmungsumfeld produkt- und markenadäquat?
- Deckt sich diese erste Anmutungsqualität mit allen erst später wahrgenommenen Text- und Bild-Momenten?

- *Attraktivität und Akzeptanz der Gesamtwirkung*
  Vor einer detaillierten Beurteilung der Anzeigendetails versucht man häufig den Gesamteindruck, d. h. die Gesamt-Attraktivität und -Akzeptanz zu bestimmen. Dies geschieht überwiegend mit Hilfe von Polaritätenprofilen oder Zuordnungstests. Ziel dieses Schrittes ist es, die globale Akzeptanz oder Ablehnung der Anzeige zu bestimmen und erste Anhaltspunkte über mögliche Störfaktoren zu finden.
- *Konzept-Adäquatheit*
  Hier wird noch einmal die Frage aufgegriffen, ob die ursprüngliche Werbeidee in der Anzeige klar genug zum Ausdruck kommt. Konzeptadäquat bedeutet dabei, daß die zentrale Aussage der Anzeige vom Betrachter eindeutig im Sinne der Konzeption verstanden wird.
- *Verständnis der Produktbotschaft*
  Im Mittelpunkt der Anzeigengestaltung und im Mittelpunkt des Erlebnisses bei der Anzeigenbetrachtung muß die Aussage über das zu umwerbende Produkt stehen. Dem Verständnis der Produktbotschaft, der unmittelbaren Erkenntnis des spezifischen Produktnutzens sowie der Attraktivität der dadurch ausgelösten Produktvorstellungen wird entsprechend große Bedeutung in jedem Anzeigentest beigemessen.

  Im einzelnen:
  - Welche Produktvorstellungen werden durch die Anzeige ausgelöst?
  - Welche Produkteigenschaften werden als besonders dominant erlebt?
  - Welcher neue und spezifische Nutzen wird mit dem umworbenen Produkt verbunden?
  - Wird dieser neue Produktnutzen auch als entsprechend attraktiv und interessant erlebt?
  - Sind die Produktaussagen glaubhaft und überzeugend?
  - Ist die Anzeige typisch für Produkt und Marke?
  - Stimmt die Anmutungsqualität der Anzeige mit dem Produkt-Image überein (z. B. Jugendlichkeit, Unbekümmertheit mit dem Produkt-

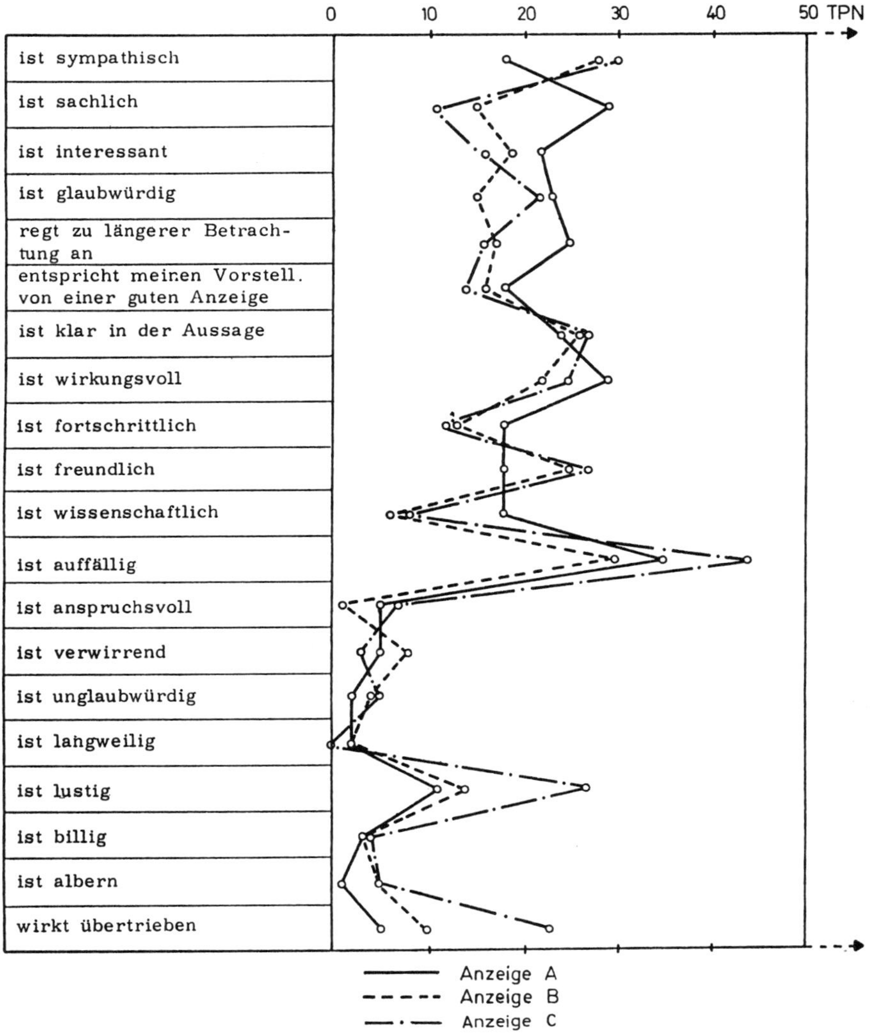

Abb. 57: Beurteilung von 3 Anzeigen (Gesamtwirkung) im Zuordnungstest

Image des „2 CV“ bzw. die Atmosphäre der Gediegenheit, Männlichkeit und Exklusivität mit dem Image von „Dunhill“)?
- Welche Preisvorstellungen werden mit dem Produkt verbunden?
- Welche Konsum- und Verwendungsgelegenheiten werden mit dem Produkt assoziiert?
- Wie attraktiv wird das neue Produkt im Vergleich zu den wichtigsten Konkurrenzprodukten erlebt?

• *Textbeurteilung*

Je nach der Bedeutung, die dem Text bei der gesamten Anzeigengestaltung zukommt, muß eine mehr oder weniger gründliche Text-Analyse vorgenommen werden.

Diese Analyse bezieht sich primär auf
- die spontane Verständlichkeit (für jeden Leser gleichermaßen leicht und eindeutig zu verstehen),
- die Prägnanz (Einfachheit, Klarheit),
- die Glaubwürdigkeit der Produktaussagen,
- den Informationsgehalt, d. h. ob durch den Text etwas Wissenswertes kommuniziert wird.

• *Beurteilung der Bildmotive*

Da Bilddarstellungen in der Regel ein breiterer Interpretationsspielraum zukommt als Textaussagen, müssen alle bildlichen Darstellungen auf
- ihren Aussagewert,
- ihre Stimmungsqualität,
- ihre Produktadäquatheit

hin untersucht werden.

• *Akzeptanz und Identifikation mit abgebildeten Personen*

Personenabbildungen auf Anzeigen erfüllen eine doppelte Funktion: Sie fungieren einerseits als Sympathie-Träger für das zu umwerbende Produkt und stehen andererseits stellvertretend für die Zielgruppe (den „typischen Verwender“ des jeweiligen Produktes). In diesem Sinne sind folgende Fragen wichtig:
- Wie werden die abgebildeten Personen erlebt und beschrieben?
- Wie hoch ist der Sympathiegehalt dieser Personen?
- Werden die abgebildeten Personen als natürlich und lebensnah oder als „unechte Werbefiguren“ erlebt?
- Erscheinen die abgebildeten Personen als glaubhafte Verwender dieses Produktes?
- In welcher Weise beeinflussen die abgebildeten Personen das Produkterleben?

– Neigt man dazu, sich mit den abgebildeten Personen zu identifizieren oder nicht – und woran liegt das?

- *Auslösung von Kaufbereitschaft*
  Letztlich möchte jeder Werbungtreibende erfahren, ob die neue Anzeige wirkliche Kaufbereitschaft auszulösen vermag. Obwohl sich die Erkenntnis durchgesetzt hat, daß „Kaufbereitschaft" im Rahmen eines Anzeigentestes nicht wirklich erfaßt werden kann, greift man doch immer wieder zu vereinfachenden Hilfsverfahren, wie sie die in Abb. 58 dargestellte Kaufbereitschafts-Skala zeigt.

Abb. 58: Kaufbereitschaftsskala des IVE

Zu viel spricht gegen eine verläßliche Analyse echter Kaufbereitschaft: Die Befragten haben sich im Test bereits sehr lange mit der Anzeige auseinandergesetzt, viel länger als es in der Wirklichkeit je der Fall wäre; sie erklären ihre Kaufbereitschaft völlig unverbindlich, d. h. ohne den konkreten Entscheidungszwang, der beim Kaufakt besteht, und sie berücksichtigen in der Regel nicht den Einfluß der Konkurrenzprodukte, der beim Entscheidungsvorgang am Warenregal so wichtig ist. Letztlich darf nicht vergessen werden, daß im konkreten Kaufgeschehen der Anzeigenwirkung neben den vielen anderen wichtigen Entscheidungsfaktoren (Preis, Bedürfnissituationen, Nutzenserwartungen, etc.) eine vergleichsweise geringe Rolle zukommt.

Dennoch wird heute in nahezu jedem Anzeigentest ein Indexwert für die sog. „Kaufbereitschaft" ermittelt, der letztlich nichts anderes darstellt als einen unverbindlichen Sympathiewert für Anzeige und Produkt.

In Abb. 59 sind die wichtigsten Themen eines Anzeigen- oder Werbemittel-Tests noch einmal in Form einer Check-List zusammengefaßt.

Eine andere Prüfliste für die Untersuchung und Beurteilung von Anzeigen oder anderen Werbemitteln (z. B. TV-Spots) veröffentlicht H. J. Hoffmann [64a, S. 228 ff.], die wir zur Abrundung geschlossen zitieren möchten:

„Bevor Sie mit der psychologischen Untersuchung und Beurteilung der Anzeige beginnen, klären Sie bitte ihre

(0) *Angemessenheit*
- (0.1) Wird die Anzeige als eine angemessene Möglichkeit erlebt, gerade diese Nachricht so zu übermitteln?
  (Befragung verschiedener Zielpersonenkreise)
- (0.2) Sind Nebenwirkungen zu befürchten?
  - (a) inhaltlicher Art (werden z. B. unnötig Rollen und Vorurteile stabilisiert?)
  - (b) gegenüber nicht gemeinten, also falschen Mitempfängern (evtl. Prüflisten bei einer Gruppe solcher Mitempfänger anwenden)

Erst wenn man sicher ist, daß die entworfene Anzeige die angemessene Form der Nachrichtenübermittlung darstellt, sollte man die folgende Prüfliste anwenden:

(1) *Wahrnehmung*
- (1.1) Welche Gefühle und Einfälle löst die Anzeige im ersten Moment ihrer Betrachtung aus?
  (Tachistoskop; Anbietzeit 1/500, 1/125, 1/30 und 1/8 sec. verschiedene Empfängergruppen)

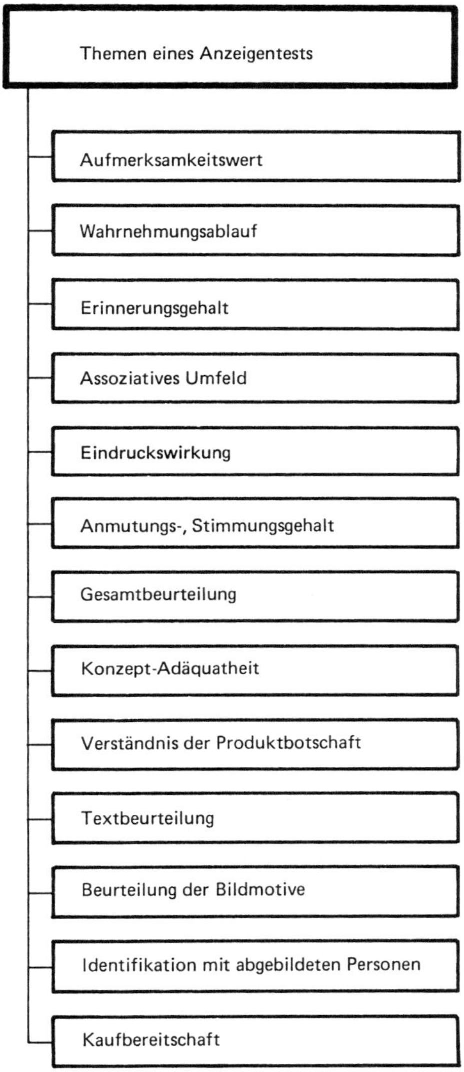

Abb. 59: Wichtige Themen eines Anzeigentests

(1.2) Wie lange dauert es, bis die Aussagen zutreffend erkannt werden?
(wie 1.1, jedoch auch längere Zeiten)

(1.3) In welcher Reihenfolge und Intensität werden die Anzeigenteile betrachtet, aufgefaßt und gedanklich verarbeitet?
(wie 1.1, evtl. Kamera, nur als Ausweg: Selbstbeobachtung oder Beobachtung anderer; Variation der Motivation)
Versuchen Sie visuelle Barrieren aufzufinden (Lesewiderstand, negative Assoziationen, ungünstige Anordnungen u. ä.)

(2) *Image*

(2.1) Affektive Erregung bei der Betrachtung der Anzeige?
(Psycho-galvanische Hautreaktion; Pupillenreaktion)

(2.2) Welches Image hat die Anzeige?
(Polaritätsprofil)

(2.3) In welchen Erlebnisdimensionen weicht das Anzeigen-Image ab vom bestehenden Gegenstandsimage, vom Imageideal des Gegenstandes und vom Image konkurrierender Anzeigen und ihrer Gegenstände?
(wie 2.2)

(2.4) Welche Gestaltungseigenarten der Anzeige erklären die in 2.3 ermittelten Abweichungen?
(experimentelle Variation von Layout, Bild, Schrift, Wortwahl, Farbe, Methode wie 2.2)

(3) *Textwirkung*

(3.1) Welche Argumentationsstrategien werden benutzt?
(auszählen: begründend, behauptend, veranschaulichend, ins Ungewöhnliche oder Humoristische verschiebend, symbolisierend, befehlend, moralisierend)

(3.2) Wirkt der Textinhalt verständlich oder unverständlich?
(Lassen Sie den Text der Anzeige von Zielpersonen einmal kurz durchlesen und auf den folgenden Skalen beurteilen:

einfach	+2	+1	0	−1	−2	kompliziert
gegliedert	+2	+1	0	−1	−2	zusammenhanglos
kurz, prägnant	+2	+1	0	−1	−2	weitschweifig
sympathisch	+2	+1	0	−1	−2	unsympathisch)

(4) *Motivationale Wirkung*

(4.1) Welche vordergründigen und welche symbolischen Motivansprachen finden in Bild und Text statt?

(4.2) Welche motivationale Strategie wird in der Anzeige verwirklicht?

(4.3) Welche motivationalen Themen begünstigen oder hemmen die Beschäftigung mit der Anzeige und ihre Akzeptanz?
(Legen Sie Zielpersonen eine Themenliste zur Selbstbeurteilung vor, prüfen Sie die Korrelationen mit den Reaktionen auf die Anzeige)

(5) *Lernwirkung und soziale Durchsetzung*

(5.1) Mit welcher Häufigkeit wird was von der Anzeige behalten werden?
(repräsentative Befragung: Erinnerungswert, Wiedererinnerungswert)

(5.2) Mit welcher Stärke wird in welcher Richtung welche Einstellung geändert werden?
(Fragebogenmethode; experimentelles Befragungsschema; evtl. Benutzung von Einstellungsskalen)

(5.3) Welche Adoptionszustände werden unter dem Einfluß der Anzeige am ehesten zu Gunsten des nächsten aufgegeben?
(Fragebogenmethode, Kreuztabellierung)
(5.2 und 5.3 können mit der EFA abgeschätzt werden)

(5.4) Ist die Zuwachsrate in der angezielten Diffusion größer als sie ohne die Anzeige wäre?“

4.7.1.2 *Verschiedene Verfahren zur Durchführung von Anzeigen-Tests*

Vorbemerkung

Im nachfolgenden werden nur Pre-Test-Verfahren dargestellt, d. h. Anzeigentests, die vor der ersten Schaltung dieser Anzeigen in den dafür vorgesehenen Medien durchgeführt werden. Auf die Anzeigen-Post-Tests wird im Rahmen der Werbewirkungsanalysen kurz eingegangen.
Anzeigen-Pre-Tests werden in der Regel mit fertig ausgestalteten Anzeigen (copies) durchgeführt, wobei entweder Reinzeichnungen (endgültige Ausarbeitung der Agentur als Druckvorlage) oder fertige Andrucke verwendet werden. Letztere sind eindeutig vorzuziehen, da die Anzeigenbeurteilung möglichst unter den Bedingungen stattfinden soll, unter denen die Anzeige auch später geschaltet wird.
Völlig unvermeidlich wird die Verwendung fertiger Andrucke dann, wenn der Anzeigentest in einer realitätsgetreuen Situation durchgeführt werden soll(Vgl. Kapitel 4.7.1.2.2), um möglichst realistische Durchsetzungs- und Erinnerungswerte ermitteln zu können.

Ein Anzeigen-Pre-Test ist immer als Endkontrolle zu verstehen, in der das fertige (Werbe-)Produkt ein letzes Mal „auf Herz und Nieren" geprüft wird, um mögliche Störstellen in der Kommunikations- und Motivationswirkung zu orten.
In diesem Sinne handelt es sich bei einem Anzeigen-Pre-Test praktisch um einen vorweggenommenen Werbewirkungs-Test, wobei die Werbewirkung nicht als „Kaufhandlung" oder „Kaufbereitschaft" definiert wird sondern dieses Letzt-Ziel in mehrere Sub-Ziele aufgelöst und operational definiert wird, wie

- Überschreitung der Wahrnehmungs- oder Bewußtseinsschwelle (= Wahrnehmen)
- Aufmerksamkeitsweckung (= Betrachten)
- Interessenbindung (= Auseinandersetzung)
- klare und fehlerfreie Kommunikation (= Verstehen)
- Weckung von Produkt-Interesse (= Interessieren)
- Aktualisierung von Bedürfnissen in Richtung auf das umworbene Produkt (= Haben-Wollen).

Der Anzeigen-Pre-Test soll letzte Sicherheiten darüber geben, ob mit der vorliegenden Anzeige das intendierte Werbeziel erreicht werden kann bzw. welche Korrekturen noch vorgenommen werden müssen, um die angestrebte Wirkung auch wirklich zu erreichen.
Nachfolgend werden mehrere Verfahren im Anzeigen-Pre-Test-Bereich dargestellt, wobei grundsätzlich zu unterscheiden ist zwischen

- Anzeigen-Tests, bei denen mit Hilfe von versteckten Versuchsanordnungen eine möglichst realitätsgetreue Lesesituation hergestellt wird und in denen die Beobachtung des Leseverhaltens (Verweildauer bei den einzelnen Anzeigen) sowie die nachträgliche Erinnerungsanalyse (an welche Anzeige kann man sich wie genau erinnern) im Vordergrund stehen (= *quasi-biotische* Verfahren),
- Anzeigen-Tests mit offener und damit durchschaubarer Versuchsanordnung, in denen die detaillierte psychologische Analyse aller Gestaltungs- und Wirkmechanismen der Anzeige im Mittelpunkt steht (= *explorative* Verfahren),
- Anzeigen-Tests, in denen mit experimentellen Mitteln Teilaspekte der Anzeigenwahrnehmung oder -anmutung untersucht werden. Hierbei handelt es sich nur um begleitende Hilfsverfahren zur explorativen Anzeigenanalyse (= *experimentelle* Verfahren).

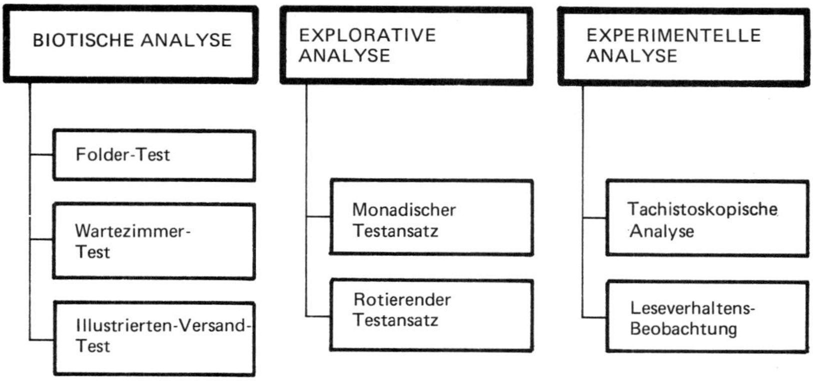

Abb. 60: Verfahren im Bereich der Anzeigen-Pretests

4.7.1.2.1 Die explorative Anzeigenanalyse

Beschreibung des Verfahrens

Bei der explorativen Analyse wird den Befragten die zu testende Anzeige isoliert zur Beurteilung vorgelegt. Man verzichtet dabei bewußt auf die Einbettung in ein Umfeld von mehreren konkurrierenden Anzeigen, wie dies in den nachfolgend beschriebenen quasi-biotischen Verfahren der Fall ist, sondern analysiert die Testanzeige in völlig isolierter Form und in einer offenen, d. h. für die Versuchsperson durchschaubaren Testsituation. In diesem Verfahren wird also der Verzicht auf die Bestimmung der Durchsetzungskraft und Erinnerungsstärke der Testanzeige im Vergleich zu entsprechenden Konkurrenz-Anzeigen bewußt in Kauf genommen.

Die Testanordnung selbst ist sehr einfach und beschränkt sich auf zwei Phasen:

(1) Phase: Kurzvorlage der Anzeige (ca. 3 bis 5 sec.)

Um zunächst eine der Realität entsprechende „normale" Beobachtungsdauer zugrundezulegen und um zu verhindern, daß sich die Befragten bereits zu Beginn zu sehr in Details der Anzeigengestaltung verlieren, wird die Anzeige nur kurz vorgelegt. Mit dieser sog. „Kurzvorlage" soll ein erster gesamtheitlicher Eindruck ermittelt werden, wobei die Betrachtungsdauer (3–5 sec.) absichtlich so angelegt ist, daß eine genaue Aufnahme aller Anzeigendetails oder gar das gründliche Lesen des gesamten Anzeigentextes nicht möglich ist.

Im Rahmen dieser Kurzvorlage der Testanzeige sollen vor allem

- die spontane Anmutung und Gesamtwirkung der Anzeige,
- die Aufmerksamkeitsdominanten,
- sowie das erste spontane Produkt- und Konzeptverständnis

untersucht werden. Die Kurzvorlage der Anzeige kann entweder manuell (Umdrehen oder Abdecken) oder mit Hilfe eines Tachistoskops vorgenommen werden. Letzteres garantiert eine absolut präzise und bei allen Testpersonen identische Expositionszeit.
Die Testanweisung erfolgt mit den Worten:

„Ich zeige Ihnen jetzt gleich eine Anzeige, die Sie bisher noch nicht gesehen haben. Ich werde Ihnen die Anzeige nur eine kurze Zeit zeigen und Ihnen dann einige Fragen stellen. Bitte sehen Sie sich jetzt diese Anzeige an!"

(2) Phase: Dauervorlage der Anzeige (während des gesamten weiteren Interviews)
Nachdem die wichtigsten Fragen zur spontanen Anmutung und zum spontanen Produkt- und Konzeptverständnis untersucht wurden, legt man der Testperson die Anzeige ein zweites Mal vor und läßt sie bis zum Ende des Interviews offen vor ihr liegen. In dieser zweiten Testphase erfolgt eine ausführliche Exploration, wobei auf alle Kriterien der Anzeigenbeurteilung, des Verständnisses der Werbebotschaft sowie der Akzeptanz und Attraktivität der hierdurch kommunizierten Produktidee eingegangen wird. Hier handelt es sich also um eine rationale und kritische Auseinandersetzung mit der Anzeige, wie sie realiter eigentlich nicht vorkommt, die aber hilft Stärken und Schwächen der Anzeige aufzudecken.

Analyse von zwei oder mehreren Anzeigenalternativen:
Bisher wurde nur der einfachste Fall einer explorativen Anzeigen-Analyse besprochen: die Untersuchung einer einzigen Anzeige! Wie aber ändert sich der Testansatz, wenn die Agentur zwei oder mehr Anzeigenalternativen entwickelt hat, die in vergleichender Form analysiert werden müssen? Wieviele Anzeigen kann man einer Testperson zur Beurteilung vorlegen, ohne daß die Beurteilung der nachfolgenden Anzeigen von den vorausgegangenen zu sehr beeinflußt wird und ohne daß die Testperson in ihrem Urteilsvermögen überfordert wird?
Erfahrungswerte aus der Praxis haben erwiesen, daß eine Begrenzung auf maximal 4 Anzeigen pro Test sinnvoll erscheint. In diesem Fall müssen bereits zwei voneinander unabhängige Testgruppen gebildet werden, da

man einer einzelnen Befragungsperson *nicht mehr als zwei* unterschiedliche Anzeigen vorlegen sollte! Selbstverständlich ist es bei Beachtung dieser Grundregel (nicht mehr als 2 Anzeigen pro Testperson) möglich, beliebig viele, voneinander unabhängige Stichproben zu bilden, um damit die Zahl der zu testenden Anzeigen erhöhen zu können. Da durch dieses starke Aufblähen der Stichprobe die Kosten eines Anzeigentests jedoch drastisch in die Höhe getrieben werden, erscheint eine Begrenzung auf vier verschiedene Anzeigen sinnvoll. Liegen in Ausnahmefällen wirklich mehr als vier Alternativen zum Test vor, so sollte mit Agentur und Auftraggeber eine Abstimmung erfolgen und nur diejenigen Anzeigen in den Test aufgenommen werden, die entweder auf einer unterschiedlichen Konzeption beruhen oder in ihrer Gestaltungsversion stark voneinander abweichen.
Akzeptiert man die Forderung, daß einer einzelnen Befragungsperson nicht mehr als zwei Testanzeigen zur Beurteilung vorgelegt werden können, so stellt sich sofort eine neue Frage: wie läßt sich der Einfluß ausschalten, der sich aus der Beurteilung der ersten Testanzeige auf die Beurteilung der zweiten Testanzeige ergibt?
Um diesen Effekt zu reduzieren bzw. auszuschalten, werden in der Praxis zwei Verfahren angewandt:

- der rotierende Testansatz,
- der monadische Testansatz.

Im *rotierenden* Testansatz werden die zu untersuchenden Anzeigen den Befragten in rotierender (wechselnder) Reihenfolge vorgelegt. Das heißt, Testperson 1 beurteilt zunächst Anzeige A und daraufhin Anzeige B; Testperson 2 beurteilt zunächst Anzeige B und darauf Anzeige A; Testperson 3 beurteilt wiederum zunächst Anzeige A und dann Anzeige B etc. ... In diesem Testansatz wird der Einfluß, der von der Reihenfolge der Beurteilung ausgeht, zwar nicht grundsätzlich beseitigt, aber durch die abwechselnde gegenseitige Beeinflussung in gewisser Weise neutralisiert.
Das *monadische* Testverfahren geht diesem Problem von vornherein aus dem Weg, indem aus der Gesamtstichprobe zwei gleich starke Untergruppen gebildet werden, denen jeweils *nur eine* Anzeige vorgelegt wird. Auf diese Weise findet zwar keine Beeinflussung der Anzeigen untereinander statt, es reduziert sich jedoch die Zahl der Testpersonen pro Anzeige auf die Hälfte.
Der Vorteil des *rotierenden* Testansatzes liegt in der höheren Fallzahl pro Anzeige, sein Nachteil hingegen in der noch immer vorhandenen Verzerrung der Testergebnissse. Der Vorteil der höheren Fallzahl wird somit stark

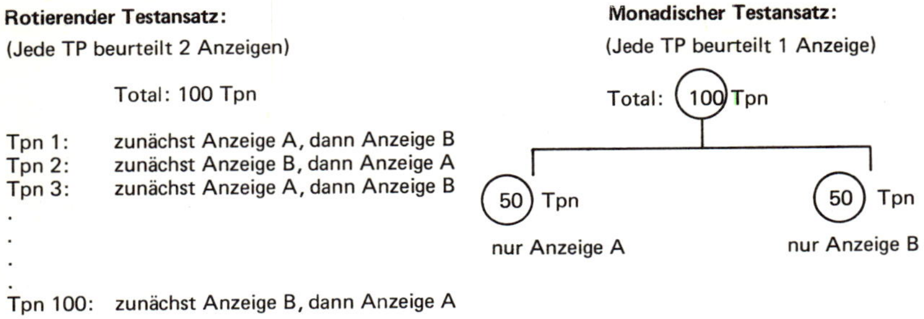

Abb. 61: Unterscheidung zwischen rotierendem und monadischem Testansatz

beeinträchtigt durch die schwierige Erfaßbarkeit der Einflüsse, die aus der Kenntnis der einen Anzeige auf die Beurteilung der anderen Anzeige resultieren.
Dementsprechend liegen die Vorteile des *monadischen* Testansatzes in den sauberen und verzerrungsfreien Ergebnissen. Der Nachteil dieses Verfahrens liegt in der notwendigen Stichproben-Halbierung und der damit verbundenen Reduzierung der Fallzahl pro Anzeige oder den entsprechend höheren Kosten bei einer Verdoppelung der Stichprobe.
Grundsätzlich kann gesagt werden, daß der rotierende Testansatz nur dann angewandt werden sollte, wenn es sich um unterschiedliche Versionen ein und derselben Grundkonzeption handelt. Hingegen ist der monadische Testansatz eindeutig vorzuziehen, wenn den Anzeigen eine unterschiedliche Werbekonzeption zugrundeliegt.

Inhalt und Themen der explorativen Analyse
Folgende Themen stehen im Mittelpunkt einer explorativen Anzeigen-Analyse (Vgl. hierzu das Fragebogen-Beispiel 1 im Anhang)

(1) Phase: Kurzvorlage mit anschließender Exploration

- spontane Anmutung: woran hat man beim Betrachten der Anzeige gedacht, woran wurde man erinnert, was hat man dabei erlebt?
- Eindrucksbeschreibung: welchen Eindruck hinterließ die Anzeige nach der Kurzbetrachtung?
- Aufmerksamkeitsdominanten: was in der Anzeige machte den größten Eindruck, was blieb am stärksten in der Erinnerung haften?
- spontane Produkt-Identifikation: wurde die Marke bzw. der Produktname richtig erinnert?

- spontanes konzeptionelles Verständnis: was sollte mit der Anzeige ausgedrückt werden, worin sah man die Hauptaussage der Anzeige?
- erste spontane Produktvorstellungen: kurze Produktbeschreibung, Skizzierung der Produktbesonderheiten etc.
- Prägnanz: glaubt man, diese oder eine ähnliche Anzeige schon einmal gesehen zu haben? Unterscheidet sich das Produkt prägnant genug von entsprechenden Konkurrenzprodukten?

(2) Phase: Exploration bei Vorlage der Anzeige (Dauervorlage)

- Detaillierte Eindrucksbeschreibung (Eindrücke bei längerer Betrachtung)
- Detaillierte Beurteilung: was gefällt, was gefällt nicht auf der Anzeige?
- Beurteilung der abgebildeten Personen im Hinblick auf Sympathie, Identifikation, Produktadäquatheit etc.
- Beurteilung der sonstigen Abbildungen auf der Anzeige
- Beurteilung der Headline oder des Slogans im Hinblick auf Verständlichkeit, Aussagekraft, Prägnanz, Attraktivität etc.
- Beurteilung des sonstigen Anzeigentextes: gibt es unklare oder unglaubwürdige Textstellen?
- Beurteilung der Produktdarstellung: was wird über das Produkt kommuniziert, steht das Produkt klar genug im Mittelpunkt der Anzeige, paßt die gesamte Anzeigengestaltung zum Produkt etc.?
- Vorstellungen über Verwendungs- bzw. Konsumanlässe
- Vorstellungen über die möglichen Verwender dieses Produktes
- Gesamt-Akzeptanz von Anzeige und Produkt
- Produktinteresse, Kaufbereitschaft: wurde ein echtes Produktinteresse durch die Anzeige ausgelöst, wodurch? Ist das Produktinteresse so stark, daß es den Betrachter der Anzeige zu einer echten Kaufbereitschaft für das Produkt stimuliert?

Zielsetzung

Die *explorative* Anzeigenanalyse kann als der „klassische Anzeigen-Test“ bezeichnet werden. Mit keinem anderen Verfahren kann eine Anzeige so gründlich und im Detail analysiert werden. Die Bedeutung dieses Verfahrens zeigt sich auch darin, daß alle nachfolgend skizzierten Testansätze eigentlich nur Ergänzungen zur explorativen Anzeigenanalyse darstellen, die jeweils spezifische Detailfragen klären. So dienen die quasi-biotischen Verfahren vor allem zur Analyse des Aufmerksamkeits- und Erinnerungswertes der Anzeige im normalen Konkurrenzumfeld, so dienen Tachistoskop und Leseverhaltens-Beobachtung nur spezifischen Aspekten der Anzeigenwahrnehmung.

Die explorative Anzeigenanalyse hingegen ermöglicht – vor allen anderen Verfahren –

- die letzte Überprüfung der Anzeige im Hinblick auf Konzept- und Produkt-Verständnis sowie die Ermittlung möglicher Gestaltungsschwächen, die die Produkt- und Konzeptakzeptanz verringern könnten.

In diesem Sinne ist die explorative Anzeigenanalyse ein unerläßliches Instrument zur letzten Überprüfung und Optimierung jeder ausgearbeiteten Anzeigengestaltung.

Der entscheidende Nachteil dieses Verfahrens soll nicht verschwiegen werden:

Aufgrund der für die Befragten klar durchschaubaren Testsituation findet die gesamte Anzeigenbeurteilung nicht unter realitätsgetreuen Bedingungen statt. Bereits bei der Kurzvorlage der Anzeige wenden sich die Befragten mit wesentlich höherer Aufmerksamkeit und Konzentration den Anzeigen zu, als dies in der Normalsituation der Fall wäre. Noch deutlicher wird die Diskrepanz zwischen Realsituation und Testsituation in der 2. Testphase (Langvorlage). Kein Verbraucher wird sich auch nur annähernd so lange und intensiv mit einer Anzeige auseinandersetzen, wie dies im Rahmen einer explorativen Analyse geschieht und viele der hierbei aufgedeckten Ergebnisse werden in der Praxis gar nicht relevant werden.

So ist die explorative Anzeigenanalyse weniger ein Instrument zur Erfassung der realen Anzeigenbeachtung und -wirkung, als vielmehr ein verfeinertes Meßinstrument zur Anzeigen-Optimierung.

4.7.1.2.2 Quasi-biotische Verfahren

Mit Hilfe der quasi-biotischen Verfahren versucht man, die Realverhältnisse der Anzeigenbeachtung soweit wie möglich in die Testsituation zu integrieren. Alle diese Ansätze versuchen den Charakter der Testsituation zurückzudrängen und Bedingungen zu schaffen, die der Anzeigenbeachtung in der Realsituation weitgehend entsprechen. Im Mittelpunkt der quasi-biotischen Verfahren stehen die Fragen:

- Wird die Anzeige beim Durchblättern der Illustrierten überhaupt beachtet?
- Wie lange beschäftigt man sich mit der Anzeige?

- Liegt diese Beachtungszeit über oder unter dem Durchschnittswert vergleichbarer anderer Anzeigen?
- Welche Einzelheiten der Testanzeige werden nach dem Durchblättern der Illustrierten noch erinnert?
- Wie hoch ist der Erinnerungswert des Markennamens sowie der wichtigsten Produktaussagen?

Bei allen quasi-biotischen Verfahren kommt es somit darauf an, Lesesituationen zu schaffen, in denen die Testpersonen noch nicht wissen, daß sie nachfolgend zu Anzeigen befragt werden, zumindest jedoch nicht, zu welcher Anzeige sie befragt werden.
Nachfolgend werden der Reihe nach drei Testverfahren geschildert, die diesen Anforderungen an realitätsgetreue Situationen in steigendem Maße gerecht werden:

(1) Der Folder-Test
(2) Der Wartezimmer-Test
(3) Der Illustrierten-Versand-Test

Alle drei Verfahren lassen sich durch die „explorative Anzeigenanalyse" ergänzen, können jedoch auch isoliert durchgeführt werden.

Der Folder-Test
Unter einem „Folder" versteht man eine Mappe mit 15–20 (maximal 30) Anzeigen, die in bunter Reihenfolge zusammengestellt wurden. Ziel dieses Verfahrens ist es, die Testanzeige im Umfeld mehrerer (vieler) Konkurrenzanzeigen zu testen.
Die Zusammenstellung der Folder-Mappe kann auf verschiedene Weise vorgenommen werden, wobei sich in der Praxis zwei Vorgehensweisen durchgesetzt haben: entweder die „bunte Mischung" von Anzeigen aus den verschiedensten Produkt- und Branchen-Bereichen, um ein Anzeigenumfeld zu schaffen, das der Illustrierten-Wirklichkeit weitgehend entspricht oder aber Anzeigen verschiedener Konkurrenzmarken aus dem gleichen Produktbereich, um die Durchsetzungskraft der Test-Anzeige im relevanten Konkurrenzumfeld zu untersuchen.
Der Foldertest stellt noch keine wirkliche Annäherung an die Realsituation dar, da sowohl der Charakter der Testsituation als auch die Tatsache, daß es in der nachfolgenden Befragung um Anzeigen geht, aus der Testanlage erkennbar sind.
Dennoch können erste Anhaltspunkte über die Durchsetzungskraft und

Erinnerungsstärke der Testanzeige im Umfeld anderer Anzeigen gewonnen werden.

Die Testanweisung beschränkt sich auf folgenden Wortlaut:

„Vor Ihnen liegt eine Mappe mit verschiedenen Anzeigen. Bitte sehen Sie sich diese Mappe einmal durch!"

In dieser absichtlich sehr kurz gehaltenen Testanweisung werden den Befragten keinerlei Anleitungen zur Durchsicht der Mappe gegeben. Der Interviewer greift nur dann ein, wenn die Testperson die Anzeigenmappe wieder weglegt, ohne alle Anzeigen gesehen zu haben. In diesem Fall bittet er um die vollständige Durchsicht der Mappe. Jedem Befragten ist es also freigestellt, sich beliebig lange bzw. beliebig kurz mit jeder Anzeige zu beschäftigen, wobei auch Zurückblättern und mehrmaliges Betrachten einer Anzeige erlaubt ist. Nachdem die Testperson die gesamte Mappe durchgeblättert hat, wird der Folder geschlossen und eine gründliche Erinnerungsanalyse vorgenommen. Folgende Themen stehen dabei im Mittelpunkt:

- Ungestützte Anzeigenerinnerung: An welche Anzeigen vermag man sich überhaupt noch zu erinnern? (Auswertung nach Nennungshäufigkeit und Rangreihe der Erinnerung)
- Gestützte Erinnerung: Erinnerung anhand einer Produktliste, die zwar alle Produkte enthält, die in der Folder-Mappe vertreten waren, jedoch darüberhinaus auch eine Reihe von Produkten aufweist, die in der Folder-Mappe nicht enthalten waren. Mit Hilfe dieser Liste sollen die Testpersonen bestimmen, welche Anzeigen sie im Folder gesehen haben.
- Erinnerung an die Testanzeige: Wie häufig wurde die Testanzeige erinnert, wurde nur das Produkt oder auch die Marke erinnert, wieviele Fehlassoziationen gab es?
- Spontane Anmutung und Eindrucksqualität: Woran erinnerte die Anzeige, welche Stimmung ging von ihr aus, wie gefiel sie, was gefiel, was nicht?
- Analyse von Detailerinnerungen: Größe, Farbe, Bildmotive, prägnante Textstellen, etc.
- Anzeigendominanten: Was fiel besonders auf?
- Produkterinnerungen: Wie genau kann man sich an das Produkt erinnern, Beschreibung des Produktes, Besonderheiten des Produktes, Attraktivität des Produktes.
- Abschließende Gesamtbewertung der Anzeige aus der Erinnerung (z. B. mit Hilfe eines Schulnoten-Tests)

- Abschließende Beurteilung der Produkt-Attraktivität aus der Erinnerung (Listen-Test)

Wie bereits erwähnt, kann im Anschluß an den Folder-Test die Anzeige noch einmal vorgelegt werden und eine gründliche explorative Anzeigenanalyse angeschlossen werden.
Der *Vorteil* des Folder-Tests liegt in der relativ einfachen Versuchsanordnung, die es zumindest andeutungsweise gestattet, Aufmerksamkeits- und Erinnerungswerte zu ermitteln.
Der *Nachteil* liegt in der klar erkennbaren Testsituation, die zu unrealistisch hohen Beachtungszeiten jeder Anzeige führt. Aus diesem Grund kann der Erinnerungswert der Testanzeige nur in Relation zu den Werten der sonstigen in der Folder-Mappe enthaltenen Anzeigen interpretiert werden.
Der gelegentliche Einwand gegen den Folder-Test, daß die hierdurch ermittelten Erinnerungswerte sehr viel mehr auf der Gedächtnisleistung der einzelnen Testperson beruhen als auf dem Interesse, das sie der Anzeige bzw. dem umworbenen Produkt entgegenbringt, ist unseres Erachtens nicht stichhaltig. Die höhere Gedächtnisleistung einzelner Testpersonen, die es zweifelsohne gibt, wird sich nicht auf einzelne Anzeigen beschränken, sondern auf alle in der Mappe enthaltenen Anzeigen erstrecken. Unabhängig von der unterschiedlichen Gedächtnisleistung einzelner Testpersonen kann auf ein Ergebnis psychologischer Lernexperimente hingewiesen werden, die erwiesen haben, daß solche Inhalte leichter erinnert werden, die in irgendeinem inneren Bezug zur jeweiligen Person stehen. In diesem Sinn wird der höhere Erinnerungswert einzelner Testanzeigen auch auf ein höheres Interesse, d. h. auf eine intensivere Zuwendung beim betreffenden Betrachter schließen lassen.

Der Wartezimmer-Test

Beim Wartezimmer-Test wird die gesamte Versuchsanordnung bereits sehr stark an die Realsituation angenähert. Die fertige Anzeige wird auf entsprechendes Format gedruckt und so in eine Illustrierte eingeheftet, daß dieses nachträgliche Einfügen der Anzeige von den Testpersonen nicht wahrgenommen werden kann. Hierzu ist es auch erforderlich, die Rückseite der Anzeige zu bedrucken, was am einfachsten mit Hilfe einer Witz- oder Kreuzworträtsel-Seite geschieht. In der Annäherung an die Realsituation geht man soweit, die Testanzeige in eine neue, noch nicht erschienene Nummer der jeweiligen Zeitschrift einzuheften, um zu verhindern, daß

Abonnenten oder sonstige Intensivleser dieser Illustrierten feststellen können, daß die Anzeige neu eingefügt wurde, weil sie die Zeitschrift bereits vor dem Test aufmerksam gelesen haben. Aus diesem Grunde muß die Untersuchung spätestens am zweiten Tag nach dem regulären Erscheinen der jeweiligen Illustriertenausgabe abgeschlossen werden.

Die spezifische Art der Testdurchführung gab diesem Verfahren seinen Namen: Wartezimmer-Test.

Die Testdurchführung erfolgt in einem oder mehreren Teststudios, wobei Passanten auf der Straße angesprochen und um ein kurzes Interview gebeten werden. Dabei wird nicht erwähnt, daß es sich um einen Anzeigentest handelt. Willigt die Testperson ein, so wird sie in ein Wartezimmer geführt und um einige Augenblicke Geduld gebeten, da sich gerade noch eine Person beim Interview befände. Gleichzeitig legt man ihr die „präparierte" Illustrierte vor und bittet sie, sich damit die Wartezeit zu verkürzen. Ansonsten ergeht an die Testperson keine weitere Anweisung! Das Wartezimmer ist nur mit einer einzigen Sitzgelegenheit ausgestattet, deren Standort so gewählt wurde, daß die Testperson beim Durchblättern der Illustrierten aus einem Nebenraum über einen Einweg-Spiegel oder eine Video-Kamera beobachtet werden kann. Nachdem die Testanzeige von der betreffenden Person aufgeschlagen wurde, wartet man noch einige Minuten und bittet sie dann zum Interview. Alle Personen, die die Seite mit der Testanzeige nicht aufgeschlagen und deshalb nicht gesehen haben, scheiden für den Test aus. Sie werden zu einem kurzen Scheininterview gebeten, wobei man ihnen einige belanglose Fragen stellt und sie mit einem kleinen Geschenk entläßt.

In thematischer Hinsicht verläuft der Wartezimmer-Test ähnlich wie der Folder-Test. Im Mittelpunkt steht die Erinnerungs-Analyse, wobei zunächst in mehreren differenzierten Schritten die Erinnerung an die Gesamtanzeige (vgl. Fragen 2–7 im 2. Fragebogen-Beispiel des Anhangs) und anschließend entsprechende Detailerinnerungen erhoben werden.

Soweit als möglich werden auch die Produktvorstellungen analysiert, die sich aufgrund dieses ersten Anzeigenkontaktes ergeben haben (vgl. Frage 14–18 im zweiten Fragebogen-Beispiel).

Der *Vorteil* des Illustrierten-Tests liegt in der völligen Realitätsnähe der Testsituation und der hieraus resultierenden Unbeeinflußtheit der Anzeigenbeachtung. Die mit diesem Verfahren ermittelten Aufmerksamkeits- und Erinnerungswerte sind bereits sehr zuverlässig und wirklichkeitsnah.

Der *Nachteil* des Verfahrens liegt zum einen in der immer noch vorhandenen „Labor-Situation", wobei zu unterstellen ist, daß sich die Testperson beim Warten auf das Interview nicht genau so normal verhält wie zu Hause (nervös, unruhig) und zum anderen in der aufwendigen Testanlage, die insbesondere durch den Druck der Anzeige, das Einheften in die Zeitschrift und die Beschaffung von Illustrierten vor dem regulären Erscheinungstermin entsteht.

Der Illustrierten-Versand-Test

Beim Illustrierten-Versand-Test handelt es sich um das der Realsituation am stärksten angenäherte Verfahren um die Durchsetzung und Erinnerungsstärke einer Anzeige zu ermitteln. Im Unterschied zum Wartezimmer-Test, wo trotz der versteckten Testanordnung der Laborcharakter immer noch erhalten bleibt und das Verhalten der Testperson in der Wartezimmer-Situation nicht als völlig normal, entspannt und gelöst erachtet werden kann, versucht man mit dem Illustrierten-Versand-Test die letzten Spuren einer möglichen Beeinflussung des normalen Leseverhaltens auszuräumen.

Um dies zu erreichen, werden die Befragungspersonen nicht mehr ins Teststudio gebeten, sondern man übersendet ihnen eine – wiederum entsprechend präparierte – Illustrierte per Post. Die Auswahl der in die Stichprobe einbezogenen Personen oder Haushalte kann dabei sowohl nach dem Quota- wie auch dem Random-Verfahren vorgenommen werden. Grundsätzlich ist zu beachten, daß die Stichprobe für den Versand-Test eher großzügig angesetzt werden muß (drei- bis fünffache Zahl der geplanten Interviews), da mit einer entsprechenden Verweigerungsrate bei den nachfolgenden Interviews zu rechnen ist. Die Testhefte werden mit einem kurzen Begleitschreiben versehen, worin zum Ausdruck kommt, daß es sich hier um Gratishefte im Rahmen einer Leser-Werbekampagne handelt. Die Annahme der Illustrierten verpflichte zu keiner weiteren Abnahme zukünftiger Hefte.

Zwei Tage nach Erhalt der Illustrierten bitten in all den Haushalten, die in die Aktion einbezogen wurden, Interviewer, die sich als Mitarbeiter eines Markt- und Meinungsforschungs-Instituts ausweisen, um ein kurzes Interview, ohne das nachfolgende Thema (Anzeigen-Test) zu benennen.

Der Ablauf dieses Interviews gestaltet sich völlig analog zum Wartezimmer-Test. Im Mittelpunkt steht wiederum die Frage, wieviele Personen sich wie genau an die Testanzeige und das umworbene Produkt zu erinnern vermögen. Der Fragebogen des Wartezimmer-Tests kann in nahezu identischer Form übernommen werden.

Der *Vorteil* des Illustrierten-Versand-Tests liegt in der absoluten Realitäts-

nähe der Lesesituation und damit in einer sehr zuverlässigen Erfassung wirklichkeitsgetreuer Erinnerungswerte.
Der *Nachteil* liegt im relativ aufwendigen Testansatz und den wesentlich höheren Kosten, die durch Postversand, Heimbefragung und Fehlkontakte entstehen.

4.7.1.2.3 Experimentelle Verfahren der Anzeigenanalyse

Die beiden nachfolgend beschriebenen Verfahren (Tachistoskop und Leseverhaltens-Beobachtung) wurden im Rahmen der Methodenerörterung (siehe S. 105) bereits ausführlich dargestellt. Aus diesem Grunde soll hier nur noch auf die praktische Anwendung sowie auf die Besonderheit der hierdurch ermittelten Ergebnisse eingegangen werden. Bei beiden Methoden handelt es sich eigentlich um Hilfs- und Ergänzungs-Verfahren zur explorativen Anzeigenanalyse, wobei insbesondere der Wahrnehmungsvorgang beim ersten Kontakt mit der Anzeige analysiert wird.

Die tachistoskopische Anzeigenanalyse
Zur Erinnerung: das Tachistoskop beruht auf der Theorie, daß die Wahrnehmung als Prozeß verläuft (Aktualgenese), wobei die frühen anmutungshaften Phasen dieses Wahrnehmungsvorganges häufg verdeckt und überlagert werden von den im Endstadium auftretenden rationalen Bewußtseinsvorgängen. Das heißt: frühe und gefühlshafte Eindrücke im Wahrnehmungsprozeß, die das gesamte Erleben und damit die Beurteilung einer Anzeige stark beeinflussen können, sind durch die normale Befragung häufig gar nicht mehr eruierbar, wenn nicht der Wahrnehmungsvorgang künstlich (experimentell) auf diese aktualgenetisch frühen Phasen eingeschränkt wird. Diesem Zweck dient das Tachistoskop, mit dem man einen Wahrnehmungsgegenstand in beliebig kurzen Darbietungszeiten (bis zu $^{1}/_{1000}$ sec) vorstellen kann. (Vgl. S. 120)
Die tachistoskopische Anzeigenanalyse konzentriert sich auf folgende vier Themenbereiche:

- Frühe gefühlshafte Anmutungen
  Welche Anmutungen und gefühlshaften Eindrücke gehen von einer Anzeige aus, wenn man sie nur „den Bruchteil einer Sekunde" lang sieht?
- Wahrnehmungsdominanten
  Welche Gestaltungselemente der Anzeige werden am frühesten erkannt?
- Prägnanz
  Werden einzelne Aussagen und/oder Bildelemente der Anzeige bereits

bei frühen Wahrnehmungszeiten *richtig* erkannt oder kommt es zu häufigen Fehldeutungen? (Besonders wichtig bei der Produkt- und Marken-Identifikation)

- Interessenbindung
  Wird bereits durch die ersten Eindrücke ein gewisses Interesse geweckt, das eine intensivere Zuwendung zur Anzeige nach sich zieht?

Die einfachste und gängigste Form des Tachistoskops besteht aus einem Diaprojektor mit einer speziellen Vorsatzlinse, deren Verschlußzeiten beliebig kurz eingestellt werden können. Meist beginnt der tachistoskopische Wahrnehmungsversuch mit einer Darbietungszeit von $^1/_{500}$ sec und weiteren Stufen von $^1/_{200}$ sec, $^1/_{100}$ sec, $^1/_{10}$ sec, $^1/_2$ sec, 1 sec, 3 sec. Unter Umständen muß die Darbietungszeit auch über 3 sec hinaus verlängert werden, insbesondere dann, wenn es sich um stark informationshaltige Text-Anzeigen handelt. Bei jeder einzelnen Expositionszeit werden vier Fragen gestellt, die sich auf Wahrnehmungsinhalt und -prägnanz, auf den Anmutungsgehalt sowie auf die Marken- und Produkt-Erkennbarkeit beziehen.

Die Leseverhaltens-Beobachtungen
Die experimentelle Grundlage dieses Verfahrens wurde unter dem Stichwort „Beobachtung des Leseverhaltens“ bereits auf S. 105 behandelt. Wie auch die tachistoskopische Analyse, so beantwortet die Leseverhaltens-Beobachtung nur spezielle Fragestellungen im Hinblick auf den Wahrnehmungsvorgang beim Betrachten einer Anzeige. Da die Leseverhaltens-Beobachtung einen relativ großen technischen Aufwand erfordert und die Messungen, trotz des technischen Aufwands, häufig nur sehr unpräzise sind, gilt es bei jeder Fragestellung neu zu überprüfen, ob sich der Aufwand für die Durchführung einer Leseverhaltens-Beobachtung wirklich lohnt.

4.7.2 Der Fernsehspot-Test

Nach dem Werbemittel „Anzeige“ kommt dem Fernsehspot die größte Bedeutung zu. Würden die deutschen Fernsehsender die tägliche Werbezeit nicht strikt begrenzen, so wäre die Bedeutung des Fernsehspots wohl noch ungleich größer. Obwohl es der Werbungtreibende vielleicht bedauert, wird es der Fernsehzuschauer umso mehr begrüßen, daß er von den Exzessen verschont bleibt, die in den USA zur Gewohnheit geworden sind. Da es dort eine Reihe privater Fernsehstationen gibt, die nahezu ausschließlich durch die Werbeeinnahmen leben, muß es sich der amerikanische

Fernsehzuschauer gefallen lassen, daß ein einziger Spielfilm im Abendprogramm bis zu fünfmal durch umfangreiche Werbeeinblendungen unterbrochen wird. Um die Werbewirksamkeit zu erhöhen, geschieht dies immer an den spannendsten Stellen der jeweiligen Sendung. Auf diese Weise wird ein normaler Spielfilm bis zu 1/2 Stunde verlängert.

Durch die klare Festlegung der Werbeeinblendungen auf bestimmte Sendezeiten und durch ihre enge zeitliche Abgrenzung ist es für die werbungtreibende Industrie in Deutschland relativ schwierig, Fernsehspots in der gewünschten Anzahl buchen zu können. Vielfach müssen die Buchungen „auf Verdacht“ bereits ein Jahr im voraus vorgenommen werden.

Aus diesen Gründen kommt den Fernsehspots, schon allein wegen der Nutzungshäufigkeit, eine vergleichsweise geringere Bedeutung zu als den Anzeigen.

Bevor man an die Untersuchung eines Fernsehspots geht, ist es nötig, sich die Besonderheiten vor Augen zu führen, die den TV-Spot gegenüber der Anzeige auszeichnen. Dabei ist zunächst

- die Ansprache von zwei Sinnen (Auge und Ohr) hervorzuheben, wodurch eine höhere Eindringlichkeit der Werbebotschaft erreicht wird als durch die monosensorische Ansprache der Anzeige. Durch das simultane Einwirken der Werbebotschaft auf zwei Sinne wird der Betroffene nicht nur stärker und unmittelbarer angesprochen, sondern es werden gleichzeitig auch Erinnerungsmöglichkeiten auf zwei zusätzlichen Ebenen geschaffen. So können komplette Handlungsabläufe in vollem Umfang demonstriert werden, sei es zur Erklärung der Handhabung eines bestimmten Produktes oder zur Demonstration einer bestimmten Konsumsituation und es können akustische Signale gesetzt werden, z. B. über eine bestimmte Erkennungsmelodie, die in Zukunft die Wiedererkennung der Marke erleichtert. Somit setzt ein Werbespot deutlich mehr Reize als eine Anzeige und vermag dadurch nicht nur eine höhere Aufmerksamkeit, sondern auch vielfältigere Erinnerungsmöglichkeiten zu erzielen.
- Wie schon erwähnt, kann man im Fernsehspot Handlungen darstellen, komplette Szenen abspielen und Verhaltensabläufe illustrieren. Auf diese Weise läßt sich über das Medium „Bild“ eine ansonsten komplizierte Produkterklärung „anschaulich“ darstellen. Durch diese szenische Tiefe, die der starren Momentaufnahme einer gedruckten Anzeige deutlich überlegen ist, vermag der Fernsehspot die Aufmerksamkeit der Betrachter stärker auf sich zu lenken. Ein gespielter Handlungsablauf ist meist interessanter und fesselnder als eine gedruckte Handlungserklärung.

Diesen beiden wichtigen Vorteilen, mit denen man allgemein die Wirksamkeit eines Fernsehspots erklärt, stehen auf der anderen Seite zwei klare *Nachteile* gegenüber:

- Ein Fernsehspot hat eine begrenzte und meist sehr kurze Expositionszeit, in der Regel 15 bis 45 sec, in der die Werbebotschaft klar und prägnant überkommen muß. Nun liegt zwar die durchschnittliche Filmlänge von ca. 30 sec erheblich über der durchschnittlichen Betrachtungsdauer einer Anzeige (ca. 1-3 sec), aber dieser Vorteil wird in hohem Maße dadurch kompensiert, daß eine Anzeige zu jeder Zeit und beliebig oft betrachtet werden kann. Weiterhin hat der Zeitschriftenleser die Möglichkeit, seine Betrachtungsdauer letztendlich beliebig lange auszudehnen, so daß er bei entsprechendem Interesse alles in Ruhe aufnehmen kann, was ihm die Anzeige an Motivation und Information vermittelt. In dieser nicht vorprogrammierten, sondern individuell steuerbaren Betrachtungszeit liegt der entscheidende Vorteil der Anzeige gegenüber dem Fernsehfilm. Aus der Tatsache, daß ein Spot nicht beliebig lange betrachtet werden kann, ergibt sich eine starke Begrenzung des Informationsumfangs. Die Werbebotschaft muß inhaltlich auf wenige Aussagen und Informationen beschränkt bleiben. Auch ein häufiger Szenenwechsel oder lange verbale Erklärungen führen zur raschen Ermüdung und Unaufmerksamkeit des Betrachters. Während in einer Anzeige neben der dominanten Grundaussage über Bild und Headline eine Reihe von Nebeninformationen in Form von Kleintext gegeben werden können, ist dies im Rahmen eines TV-Spots nicht möglich. Aus diesem Grunde ist eine detaillierte Informationswerbung im Fernsehen nicht sinnvoll.
- Ein weiteres Problem der Fernsehwerbung liegt in der Zusammenfassung vieler Spots zu einer gebündelten „Werbesendung". Durch diese klare Apostrophierung des Werbecharakters wird die Aufmerksamkeits- und Interessenbindung des Zuschauers häufig schon a priori reduziert. Konkret: Viele Personen, die bis zum Beginn der Werbesendung das Fernsehprogramm mit großem Interesse verfolgt haben, „schalten spontan ab", wenn die Werbesendung beginnt, unterhalten sich mit den Familienmitgliedern, holen sich etwas zu Trinken oder zu Essen, gehen auf die Toilette etc. Durch die Zusammenfassung von mehreren Spots zu einem Werbeblock und damit zu einer klar erkennbaren und vom übrigen Programm abgegrenzten Werbesendung muß ein Aufmerksamkeitsverlust in Kauf genommen werden, der bei der Anzeige durch die ständige Abwechslung von Werbung und redaktionellen Inhalten sehr viel geringer ist.

Doch wenden wir uns nun der psychologischen Analyse von Fernsehspots zu. Grundsätzlich kann gesagt werden, daß die Untersuchung von TV-Spots im Hinblick auf Testanlage und -durchführung in vieler Hinsicht dem Anzeigen-Test ähnlich ist.
So wird auch beim Fernseh-Test – analog zum Anzeigen-Test – zwischen der Analyse eines in Handskizzen entwickelten Rohentwurfs (Storyboard-Test) und der Untersuchung von fertig abgedrehten und einschaltreifen Spots unterschieden.
Gegenwärtig lassen sich in der Praxis folgende Testformen von TV-Spots unterscheiden:

(1) Der Storyboard-Test,
wobei jede einzelne Szene des Spots handgezeichnet wird. Jede dieser Skizzen wird auf Dias aufgenommen und mit entsprechenden Texten und Begleitmelodien unterlegt. Das gleiche Verfahren läßt sich auch durchführen, indem die handgezeichneten Skizzen nicht über Dias, sondern über Videoaufzeichnungen vorgeführt und mit Text und Musik unterlegt werden. Auf diese Weise läßt sich eine fernseh-adäquatere Vorführung (über den Bildschirm) erreichen.

(2) Der Studio-Test,
wobei der fertig abgedrehte TV-Spot in zwei Phasen analysiert wird. In der ersten Phase wird der Test-Spot in einen Werbeblock (8 bis 10 andere TV-Spots) eingeblendet und als komplette Werbesendung vorgeführt. Im Rahmen dieses Untersuchungsschrittes werden in erster Linie die Recall-Werte erfaßt. In der zweiten Phase wird der Test-Spot isoliert vorgeführt und analog der explorativen Anzeigenanalyse im Detail untersucht.

(3) Der Gruppen-Test,
wo der TV-Spot einer größeren Gruppe von Personen in einem Filmstudio oder Filmtheater vorgeführt und mit einer schriftlichen Befragung kombiniert wird. In den meisten Fällen wird auch hier der Test-Spot in einen Werbeblock eingeblendet und gelegentlich durch ein kurzes Spielfilm-Programm (vor und nach dem Werbeblock) ergänzt.
Bessere, d. h. zuverlässigere Ergebnisse, erzielte Clucas in den USA dadurch, daß er die Fernsehsendung nicht über eine große Leinwand, sondern über mehrere Fernsehschirme abspielte. Dazu wurden jeweils 5 bis 8 Personen um einen Fernsehschirm gruppiert. Die Befragung selbst wurde auf schriftlichem Wege vorgenommen und konzentrierte sich in erster Linie auf Erinnerungs- und Anmutungswerte.

(4) Gruppen-Tests mit anschließender biotischer Kaufhandlung

Im Grunde handelt es sich hier um den gleichen Untersuchungsablauf wie beim Gruppen-Test, wobei zusätzlich versucht wird, die durch den Test-Spot ausgelöste Kaufbereitschaft für das umworbene Produkt zu untersuchen. Zu diesem Zweck erhalten die Testpersonen nach der Werbe- und Spielfilmsendung und nach Ablauf der anschließenden schriftlichen Befragung einen Einkaufsgutschein, der nicht ganz dem Wert des umworbenen Produktes entspricht. Der Einkaufsgutschein muß unmittelbar nach dem Test in einem angrenzenden Supermarkt eingelöst werden, wobei die Wahl des zu kaufenden Produktes völlig freigestellt ist. Die Festlegung des Gutscheinbetrages knapp unter dem Wert des Testproduktes soll insofern eine verstärkte Realitätsnähe bringen, als die Testpersonen das umworbene Produkt somit nicht völlig gratis erhalten, sondern aus eigener Tasche aufzahlen müssen.
Gegen dieses Verfahren sind viele Einwände erhoben worden, die im wesentlichen darauf abzielen, daß die Testsituation insofern an der Wirklichkeit vorbeigehe, als normalerweise keine Hausfrau unmittelbar nach einer Werbesendung zum Einkaufen gehe, als der Kauf in einer völlig unrealistischen Testsituation ablaufe, die durch vorherige Befragung und das Aushändigen eines Einkaufsgutscheins noch verstärkt werde. Dennoch wird dieses Verfahren in den USA relativ häufig eingesetzt.

(5) Der Test-Bus

Hier handelt es sich um ein fahrbares Test-Studio, in dem die Spots über installierte Video-Anlagen und Monitore genauso wie in einem stationären Studio vorgeführt werden können. Der Vorteil des Test-Busses besteht darin, Fernsehspots auch in ländlichen Regionen rasch und kostengünstig testen zu können, während man in den stationären Studios der Institute nahezu ausnahmslos Großstadt-Publikum erreicht.

(6) Der Heim-Test

Durch das Verlegen der Testsituation in die Wohnung des Befragten wird eine gewisse Annäherung an die Normalsituation erreicht. Mit Hilfe einer tragbaren Video-Anlage führt der Interviewer die gleiche zweistufige Spot-Analyse durch, die auch im Teststudio zur Anwendung gelangt. Neben der Befreiung vom „Labor-Effekt" ist auch ein gewisser Vorteil darin zu sehen, daß das Heiminterview länger ausgedehnt werden kann als die Studiobefragung.

Da sich in Deutschland die Gruppentest-Verfahren (Vgl. Variante 3 und 4) nicht durchgesetzt haben und sowohl der Test-Bus wie auch die Heimbefragung nur Variationen des Studio-Tests darstellen, wollen wir nur auf letzteren sowie auf den Storyboard-Test etwas näher eingehen.

4.7.2.1 Der Storyboard-Test

Unter einem Storyboard wird eine Reihe von Skizzen verstanden, die den Bild-, Handlungs- und Textablauf eines Fernsehspots darstellen. Die Bilder sind – ähnlich wie beim Anzeigen-Layout-Test – handgezeichnet. Die Darbietung der Storyboards kann auf unterschiedliche Art und Weise erfolgen:

- Vorlage des gezeichneten Storyboards:
  Hier handelt es sich um die einfachste Form der TV-Spot-Analyse, wobei den Testpersonen nur die handgezeichneten und entsprechend aneinandergereihten Skizzen mit Begleittext vorgelegt werden.
- Die Tonbildschau:
  ist in diesem Sinn eine bereits verfeinerte Darbietungsform, wobei die auf Dias fotografierten Handskizzen mit Musik und gesprochenem Text unterlegt werden können. Durch die zeitliche Steuerung der Diavorgabe sowie durch die Tonunterlegung entsteht ein etwas realitätsgetreuerer Eindruck.
- Das Video-Band
  Im Grunde handelt es sich hier um das gleiche Verfahren wie bei der Tonbildschau, nur daß die einzelnen Szenen nicht mit einem Fotoapparat, sondern mit einer Videokamera aufgenommen werden und dementsprechend über einen Monitor vorgeführt werden können. Begleittext und Musik laufen ebenfalls über den Monitor.

Grundsätzlich verfolgt der Storyboard-Test die gleichen Aufgaben und unterliegt den gleichen Problemen wie der Anzeigen-Layout-Test. Die Aufgabe ist in der Überprüfung der konzeptionellen Grundidee bzw. im Vergleich verschiedener Grundkonzepte zu sehen, die Probleme liegen in der wenig biotischen Darbietungsform, die allenfalls eine Konzeptbeurteilung, aber keine gesamte Spotbeurteilung zuläßt. Engt man die Aussagekraft eines Storyboard-Tests strikt auf den Vergleich unterschiedlicher Grundkonzepte ein, so hat er trotz seiner großen methodischen Probleme dennoch seine Berechtigung. Diese Probleme werden gegenüber dem Anzeigen-Layout-Test noch dadurch verschärft, daß wesentliche Elemente

eines jeden Fernsehspots, wie „dynamischer Handlungsablauf" und „Kombination von Handlung mit Sprache und Musik" nicht wirksam genug vorgeführt werden können.
Wegen dieser großen Unvollkommenheit wird der Storyboard-Test noch seltener durchgeführt als der Anzeigen-Layout-Test.

4.7.2.2 Der TV-Spot-Test im Studio

Vorhersagen über die Wirksamkeit eines Fernsehspots lassen sich erst dann treffen, wenn der Werbefilm in seiner endgültigen Version vorliegt. Um den Spot testen zu können, wird er auf Video-Bänder aufgenommen und über normale Fernsehschirme abgespielt. Aufgrund der hierzu notwendigen, relativ aufwendigen und vor allem schweren Apparaturen werden Fernsehspot-Analysen meist im Studio durchgeführt. Bei entsprechender Einrichtung dieser Studios ist es möglich, den Spot sowohl in Farbe als auch in Schwarz-Weiß vorzuführen. Weiterhin kann in Studios der Testablauf sowohl in offener als auch verdeckter Versuchsanordnung vorgenommen werden. Wenden wir uns zunächst der Beschreibung *offener* Versuchsanordnungen zu:
Die Testpersonen werden bereits auf der Straße darüber informiert, daß sie zu einem Fernsehspot-Test gebeten werden, ohne jedoch über den Test-Spot selbst bzw. das umworbene Produkt informiert zu werden. Das Testprogramm läuft nun – analog zur biotischen Anzeigenanalyse – in zwei Phasen ab:
(1) Phase: Darbietung des Test-Spots im Werbeblock (= *Recall-Phase*)
Um Recall-Werte messen zu können, ist es erforderlich, den zu testenden Spot in einen Werbeblock einzubetten. Diese sog. „Werbeblocks" bestehen aus bereits geschalteten Werbesendungen und umfassen in der Regel ca. 10 verschiedene Spots. In die Mitte dieses Werbeblocks, meist an 5. oder 6. Position, wird der zu untersuchende Spot eingeblendet. Die so präparierte Werbesendung wird gelegentlich mit einem kurzen Vor- und/oder Nachprogramm (Ausschnitte aus Spielfilmen oder Unterhaltungssendungen) ergänzt und den Testpersonen vorgespielt. Dabei ergeht mit Ausnahme des Hinweises, sich diese Sendung anzusehen, keine weitere Information an die Befragten. Der gesamte Werbeblock wird nur einmal abgespielt. Im Anschluß hieran erfolgt eine gründliche Erinnerungsanalyse, die sich nicht nur auf den Recall-Wert des Test-Spots im Vergleich zu den anderen Spots beschränkt, sondern vor allem auf die vollständige und richtige Erinnerung der gesamten Werbebotschaft sowie aller einzelnen Szenenelemente abzielt.

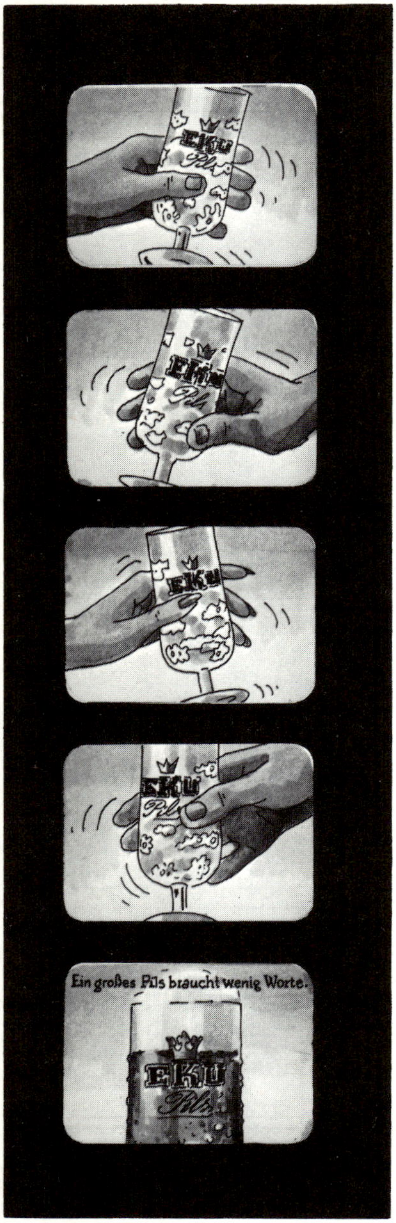

TV-Spot 20 sec. EKU-Pils

VIDEO	AUDIO
	Background-Geräusch Partygemurmel
1. Männerhand stellt leeres EKU-Glas von links ins Bild. Nah. Schnelle Blende.	1. Mann: Aaaah!
2. Männerhand stellt leeres EKU-Glas von rechts ins Bild. Nah. Schnelle Blende.	2. Mann: Aaaah!
3. Frauenhand stellt leeres EKU-Glas von links ins Bild. Nah. Schnelle Blende.	3. Frau: Kichert!
4. Männerhand stellt leeres EKU-Glas von rechts ins Bild. Nah. Schnelle Blende.	4. Mann: Aaaah!
5. Produkt. Nah. Super.	5. Sprecher: Ein großes Pils braucht wenig Worte.

Abb. 62: Storyboard für einen TV-Spot

(2) Phase: Nochmalige isolierte Vorführung des Test-Spots (= *explorative Phase*)

Nach der Vorführung des Testblocks und der anschließenden Erinnerungsbefragung wird der Test-Spot noch einmal isoliert, d. h. ohne vergleichende andere Spots vorgespielt. Im Anschluß hieran erfolgt eine ausführliche, explorative Detailanalyse des Spots, wobei thematisch die gleichen Inhalte abgefragt werden wie im Rahmen der explorativen Anzeigenanalyse (vgl. S. 275 ff.).

Über diesen Themenkreis hinaus gibt es einige spezifische Aspekte, die bei der Analyse von Fernsehspots zu beachten sind:

- Da ein Fernsehspot keine Möglichkeit zur längeren Betrachtung läßt, muß die Handlung klar, einfach und möglichst monothematisch sein. In diesem Sinne ist zu überprüfen, ob ein zu häufiger Szenen- oder Themenwechsel das Verständnis der Werbebotschaft erschwert hat.
- Handlungsszenen neigen im Film in hohem Maße zur Verselbständigung. Dadurch geraten gelegentlich die Produktaussagen in den Hintergrund. Die Handlung eines Werbespots soll zwar die Aufmerksamkeit des Betrachters wecken, sie darf jedoch nicht zum Selbstzweck werden, sondern muß das Interesse des Verbrauchers rasch auf das Produkt bzw. die Produktaussage lenken. Filmhandlung und Produktdemonstration müssen somit eine erlebnismäßige Einheit werden.
- Aufgrund der engen zeitlichen Nachbarschaft der Spots im Werbeblock ist es für jeden einzelnen Spot schwieriger, aber auch umso notwendiger, die Aufmerksamkeit des Verbrauchers auf sich zu lenken. Häufig erreicht man dies durch akustische Signale (z. B. Erkennungsmelodien), durch deren konstante Wiederholung eine spontane Wiedererkennung und Aufmerksamkeitsweckung erreicht wird. In diesem Sinne muß untersucht werden, ob der Test-Spot über prägnante und eingängige akustische oder optische Signale verfügt.

Der TV-Spot-Test mit *verdeckter* Versuchsanordnung gleicht im Hinblick auf Testanordnung und -durchführung weitgehend dem Anzeigen-Wartezimmer-Test. So werden auch hier die Passanten zu einem kurzen Interview ins Studio gebeten, *ohne* daß sie über Art oder Inhalt des nachfolgenden Interviews aufgeklärt werden. Im Teststudio bittet man sie, in einem Wartezimmer Platz zu nehmen und kurz zu warten. Im Zimmer selbst befindet sich ein Fernsehgerät, das der Interviewer einschaltet und die Testperson bittet, sich hiermit die Zeit bis zum Beginn des Interviews zu verkürzen.

Über das Fernsehgerät wird unbemerkt ein präpariertes Videoband abgespielt, das zunächst ein normales Unterhaltungsprogramm bietet. Nach ca. 3 bis 4 Minuten geht diese Sendung zu Ende und wird von einer Werbesendung abgelöst. In die Mitte dieser Werbesendung wurde der zu testende Spot eingeblendet. Nach Ablauf der Werbesendung wird das Programm wieder mit einer neuen Unterhaltungssendung fortgeführt. Man läßt die Testperson noch ca. 3 bis 5 Minuten zusehen und bittet sie dann zum Interview.
Der Vorteil dieses Verfahrens liegt in der weitgehend versteckten und damit realitätsgetreuen Darbietungssituation, so daß mit einer „normalen" und ungesteuerten Zuwendung der Testperson zu rechnen ist. Die Wartefrist von weiteren 3 bis 5 Minuten nach Ablauf der Werbesendung verbessert zusätzlich die Realitätsnähe der auf diese Weise ermittelten Recall-Werte.

4.7.3 Der Plakat-Test

Obwohl Plakate, Transparente und andere Werbemittel aus dem Bereich der „Außenwerbung" vergleichsweise selten auf ihre Wirksamkeit hin untersucht werden, wollen wir auf die wichtigsten Verfahren aus diesem Bereich kurz eingehen. Grundsätzlich sind bei der Analyse eines Werbeplakates die gleichen inhaltlichen Aspekte zu untersuchen, wie bei einem Anzeigen- oder TV-Spot-Test. Diese betreffen

- die Erinnerungsstärke und Durchsetzungskraft,
- die konzeptionelle Klarheit,
- die verständliche und attraktive Produktdemonstration, etc.

Neben der Erfüllung dieser allgemeinen werblichen Anforderungen muß sich das Plakat noch einer zusätzlichen und spezifischen Problematik gewachsen zeigen: der Konkurrenz mit einer unerhörten Fülle „nicht-spezifischer Reize". Während die Aufmerksamkeit des Illustrierten-Lesers voll und ganz auf seinen Lesestoff konzentriert ist, während der Fernsehzuschauer sich ganz dem Geschehen auf der Mattscheibe hingibt, wird der Passant, der an einem Plakat vorbeigeht, durch eine Vielzahl optischer Reize abgelenkt, die vom Straßengeschehen ausgehen. So hat er auf den Verkehr zu achten, muß auf andere Passanten Rücksicht nehmen, wird durch Schaufenster abgelenkt, durch den herankommenden Bus zur Eile angetrieben, etc. Weiterhin ist zu berücksichtigen, daß die Blickrichtung des Passanten von vornherein *nicht* auf das Werbemedium ausgerichtet ist, wie beim Illustrierten-Leser oder Fernsehzuschauer. Aus diesem Grund

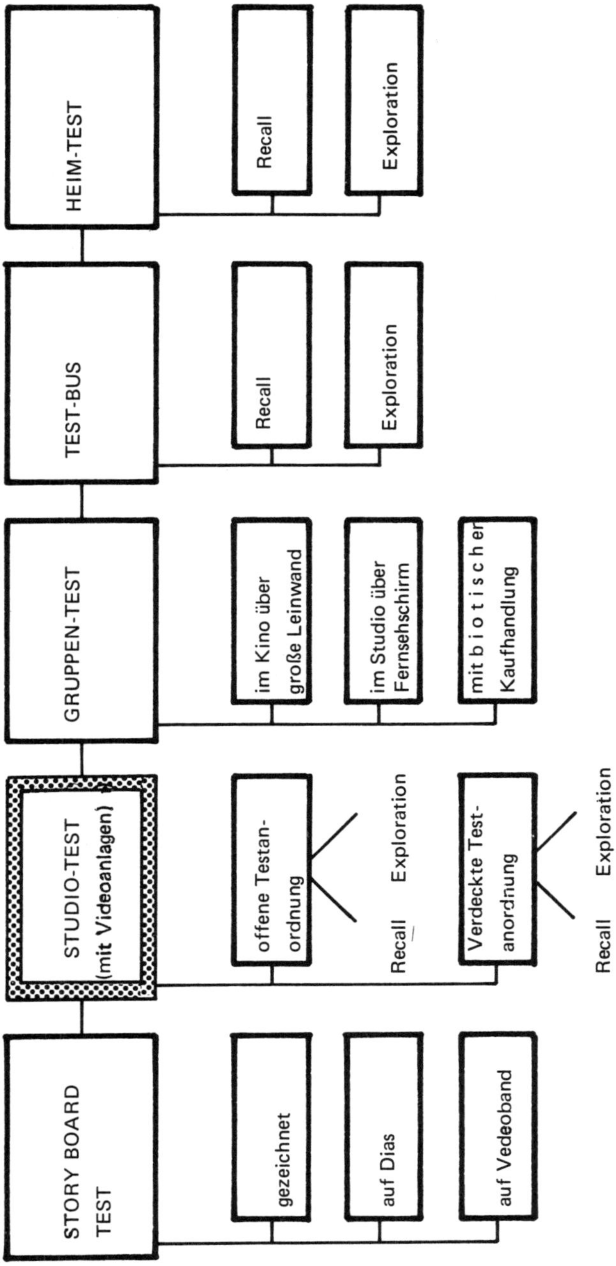

Abb. 63: Verfahren zur Analyse von TV-Spots

muß das Plakat, mehr als jedes andere Werbemittel, um die Aufmerksamkeit des Verbrauchers ringen und durch besonders prägnante und attraktive Signale sein spontanes Interesse wecken.
Die einzelnen Verfahren zur Plakat-Analyse lassen sich in Kürze wie folgt beschreiben:

4.7.3.1 Das Beobachtungsverfahren

Sollen unterschiedliche Plakate miteinander verglichen werden, so stellt man diese Plakate an Plätzen auf, die eine möglichst vergleichende Testsituation gewährleisten. Möchte man nur ein Plakat untersuchen, so wird dieses an möglichst verschiedenen Plätzen aufgestellt werden, um den Einfluß einer unterschiedlichen Passantenfrequenz, Verkehrs- und Geschäftsdichte auf die Plakatbeachtung mit erfassen zu können. Beim Beobachtungsverfahren postiert sich hinter einer ausgewählten Anzahl von Plakaten je ein Beobachter, der durch ein kleines Loch in der Plakatwand die vorbeigehenden Passanten auf ihre Blickzuwendung hin kontrollieren kann, ohne selbst gesehen zu werden. Die Aufgabe dieses Beobachters liegt in der rein numerischen Erfassung (Zählung) aller Passanten, die in Blicknähe am Plakat vorbeigehen (= Zahl der potentiellen Kontakte) bzw. all der Personen, die sich in erkennbarer Weise dem Plakat zuwenden. Dabei wird die Intensität der Zuwendung unterschieden nach

- kurzen, flüchtigen Blickkontakten ohne Verlangsamung des Schrittes,
- kurzen Blickkontakten bei Verlangsamung des Schrittes,
- längerem Blickkontakt mit kurzem Stehenbleiben,
- intensiverer Zuwendung, Stehenbleiben und detaillierterer Betrachtung des Plakates.

Bei der längeren und intensiveren Kontaktzuwendung ermittelt der Beobachter mit Hilfe einer Stoppuhr die Betrachtungsdauer. Alle Daten werden in ein vorbereitetes Formblatt eingetragen.

4.7.3.2 Kombiniertes Beobachtungs- und Befragungsverfahren

Während das bisher geschilderte Beobachtungsverfahren ausschließlich den Aufmerksamkeitswert des Plakates ermittelt und keinerlei Aussagen über Erinnerungswerte bzw. über das Verständnis, die Akzeptanz und Attraktivität der Werbeaussage beinhaltet, werden diese Aspekte im kombinierten Beobachtungs- und Befragungsverfahren weitgehend berücksichtigt.
Die Testanordnung gestaltet sich weitgehend analog zum Beobachtungsver-

fahren, wobei dem „Späher“ hinter der Plakatwand eine zusätzliche Aufgabe zukommt: Mit Hilfe eines Sprechfunkgerätes gibt er eine kurze Personenbeschreibung der Passanten weiter, die das Plakat – wenn auch nur kurz – beachtet haben. Diese Beschreibung wird von einem Interviewer entgegengenommen, der in einem entsprechenden Abstand vom Plakat wartet. Die Distanz zwischen den beiden Interviewern wird dabei so gewählt, daß das Plakat von der Stelle des zweiten Interviewers aus nicht mehr sichtbar ist. Die Aufgabe des zweiten Interviewers besteht darin, diejenigen Personen, die sich dem Plakat zugewendet haben, in einem kurzen Tonband-Interview zu fragen,

- warum sie sich das Plakat angesehen haben bzw. wodurch ihr Interesse geweckt wurde,
- an welche Details des Plakates sie sich noch erinnern können,
- wie die Produkt- oder Werbeaussage verstanden wurde,
- was am Plakat gefiel bzw. nicht gefiel,
- ob durch das Plakat ein gesteigertes Interesse am umworbenen Produkt entstanden ist?

Da das Plakat vom Ort der Befragung aus nicht mehr zu sehen ist, erfolgen alle Angaben der Testpersonen aus der Erinnerung heraus.

4.7.3.3 Befragung nach mehrmaligen Kontakten

In einem anderen Testansatz versucht man die Plakatwirkung nach mehreren Kontaktchancen zu messen. Hierzu wird das Testplakat über einen gewissen Zeitraum (meist 1 Woche) an Orten aufgehängt, wo die Gewähr besteht, daß dieselben Personen immer wieder an dieser Stelle vorbeikommen. Besonders geeignet hierfür sind Kantinen in großen Betrieben, Eingangshallen in Behörden oder öffentlichen Gebäuden, an Litfaßsäulen oder Plakatwänden vor Schulen oder Fabriktoren, in Bahnhofshallen etc. Nachdem das Plakat mehrere Tage lang aushing, beginnt die Befragungsaktion. Dabei wird zunächst ermittelt, wie oft die Befragungsperson im Testzeitraum die Stelle des Plakataushangs passiert hat, um die Zahl der Kontaktchancen zu erheben, im Anschluß hieran, wie oft sie das Plakat in diesem Zeitraum bewußt wahrgenommen hat und an welche Details sie sich zu erinnern vermag.
Selbstverständlich muß das Plakat an mehreren unterschiedlichen Stellen ausgehängt werden, damit keine gruppenspezifischen Beeinflussungen auftreten.

Über eine besondere Methode, den Aufmerksamkeitswert von Plakaten zu testen, berichtet Lucas und Britt [98]: „Eine Labormethode, um Außenwerbung (z. B. Plakate) im voraus zu testen, besteht aus einem Instrument, das einer Fahrschule ähnlich sieht, in der Fahrschüler ausgebildet werden. Der Fahrer hat die Hände am Steuer, während er in einen Spion schaut. Es ist seine Aufgabe, einen Kleinwagen in der Fahrbahn zu halten, wobei die Plakatanschläge ein Teil der vorübereilenden Szenerie sind. Wenn er die Fahrt beendet hat, dann wird er gefragt, was er gesehen hat.«

4.7.4 Der Namens-Test

Die Gestaltung von Markennamen, wie „Mon Chérie“ oder von Dienstleistungsbezeichnungen, wie „Überschußsparen“ (automatische monatliche Abbuchung des verbleibenden Geldbetrages vom Giro- auf ein Sparkonto) unterliegt weitgehend den gleichen Gesetzmäßigkeiten wie die Gestaltung anderer Werbemittel. Auch beim Markennamen sind Aspekte, wie Prägnanz, Aufmerksamkeitsstärke, Merkbarkeit, Produkt- und Image-Adäquatheit etc. von großer Bedeutung. Aus diesem Grunde wird häufig im Zusammenhang mit Produkt-, Packungs- oder Anzeigen-Tests eine Analyse des Markennamens bzw. der Produktbezeichnung vorgenommen.
Da es für Hersteller von Markenartikeln mittlerweise sehr schwierig geworden ist, Namen oder Produktbezeichnungen ausfindig zu machen, die nicht bereits von anderen Firmen markenrechtlich geschützt sind, liegt eine erste schwierige Aufgabe des Produktmanagers im Auffinden eines geeigneten und noch nicht geschützten Namens. Sucht man für das neue Produkt nur einen schön klingenden Phantasienamen, so bedient man sich bei der Namensfindung sogar gelegentlich des Computers, der aus entsprechend vielen eingegebenen Silben jede denkbare Kombination herstellt.
Bei der Suche nach sog. „sinnvollen Namen“, d. h. nach Bezeichnungen, die in einem konkreten und erkennbaren Bezug zum Produkt stehen, bedient man sich eher der Kreativtechniken, um zu einer verwertbar großen Anzahl an Namensideen zu kommen.
Für die testpsychologische Überprüfung sollte die Zahl der zu untersuchenden Alternativen auf nicht mehr als 5 Namen eingeschränkt werden. Sofern sich nicht bereits durch die markenrechtliche Schützbarkeit des Namens eine entsprechende Reduzierung ergeben hat, muß diese vom Produktmanager nach eigenem Gutdünken vorgenommen werden. Die zur Wahl stehenden Namensalternativen können entweder im monadischen oder im rotierenden Testansatz überprüft werden. Aufgrund der vergleichsweise

geringen Komplexität von Namenstests im Unterschied zu Anzeigen-Tests erscheint die kostengünstigere Methode des rotierenden Untersuchungsansatzes durchaus angemessen.
Im einzelnen werden die für den Test ausgewählten Namensalternativen nach folgenden Kriterien analysiert:

- Merkbarkeit
  Im Sinn eines einfachen Lern- und Erinnerungstests wird dem Befragten eine Liste mit den zu testenden Namensalternativen sowie 15 bis 20 anderen unbekannten Namen und Produktbezeichnungen vorgelegt. Die Testperson erhält 2 bis 3 Minuten Zeit, sich diese Namen einzuprägen. Im Anschluß daran soll sie möglichst alle Namen aus dem Gedächtnis heraus reproduzieren. Ergibt sich in diesem einfachen Lern-Experiment eine unterdurchschnittliche Erinnerungshäufigkeit der Testnamen, so muß nach den Ursachen geforscht werden, die sowohl in der Komplexität, in der zu geringen Originalität oder gar in einer unbewußten Ablehnung der Namen liegen können.
- Der Bedeutungshof
  Kein Name steht völlig abstrakt und bedeutungslos im Raum. Jeder Name, jede Bezeichnung, selbst wenn es sich hierbei um willkürliche Phantasieschöpfungen handelt, wird mit gewissen Vorstellungen belegt, die sich aus dem Klang, aus dem Wortbild und nicht zuletzt aus konkreten Erlebnissen und Erinnerungen zusammensetzen, die der Betreffende mit ähnlichen Namen oder Bezeichnungen verbindet. Diesen Bedeutungshof, d. h. die spontanen Vorstellungen, die sich mit einem Namen verbinden, analysiert man am häufigsten mit Hilfe der freien Assoziationsmethode. Hierbei wird die Testperson lediglich aufgefordert, alles zu sagen, was ihr im Zusammenhang mit diesem Namen einfällt und diese spontanen Einfälle möglichst lange weiterzuführen (Assoziationskette).
- Produktadäquatheit
  Erste Aufschlüsse über die Produktadäquatheit eines Markennamens lassen sich bereits aus dem Bedeutungshof ableiten, der diesen Namen umgibt. Dominieren hier Vorstellungen, die mit dem Produktbild nicht harmonieren, so muß von diesem Namen Abstand genommen werden. Konkretere Anhaltspunkte für die Produktadäquatheit eines Markennamens lassen sich durch einfache Produktzuordnungen erreichen. Hierbei wird die Testperson gebeten, Produkte oder Produktbereiche zu benennen, für die der Name ihrer Ansicht nach geeignet erscheint. Gleicherma-

ßen sollen Produkte und Produktbereiche benannt werden, für die der Name besonders unpassend erscheint. In beiden Fällen soll die Zuordnung entsprechend begründet werden.

- Unverwechselbarkeit
  Jeder neue Markenname muß sich von konkurrierenden Markenbezeichnungen klar genug unterscheiden. Diese Abhebung muß sowohl auf der akustischen Ebene (Klang) wie auch auf der optischen Ebene (Schriftbild) gewährleistet sein. Letzteres läßt sich am eindeutigsten mit Hilfe des Tachistoskops ermitteln.
- Wertungen, die sich mit dem Namen verbinden (Beurteilungsprofil)
  Vielfach werden mit Namen spontane Wertungen verbunden, die sowohl allgemeiner Natur (z. B. konservativ / modern) oder auch subjektiver Valenz (sympathisch / unsympathisch) sein können. Diese spontanen Wertungen lassen sich am besten mit Hilfe eines Polaritätenprofiles ermitteln.
- Einfachheit, Verständlichkeit, Aussprechbarkeit
  Markennamen sollten zur leichteren Merkbarkeit und Aussprechbarkeit eher einfach, kurz und prägnant sein. Besondere Probleme bereiten in dieser Hinsicht vielfach Namen, die keinen konkreten Sinnbezug erkennen lassen (Litamin, Sham-tu etc.) und ausländische Namen (Wrigley, Cointreau), die schwer auszusprechen sind.
- Verständnis des Sinnbezugs (im Hinblick auf die Werbebotschaft)
  Vielfach liegt im Markennamen eine mehr oder weniger deutliche und ausformulierte Werbe- oder Produktbotschaft. Beispiele hierfür: „die leichte 4“ (Kondensmilch mit geringerem Fett- und Kaloriengehalt), „Minical“ (Schlankheitsprodukt), „3-Wetter-Taft“ (Haarspray für Wind, Regen und Sonne), „Überschußsparen“ etc. In all diesen Namen steckt eine Produktbotschaft, die dem Verbraucher den Zugang zu diesem Produkt erleichtern soll. Es ist zu überprüfen, ob diese Botschaft verstanden und im Sinn der Konzeption interpretiert wird.

Neben dieser psychologischen und semantischen Namensanalyse darf die Analyse der *optischen* Wirkung eines Marken-*Schriftzuges* nicht vergessen werden. Das optische Bild eines Markennamens kann vielfach zum Markenzeichen schlechthin werden und muß deshalb in dieser gesamtheitlichen Wirkung (optisch-akustisch-semantisch) untersucht werden. Die Schriftbild- oder Markenzeichen-Analyse wird häufig mit Hilfe eines Tachistoskops vorgenommen. Dabei wird sowohl die

- Gestaltungsanmutung (bei kurzen Darbietungszeiten),
- Prägnanz und Unverwechselbarkeit,
- Lesbarkeit sowie
- die spontane Sympathie

analysiert, die vom jeweiligen Schriftbild ausgeht.

5. Die Anwendungsgebiete multivariater Verfahren in der Marktforschung

Die multivariaten Verfahren kennzeichnen einen Methodenbereich der Statistik, der es ermöglicht, die gegenseitigen Abhängigkeiten einer Vielzahl von Variablen *gleichzeitig* zu untersuchen. Dies erfolgt über komplexe, mathematisch-statistische Verfahren, wie z. B. die

- multiple Regressionsanalyse
- Korrelationsanalyse
- Varianzanalyse
- multidimensionale Skalierung.

Im Unterschied zu uni- oder bivariaten Verfahren der Statistik, wo die Beschreibung eines Untersuchungsgegenstandes nur anhand *einer* Variablen erfolgt (Maßzahl ist der Mittelwert) bzw. mit Hilfe der Abhängigkeit einer Variablen von einer oder mehreren anderen (Maßzahl ist der Korrelations- oder Regressions-Koeffizient), ist es bei den multivariaten Verfahren möglich, eine Vielzahl von Variablen und ihre gegenseitigen Abhängigkeiten zu erfassen und zur Analyse und Beschreibung eines Untersuchungsgegenstandes heranzuziehen.

Der gesamte Verfahrensbereich ist relativ neu und erst Mitte der 60er Jahre in die Marktforschung eingeführt worden. Obwohl die Verfahren von ihrer Theorie her bereits längere Zeit bekannt waren (so z. B. die Faktorenanalyse seit den 30er Jahren), war aufgrund des immensen Rechenaufwandes an eine praktische Verwertbarkeit in der Marktforschung lange Zeit nicht zu denken. Erst durch die größeren Rechenkapazitäten und geringeren Rechenkosten moderner elektronischer Datenverarbeitungsanlagen konnten diese Verfahren auf ökonomisch vertretbare Weise eingesetzt werden.

Ihren Durchbruch in der Marktforschung erzielten die multivariaten Verfahren nicht nur aufgrund der verbesserten EDV-Möglichkeiten, sondern vor allem wegen der Erkenntnis, daß der zunehmend differenzierter werdende Markt eine ebenso differenzierte Betrachtung des Marktgeschehens erforderlich macht. So erwies es sich als unzureichend, mit der Vorstellung von einem „durchschnittlichen" Verbraucher zu arbeiten, dessen Einstellungen und Verhaltensweisen aus Mittelwerten errechnet wurden, die die gruppenspezifischen Unterschiede zwischen den Verbrauchern vernachlässigten bzw. nivellierten. (Gefahr der univariaten Betrachtung über Mittelwerte). Gleichzeitig erwies es sich als ebenso unzureichend, die individuelle

Einstellung eines Verbrauchers nur aus zwei oder drei relevanten Einflußgrößen herzuleiten (Korrelation bzw. Regression). Vielmehr zeigte sich auch hier das zu untersuchende Gefüge viel komplexer und von einer sehr viel größeren Zahl von Einflußfaktoren abhängig.
In einfachen Worten: Um eine tiefstmögliche Aufgliederung des Marktes nach vielen voneinander unterschiedlichen, aber in sich homogenen Bedürfnissegmenten (Verbrauchergruppen) zu erreichen, bedurfte es des Einsatzes multivariater Verfahren.
Die Betrachtung des „durchschnittlichen" Konsumenten wurde abgelöst von der Suche nach möglichst vielen verschiedenen Konsumentengruppen, deren Mitglieder untereinander weitgehende Ähnlichkeiten aufwiesen.
Mit diesen Forderungen haben wir die Aufgabenstellung der

- Einstellungsforschung,
- Marktsegmentation bzw.
- Verbrauchertypologie

umrissen. Die multivariaten Verfahren bilden somit das methodische Rüstzeug für alle psychologischen Segmentations-Verfahren.

5.1 Die Einstellungs-Messung

Dem Begriff der „Einstellung" haben wir uns im Bereich der Motivforschung bereits sehr stark genähert. Sowohl Motive wie auch Einstellungen beeinflussen unser Verhalten in starkem Maße, wobei es sich bei der motivationalen Beeinflussung eher um kurzzeitige und spezifische Einwirkungen handelt, während Einstellungen mehr als dauerhafte und konstante Bereitschaften (vergleichbar den „Dispositionen") anzusehen sind, die unser Verhalten *grundsätzlich* und unabhängig von spezifischen Motiveinflüssen mit steuern. Einstellungen sind somit als grundsätzliche Bereitschaften anzusehen, aufgrund derer ein bestimmtes Verhalten eher wahrscheinlich auftritt als ein anderes. Sie geben somit die Basis ab, auf der Motive erst wirksam werden können.
Auf diesem Hintergrund ist es verständlich, daß Einstellungen trotz – oder gerade wegen – ihrer steten und latenten Gegenwärtigkeit, in ihrem Einfluß auf das konkrete Verhalten keineswegs so bewußt sind, wie dies bei Motiven der Fall ist, die im Augenblick ihrer Existenz eine starke und intensive Bewußtheit erlangen.

Die Bedeutung, die die Einstellungsforschung im Lauf der letzten Jahre erlangt hat, ist somit auf folgende Faktoren zurückzuführen:

- Einstellungen sind relativ konstante, schwer veränderliche Grunddispositionen des Menschen,
- sie stellen die Basis dar, auf der Motive erst wirksam werden können,
- sie sind latent immer gegenwärtig und beeinflussen – häufig unbemerkt – das Verhalten,
- Einstellungen sind in diesem Sinn grundlegende Triebfedern des menschlichen Handelns,
- deren Kenntnis bedeutsam wird für das Verständnis und die Prognose individueller Entscheidungen und Verhaltensweisen.

„Um menschliches Verhalten auf lange Sicht hin zu verstehen (Voraussagen!), müssen wir versuchen herauszufinden, mit welcher Wahrscheinlichkeit sich Individuen in bestimmter Weise motivieren lassen werden – mit anderen Worten, welche Einstellungen ihnen zugrundeliegen." [112, S. 123]

5.1.1 Allgemeine Aspekte der Einstellungsmessung

Mit Hilfe von Skalierungs-Techniken und der multivariaten Datenanalyse ist es möglich geworden, Einstellungsstrukturen nicht nur qualitativ zu beschreiben (Motivforschung), sondern auch *quantitativ* zu erfassen. Mit Hilfe der Einstellungs-Messung ist es möglich,

- die verschiedenen relevanten Einstellungsdimensionen zu einem bestimmten Produkt, Thema oder Meinungsgegenstand numerisch zu erfassen und voneinander zu trennen (Frage: Wieviele verschiedene Einstellungsdimensionen gibt es?),
- das exakte Gewicht zu bestimmen, das jeder Einstellungsdimension im Rahmen des gesamten Einstellungsmusters zukommt (Frage: Wie wichtig sind einzelne Einstellungsdimensionen im Vergleich zu anderen?),
- die Ausprägung zu ermitteln, mit der ein bestimmtes Individuum eine bestimmte Einstellungsdimension vertritt (Frage: Wie sehr unterscheidet sich ein bestimmtes Individuum in seiner Einstellung von anderen?),
- verschiedene Verbrauchergruppen so zu klassifizieren, daß Gruppen entstehen, die in sich homogene und untereinander möglichst heterogene Einstellungen aufweisen (= Übergang zur Typologie).

Im Bereich der praktischen Marktforschung unterscheidet man zwei Einsatzbereiche der Einstellungsmessung, und zwar einmal zur Erfassung der

allgemeinen Persönlichkeitsstruktur und Persönlichkeitsbeschreibung und zum anderen zur Erfassung spezifischer Einstellungsdimensionen innerhalb eines *abgegrenzten Produktbereiches.*
Im ersten Fall handelt es sich um ein Skaleninstrument, das auf allgemeine Einstellungsdimensionen hin entwickelt wurde, wie „Modernität", „Preisbewußtsein", „Qualitätsbewußtsein", etc. Dieses Skaleninstrument wird gelegentlich von Marktforschungsinstituten entwickelt und im Rahmen von allgemeinen Marktforschungsstudien zusätzlich zur exakteren Zielgruppenbeschreibung verwendet.
Im zweiten Fall handelt es sich um ein Skaleninstrument, das speziell für die Erfassung und Messung aller relevanten Einstellungsdimensionen innerhalb eines bestimmten Produktbereiches (z. B. Kondensmilch) entwickelt wurde. Solche Einstellungs-Skalen werden häufig von Firmen entwickelt, um Einstellungsänderungen erfassen und deren Ausmaß und Wirkungen rechtzeitig diagnostizieren zu können.
In *methodischer Hinsicht* muß bei der Einstellungsmessung unterschieden werden zwischen

- der Konstruktion des eigentlichen Testinstruments, mit Hilfe der sog. *Item-Selektion,*
- der Ermittlung und Gewichtung der relevanten Einstellungsdimensionen, z. B. mit der *Faktorenanalyse.*

5.1.2. Die Konstruktion von psychologischen Einstellungs-Skalen

Wie bereits erwähnt, erfolgt die Einstellungs-Messung mit Hilfe intervallskalierter Aussagen, die so gewählt werden, daß sie den betreffenden Einstellungsbereich möglichst vollständig abdecken. Das heißt: die einzelnen Items (Aussagen) müssen so formuliert werden, daß alle denkbaren Einstellungsvarianten zum Ausdruck kommen können. Nur wenn diese Forderung erfüllt ist, können alle relevanten Einstellungsdimensionen erfaßt und ihre Bedeutung rechnerisch ermittelt werden.
Die Konstruktion von Einstellungs-Skalen umfaßt somit zwei wesentliche Arbeitsschritte:

(1) Erstellung eines umfassenden Item-Pools,
worunter sich die Konstruktion verschiedener Aussagen versteht, die in ihrer Summe alle auffindbaren Einstellungsvarianten abzudecken vermögen.

Da man bei diesem Bemühen den Item-Pool häufig auf weit über 100 (gelegentlich bis zu 250) Items aufbläht, erweist es sich für die praktische Durchführung als unerläßlich, diesen Item-Pool mit Hilfe geeigneter Verfahren so zu reduzieren, daß zwar die Zahl der Items wesentlich gekürzt wird, ohne jedoch die Breite der Einstellungsnuancen zu beschneiden. Hieraus folgt:

(2) Die Reduktion des Item-Pools
auf eine möglichst kleine Anzahl von Items, die im testtheoretischen Sinne ein weitgehend zuverlässiges und valides Meßinstrument ergeben.

5.1.2.1 Erstellung des Item-Pools

Das Problem jeder multivariaten Datenaufbereitung liegt heute weniger in den formalen Verfahren, als in der Gewinnung zuverlässiger Ausgangsdaten. Jede Faktoren-, Cluster- und Diskriminanzanalyse kann nur die Daten verarbeiten, die im Item-Pool enthalten sind. Fehlen hier Informationen, so werden sie auch in den endgültigen Resultaten der Faktorenanalyse etc. fehlen. Soweit es also nicht gelingt, alle relevanten Aspekte, die im jeweiligen Einstellungsbereich eine Rolle spielen können, mit Items (Aussagen) zu erfassen und abzudecken, kann auch die Faktorenanalyse nicht die vollständigen und relevanten Einstellungsdimensionen wiedergeben. Aus diesem Grunde kann der Konstruktion des Item-Pools nicht genügend Sorgfalt gewidmet werden.

Folgende Schritte empfehlen sich für die Sammlung eines umfassenden Item-Pools:

- Sichtung und gründliche Analyse aller vorliegenden Marktuntersuchungen.
  Meist finden sich in den Unternehmen oder gelegentlich auch in den Marktforschungsinstituten bereits eine Reihe von einschlägigen Marktuntersuchungen aus dem betreffenden Produktbereich, die herangezogen werden können, um die Verbrauchermeinungen und -bedürfnisse sowie die Verwendungsmotive kennenzulernen. Es gilt, diese Studien gründlich zu lesen im Hinblick auf die dort eruierten Motive, Bedürfnisse und Einstellungen des Verbrauchers. Ist das zur Verfügung stehende Untersuchungsmaterial nicht sehr umfassend oder bereits älteren Datums, so empfiehlt es sich,
- zusätzliche psychologische Gruppenexplorationen oder Motivanalysen durchzuführen.

– Gespräche mit Experten aus dem Unternehmen (Marketing- und Produktmanager) oder der Werbeagentur und letztlich auch auf Absatzmittler-Ebene sollten die Sammlung relevanter Verbrauchereinstellungen abrunden.

Beispiel:
Aufgrund des stetig sinkenden pro-Kopf-Verbrauches von Kondensmilch in Deutschland entschlossen sich der Milch-Industrie-Verband sowie die Zentrale Marketinggesellschaft der Deutschen Agrarwirtschaft, Einstellungsskalen entwickeln zu lassen, um im Rahmen von wiederholten Einstellungsmessungen die möglichen Ursachen für diesen Absatzrückgang zu ermitteln. Generell lag die Vermutung zugrunde, daß sich die Einstellung des Verbrauchers zum Produkt „Kondensmilch" in den letzten Jahren entscheidend verändert hat und sich möglicherweise noch weiter verändern wird.
Im Rahmen einer desk research-Phase wurden über 15 verschiedene Marktforschungsstudien aus den letzten 10 Jahren analysiert.
Das besondere Augenmerk galt dabei möglichen Hypothesen für Konsumeinschränkungen auf Seiten des Verbrauchers. Aus diesen Unterlagen konnte eine Reihe von Daten und weiterführenden Hypothesen abgeleitet werden. Da die letzte Untersuchung jedoch länger als 2 Jahre zurücklag, entschloß man sich zur zusätzlichen Durchführung von psychologischen Gruppenexplorationen, um auch neueste Einstellungsaspekte kennenzulernen.
Aus allen nun vorliegenden Ergebnissen ließen sich bereits einige recht konkrete Hypothesen ableiten, wie: Kondensmilch widerspricht aktuellen Ernährungstrends, insbesondere der Schlankheits- und Gesundheitswelle / schwarz trinken wird modern / die zunehmende Anzahl an Fertiggerichten verdrängt Kondensmilch im Kochbereich / Kondensmilch wird durch Sahne ersetzt / etc.
Aus allen einzelnen Ergebnissen und Befunden wurde ein Item-Pool mit über 250 verschiedenen Items erstellt.

Nachdem alle Aspekte aufgelistet sind, die in irgendeiner Weise einstellungsrelevant sein könnten, müssen die einzelnen Items formuliert werden. Hierbei muß versucht werden, einen relevanten Aspekt, z. B. „Fettgehalt der Kondensmilch" unter jeweils verschiedenen Perspektiven auszuleuchten. So ließen sich beispielsweise folgende Items konstruieren:

1. „Kondensmilch sollte einen hohen Fettgehalt haben, damit man nur geringe Mengen zu verwenden braucht"
2. „Ich bevorzuge Kondensmilch mit geringem Fettgehalt"
3. „Kondensmilch mit viel Fett ist qualitativ besser"
4. „Obwohl Kondensmilch sehr fett und ungesund ist, verwende ich sie gern zum Kaffee, weil sie den Geschmack verbessert"
5.
6.

"
"
"

Bei der endgültigen Formulierung von Items ist darauf zu achten, daß

- die Items eindimensional formuliert sind
  (Beispiel für ein eindimensionales Item: „Ich bevorzuge Kondensmilch mit wenig Fett.“
  Beispiel für ein mehrdimensionales Item: „Ich bevorzuge Kondensmilch mit wenig Fett, aber ich mag auch keine Kondensmilch mit Zucker.“)
  Nur eindimensionale Items können mit Hilfe einer Skala klar beurteilt werden.
- Items nicht zu ähnlich formuliert werden,
- Items klar positiv oder negativ (keine doppelte Negation) sind,
- in etwa gleich viel positiv wie negativ formulierte Items zu jedem relevanten Einstellungsbereich vorhanden sind.

Die *Art der Skalierung* kann auf unterschiedliche Weise vorgenommen werden, wobei sich im Bereich der Einstellungsforschung nahezu ausschließlich unipolare Skalen durchgesetzt haben. Als besonders empfehlenswert erwies es sich, die einzelnen Items nicht auf Listen, sondern auf Kärtchen zu drucken, die bei jeder Testperson neu gemischt werden können, so daß sich eine jeweils zufällige Reihenfolge zwischen den einzelnen Items ergibt. Die Skalierung erfolgt ganz einfach dadurch, daß jedes Kärtchen auf das zugehörige Feld einer 7-poligen Flächenskala gelegt wird (Vgl. Abb. 64).

5.1.2.2 Reduktion des Item-Pools

Ziel der bisher beschriebenen Arbeitsschritte war es, alle nur denkbaren Einstellungsvarianten mit Hilfe von skalierten Aussagen abzudecken. Hierbei ergibt sich in der Regel ein sehr großer Item-Pool, der für die praktische Handhabung in der Marktforschung nicht zu gebrauchen wäre. Die Vorlage von über 200 zu skalierenden Items würde nicht nur die einzelne Testperson überfordern, sondern auch sehr viel Zeit in Anspruch nehmen und damit die Interview-Durchführung sehr verteuern.
Aus diesem Grund versucht man, den Item-Pool auf so wenige Items wie möglich zu reduzieren, wobei dennoch gewährleistet bleiben muß, daß alle relevanten Einstellungsdimensionen hinreichend erfaßt werden können.
Die Item-Selektion geht in drei Stufen vor sich:
(1) Stufe: Semantische Reduktion
Bei gründlicher Durchsicht eines umfassenden Item-Pools lassen sich immer eine Reihe von Items finden, die sich inhaltlich nicht unterscheiden.

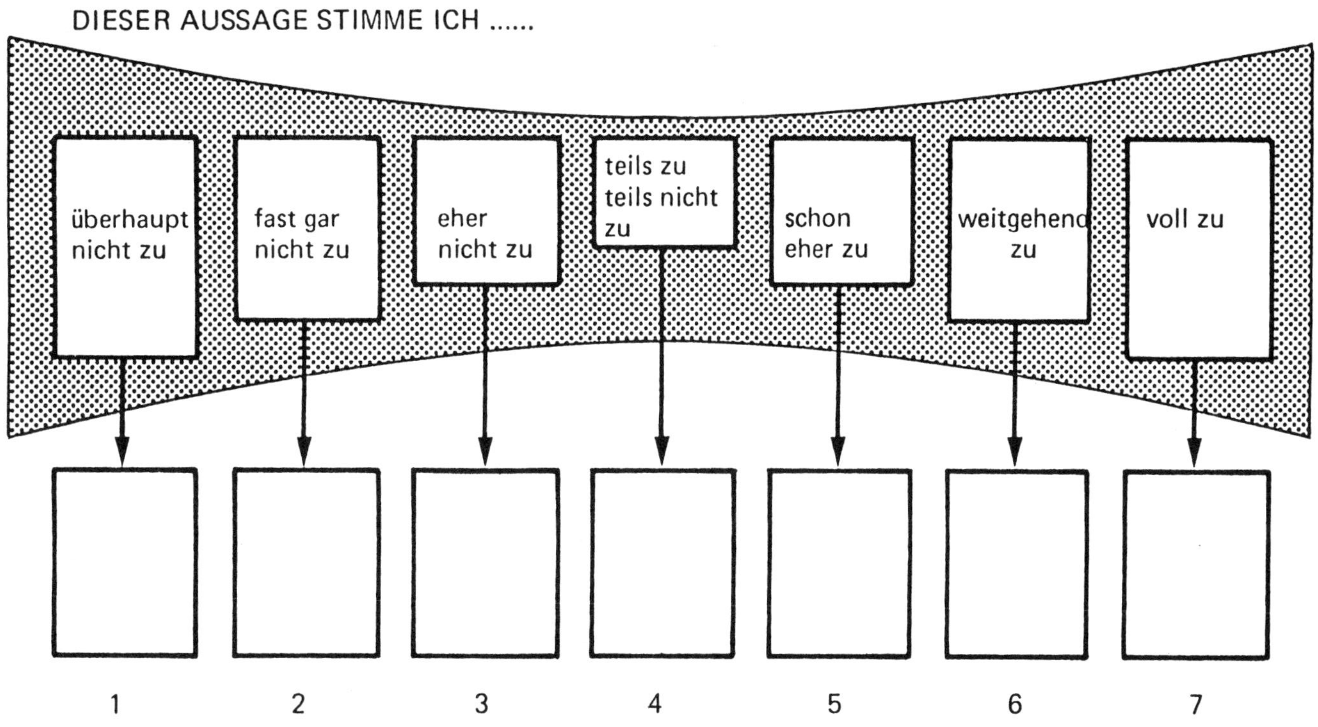

Abb. 64: Flächenskala zur Kärtchen-Zuordnung

Diese gleichlautenden oder zumindest gleichbedeutenden Items werden ausgeschieden.

(2) Stufe: Dimensionale Selektion

Es ist erstrebenswert, im Item-Pool alle durch die Vorselektion gefundenen Einstellungsbereiche möglichst gleichmäßig vertreten zu haben. Konkret: Der Einstellungsaspekt „Kondensmilch ist ungesund aufgrund des hohen Fettgehalts" sollte nicht mit wesentlich mehr Items vertreten sein als ein anderer Einstellungsaspekt, wie z. B. „Kondensmilch ist ein altmodisches Produkt". Es könnte die Ergebnisse durchaus beeinflussen, wenn der eine Aspekt nur mit einem Item und der andere mit 10 Items vertreten wäre. Während die 1. und 2. Reduktions-Stufe auf Instituts- bzw. Expertenebene vorgenommen werden kann, erfolgt die 3. (testtheoretische) Reduktions-Stufe auf mathematisch-statistischem Wege und bedarf somit einer vorhergehenden Beurteilung aller Items durch eine Selektions-Stichprobe. Hierzu wird die gesamte Item-Batterie (Kärtchen-Satz) einer begrenzten Auswahl von Verbrauchern zur Beurteilung vorgelegt.

(3) Stufe: Testtheoretische Reduktion

Die methodischen Grundvorstellungen hierzu ergeben sich aus der psychologischen Testtheorie. Folgende Kriterien werden zur Item-Selektion verwendet:

- *Trennschärfe*

  Unter dem Trennschärfen-Index versteht man die Korrelation des einzelnen Items mit allen übrigen Items der Skala. Die entsprechenden Werte sind aus der Interkorrelations-Matrix zu entnehmen. Korrelieren zwei Items in sehr hohem Maße miteinander, so kann eines von beiden ausgeschieden werden.

- *Schwierigkeitsgrad*

  Dieser Begriff kommt aus der Intelligenzforschung, wo testtheoretische Kriterien am frühesten beachtet wurden. Unter Schwierigkeitsgrad verstand man die Forderung, daß ein Item (eine Aufgabe) nicht von allen Testpersonen gleichermaßen gelöst oder nicht gelöst werden konnte. Sowohl eine extrem leichte Aufgabe wie eine extrem schwere Aufgabe trägt nicht dazu bei, die Intelligenzunterschiede zwischen verschiedenen Personen zu erfassen, da erstere von allen und letztere von kaum einer Testperson gelöst werden kann. Im Rahmen der Einstellungsforschung bedeutet Schwierigkeitsgrad eine möglichst breite Streuung der Antworten über das gesamte Skalenniveau hinweg. Ein gutes Item muß in der Lage sein, verschiedene Einstellungsintensitäten exakt zu erfassen und darf in diesem Sinne nicht von allen Testpersonen gleich skaliert werden. Items mit sehr geringer Streuung werden demgemäß ausgeschieden.

– *Eindimensionalität*

  Im Idealfall korreliert ein bestimmtes Item nur mit einer einzigen Einstellungsdimension in hohem Maße und mit anderen Einstellungsdimensionen nicht. Ein hoher Wert auf diesem Item würde somit eine klare Auskunft über die Zugehörigkeit zu einer bestimmten Einstellungsdimension geben. Die Eindimensionalität eines Items wird über die Faktorenanalyse ermittelt. Das Maß für die Eindimensionalität eines Items ist die sog. „Faktorenladung", die den Zusammenhang des Items mit einem extrahierten Faktor bezeichnet.

  In der Regel werden alle Items ausgeschieden, die nicht mindestens mit $r = 0{,}45$ auf einem der Faktoren laden.

Hat man alle bisher beschriebenen Reduktionsstufen durchlaufen, so hat sich in der Regel die Zahl der Items auf 20–30% des ursprünglichen Item-Satzes reduziert. In unserem Kondensmilch-Beispiel wurde der ursprüngliche Pool von über 250 Items auf einen endgültigen Set von 43 Items reduziert.

Hiermit stand ein Meßinstrument zur Verfügung, das sowohl den testtheoretischen Anforderungen genügte als auch inhaltlich breit genug angelegt war, um alle relevanten Einstellungsaspekte abdecken zu können.

5.1.3 Die Ermittlung relevanter Einstellungsdimensionen (= Faktorenanalyse)

Alle bisherigen Arbeiten dienten letztlich nur dazu, ein sauberes Meßinstrument zu konstruieren, mit dessen Hilfe sowohl unterschiedliche Einstellungsdimensionen wie auch unterschiedliche Ausprägungen auf diesen Dimensionen erfaßt werden können.

Aufgabe der nachfolgend beschriebenen Faktorenanalyse ist es,

> eine Vielzahl beobachteter Zusammenhänge auf einfache Grundstrukturen zurückzuführen. Sie gestattet es, aus dem Zusammenhang vieler einzelner beobachteter Merkmale auf die Zahl und Art der Bedingungen zu schließen, die ihnen gemeinsam zugrundeliegen und die wir dann als „gemeinsame Faktoren" bezeichnen.

Da eine ausführliche Darstellung des mathematisch-statistischen Rechenprozesses zur Faktorenermittlung im Rahmen dieser Ausführungen nicht möglich ist, soll auf die vielen einschlägigen Publikationen verwiesen werden, die im Lauf der letzten Jahre hierzu erschienen sind. Da für die Anwendung der Faktorenanalyse im Bereich der Marktforschung bereits eine Reihe sehr guter EDV-Programme existieren, ist es für den praktischen Marktforscher auch nicht unbedingt erforderlich, die mathematisch-statistische Theorie der Faktorenanalyse in allen Einzelheiten zu beherrschen.

Nicht verzichten wollen wir jedoch auf die Erläuterung der wichtigsten Begriffe, die im Rahmen der Interpretation von Faktorenanalysen gebraucht werden. Soweit wie möglich wollen wir diese Begriffe anhand unseres Kondensmilch-Beispiels verdeutlichen:

Kovarianz: Die Basis jeder Faktorenanalyse bilden die Skaleneinstufungen auf jedem Item durch jede Testperson. Bezüglich jedes Items werden über alle Testpersonen hinweg die Mittelwerte und Streuungsmaße berechnet. Die Kovarianz ist nun ein Ähnlichkeitsmaß, womit zum Ausdruck kommt, daß zwei Items insofern zusammenhängen, als eine Veränderung des einen Items eine ähnlich starke Veränderung des anderen zur Folge hat. Insofern wird die Kovarianz als das Miteinander-Variieren von Items bezeichnet.

Korrelationsmatrix: Die Korrelationsmatrix stellt den ersten grundlegenden Schritt in der faktorenanalytischen Datenverarbeitung dar. Sie gibt die Korrelationswerte jedes einzelnen Items mit jedem anderen Item wieder. Der enorme Rechenaufwand, der hierzu erforderlich ist, zeigt sich allein in der Zahl der ausgewiesenen Korrelationen, die nach der Formel: $K (K - 1) : 2$ berechnet wird (K = Zahl der Items). Die Korrelationsmatrix ist im Grunde nichts anderes als eine standardisierte Kovarianzmatrix.

In bezug auf unser Kondensmilch-Beispiel, wo mit einem Datenset von 43 Items gearbeitet wurde, würde die Korrelationsmatrix:

$$\frac{43 \cdot 42}{2} = 903$$

einzelne Korrelationen umfassen.

Faktor: Unter einem Faktor versteht man die mathematisch-statistische Extraktion der Ursachen (Faktoren), die die Korrelation einzelner Merkmale bedingen.

Extraktion der Faktoren: Zur Bestimmung der Faktoren werden heute hauptsächlich drei Methoden eingesetzt: die Hauptachsen-Methode von Kelley, die Hauptkomponenten-Methode von Hotelling sowie die Zentroid-Methode von Thurstone. Grundsätzlich entstehen dabei zwei Probleme:

(1) Die Faktoren müssen so gelegt werden, daß jeder *möglichst viel Varianz* aufnimmt.

(2) So muß bestimmt werden, *wieviele Faktoren insgesamt* genügend Varianz erklären.

Faktorladung: drückt den Zusammenhang zwischen dem einzelnen Item und dem ihm zugrundeliegenden Faktor aus. Diese Werte liegen wie jeder Korrelations-Koeffizient zwischen +1 und −1. Auf dem nachfolgenden Computer-Ausdruck (vgl. S. 318) sind die Faktorladungen der 43 verbliebenen Items (im Ausdruck als Variablen bezeichnet: Var.) auf den 10 extrahierten Faktoren dargestellt. Aus dieser Aufstellung wird deutlich, daß Item Nr. 32 mit einem Wert von 0,817 und Item Nr. 22 mit einem Wert von −0,783 die höchste positive bzw. negative Ladung auf dem Faktor 1 hat.
Aufklärungswert: worunter wir zunächst die Aufklärung eines Faktors für die Streuung *eines Items* verstehen wollen, der rechnerisch ganz einfach durch die Quadrierung der Faktorenladung ermittelt wird. Hat beispielsweise das Item 1 eine Ladung von 0,53 auf dem Faktor 1, so bedeutet dies, daß der Faktor 1 am Zustandekommen oder Auftreten des Items 1 zu 28% beteiligt ist, wohingegen der Faktor 4, auf dem das Item 1 eine Faktorladung von 0,17 hat, zu nur noch 2,8% am Auftreten dieses Items beteiligt ist.
Kommunalität: Unter der Kommunalität eines Items versteht man die Summe aller quadrierten Faktorladungen eines Merkmals über alle Faktoren hinweg. Die Kommunalität bezeichnet somit den Umfang, in dem das Item von allen aufgefundenen Faktoren erklärt wird. In unserem Beispiel müßten wir für Item Nr. 1 nur die Faktoren 1, 4, 6 und 7 betrachten, da alle anderen Faktoren rechnerisch nicht mehr relevant werden. Somit würde Item 1 durch diese vier Faktoren zu rund 36% in seinem Zustandekommen erklärt werden. Die restlichen 65% können durch die aufgefundenen Faktoren nicht erklärt werden.
Faktor – Eigenwert: Hier betrachten wir nicht mehr das einzelne Item, sondern den jeweiligen Faktor. Unter dem Faktor-Eigenwert verstehen wir die Summe der quadrierten Ladungen aller Items auf einem Faktor.
Aufklärung der Gesamtvarianz durch einen Faktor: Seine eigentliche Bedeutung erfährt der Faktor-Eigenwert erst dann, wenn er durch die Gesamtvarianz aller einzelnen Items dividiert wird. Auf diese Weise errechnet sich der Erklärungswert eines Faktors an der Gesamtvarianz aller gemessenen Merkmale. Die Aufklärung der Gesamtvarianz durch einen Faktor ist das unmittelbare Maß für die Bedeutung dieses Faktors. Je mehr Varianz er aufklärt, d. h. je mehr einzelne Items auf diesem Faktor hochladen, um so mehr trägt dieser Faktor zur Erklärung bestimmter Einstellungsweisen bei.

Die eliminierten Faktoren sind zunächst nur als mathematische Abstraktionen zu verstehen, die nur durch die Items erklärt werden können, die auf ihnen hochladen. Somit erfolgt die *Interpretation der Faktoren* ausnahmslos durch die hochladenden Items, die gleichzeitig untereinander in einem gewissen inhaltlichen Zusammenhang stehen.

Das nachfolgende Beispiel aus der Kondensmilch-Studie stellt die Interpretation des Faktors 1 dar, auf dem 8 Items relativ hoch laden. Im nachfolgenden Beispiel sind die Itemnummern, der Itemtext sowie die Ladung auf dem Faktor 1 angegeben. Aus dem Itemtext wird deutlich, daß es sich ausnahmslos um die Verwendung bzw. Nicht-Verwendung von Kondensmilch zum Kaffee handelt. Der Faktor wurde somit interpretiert als „Neigung zum schwarz- bzw. weiß-Trinken von Kaffee". Die positiv ladenden Items stehen dabei für die Verwendung von Kondensmilch, die negativ ladenden Items für die Nicht-Verwendung von Kondensmilch zum Kaffee.

FAKTOR 1

Neigung zum schwarz- bzw. weiß-Trinken von Kaffee

Item-Nr.	Item-Text	Faktorladung
32.	Erst mit Kondensmilch entfaltet der Kaffee sein volles Aroma	0.817[1)]
22.	Ich trinke Kaffee vor allem zur Anregung und da muß er schwarz sein	−0.783
36.	Den vollen Kaffeegeschmack erhält man nur, wenn man ihn schwarz trinkt	−0.774
26.	Zu Kaffee gibt es nichts Besseres als Kondensmilch	0.687
24.	Ich weiß, daß die fette Kondensmilch ungesund ist, aber mir schmeckt sie doch besser im Kaffee	0.680
8.	Ich weiß, daß fette Kondensmilch ungesund ist, aber mir schmeckt der Kaffee so besser	0.673
27.	Wenn ich mehrere Tassen Kaffee an einem Tag trinke, gebe ich nicht in jede Kondensmilch	−0.603
1.	Obwohl Kondensmilch zu fett und ungesund ist, verwende ich sie zum Kaffee	0.535

Nach der Zuordnung der entsprechenden Items zu den Faktoren und deren abschließender Interpretation ist das Meßinstrument zur Erfassung von Einstellungsänderungen fertiggestellt. In zukünftigen Verbraucheruntersuchungen können mit einem Set von 43 Items Einstellungsänderungen im Kondensmilchbereich erfaßt werden. Dabei kann genau lokalisiert werden, auf welcher Einstellungsdimension sich Änderungen in welchem Ausmaß ergeben haben. Hiermit steht dem Auftraggeber ein kostengünstig einsetzbares und exaktes Instrument zur Einstellungsmessung zur Verfügung.

5.2 Die Segmentationsverfahren

5.2.1 Der Begriff der Marktsegmentation

Der Begriff der Marktsegmentation ist noch sehr jung. Obwohl hinsichtlich seiner ersten Verwendung unterschiedliche Daten genannt werden, kann von einer ernsthaften Diskussion dieses Begriffes und der damit verbundenen Marketingstrategien und Marktforschungstechniken nicht vor Beginn der sechziger Jahre gesprochen werden, zumindest dann nicht, wenn man hierunter die *psychologische Marktsegmentierung* versteht, als deren Vorreiter in den USA vor allem David Yankelovich und in Deutschland Bernd Spiegel anzusehen sind.
Das schnell wachsende Interesse an der psychologischen Marktsegmentierung in den siebziger Jahren beruht auf ähnlichen Voraussetzungen wie das Interesse an der gesamten psychologischen Marktforschung in den frühen fünfziger Jahren. War es damals die zunehmende Schwierigkeit, neue Produkte ohne psychologischen Zusatznutzen erfolgreich im Markt einführen zu können (Beginn der Imagestrategien), die die rapide Entwicklung der psychologischen Marktforschung einleitete, so zeigte sich schon 20 Jahre später, daß diese Imagestrategien wiederum an ihre Grenzen gestoßen waren. Die Zahl der neueingeführten Produkte hatte in den letzten 10 Jahren in so atemberaubendem Tempo zugenommen, daß die Imagestrategien immer ausgeklügelter, nuancierter und differenzierter werden mußten und somit vom Verbraucher vielfach nicht mehr verstanden und unterschieden werden konnten. In vielen Produktbereichen war das Differenzierungsvermögen des Verbrauchers überstrapaziert worden, so z. B. wenn sich die eine Zigarettenmarke mit dem Produktversprechen „extra leicht“ von einer anderen mit der Werbeaussage „extra leicht im Rauch“ zu differenzieren versuchte.

	FACTOR 1	FACTOR 2	FACTOR 3	FACTOR 4	FACTOR 5	FACTOR 6	FACTOR 7	FACTOR 8	FACTOR 9	FACTOR 10
VAR001	0.53537	-0.03957	-0.02635	0.16888	0.05323	0.15533	-0.14554	-0.03175	-0.07700	-0.00746
VAR002	0.18985	0.05528	-0.03852	0.78157	0.09017	0.21862	0.16624	0.03985	0.10746	0.04959
VAR003	-0.08136	0.02277	-0.39169	-0.08747	0.14654	0.17371	0.12945	0.21848	-0.24146	0.14871
VAR004	-0.03198	0.09236	0.32291	0.07010	0.19897	-0.04675	0.01924	-0.05029	0.06842	0.36554
VAR005	0.06052	-0.14192	0.01204	0.00026	0.89263	-0.00919	0.03613	-0.01299	0.07575	0.04030
VAR006	0.06700	0.20627	-0.03964	0.73819	0.05288	0.15495	0.23873	0.03427	0.00573	0.01072
VAR007	-0.00303	-0.05325	-0.09840	0.10610	0.89770	-0.01749	-0.05238	0.04697	-0.01616	-0.06352
VAR008	0.67356	-0.00435	0.01347	0.07862	-0.04095	0.06930	0.02348	-0.14080	0.05591	-0.04744
VAR009	-0.07044	-0.21887	0.05555	-0.12860	0.00736	-0.27608	0.21184	0.08037	0.12526	0.11600
VAR010	0.12296	0.07219	0.07015	0.04408	-0.05661	0.07943	0.05671	0.68497	-0.06151	0.04564
VAR011	-0.02511	0.42713	-0.17708	0.11341	0.05341	0.24220	0.24443	0.03484	-0.00557	0.08064
VAR012	-0.15369	-0.07078	0.13497	-0.11260	0.46250	-0.31048	-0.08081	-0.06274	0.21974	0.13379
VAR013	-0.01105	0.00748	0.01766	0.01679	0.07870	-0.09754	-0.05327	0.23235	0.03168	0.09742
VAR014	-0.17525	0.04291	-0.15783	-0.71661	0.04614	-0.02833	0.15390	-0.06035	0.23540	0.03337
VAR015	-0.07731	0.39934	0.07329	0.23035	0.10301	0.48206	0.07931	0.19736	-0.02455	-0.06106
VAR016	0.00342	0.71239	-0.16931	-0.05704	-0.12048	0.19354	0.00088	0.01587	0.11032	-0.09399
VAR017	0.14907	0.04403	0.28640	0.70031	0.12144	-0.00356	0.06630	-0.01867	-0.02953	-0.01369
VAR018	-0.00770	0.01258	0.77926	0.07347	-0.04060	0.04228	-0.07612	-0.04417	0.00831	-0.04682
VAR019	0.00194	0.77321	-0.06086	0.12246	-0.01582	0.07155	-0.21243	0.03569	-0.1855[illegible]	[illegible]
VAR020	0.04724	0.17389	0.02505	-0.57097	0.12850	0.28938	0.17215	-0.01594	0.20829	[illegible]
VAR021	0.00764	0.04977	0.59912	0.04764	0.01838	-0.02961	-0.24392	0.40530	0.05644	0.02950
VAR022	-0.78389	0.00347	-0.07511	-0.13481	0.03668	-0.04327	0.04065	0.13784	-0.02943	-0.05790
VAR023	-0.00201	-0.00916	0.09926	0.04989	0.12770	0.06552	-0.01308	0.73462	0.20520	0.00004
VAR024	0.68079	-0.13465	-0.13655	0.18328	0.04750	0.01959	0.00621	0.10492	0.01624	-0.26489
VAR025	0.11331	0.13026	-0.68447	0.06616	0.15666	0.15827	-0.05551	-0.10264	-0.00709	-0.03393
VAR026	0.68776	0.23073	0.07870	-0.02671	0.16324	0.17513	0.18060	-0.02865	-0.31040	-0.02014
VAR027	-0.60315	-0.01952	-0.04220	-0.03779	-0.06894	-0.07732	0.22965	-0.08254	0.07802	-0.12644
VAR028	-0.11420	-0.06002	-0.01724	0.09902	0.02644	0.00140	0.79139	-0.04005	-0.11892	0.04003
VAR029	0.09822	-0.11852	0.12486	-0.07625	0.09831	-0.14732	-0.14909	0.16614	0.61202	0.04119
VAR030	0.20470	0.68152	0.17764	0.06021	0.06486	0.08145	0.09516	0.02624	-0.03121	-0.10892
VAR031	-0.05704	-0.06480	-0.18819	0.02323	-0.05270	-0.04227	-0.16335	0.43390	0.03594	0.6305[illegible]
VAR032	0.81705	0.18835	-0.02146	-0.05950	0.00358	0.20111	0.10160	0.07095	-0.02479	-0.04640
VAR033	-0.04074	-0.02975	0.71507	0.10351	0.08944	0.02431	0.15197	0.03583	0.08377	-0.01347
VAR034	-0.02982	-0.34413	-0.02359	-0.02319	0.06856	-0.12345	-0.08522	0.03121	0.72223	-0.00931
VAR035	0.19212	0.01814	-0.01929	0.07916	-0.07073	-0.05118	0.73189	0.05679	0.08852	-0.02258
VAR036	-0.77485	0.04484	0.14442	-0.17854	0.08074	-0.04623	-0.00889	-0.23731	0.01963	0.03946
VAR037	0.06406	0.81644	0.01100	0.03209	-0.10862	0.09014	0.07230	0.07033	-0.07650	0.01936
VAR038	0.21544	0.17330	-0.06047	0.00281	-0.06789	0.80445	-0.02813	0.06425	-0.11479	-0.03467
VAR039	0.07026	0.04677	-0.01890	0.04305	0.04351	0.52639	0.09610	0.23049	-0.30051	-0.45525
VAR040	-0.08562	-0.15433	0.03452	-0.02677	0.01865	-0.06012	0.15789	-0.03102	-0.02782	0.73593
VAR041	-0.14113	-0.02674	0.07673	-0.09083	-0.00955	-0.00005	0.10085	-0.02052	0.81475	0.02308
VAR042	[illegible]	[illegible]	[illegible]	[illegible]	[illegible]	[illegible]	[illegible]	[illegible]	[illegible]	[illegible]

Tabelle 1: Faktorladungen der verbliebenen 45 Items (nur 43 sind abgebildet) in einer letzten Faktoren-Analyse (4. Stufe)

An der Grenze ihrer Imagestrategien angelangt, folgerten die Marketingmanager richtig, daß es zukünftig immer schwieriger sein würde, *breite* Verbraucherschichten mit einem zwar für alle gültigen, aber weitgehend unspezifischen Nutzenversprechen zum Kauf eines bestimmten Produktes zu bewegen. Erfolgversprechender hingegen erschien es, kleinere aber in sich homogenere Gruppen mit einem sehr spezifischen und nur auf diese Gruppe abgestimmten Nutzenversprechen anzugehen.

In diesen Überlegungen steckte der Ausgangspunkt zur Marktsegmentierung. Die Marktstrategen versuchten bewußt, dem Image-Wettbewerb dadurch zu entgehen, daß sie nach Verbrauchergruppen Ausschau hielten, die einerseits sehr einheitliche und homogene Bedürfnisstrukturen aufwiesen und sich andererseits gerade in diesen von den Bedürfnissen der breiten Verbraucherschicht unterschieden. Für diese Teilgruppe (Segmente) ließen sich dann sehr spezifische und – zumindest zunächst – konkurrenzlose Produkte und Werbestrategien entwickeln.

Es setzte sich zunehmend die Erkenntnis durch, daß ein großer Marktanteil innerhalb eines kleineren Marktsegments durchaus profitabler sein kann als ein kleiner Marktanteil innerhalb eines größeren Verbrauchersegments, zumal sich die gesamte Marketingarbeit zielgruppenbezogener und damit effizienter gestalten ließ.

Aus den bisherigen Ausführungen läßt sich eine erste nähere Begriffsbestimmung für die „Marktsegmentation" vornehmen. So formuliert J. N. Sheth (147a):

> „Die grundlegende Annahme bei der Segmentation ist, daß der Markt für eine bestimmte Dienstleistung oder ein Produkt sich aus Verbrauchern unterschiedlicher Erwartungen und/oder verschiedenen Kaufbedingungen zusammensetzt. Wenn diese unterschiedlichen Erwartungen und Kaufbedingungen identifiziert werden können, ist es möglich, spezifische Marketingprogramme für jedes Segment, entsprechend den besonderen Erfordernissen zu entwickeln."

G. Gutjahr (55, S. 99) schreibt:

> „Die psychologische Segmentierung versucht durch Aufgliederung des gesamten Verbrauchermarktes in Teilmärkte neue, hinsichtlich der Bedürfnisse homogene Verbraucherschaften zu definieren. Auf die spezielleren Bedürfnisse solcher Teilmärkte und homogener Verbraucherschaften werden Produktentwicklung und Werbung so ausgerichtet, daß eine bessere Bedürfnisentsprechung erreicht wird."

In diesen beiden Begriffsbestimmungen wird die Marktsegmentierung weitgehend auf eine zielgruppenbezogene Betrachtungsweise im Sinne typologischer Verbraucherabgrenzungen reduziert.
Marktsegmente können jedoch auch umfassender definiert sein! Neben der zielgruppenbezogenen Betrachtungsweise bietet sich auch eine produktbezogene Segmentierung an. Hierbei läßt man das innerhalb eines bestimmten Produktbereiches bestehende Markenangebot anhand der wichtigsten Beurteilungsdimensionen einstufen (positionieren), um auf diese Weise festzustellen, welche Bedürfnisbereiche (Segmente) von wie vielen und welchen Marken besetzt sind und ob es Bedürfnissegmente gibt, die noch von keinem adäquaten Produktangebot ausgefüllt werden (Marktnischen). In diesem Denkansatz zur Segmentation wird nicht der Verbraucher gemäß seiner Einstellung gruppiert *(segmentiert)*, sondern das bestehende Produktangebot nach den wichtigsten Beurteilungsdimensionen des Verbrauchers geordnet *(positioniert)*.
Um es noch einmal zu verdeutlichen: eine Marktsegmentation kann unter zwei verschiedenen Blickwinkeln vorgenommen werden.

(1) Sie kann vom *Verbraucher* ausgehen und nach Gruppierungen suchen, die sich durch homogene Bedürfnisse auszeichnen, die in dieser grup-

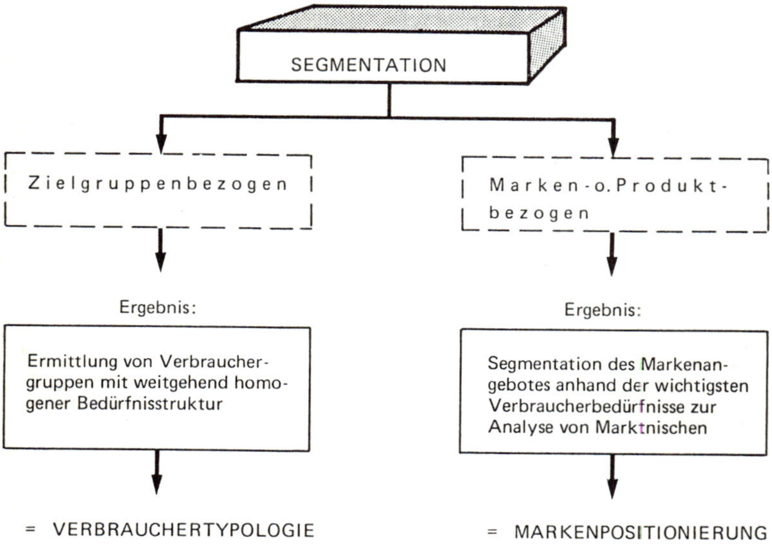

Abb. 65: Die beiden Ebenen der Marktsegmentation

penspezifischen Art noch von keinem bestehenden Produkt erfüllt werden. Die Bedürfnisstrukturen zwischen den verschiedenen Teilgruppen sollen dabei so unterschiedlich wie möglich sein, so daß ein zielgruppenspezifisches Produkt in der Regel nicht mit den für andere Zielgruppen entwickelten Produkten konkurrieren muß. Entscheidend für den Segmentationsgedanken ist letztlich die Aufteilung des Gesamtmarktes in so viele Gruppierungen wie sich unterschiedliche Bedürfnisse nachweisen lassen. In Abb. 66 wird dies graphisch veranschaulicht.

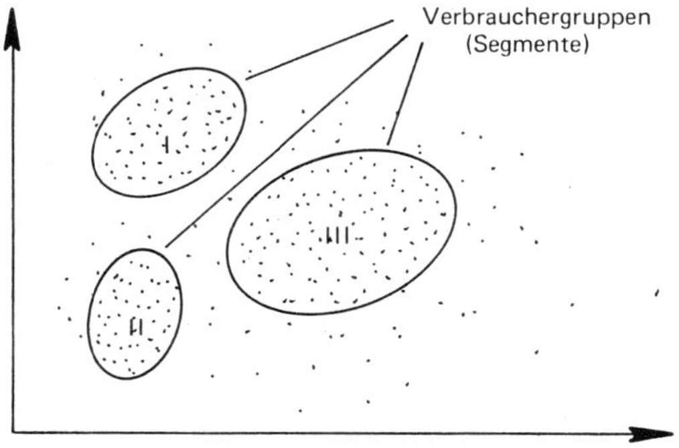

Abb. 66: Marktsegmentation als Suche nach Verbraucher-Segmenten (Typen)

(2) Die zweite Möglichkeit zur Segmentation geht nicht vom Verbraucher, sondern vom bestehenden Markenangebot innerhalb eines bestimmten Teilmarktes aus (z. B. Biermarken). Diese Marken werden vom Konsumenten mit Hilfe eines Item-pools beurteilt, so daß über multivariate Verfahren die exakte Position jeder einzelnen Marke im relevanten Beurteilungsraum errechnet werden kann. Auf diese Weise wird sichtbar, welche Marken vom Verbraucher als ähnlich erlebt werden, welche Marken sich vom Konkurrenzumfeld absetzen und eine klare Alleinstellung einnehmen können und welche Segmente im Wahrnehmungs- oder Bedürfnisraum noch nicht von Marken besetzt sind (Marktnischen). Segmentiert wird also das gesamte Markenangebot innerhalb des Wahrnehmungs-, Präferenz- und Bedürfnisraums des Verbrauchers. Graphisch verdeutlicht wird dies in Abb. 67.

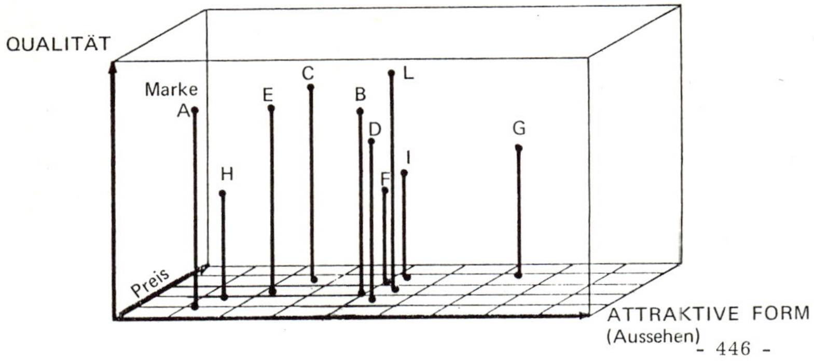

Abb. 67: Marktsegmentation als Suche nach unbesetzten Marktnischen (Markenpositionierung)

5.2.2 Die Marken-Positionierung

5.2.2.1 Allgemeine Aspekte

Spricht man von Positionierungs-Verfahren, so denkt man in der Marktforschung überwiegend an die Marken-Positionierung, da die räumliche Darstellung der einzelnen Imagepositionen konkurrierender Marken für den Marketingmanager von großem praktischen Wert ist. Grundsätzlich läßt sich jedoch jeder Meinungsgegenstand positionieren. An die Stelle der Marken können Produkte, Firmen oder auch Personen, wie bekannte Politiker oder bekannte Schauspieler, gesetzt werden. Zwei Positionierungsbeispiele von Politikern (Abb. 68 und 69), eines aus den USA von 1968 und eines aus Deutschland von 1972 sollen das verdeutlichen.
Im einfachsten Sinn läßt sich der Ablauf von Positionierungs-Verfahren wie folgt darstellen: ein bestimmter Produktraum (z. B. der Biermarkt) wird daraufhin untersucht, nach welchen Wahrnehmungs- und Beurteilunskriterien der Verbraucher die einzelnen Marken unterscheidet, welche dieser Urteilsdimensionen besonders bedeutsam sind und wie die verschiedenen Marken anhand dieser Beurteilungsdimensionen eingestuft werden. Das Ergebnis eines Positionierungs-Verfahrens ist immer ein anschauliches Marktmodell, dessen Achsen von den wichtigsten Urteilsdimensionen gebildet werden, wobei die exakte Position jeder beurteilten Marke aus allen abgegebenen Einzelurteilen berechnet wird.

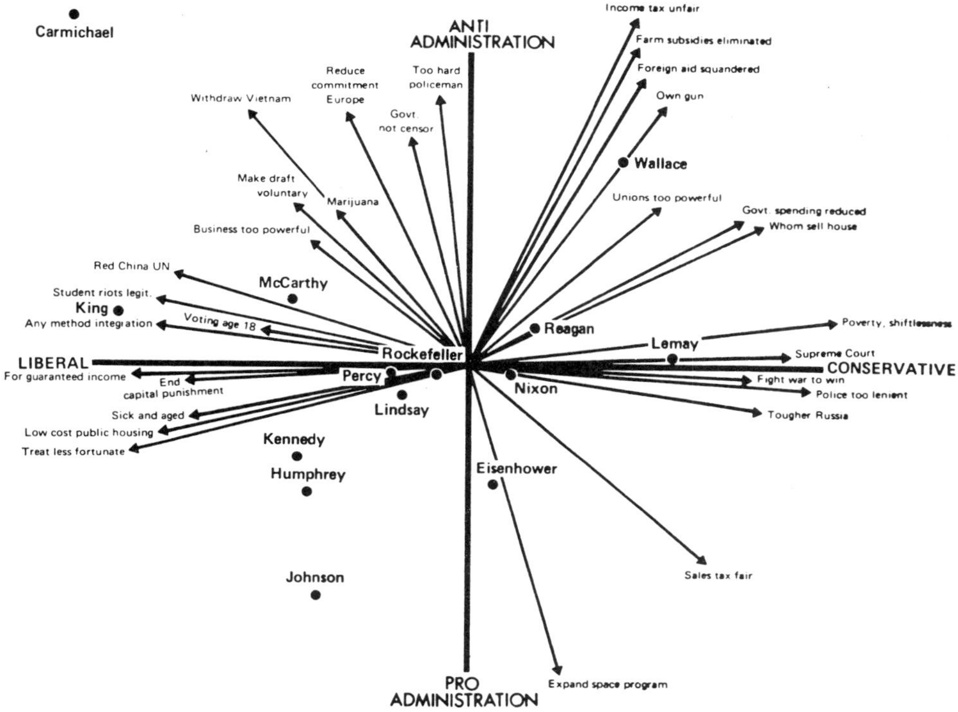

Abb. 68: Positionierung von Politiker-„Marken“ in den USA (veröffentlicht in: R. M. Johnson: Market Segmentation, 1971)

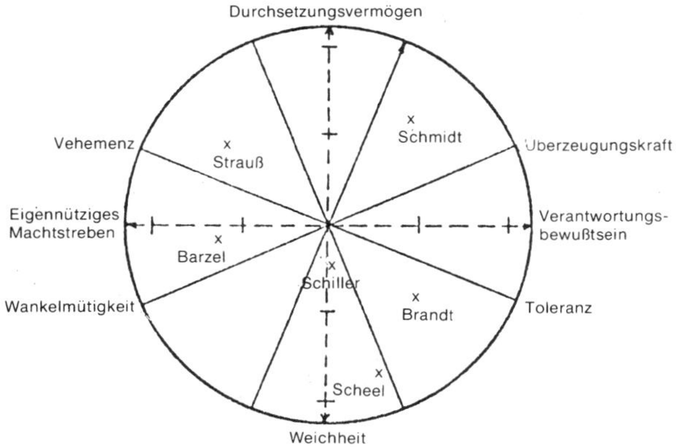

Abb. 69: Positionierung von Politiker-„Marken“ in Deutschland (nach einer Untersuchung von Klaus Haupt)

Positionierungs-Verfahren liefern somit

- modellhafte Darstellungen der Imageposition vergleichbarer Meinungsgegenstände (Marken, Produkte, Politiker) in einem auf das Wesentliche reduzierten Wahrnehmungs- und Beurteilungsraum.

Der *praktische Nutzen,* der aus einer Markt-Positionierung gezogen werden kann, läßt sich wie folgt beschreiben:

(1) Erfassung der Struktur eines Teilmarktes nach den wesentlichen Dimensionen, die der Verbraucher zur Beurteilung und Unterscheidung der hier konkurrierenden Marken heranzieht.
(2) Verdichtung und Gewichtung der vielen einzelnen Beurteilungskriterien auf wenige relevante Grunddimensionen.
(3) Positionierung der einzelnen Marken in diesem auf das Wesentliche reduzierten Wahrnehmungs- und Beurteilungsraum.
(4) Definition des Images jeder einzelnen Marke anhand ihrer Position im Beurteilungsraum (wie wird die einzelne Marke vom Verbraucher aus gesehen?).
(5) Definition der Stärken und Schwächen jeder einzelnen Marke.
(6) Vergleich der gegenwärtigen Imagesituation einer Marke mit dem gesetzten Marketingziel.
(7) Ableitung notwendiger Maßnahmen, um die Imageposition entsprechend der Marketingzielsetzung zu erreichen.
(8) Darstellung der Position der wichtigsten Konkurrenzprodukte aus der Sicht des Verbrauchers.
(9) Ableitung von Maßnahmen zur Korrektur der eigenen Imageposition, um eine klarere Differenzierung von konkurrierenden Marken zu erreichen.
(10) Nachweis von Segmenten, die durch das bestehende Markenangebot besonders eng besetzt sind. Wo drängen sich also Markenangebote, die vom Verbraucher als weitgehend gleichartig erlebt werden und die einer entsprechend hohen Substitutionsgefahr unterliegen?
(11) Hinweis auf die Marken, die eine gewisse Alleinstellung erreicht haben.
(12) Vergleich der einzelnen Markenpositionen mit der sog. „Ideal-Position" (Einstufung eines hypothetischen Idealproduktes).
(13) Demonstration unbesetzter Segmente mit Hinweisen auf die Maßnahmen, mit denen es gelingen könnte, die eigene Marke in diesen Raum hineinzupositionieren.

Aus diesen Ausführungen läßt sich unschwer erkennen, daß die Marken-Positionierung ein nützliches Hilfsmittel für die strategische Marketing-Planung darstellt. Hinzu kommt, daß die Marken-Positionierung meßbare Daten liefert, mit denen die Abstände zwischen den einzelnen Marken in einem Modell exakt bestimmt werden können. Gleichzeitig ist es möglich, durch zeitlich aufeinanderfolgende Messungen entsprechende Positions-Veränderungen aufzuzeigen.

5.2.2.2 Methodische Aspekte

In methodischer Hinsicht stehen für die Marken-Positionierung verschiedene Möglichkeiten bereit. Ob man sich für die

- Faktorenanalyse,
- multiple Diskriminanzanalyse oder die
- multidimensionale Skalierung

entscheidet, hängt davon ab, ob das Datenmaterial die Voraussetzungen zu erfüllen vermag, die jede dieser Methoden stellt; hängt von der Verfügbarkeit unterschiedlich hoher Rechenkapazitäten ab und letztlich auch von der Art der Interpretationen, die man aus den jeweiligen Ergebnissen ableiten möchte. Wenden wir uns zunächst den *Ausgangsdaten* zu, die den stärksten Einfluß auf die zu wählende Rechenmethode haben. Im allgemeinen unterscheidet man zwischen

- metrischen und
- nicht-metrischen

Daten, wobei man unter ersteren vor allem intervallskalierte Aussagen und unter letzteren nur rang- oder nominal-skalierte Aussagen versteht.
Bei der Intervall-Skalierung wird jede einzelne Marke von jeder Testperson mit Hilfe einer Reihe skalierter Aussagen (item-pool) beurteilt. Diese Daten werden überwiegend mit der Faktorenanalyse oder auch der multiplen Diskriminanzanalyse verrechnet. Die problematische Voraussetzung beider Verfahren liegt in den strengen Anforderungen an das Datenmaterial in bezug auf Linearität und Normalverteilung.
Nicht-metrische (rangskalierte) Daten werden meist über

- Ähnlichkeitsurteile bzw.
- Präferenzurteile

gewonnen. Hier trifft der Konsument nur allgemeine Urteile über die relative Ähnlichkeit oder Bevorzugung einzelner Marken, meist in Form von Paar-Vergleichen oder Rangreihen-Einstufungen.
Bevorzugte Methoden der Ähnlichkeitsmessung sind:

- Vorgabe von drei Marken und Bestimmung der beiden Marken, die sich am ähnlichsten sind,
- Rangreihenbildung im Hinblick auf die Ähnlichkeit von Markenpaaren (welches Paar ist sich am ähnlichsten, welches am zweitähnlichsten, etc.).
- Eine Marke wird ausgewählt und alle anderen Marken werden in eine Ähnlichkeits-Rangreihe zu dieser ausgewählten Marke gebracht.

Methoden zur Präferenzbestimmung:

- Paarvergleiche: Welche von jeweils zwei Marken wird bevorzugt?
- Rangreiheneinstufung: Welche Marke wird am stärksten bevorzugt, welche am zweitstärksten, welche am drittstärksten, etc. . . .?

Nicht-metrische Daten werden neuerdings bevorzugt mit Hilfe der multidimensionalen Skalierung (MDS) verrechnet, deren entscheidender Vorteil in den geringen Anforderungen an das Datenmaterial liegt. Statistische Verzerrungen aufgrund nicht erfüllter Anforderungen an das Datenmaterial werden bei der MDS somit weitgehend vermieden. Dieser Vorteil sollte nicht unterschätzt werden, da psychologische Daten (Meinungen, Urteile, Einstellungen) nur selten die ihnen unterstellte Metrik erfüllen.
Weiterhin enthebt die nicht-metrische MDS den Marktforscher der Aufgabe, alle Kriterien, die für die Beurteilung eines bestimmten Produktraumes wichtig sind, bereits von vornherein kennen zu müssen. Eine entscheidende Vorarbeit, die bei den metrischen Verfahren geleistet werden muß, betrifft die Konstruktion eines item-pools, der *alle* wichtigen Dimensionen des Beurteilungsraumes umfaßt. Denn, übersieht der Marktforscher eine oder mehrere relevante Beurteilungsdimensionen, so werden diese in seinem späteren Marktmodell auch nicht enthalten sein. Der Output der Marken-Positionierung ist nicht größer als der Input in den item-pool. Dabei sollte nicht unerwähnt bleiben, daß der methodische Vorteil, der durch den Verzicht auf einen item-pool entsteht, gleichzeitig auch einen erheblichen interpretatorischen Nachteil impliziert. Während bei den metrischen Verfahren die errechneten Dimensionen problemlos mit Hilfe der auf ihnen hochladenden Items erklärt werden können, erweist sich die Interpretation der errechneten Dimensionen bei den nicht-metrischen Verfahren vielfach als sehr großes Problem, da kein erklärender item-pool zur Verfügung steht

und die gefundenen Dimensionen somit nur aufgrund der Nähe oder Distanz einzelner Marken definiert werden können. Nicht zuletzt deswegen entscheiden sich viele Marktforscher für die Faktoren- oder Diskriminanzanalyse, wohl wissend, daß sie hierbei einige statistische Verzerrungen in Kauf nehmen müssen.

Bevor man die endgültige Wahl für die geeignete Rechen- und Befragungsmethode trifft, sollte man noch weitere Besonderheiten der einzelnen Verfahren berücksichtigen.

Bei der *Faktorenanalyse* unterscheidet man die sog. R-Technik von der sog. Q-Technik. Erstere wurde bereits im Rahmen der Einstellungsmessung behandelt, letztere soll an dieser Stelle kurz erläutert werden. Beide Verfahren eigenen sich grundsätzlich zur Markenpositionierung, wobei bei der R-Technik die Interpretation der Faktoren über die hoch ladenden Items erfolgt, während sie bei der Q-Technik – ähnlich wie bei der MDS – über die Position der einzelnen Marken vorgenommen werden muß.

Der methodische Ablauf der Q-Faktorenanalyse läßt sich in etwa wie folgt beschreiben:

(1) Schritt: Berechnung der Mittelwerte aller abgegebenen Urteile zu einer Marke auf allen Aussagen (Items).

In der nachfolgenden Tabelle sind die Mittelwerte der Marken A und B auf einzelnen Aussagen exemplarisch dargestellt (zugrunde lag eine 5er-Skala).

		Marken:		
Item-Nr.	Item-Text	Marke A	Marke B	. . . Marke n
1	qualitativ hochwertig	2,7	1,8	
2	traditionsreich	1,9	3,2	
3	schmackhaft	3,8	2,1	

(2) Schritt: Erstellen einer Korrelations-Matrix über allen Marken (jede Marke wird mit jeder Marke über allen Items korreliert):

	Marke A	Marke B	Marke C	. . . Marke n
Marke A	1	r AB	r AC	
Marke B	r BA	1	r BC	
Marke C	r CA	r CB	1	
Marke n				r nn

(3) Schritt: Über dieser Korrelations-Matrix der einzelnen Marken wird eine Faktorenanalyse gerechnet zur Extraktion der Faktoren (der Grunddimensionen) und zur gleichzeitigen Berechnung der Faktorladung für jede Marke auf jedem Faktor.

Mit Hilfe dieser Faktorenladungen erfolgt die Positionierung der einzelnen Marken im jeweiligen Einstellungsraum. Die im nachfolgenden Beispiel ausgewiesene Faktorladung a_{22} kennzeichnet somit den exakten Positionswert der Marke 2 auf dem Faktor 2:

	Faktoren			
Marken	F_1	F_2	F_3	$\dots F_n$
M_1	a_{11}	a_{12}	a_{13}	...
M_2	a_{21}	a_{22}	–	...
M_3	a_{31}	–	–	...
–				
–				
M_n				

a_2^2 = Ladung für Marke 2 auf Faktor 2 (ist gleichzeitig Maßzahl für die Position von Marke 2 auf der Dimension 2)

(4) Schritt: Interpretation der Faktoren (Dimensionen).

Die Interpretation der Faktoren erweist sich im Rahmen der Q-Technik ähnlich schwierig wie bei der multidimensionalen Skalierung und kann im Grunde nur über die Positionen der einzelnen Marken erfolgen. Konkret: Bei denjenigen Marken, die auf einem bestimmten Faktor gleichermaßen hoch laden, muß nach gemeinsamen Imageaspekten gesucht werden, die wiederum bei den Marken nicht (oder nur sehr schwach) vorkommen dürfen, die auf diesem Faktor nicht (oder kaum) laden. Diese Imageaspekte können zur Interpretation des jeweiligen Faktors herangezogen werden.

Im Rahmen der R-Technik würde die Interpretation über die Faktorenwerte der einzelnen Items erfolgen.

Die *Vorteile* der Faktorenanalyse liegen vor allem in der schnellen und einfachen Rechenbarkeit sowie – bei der R-Technik – in der problemlosen Interpretation der Dimensionen.

Die *Nachteile* dieses Verfahrens liegen vor allem in der Mittelwertbildung, die letztlich wiederum zu einer Nivellierung, zumindest jedoch Relativierung der Unterschiede zwischen den einzelnen Urteilen führt. Hierdurch wird der Wert der Ergebnisse durchaus beeinträchtigt und ein eventuell bequemes Verfahren auf Kosten der inhaltlichen Güte erkauft.

Die Diskriminanzanalyse, deren methodische Aspekte im Rahmen des nachfolgenden Fallbeispiels beschrieben werden, wird in zunehmendem Maße zur Marken-Positionierung herangezogen, da sie besonders anschauliche und vielfältig interpretierbare Ergebnisse liefert.

Im Rahmen der Diskriminanzanalyse wird jedes Item, das zur Beurteilung herangezogen wird, daraufhin untersucht, wie sehr es zur Unterscheidung der einzelnen Marken beiträgt. In einem zweiten Schritt verdichtet die Diskriminanzanalyse die einzelnen Daten zu kombinierten und gewichteten Diskriminanzfaktoren, die eine maximale Unterscheidung zwischen den Marken gewährleisten und die untereinander nicht korrelieren. In diesem Diskriminanzraum werden die einzelnen Marken anhand ihrer Mittelwerte, die sie auf den Diskriminanzfaktoren haben, positioniert.

Die multidimensionale Skalierung ist das neueste Verfahren zur Marken-Positionierung, das in methodischer Hinsicht sehr interessant, in interpretatorischer Hinsicht jedoch sehr problematisch ist. Die multidimensionale Skalierung geht nicht von einer elementarischen Betrachtung, sondern eher von einer ganzheitlichen Interpretation des Wahrnehmungsvorganges aus. So wird unterstellt, daß der Vergleich zwischen zwei Marken nicht aufgrund einer Vielzahl von getrennt bewerteten Details (Packung, Farbe, Geschmack, Größe, Preis, Aussehen, etc. . .), sondern mehr in Form einer weitgehend undifferenzierten, komplexhaften Gesamtbeurteilung erfolgt. Demgemäß wird die Entscheidung zwischen zwei Marken nicht aufgrund eines Katalogs von Einzelkriterien, sondern aufgrund einer gesamtheitlichen, imagemäßigen Anmutung getroffen.

Diese Annahme führt zur methodischen Konsequenz, daß man die einzelnen Marken nicht mehr mit Hilfe eines umfangreichen item-pools, sondern mit Hilfe *globaler Ähnlichkeiten* oder *globaler Präferenzen* beurteilen ließ. Je nach der Art, wie die Ähnlichkeits- oder Präferenzbeurteilungen vorgenommen werden, unterscheidet man zwischen einer metrischen oder einer nicht-metrischen multidimensionalen Skalierung. Die metrische Variante liegt dann vor, wenn die Ähnlichkeit zwischen zwei Marken auf einer Intervallskala beurteilt wird. Das Ähnlichkeitsmaß zwischen zwei Marken wird somit mit einem exakten metrischen Skalenpunkt belegt. In diesem Sinn weist das Markenpaar „König Pilsener – Warsteiner" mit einem Skalenwert von 2,1 eine höhere Ähnlichkeit auf als das Markenpaar „König Pilsener – Löwenbräu" mit einem Skalenwert von 3,8.

Bei der nicht-metrischen Skalierung gibt es wiederum unterschiedliche Vorgehensmöglichkeiten, über die bereits kurz gesprochen wurde. Sofern die Zahl der zu beurteilenden Marken nicht zu groß ist (maximal 7 bis

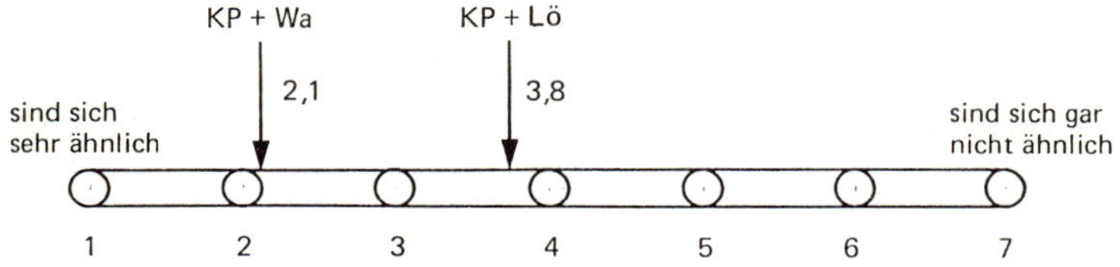

Abb. 70: Ähnlichkeitsskalierung von Marken-Paaren

8 Marken), werden vor der Befragung nach der Formel ($k = \frac{n(n-1)}{2}$) alle denkbaren Paarkombinationen gebildet und den Testpersonen zur Bildung einer Ähnlichkeits-Rangreihe vorgelegt. Die nachfolgende Tabelle veranschaulicht eine solche Ähnlichkeits-Rangreihe von 10 Markenpaaren:

Marken	König Pilsener	Beck's	Warsteiner	Löwenbräu	Dortm. Union
König Pilsener	–	3	1	8	10
Beck's		–	2	5	9
Warsteiner			–	6	7
Löwenbräu				–	4
Dortm. Union					–

Die Zahlen in der Tabelle sind als Rangnummern für die Ähnlichkeit der jeweiligen Markenpaare zu verstehen. Konkret: König Pilsener und Warsteiner sind sich am ähnlichsten (Rangplatz 1), während sich König Pilsener und Dortmunder Union am unähnlichsten sind (Rangplatz 10).
Die multidimensionale Skalierung verzichtet somit bewußt auf die Vorgabe von Beurteilungskriterien und Beurteilungsmaßstäben. Damit befreit sich der Marktforscher von der peinlichen Frage, ob er in seinem item-pool auch alle relevanten Beurteilungsdimensionen erfaßt hat. In diesem Verzicht auf vorgegebene Beurteilungskriterien (Items) liegt jedoch gleichzeitig das Interpretationsproblem der multidimensionalen Skalierung. Da die auf rechnerischem Wege ermittelten Beurteilungsdimensionen nur mathematische Funktionen darstellen, müssen sie anschließend benannt und interpretiert werden. Im Rahmen der Faktoren- oder Diskriminanzanalyse geschieht dies sehr einfach mit Hilfe der Items, die auf den jeweiligen Dimensionen hoch laden. Bei der multidimensionalen Skalierung stehen diese Interpretationshilfen jedoch nicht zur Verfügung, so daß die einzelnen Dimensionen nur anhand der Markenpositionen interpretiert werden können. Konkret:

Die Dimensionen müssen anhand der Ähnlichkeiten oder Unähnlichkeiten derjenigen Marken interpretiert werden, die in der Nähe dieser Dimension liegen. Hier kann der interpretierende Marktforscher nur auf die Imagegehalte der einzelnen Marken zurückgreifen, die der Verbraucher seiner Einstufung möglicherweise zugrundegelegt hat. Dadurch wird der subjektive Interpretationsspielraum und der damit verbundene Unsicherheitsbereich in der Benennung der Dimensionen entsprechend groß.

Fallbeispiel: Positionierung von Biermarken im Ruhrgebiet[+]

In der Szenerie des Biermarktes nimmt das Ruhrgebiet eine gewisse Ausnahmestellung ein, da sich hier eine große Zahl renommierter und potenter Brauereien um die Gunst des Verbrauchers bemühen und im Rahmen dieses Wettbewerbs mit teilweise sehr progressiven Marketingtechniken einen harten Image-Wettbewerb führen.
Die nachfolgend beschriebene Positionierungs-Studie sollte Aufschluß über den augenblicklichen Standort der einzelnen Marken und über den Erfolg der bisherigen Marketingaktivitäten geben.
Die Bierszene im Ruhrgebiet kann nicht als einheitlich betrachtet werden. Jede große Brauerei hat ihr spezifisches Einzugsgebiet mit einem überproportional hohen Anteil an Stammtrinkern, wodurch sich starke lokale Verschiebungen im Imagebild der einzelnen Marken ergeben. Somit war es erforderlich, sechs Teilregionen zu unterscheiden, in denen jeweils ein eigenes Positionsmodell, allerdings auf der Basis eines identischen Itempools errechnet wurde.
Der Befragung wurde ein Stichprobenumfang von insgesamt 900 Testpersonen (je 150 pro Teilregion) zugrundegelegt. Befragt wurden ausschließlich regelmäßige Biertrinker, wobei sich die Stammtrinker-Gruppen gleichmäßig auf alle untersuchten Marken verteilten.
Da das durchführende Marktforschungsinstitut über breite Erfahrung auf dem Biermarkt verfügte und auf eine Reihe aktueller Image- und Grundlagenstudien zurückgreifen konnte, bereitete die Erstellung eines fundierten Item-pools keine Schwierigkeiten. Zur Verrechnung der Daten wurde die Diskriminanzanalyse gewählt.
Für den endgültigen Item-pool wurden nach mehreren Auswahlprozessen schließlich 39 Aussagen bestimmt, die nach allgemeiner Erfahrung dem Konsumenten zur Unterscheidung von Biermarken dienen:

[+] Die nachfolgend beschriebene Studie wurde im Sommer 1976 durchgeführt.

1. ist preiswert
2. wird häufig in guten Gaststätten geführt
3. hat einen guten Heimdienst
4. schmeckt kräftig
5. ist bekömmlich
6. ist eher hochpreisig
7. macht ein besonders gutes Pilsbier
8. ist eine besonders bekannte Marke
9. ist unverwechselbar im Geschmack
10. hat besonders ansprechende Etiketten
11. ist eine Marke, die man überall im Lebensmittelhandel erhält
12. schmeckt immer frisch
13. ist ein besonderes Bier
14. wird aus Quellwasser gebraut
15. hat herben Geschmack
16. schmeckt würzig
17. ist oft in Billigangeboten zu finden
18. macht ein Spitzenbier
19. ist ein Bier, das allen schmeckt
20. macht sehr viel Werbung
21. hat besondere Spezialbiere
22. ist besonders groß – „schon fast eine Bierfabrik"
23. braut nach alten Brautraditionen
24. ist hier sehr beliebt
25. ist eine besonders renommierte Marke
26. verwendet beste Rohstoffe
27. ist eher eine kleine Brauerei
28. hat besonders exklusive Etiketten
29. braut nach modernen Brautechniken
30. hat immer gleichbleibende Qualität
31. macht ein Bier für Kenner
32. ist eine Brauerei, die seit jeher in Familienbesitz ist
33. achtet auf die Reinheit des Bieres
34. wird von älteren Leuten gern getrunken
35. hat besonders viel Erfahrung in der Bierherstellung
36. macht gute u. ansprechende Werbung
37. hat Biere mit hohem Alkoholgehalt
38. lagert das Bier besonders lange
39. wird von jungen Leuten gern getrunken

Da in jeder Teilregion 8 Marken anhand jedes einzelnen Items beurteilt werden mußten, wurde ein „rotierendes split-half"-Verfahren eingesetzt, um eine Ermüdung der Testpersonen zu verhindern. Kennzeichen dieses Verfahrens ist, daß nicht Marke für Marke nacheinander, sondern jeweils vier Marken gleichzeitig nebeneinander beurteilt werden. Zu diesem Zweck verfügen die Testpersonen über eine graphisch veranschaulichte Intervallskala (siehe Abb. 64) mit 7 Legefeldern sowie über 4 Kärtchen mit je einem Brauereinamen. Der Interviewer liest nun die erste Aussage vor, z. B.

„schmeckt besonders würzig“ und die Testperson wird aufgefordert, alle 4 Brauereien nach dieser Aussage zu beurteilen. Hierzu soll sie jedes Kärtchen auf eines der 7 Skalenfelder legen, wobei Mehrfachzuordnungen erlaubt sind. Der Interviewer trägt die jeweiligen Skalenwerte für jede Brauerei in seinen Fragebogen ein. Daraufhin liest er die zweite Aussage vor, etc. . . Die restlichen 4 Brauereien werden in einem zweiten Durchgang analog beurteilt.

Der Verrechnungsprozeß der Daten mit Hilfe der Diskriminanzanalyse sei anhand eines stark vereinfachten Beispiels dargestellt:

Zwei Biermarken (A/B) werden auf zwei vorgegebenen Items (Preis und Qualität) beurteilt. Trägt man die abgegebenen Urteile in einem Koordinatensystem ab, so ergibt sich das in Abb. 71 gezeigte Bild:

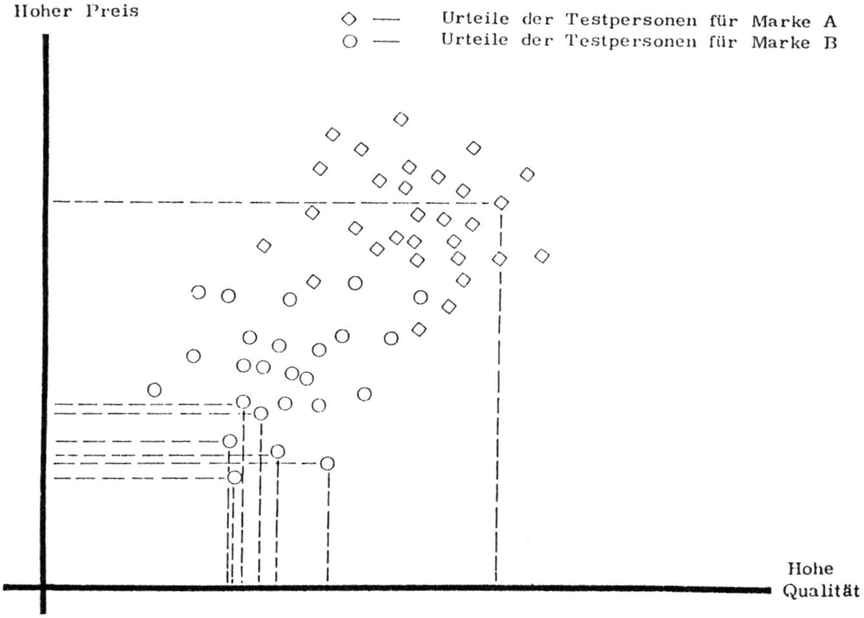

Abb. 71: „Urteilsschwarm“ zwischen den Koordinaten Preis und Qualität

Wie aus der Verteilung der einzelnen Urteile ersichtlich wird, scheint zwischen den beiden Beurteilungsaspekten „Preis und Qualität“ ein deutlicher Zusammenhang zu bestehen. Weiterhin wird deutlich, daß sich die beiden Brauereien in diesen Punkten unterscheiden; Marke A wird als teurer, meist aber auch als qualitativ hochwertiger beurteilt. Aus dem korrelativen Zusammenhang zwischen Preis und Qualität kann man nun ableiten, daß für die Darstellung der Urteile der Testpersonen nicht zwei Items (in unserem graphischen Beispiel zwei Dimensionen) notwendig sind, sondern daß man diese Informationen auch auf eine Dimension reduzieren kann, wobei deren Ableitung so erfolgen sollte, daß auch die Unterschiedlichkeit (Diskriminierung) der beiden Biermarken klar zum Ausdruck kommt. Genau dies leistet die Diskriminanzanalyse!

Im Rahmen des mathematischen Rechenprozesses wird eine Gerade G so in das Punktefeld der Urteile gelegt, daß möglichst viele Urteile für Marke B links von dieser Geraden und möglichst viele Urteile für Marke A rechts von dieser Geraden liegen. Wählt man nun eine zweite Gerade D so, daß sie rechtwinklig zu G verläuft, dann ist dies bereits die gesuchte (reduzierte) Dimension, die alle Informationen, die zunächst im zweidimensionalen Raum enthalten waren, auf eine Dimension reduziert. In Abb. 72 wird dies graphisch verdeutlicht.

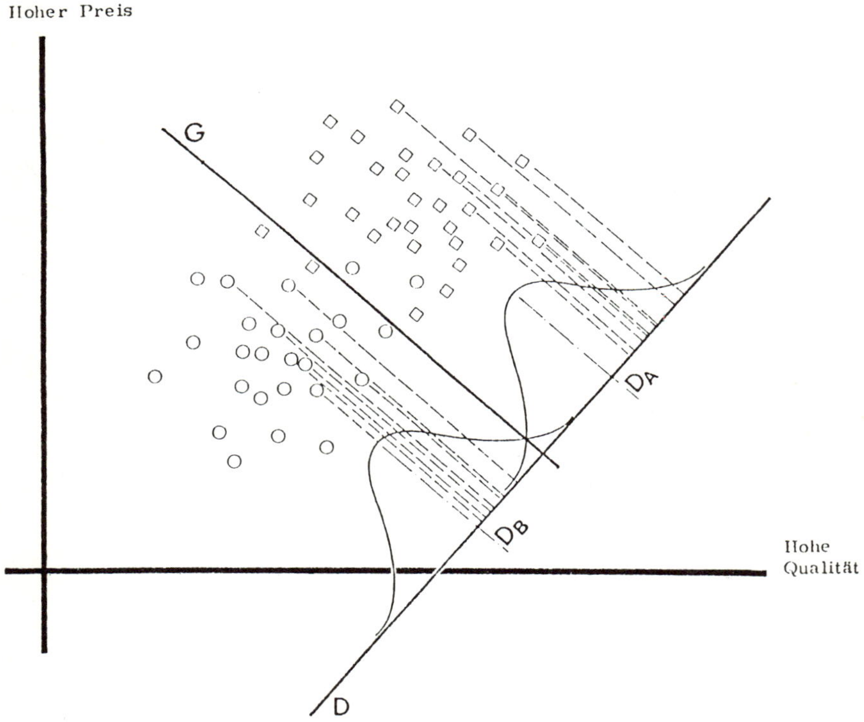

Abb. 72: Darstellung der Diskriminanzfunktion

Auf diese Gerade D können nun alle Urteile der Testpersonen projiziert werden. Die Gesamtheit der abgegebenen Urteile kann als angenäherte Normalverteilung über dieser Geraden angesehen werden, mit D_B als Mittelwert aller Urteile für Marke B und D_A als Mittelwert aller Urteile für die Marke A.

Wie die Graphik weiter zeigt, gelingt es nicht immer, die Gerade G so zu legen, daß alle Urteile für die Marke B links und alle Urteile für die Marke A rechts von ihr liegen. Urteile, die sich nicht in diesen Teilungsprozeß einpassen lassen, werden vielfach als „Fehlklassifikationen" bezeichnet. Diese Fehlklassifikationen haben insofern einen Aussagewert, als sie aufzeigen, wieviele Testpersonen ein für die betreffende Marke atypisches Urteil abgegeben haben. Ihre Anzahl wird umso größer sein, je weniger einheitlich die jeweilige Marke erlebt wird. Eine weitere wichtige Information läßt sich aus der Dichte der Urteile ableiten, mit der sie sich um den jeweiligen Mittelwert gruppieren. Je dichter die Gruppierung, je kompakter ist das Image der jeweiligen Marke.

Da die Auswertung bei 39 Items verständlicherweise wesentlich komplexere Züge annimmt, ergab die Diskriminanzanalyse in unserer Bier-Positionierung nicht nur 1 sondern jeweils 3 bis 4 Dimensionen (die Geraden stehen senkrecht aufeinander), deren Bedeutung für die Erklärung der Gesamtvarianz aller Urteile sehr unterschiedlich ist. In der Regel wird mit den ersten beiden Dimensionen bereits ein beträchtlicher Anteil der Gesamtvarianz erklärt (meist zwischen 60% und 80%), so daß es sich vielfach erübrigt, mehr als 3 bis 4 Dimensionen in die Interpretation mit einzubeziehen.

Die Dimensionen selbst werden mit Hilfe der Items beschrieben, die auf ihr besonders hoch laden. Hierzu müssen die Koeffizienten aller 40 Items auf jeder Dimension überprüft werden. In der Regel sind es jedoch nur wenige Items, die zur Beschreibung herangezogen werden.

Damit zurück zu unserem Fallbeispiel und der Darstellung der Ergebnisse in der ersten Teilregion.

Hier errechneten sich insgesamt 4 Dimensionen, die in dieser Region somit die wichtigsten Differenzierungskriterien für den Verbraucher darstellten, um die einzelnen Biermarken voneinander zu unterscheiden. Mit diesen 4 Dimensionen konnten insgesamt 93% der in den Urteilen enthaltenen Gesamtvarianz erklärt werden:

Dimension 1: Spitzenbier (Gewicht 0,40)
Dimension 2: Preis und distributive Präsenz (Gewicht 0,24)

Dimension 3: Produktqualität (Gewicht 0,18)
Dimension 4: werbliche Präsenz (Gewicht 0,11)

Eine Betrachtung der Marktstruktur anhand von Modell 1, in dem die 3 wichtigsten Dimensionen zusammengefaßt wurden, läßt zwei voneinander klar getrennte Segmente erkennen (vgl. Abb. 73). Das eine Segment wird durch die Marken König Pilsener und Krombacher sowie das sog. „Ideal-Bier" gebildet, das andere Segment durch die verbleibenden Marken Stauder, Wicküler, Stern, DAB und Ritter. Als Spitzenbiere werden in dieser Region somit nur die Marken König Pilsener und Krombacher angesehen.

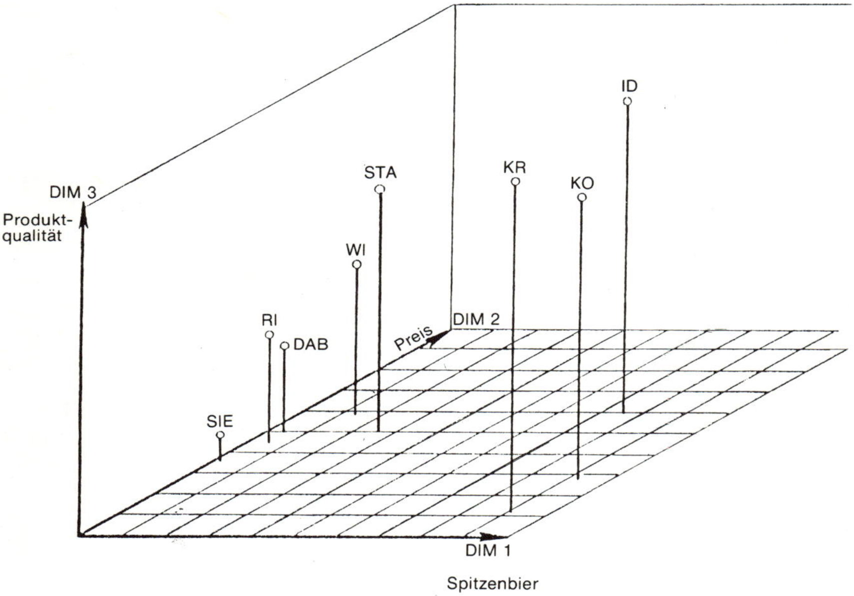

Abb. 73: Position der Biermarken im 3-dimensionalen Raum

Betrachtet man die nachfolgenden zweidimensionalen Marktmodelle (Abb. 74 und 75), so zeigt sich, daß sowohl König Pilsener wie auch Krombacher noch vor dem Idealbier positioniert werden. In dieser extremen Positionierung könnte sich bereits ein Gefahrenmoment anzeigen, indem beide Biere vom Verbraucher als zu exklusiv angesehen werden, woraus eine Einengung der Konsumgelegenheiten resultieren könnte.

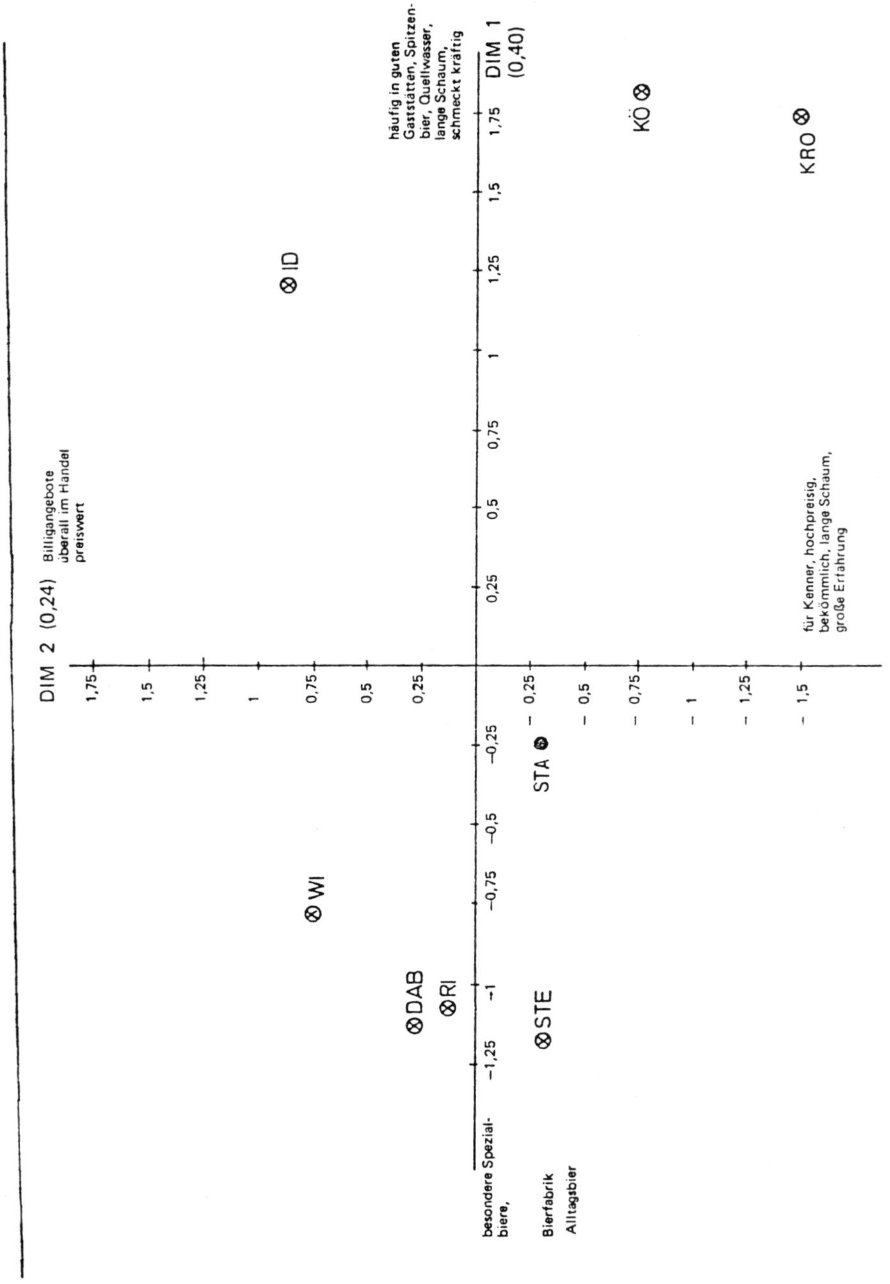

Abb. 74: Position der Biermarken innerhalb der Dimensionen 1 und 2

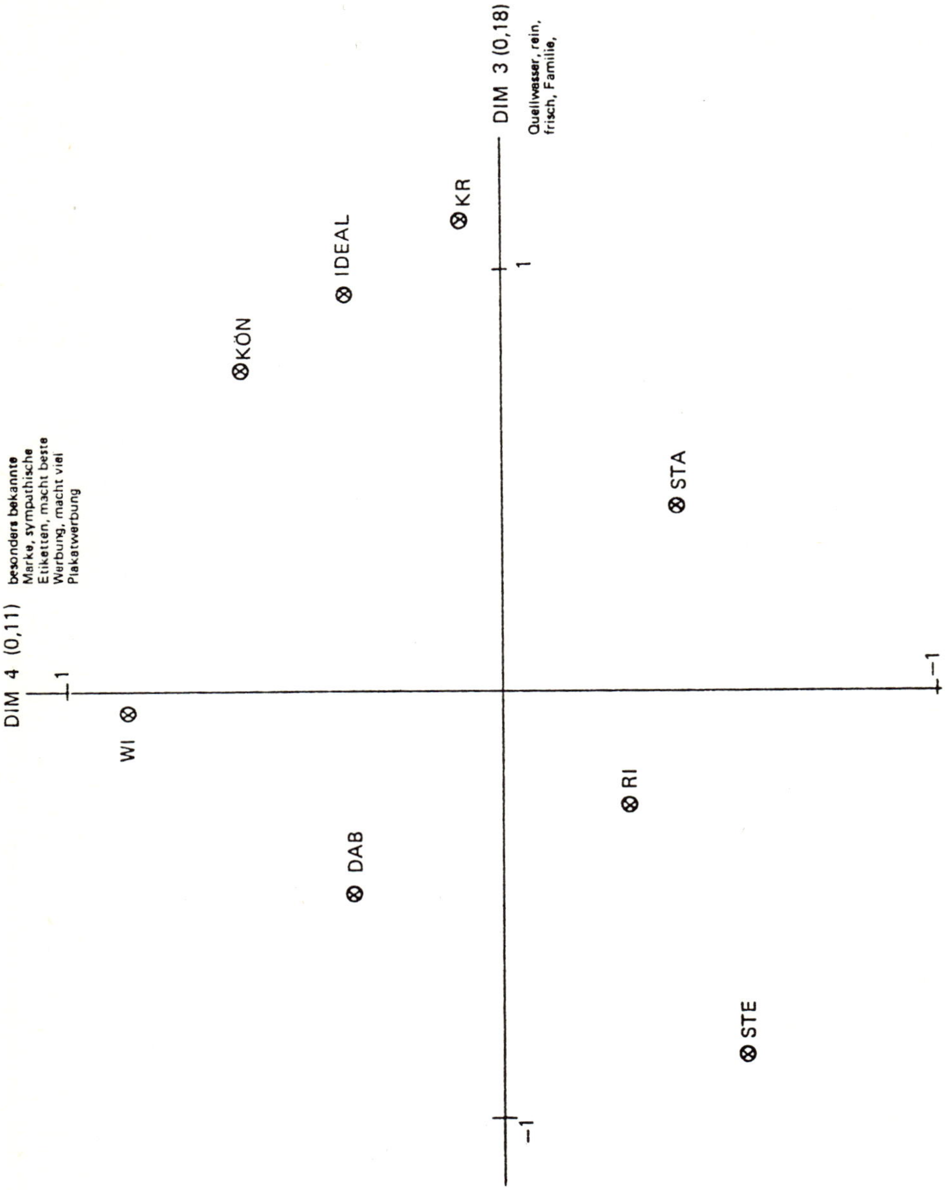

Abb. 75: Position der Biermarken innerhalb der Dimensionen 3 und 4

Die verbleibenden Marken werden weitgehend als „Alltagsbiere“ eingestuft und weisen bereits einen beträchtlichen Abstand zum Idealbier auf. Lediglich die Marke Stauder kann sich innerhalb dieses Segments noch deutlicher absetzen. Besonders interessant wird die Position von Stauder, wenn man die zweite Dimension zur Interpretation heranzieht. Hier zeigt sich, daß König und insbesondere Krombacher bereits als sehr hochpreisig angesehen werden, während sich Stauder als eher mittelpreisig positioniert. Einen deutlichen Ruck nach vorne macht Stauder auch auf der Dimension 3 (Produktqualität), wo sich die intensiven Werbebemühungen der Brauerei um ein qualitativ hochwertiges und ausgereiftes Bier niedergeschlagen haben. Andererseits wird aus der Position für Stauder auf der vierten Dimension ersichtlich, daß die bisherigen Werbebemühungen vom Verbraucher als nicht ausreichend erlebt wurden.

Die Kompaktheit der Marken-Images wird durch Abb. 76 verdeutlicht, in der die Verteilung aller einzelnen Urteile für die Marken Stern und DAB

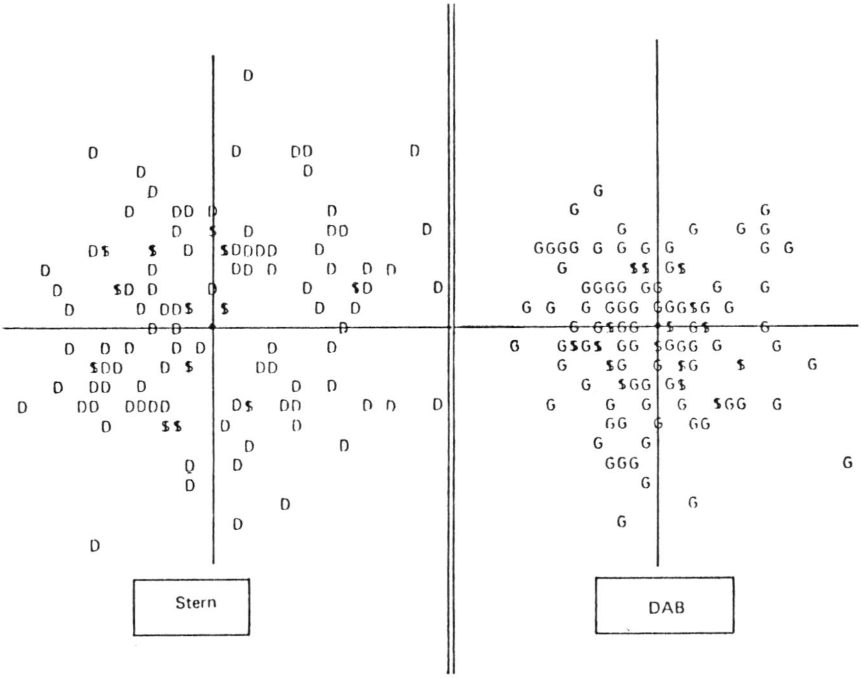

Abb. 76: Kompaktheit der Images (Streuung der Urteile)

auf den ersten beiden Beurteilungsdimensionen ersichtlich werden. Je enger sich die einzelnen Urteile um den Mittelwert gruppieren, desto kompakter (einheitlicher, homogener) ist das Image der jeweiligen Marke, je weiter die einzelnen Urteile um den Mittelwert streuen, desto heterogener ist das Image dieser Marke. Aus der nachfolgenden Graphik wird unschwer ersichtlich, daß die Marke Stern auf beiden Beurteilungsdimensionen ein sehr heterogenes Beurteilungsspektrum (Image) aufweist, während sich die Marke DAB bei den Konsumenten dieser Teilregion sehr einheitlich darstellt.

Die Kompaktheit eines Images ist a priori noch keine positive Aussage. Sie wird es erst dann, wenn dieses kompakte Meinungsbild auch von positiven Zügen geprägt wird, konkret: Wenn der Verbraucher nicht nur ein einheitliches, sondern auch ein positives Urteil fällt. In unserem Fallbeispiel wirkt sich die Kompaktheit für DAB eher negativ aus, da es sich um die einheitliche Einstufung als „Alltagsbier“ handelt.

Eine letzte interessante Möglichkeit der Datenbetrachtung bietet die Diskriminanzanalyse im Hinblick auf die Prägnanz der einzelnen Markenimages. Immer dann, wenn zwei Marken relativ nahe nebeneinander positioniert werden, erhebt sich die wichtige Frage, wie eindeutig die beiden Images noch voneinander getrennt sind, d. h. wie klar sich die beiden Marken aus der Sicht des Konsumenten voneinander abgrenzen lassen. Von einer prägnanten Imageabgrenzung würden wir dann sprechen, wenn zur Beschreibung der einen Marke keine typischen Inhalte der anderen Marke verwendet würden. Um diese Frage zu beantworten, kann man nicht mehr mit den Mittelwerten aller Urteile arbeiten – die zur Positionierung der einzelnen Marken herangezogen wurden – sondern muß die einzelnen und individuellen Urteile der Testpersonen berücksichtigen. Die Diskriminanzanalyse hat nun die Aufgabe, festzustellen, ob die Beurteilung einer Marke durch eine bestimmte Testperson nur Beschreibungskriterien enthält, die für diese Marke typisch sind oder ob dieses Urteil Imageaspekte beinhaltet, die auch für andere Marken charakteristisch sind.

Der Sachverhalt wird deutlicher, wenn man die in Abb. 77 dargestellte „Matrix der Fehlklassifikationen“ interpretiert.

In der ersten Zeile sind die Urteile der Testpersonen hinsichtlich der Idealmarke aufgeschlüsselt. Dabei ist festzustellen:

- 131 der insgesamt 150 Befragten haben die Idealmarke so eingestuft, daß diese Urteile sich eindeutig von den Urteilen über andere Marken unterscheiden, also typisch für die Idealmarke sind,

	Ideal	Wicküler	Krombacher	Stern	Stauder	Ritter	DAB	König
Id	131	4	5	1	2	1	3	3
Wi	0	136	0	2	1	2	9	0
Kr	1	0	135	1	6	1	0	6
Ste	4	5	6	71	28	19	14	3
Sta	10	5	5	33	67	15	6	9
Rit	2	11	2	22	28	66	18	1
DAB	0	13	0	11	4	22	99	1
Kö	4	5	4	1	0	0	1	135

Abb. 77: Matrix der Fehlklassifikationen

- 4 Befragte haben die Idealmarke so beurteilt, daß diese Beschreibung in hohem Maße den Charakteristika von Wicküler entspricht, d. h. sie beschreiben das Idealbild so, wie die Mehrzahl der Befragten die Marke Wicküler sieht,
- 5 Befragte beurteilen die Idealmarke so, wie die Mehrheit der Testpersonen die Marke Krombacher einstuft,
- etc. . . .

Die Prägnanz des Markenimages wird durch die Zahlen in der gestrichelten Hauptdiagonalen ausgewiesen. Je höher diese Zahl ist, umso mehr eindeutige (prägnante) Urteile wurden über diese Marke abgegeben.
Betrachtet man nur die Daten innerhalb der gestrichelten Hauptdiagonalen, so ist erkennbar, daß

- die Marken Wicküler, Krombacher und König eine hohe Zahl typischer, eindeutiger Urteile aufweisen und somit ein prägnantes Imagebild besitzen. Diese Marken differenzieren sich in den Augen der Konsumenten klar und eindeutig gegenüber dem Konkurrenzangebot.

- Andererseits werden die Marken Stern, Stauder, Ritter und DAB von teilweise mehr als der Hälfte der Befragten nicht klar unterschieden. In der Beschreibung von Stern zeigen sich viele Charakteristika der Marken Stauder, Ritter und DAB, in der Marke Stauder finden sich Imagebereiche von Stern und Ritter, aber auch von König sowie vom Idealbier, etc. . . .

5.2.3 Das Typologie-Verfahren

Mit der Typologie wenden wir uns dem zweiten Segmentations-Bereich zu, der nicht mehr vom Produkt, sondern vom Verbraucher ausgeht und nach Gruppierungen sucht, deren einzelne Mitglieder möglichst homogene Bedürfnisse, Wünsche und Einstellungen haben, mit denen sie sich von anderen Gruppen klar und deutlich unterscheiden.

Zur Berechnung von Typologien hat sich in den letzten Jahren die *Cluster-Analyse* als führende Methode herauskristallisiert. Wie jedes multivariate Verfahren versucht auch die Cluster-Analyse, zu einer möglichst starken Reduzierung der Ausgangsdaten unter möglichst geringem Informationsverzicht zu gelangen. Im Unterschied zur bisher beschriebenen Faktorenanalyse, mit der die Zahl der Beurteilungsmerkmale auf die wichtigsten Dimensionen reduziert wurde, versucht die Clusteranalyse die Zahl der *Individuen* zu reduzieren, indem sie alle Personen, die sich durch gleiche Merkmalsausprägungen auszeichnen, zusammenfaßt. Während die Reduktion der Beurteilungsmerkmale im Rahmen der Faktorenanalyse zu Faktoren führt (= grundlegende Beurteilungsdimensionen), führt die Reduktion der Individuen zu einheitlichen Typen (mit weitgehend homogener Struktur).

Das Verständnis für den methodischen Ablauf einer Cluster-Analyse soll durch das nachfolgende, stark vereinfachte Beispiel erleichtert werden:

100 Männer im Alter zwischen 30 und 40 Jahren bekunden mit Hilfe von 20 Aussagen ihre persönliche Einstellung zur Körperpflege. Es ist nun theoretisch möglich, daß zwei Personen in allen Punkten das gleiche Urteil abgegeben haben und somit eine völlig identische Meinung zur Körperpflege ausdrücken. Es erscheint einleuchtend, daß beide Personen von nun an als eine Person betrachtet werden können, ohne daß ein Informationsverlust entsteht. Im Rahmen der weiteren Betrachtung wären somit nur noch 99 Individuen zu analysieren. Um die Gruppenbildung voranzutreiben, würde man sicher nicht auf völliger Identität aller Gruppenmitglieder

bestehen, sondern auch solche Individuen in die Gruppe einordnen, die den ersten beiden Personen *relativ* ähnlich sind.
Parallel zur ersten Gruppe werden andere Gruppenbildungen vorgenommen, wobei jeweils von zwei Individuen (Kern) ausgegangen wird, die sich weitgehend ähnlich sind und sich von anderen deutlich unterscheiden.
Die Zuordnung aufgrund relativer Ähnlichkeiten erfolgt mit Hilfe des „Euklid'schen Distanzmaßes". Zu dessen Erklärung wollen wir unser Beispiel noch weiter vereinfachen. Unterstellen wir, daß 10 Männer auf den beiden Items „zur Körperpflege gehört auch die Verwendung eines Eau de Cologne" und „tägliches Duschen ist notwendig", die in Abb. 78 dargestellten Einstufungen vorgenommen haben.
Die Entfernung zwischen jeder Person läßt sich danach sehr einfach über das Euklid'sche Distanzmaß bestimmen. Die Cluster-Analyse beginnt nun dort zu rechnen, wo das Euklid'sche Distanzmaß am geringsten ist (z. B.

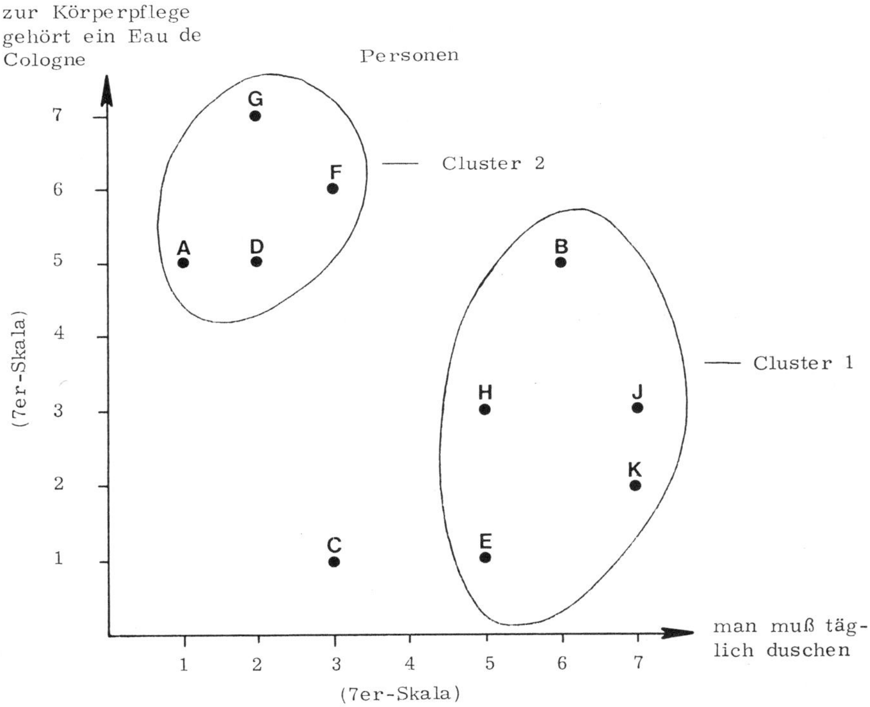

Abb. 78: Selbsteinstufung von 10 Männern auf zwei Aussagen zur Körperpflege

zwischen den Personen J und K und würde über die Zentroidmethode den Mittelpunkt zwischen beiden Personen errechnen. Daraufhin „sucht" die Cluster-Analyse nach dem nächstgelegenen Punkt (z. B. H oder B) und überprüft, ob er in das Cluster mit einbezogen werden kann. Dieser Prozeß wird solange fortgesetzt, bis ein bestimmtes (vorgebenes) Distanzmaß zwischen der jeweiligen Person und dem Mittelpunkt des Clusters überschritten wird (z. B. bei Person C).

Zum weiteren Verständnis der Cluster-Analyse müssen wir unser so stark vereinfachtes Beispiel wieder verlassen, da das Typologieprogramm nicht mit einem zwei- oder dreidimensionalen Raum, sondern mit einem n-dimensionalen Raum arbeitet. Die Cluster-Analyse errechnet also die Position eines jeden einzelnen Individuums in einem n-dimensionalen Raum, wobei n durch die Zahl der zu beurteilenden Items definiert ist. Nach der Positionierung jedes Individuums in diesem n-dimensionalen Raum wird die Distanz zwischen allen Individuen gemessen und in einer Matrix festgehalten. Aus ihr läßt sich nun die kleinste vorkommende Distanz unmittelbar ablesen. An dieser Stelle beginnt die Clusteranalyse ihren Verdichtungsprozeß, indem zwischen diesen beiden Personen ein Durchschnittswert berechnet wird, dem nun wiederum das nächstliegende Individuum zugeordnet wird, wonach wiederum ein neuer Durchschnittswert errechnet wird, dem erneut das nächstliegende Individuum zugeordnet wird, etc. . . .

Bei der Fortführung dieses Verdichtungsprozesses erhebt sich die entscheidende Frage: Wann ist die optimale Typenzahl erreicht, d. h. wann erreiche ich mit einem Mindestmaß an Daten ein Optimum an Informationen?

Diese Frage ist nicht allgemeinverbindlich zu beantworten, da sie sowohl von der praktischen Fragestellung abhängt (wieviele verschiedene Zielgruppen kann man marketingmäßig noch sinnvoll bearbeiten), als auch von dem Ausmaß des jeweiligen Informationsverlustes, den man durch jede weitere Reduzierungsstufe hinzunehmen bereit ist. Einige Cluster-Programme bilden zu diesem Zweck eine Kurve ab, die die Relation zwischen Datenreduktion und Informationsverlust erkennen läßt. So kann es durchaus sein, daß in 20% der Daten noch 80% der Ausgangsinformation enthalten sind oder in 5% der Daten noch 50%. Hier ist es dem Marktforscher anheimgestellt, das für die Praxis sinnvollste Gleichgewicht zu bilden. Allgemein hat sich eine Begrenzung auf 4 bis 10 Typen (Cluster) als sinnvoll und praktikabel erwiesen.

Hinsichtlich der grundsätzlichen Vorgehensweise bei der Cluster-Bildung unterscheidet man zwei methodische Ansätze:

- das hierarchische Cluster-Verfahren,
- das dynamische Cluster-Verfahren.

Das *hierarchische* Cluster-Verfahren faßt von Stufe zu Stufe jeweils die beiden Typen zusammen, die sich innerhalb der 10 gefundenen Typenbildungen am ähnlichsten sind. So werden in jeder Reduktionsstufe zwei Typen zu einem neuen Typ zusammengeschmolzen, während alle anderen Typen von diesem Prozeß unberührt bleiben. Der ganze Vorgang läßt sich anhand des sog. „Cluster-Baumes" darstellen:

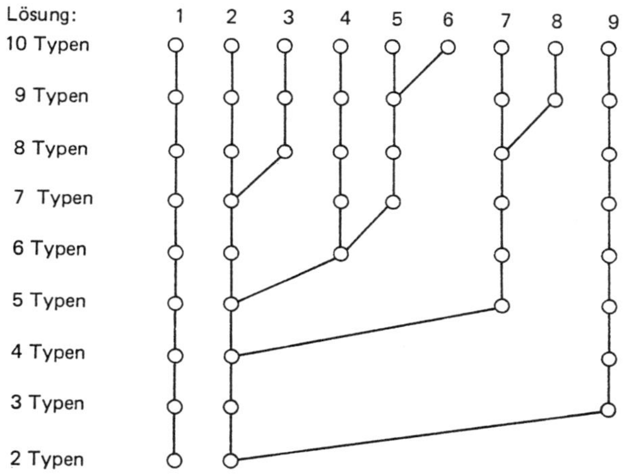

Abb. 79: Der „Cluster-Baum"

Beim *dynamischen* Cluster-Verfahren wird in jeder neuen Reduktionsstufe ein völlig neues Typenprogramm erstellt. Hier werden also nicht wie beim hierarchischen Cluster-Verfahren die beiden nächstliegenden Typen zusammengefaßt und alle anderen Typenbildungen beibehalten, sondern in jedem Reduktionsprozeß völlig neue Cluster gebildet. Der Vorteil dieses Verfahrens liegt auf der Hand, da der etwas mechanistische Vorgang im hierarchischen Prozeß vermieden wird und auf jeder Stufe eine völlig neue, optimale Gruppierungslösung gesucht wird.

Nicht unproblematisch erweist sich die *Interpretation* der gefundenen Typen. Zur Interpretation des Clusters können diejenigen Personen herangezogen werden, die besonders nahe beim Gruppenmittelpunkt liegen. Diese Personen repräsentieren sozusagen den „typischen Vertreter des gefundenen Typs". Diese Personen werden nun daraufhin untersucht,

welchen Aussagen (Items) sie besonders zugestimmt haben. Diese Items eignen sich dann in bevorzugter Weise zur Interpretation des jeweiligen Clusters. Manche Marktforschungsinstitute gehen sogar so weit, die „Idealtypen" aus einem jeweiligen Cluster zuhause nochmals aufzusuchen, sie zu fotografieren und mit einem Persönlichkeitsfragebogen noch einmal zu analysieren. Auf diese Weise können die Zentralfiguren eines Typs besonders plastisch demonstriert werden.
Häufig erfolgt die Interpretation der Typen auch über diejenigen Items, auf denen sich für die Gesamtheit aller Gruppenmitglieder ein hoher Mittelwert errechnet.

Fallbeispiel: *Typologie „Essen im Restaurant"*

Anmerkung: Das nachfolgende Beispiel basiert auf einer repräsentativen Erhebung im Jahr 1976, die im Rahmen einer Grundlagenuntersuchung für die Wienerwald GmbH, München, durchgeführt wurde.
Im Rahmen einer typologischen Analyse sollte ermittelt werden,

- ob es in der deutschen Bevölkerung Gruppen gibt, die im Bezug auf den Außer-Haus-Konsum (Essen im Restaurant) unterschiedliche Einstellungen und Erwartungen haben und
- ob sich hieraus einheitliche Gruppen (Typen) bilden lassen, deren Einstellung zum Essengehen innerhalb der Gruppe möglichst homogen ist und sich von der Einstellung anderer Gruppen möglichst stark unterscheidet.
- in welchen Merkmalen (Einstellungen, Erwartungen sowie sozio-demographische Daten) sich die verschiedenen Typen voneinander unterscheiden.

Zu diesem Zweck wurde im Rahmen einer bevölkerungsrepräsentativen Befragung ein Item-Pool mit 39 skalierten Aussagen (4er-Skala) zur Beurteilung vorgelegt. Der Item-pool war nach entsprechenden Voruntersuchungen (psychologische Motivanalyse) und mehreren Gesprächen mit dem Auftraggeber entwickelt worden.

Item-Pool

1. Ich esse lieber zu Hause als in einem Lokal
2. In einem guten Speiselokal erwarte ich qualitativ hochwertiges Essen; alles andere ist mir egal
3. In einem Lokal zu essen macht mir nur Spaß, wenn ich unter einer großen Anzahl verschiedener Speisen auswählen kann

4. Wenn ich zum Essen gehe, probiere ich sehr gerne mir unbekannte Gerichte aus
5. Gutes Bedienungspersonal ist für mich mindestens genauso wichtig wie die gute Qualität des Essens
6. Wenn ich mir ein Lokal suche, um dort zu essen, achte ich vor allem auf die gesamte Atmosphäre
7. Ich esse gerne in Restaurants, weil man dort nette Leute treffen kann
8. Ich gehe nur in Speiselokale, in denen ich sicher bin, daß ein gutes Publikum dort verkehrt
9. Ich gehe gerne in neue, mir nicht bekannte Speiselokale
10. Wenn ich wirklich gutes Essen bekomme, achte ich nicht so sehr auf den Preis
11. Es macht mir sehr viel Spaß, in einem Restaurant zu essen
12. Die Qualität des Essens in einem Lokal kann man als Gast kaum überprüfen
13. Wenn das Essen wirklich gut ist, ist es ausreichend, wenn nur 3 oder 4 verschiedene Gerichte angeboten werden
14. In Lokalen esse ich grundsätzlich nur Gerichte, die ich kenne
15. Wie ich bedient werde ist mir egal, Hauptsache das Essen schmeckt
16. Gemütlichkeit ist für mich das Wichtigste an einem Speiselokal
17. Ich gehe nicht gerne allein zum Essen
18. Wenn man ein Speiselokal beurteilen will, muß man sich die Leute ansehen, die dort hingehen
19 Wenn man in Speiselokale geht, die man nicht kennt, fällt man sehr oft herein
20. Wirklich gutes Essen ist ganz einfach teuer
21. Am besten schmeckt das Essen immer zu Hause
22. Nur qualitativ hochwertiges Essen kann wirklich schmackhaft sein
23. Ich finde es besonders reizvoll, zwischen vielen verschiedenen Gerichten auswählen zu können
24. Wenn ich zum Essen gehe, suche ich mir am liebsten Spezialitäten aus anderen Ländern aus
25. Bei einer wirklich freundlichen Bedienung sehe ich auch mal über Mängel des Essens hinweg
26. In einem Speiselokal kommt es in erster Linie auf das Essen und nicht so sehr auf die Atmosphäre an
27. Es macht viel mehr Spaß zum Essen zu gehen, wenn man in netter Gesellschaft ist
28. In einem Speiselokal mit gewissem Niveau fühle ich mich schon wohler

29. Ich gehe nur in Speiselokale, von denen ich genau weiß, was mich erwartet
30. Gutes Essen muß nicht teuer sein
31. Ist mir egal, ob ich zu Hause oder in einem Restaurant esse
32. Die Qualität des Essens ist bei einem Speiselokal wichtiger als alles andere
33. Je größer die Auswahl auf der Speisekarte ist, um so schwieriger ist es, das Richtige zu finden
34. Eine wirklich gute Speisekarte muß eine Auswahl internationaler Gerichte bieten
35. Wenn ich in einem Speiselokal unfreundlich bedient werde, gehe ich nie mehr dort hin
36. In einem Speiselokal möchte ich nicht nur gerne gut essen, sondern mich auch wohl fühlen
37. Wenn man mit Freunden oder Bekannten ausgeht, gehört ein gutes Essen dazu
38. Ich finde es schön, so richtig vornehm zum Essen zu gehen
39. Ich esse nur ungern in Speiselokalen, die ich nicht kenne

Mit Hilfe des dynamischen Cluster Verfahrens „Groupy" errechnete sich nach mehreren Computerläufen ein mathematisches Typologie-Modell, dessen Optimierung bei 7 Clustern (Typen) lag, die sich relativ gleichmäßig über die Bevölkerung verteilten und mit denen nahezu 100% Gesamtvarianz erklärt werden konnten.

Im einzelnen ergab sich das in Abb. 80 dargestellte Typen-Bild.

Die Zahlen über dem jeweiligen Typensegment (z. B. bei Typ 1:19,3%) verdeutlichen den durch dieses Segment erklärten Anteil an der Gesamtvarianz aller Aussagen.

Die Interpretation der einzelnen Typen erfolgte einmal über die Mittelwerte, die für jede Typengruppe auf jedem Item errechnet wurde sowie über Kreuztabellierungen mit den soziodemographischen Daten der Mitglieder einer jeden Typengruppe.

Im einzelnen ergaben sich folgende Typen-Beschreibungen:

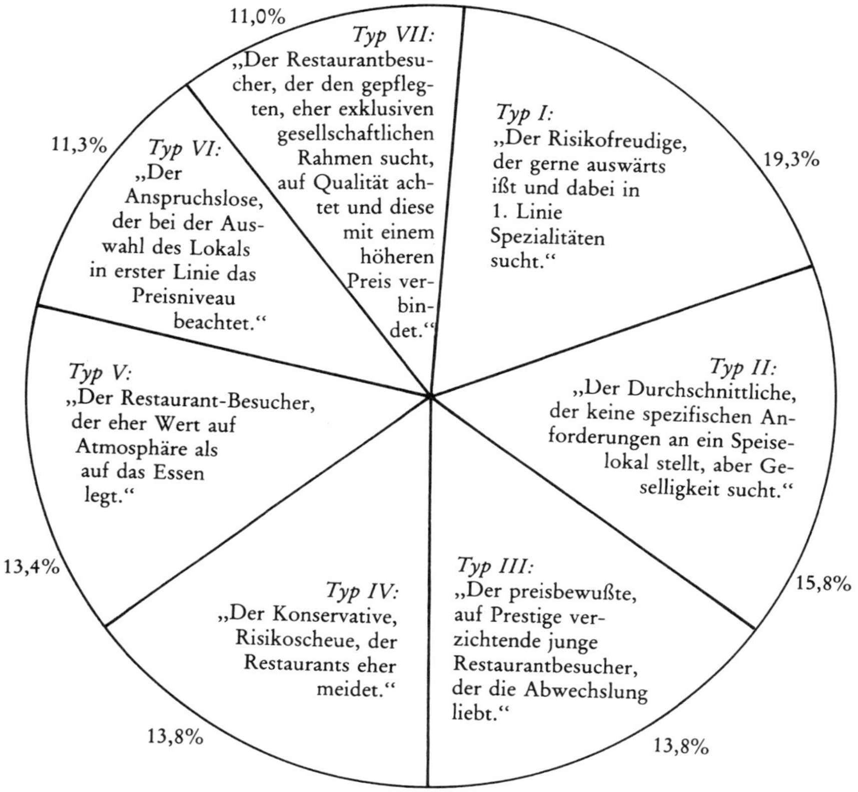

Abb. 80: Typologie: Essen im Restaurant – Beschreibung und Gewichtung der 7 Grundtypen

Typ I:
Der risikofreudige, der gerne auswärts ißt und dabei in erster Linie Spezialitäten sucht.

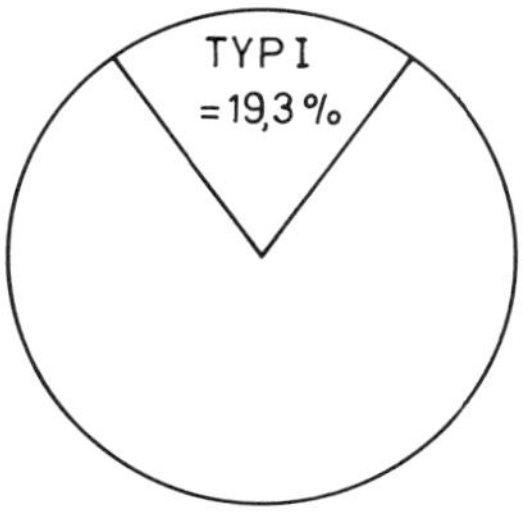

Größe: 19,3% D, Gesamtvarianz

Sozio-demographische Merkmale:

- Männer und Frauen gleichstark vertreten
- Alter vorwiegend zwischen 25 und 35
- Relativ hohe Schulbildung: ab weiterführender Schule
- Alle angeführten Berufe
- Mon. Nettoeinkommen im höheren Bereich (2 500,– bis 4 000,–) erstaunlicherweise auch im unteren Bereich (500,– bis 750,–)

Einstellung zum Außer-Haus-Konsum: (vgl. Item-Pool auf S. 346 ff.)

- Ich gehe gerne in neue, mir nicht bekannte Speiselokale
- Ich finde es besonders reizvoll zwischen vielen Gerichten auswählen zu können
- Wenn ich zum Essen gehe, suche ich am liebsten Spezialitäten aus anderen Ländern aus

Typ II:
Der Durchschnittliche, der keine spezifischen Anforderungen an ein Speiselokal stellt aber eine gewisse Geselligkeit sucht

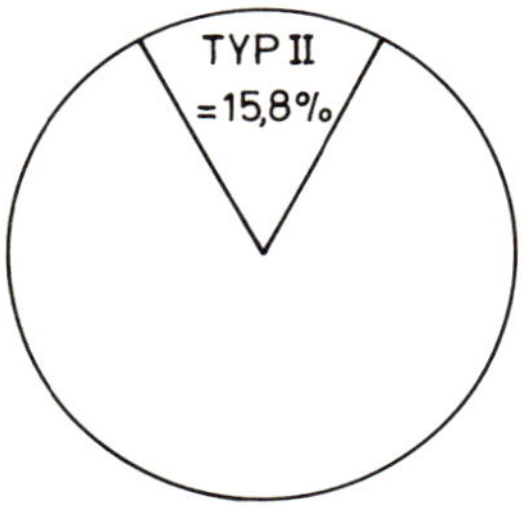

Größe: 15,8% D, Gesamtvarianz

Sozio-demographische Merkmale:

- Männer etwas im Übergewicht
- Alle Altersgruppen
- Viele Ledige
- Schulbildung verteilt, analog der Gesamtstichprobe
- Einkommen im mittleren und höheren Bereich

Einstellung zum Außer-Haus-Konsum:

- Je größer die Auswahl auf der Karte ist um so schwieriger ist es das Richtige zu finden
- Gutes Essen muß nicht teuer sein
- Ich gehe nicht gerne allein zum Essen
- Es macht viel mehr Spaß zum Essen zu gehen, wenn man in netter Gesellschaft ist

Typ III:
Der preisbewußte, auf Prestige verzichtende junge Restaurantbesucher, der die Abwechslung liebt.

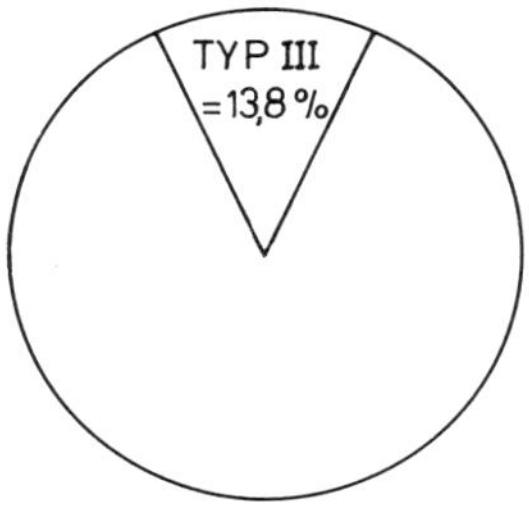

Größe: 13,8% D, Gesamtvarianz

Sozio-demographische Merkmale:
- Männer und Frauen gleichstark vertreten
- Jüngste Gruppe: viele 20–24jährige aber auch viele 14–19jährige
- Viele Schüler

Einstellung zum Außer-Haus-Konsum:
- Wenn ich Essen gehe, probiere ich sehr gerne mir unbekannte Gerichte aus
- Ich gehe gerne in neue, mir nicht bekannte Speiselokale
- Es macht mir sehr viel Spaß in einem Restaurant zu essen
- Wenn ich essen gehe, suche ich mir gerne Spezialgerichte aus anderen Ländern aus
- Gutes Essen muß nicht teuer sein
- In preisgünstigen Lokalen ißt man meist besser als in teueren.

Typ IV:
Der Konservative, Risikoscheue, der Restaurants eher meidet

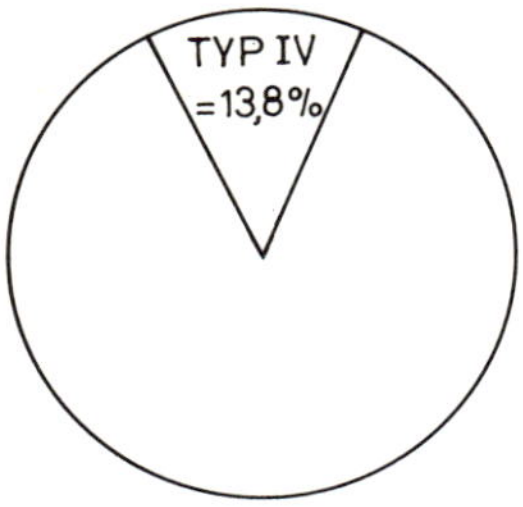

Größe: 13,8% D, Gesamtvarianz

Sozio-demographische Merkmale:
- Männer und Frauen gleichstark vertreten
- Kaum Ledige
- Höheres Alter
- Hauptsächlich Volks- und Grundschule
- Haushaltsvorstände
- Monatliches Nettoeinkommen um 700,– bis 1 250,– aber auch um 2 000,–

Einstellung zum Außer-Haus-Konsum:
- Ich esse lieber zu Hause als in einem Lokal
- Wie ich bedient werde ist mir egal, Hauptsache das Essen schmeckt
- Wenn man in Speiselokale geht, die man nicht kennt, fällt man sehr oft herein
- Am besten schmeckt mir das Essen immer zu Hause
- Ich esse nur ungern in Speiselokalen, die ich nicht kenne

Typ V:

Der Restaurantbesucher, der eher Wert auf die Atmosphäre als auf das Essen legt

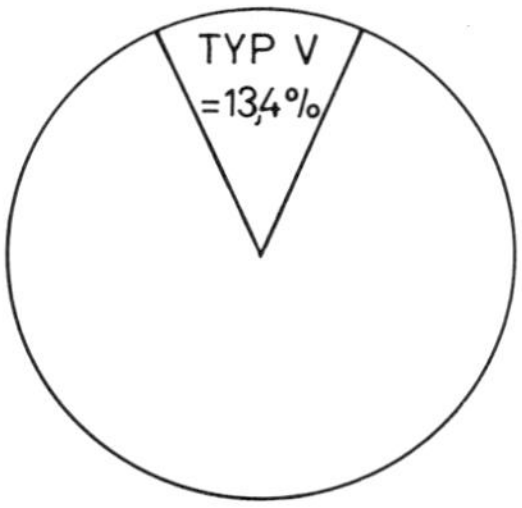

Größe: 13,4% D, Gesamtvarianz

Sozio-demographische Merkmale:

- Männer und Frauen gleichstark vertreten
- Altersklassen zwischen 30 und 50 Jahren
- Verheiratete dominieren
- Vorwiegend Volksschule und weiterführende Schulen
- Netto-Haushaltseinkommen eher in den höheren Kategorien
- Haushaltsgröße 3–4 Personen

Einstellung zum Außer-Haus-Konsum:

- Wenn ich mir ein Lokal suche um zu essen, achte ich vor allem auf die gesamte Atmosphäre
- Gemütlichkeit ist für mich das Wichtigste an einem Speiselokal
- In einem Speiselokal möchte ich nicht nur gut essen, sondern mich auch wohlfühlen

Typ VI:

Der Anspruchslose, der bei der Auswahl des Lokals lediglich das Preisniveau beachtet

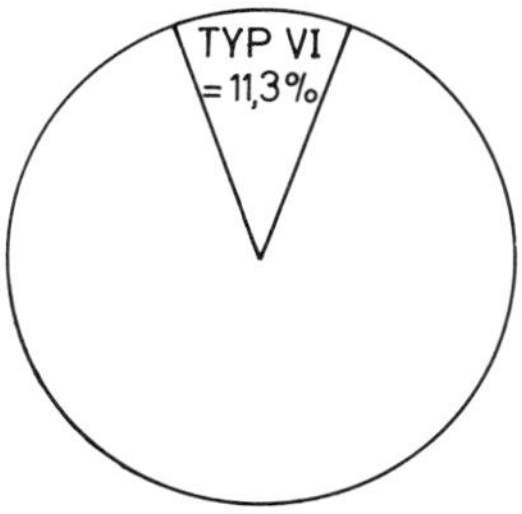

Größe: 11,3% D, Gesamtvarianz

Sozio-demographische Merkmale:
- Männer dominieren
- Viele Ledige
- Meist Volksschule
- Voll berufstätig
- Mon. Nettoeinkommen um 1750,– DM

Einstellung zum Außer-Haus-Konsum:
Wichtig: Keine klar profilierten positiven Einstellungen, sondern nur besonders schwache Ausprägungen (–) bei
- Ich gehe nur in Speiselokale, in denen ich sicher bin, daß dort ein gutes Publikum verkehrt (–)
- Wenn ich wirklich gutes Essen bekomme, achte ich nicht so sehr auf den Preis (–)
- Wenn ich zum Essen gehe, suche ich mir am liebsten Spezialitäten aus anderen Ländern aus (–)
- Ich finde es schön, so richtig vornehm zum Essen zu gehen (–)

Typ VII:
Der Restaurantbesucher, der den gepflegten – eher exklusiven – gesellschaftlichen Rahmen sucht und gerne auf Qualität achtet, die er mit einem höheren Preis verbindet.

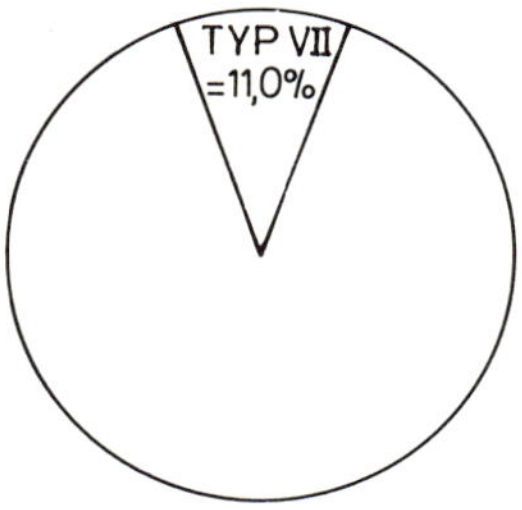

Größe: 11,0% D, Gesamtvarianz

Sozio-demographische Merkmale:
- Frauen dominieren
- Meist verheiratet
- Überwiegend Abitur und Studium
- Monatliches Nettoeinkommen zwischen 2500,– bis 4500,–
- Familiengröße weit gestreut

Einstellung zum Außer-Haus-Konsum:

- In einem Lokal zu essen macht mir nur Spaß, wenn ich unter einer großen Zahl verschiedener Speisen wählen kann
- Wenn ich wirklich gutes Essen bekomme, achte ich nicht so sehr auf den Preis
- Wirklich gutes Essen ist ganz einfach teuer
- Die Qualität des Essens ist bei einem Speiselokal wichtiger als alles andere
- Eine wirklich gute Speisekarte muß eine Auswahl internationaler Gerichte bieten

Anhang

Vorbemerkung:
Die beiden nachfolgenden Fragebogen-Beispiele entstammen einem Anzeigentest für die Zahncreme-Marke „Blendax Anti-Belag". Die Analyse erfolgte sowohl über einen Wartezimmer-Test als auch über eine nachfolgende explorative Anzeigenanalyse.
Die beiden Fragebogen (Beispiel 2 nur ausschnittweise) sowie das Anzeigen-Beispiel wurden mit freundlicher Genehmigung der BLENDAX WERKE Mainz abgedruckt.

Fragebogenbeispiel 1

Frage Nr.	Frage	Antwort	Code	Spalte	weiter mit Frage
	Explorative Anzeigenanalyse				
1.	Herzlichen Dank, daß Sie sich bereit erklärt haben, an unserer Untersuchung teilzunehmen. *Interviewer: Anzeige Blendax-Anti-Belag 10–15 Sec vorlegen, dann wegnehmen!* Sie sehen nun hier eine Anzeige. Bitte sehen Sie sich die Anzeige an. Was ging Ihnen bei der Betrachtung so alles durch den Kopf, woran wurden Sie erinnert? Bitte sagen Sie mir alles, mich interessieren auch die Kleinigkeiten! __________ __________				2a
2.a)	Wie wirkt denn diese Anzeige auf Sie? Also was für einen Eindruck haben Sie von ihr? __________ __________				2b
2.b)	*Interviewer: Liste 1 vorlegen!* Ich habe hier eine Liste und möchte Sie noch einmal fragen: Wie wirkt diese Anzeige auf Sie? Was für einen Eindruck haben Sie von ihr? Streichen Sie alle Eigenschaften auf dieser Liste an, die Ihren Eindruck wiedergeben.				3

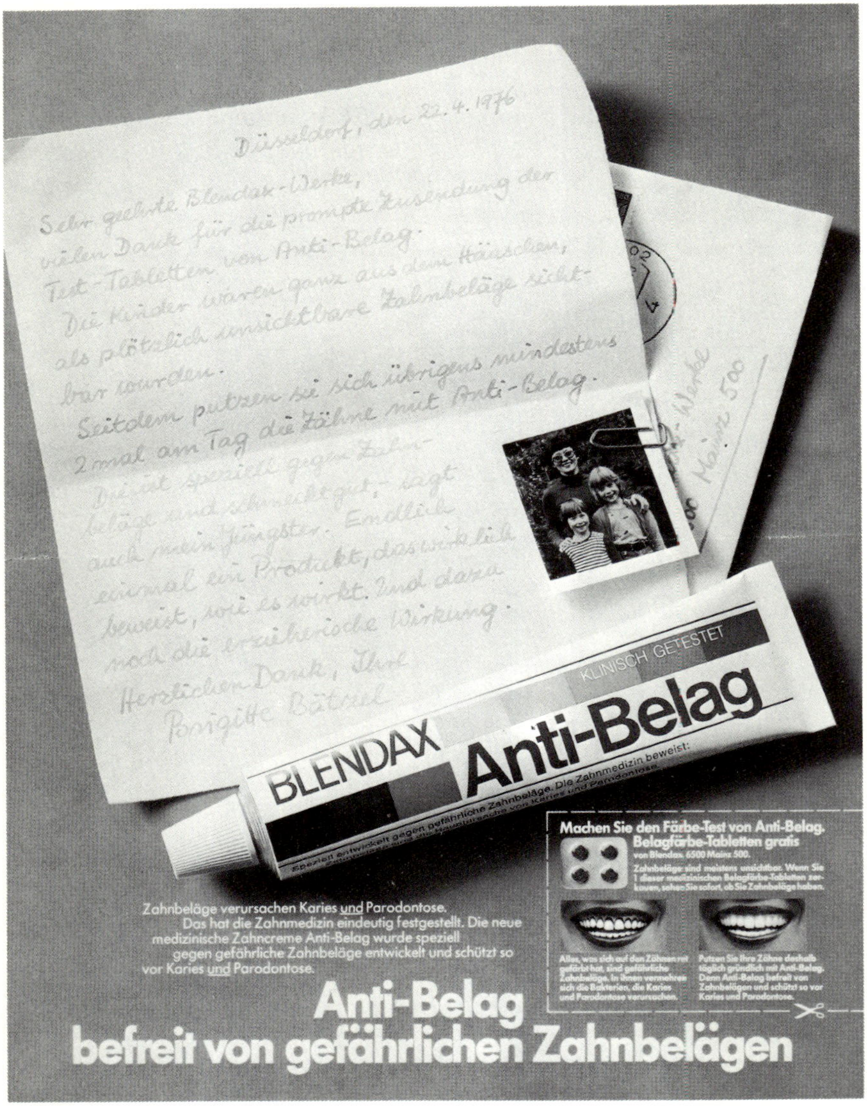
Düsseldorf, den 22.4.1976
Sehr geehrte Blendax-Werke,
vielen Dank für die prompte Zusendung der Test-Tabletten von Anti-Belag.
Die Kinder waren ganz aus dem Häuschen, als plötzlich unsichtbare Zahnbeläge sichtbar wurden.
Seitdem putzen sie sich übrigens mindestens 2mal am Tag die Zähne mit Anti-Belag.
Die ist speziell gegen Zahnbeläge und schmeckt gut, sagt auch mein Jüngster. Endlich einmal ein Produkt, das wirklich beweist, wie es wirkt. Und dazu noch die erzieherische Wirkung.
Herzlichen Dank, Ihre
Brigitte
BLENDAX
KLINISCH GETESTET
Anti-Belag
Die Zahnmedizin beweist:
Machen Sie den Färbe-Test von Anti-Belag.
Belagfärbe-Tabletten gratis
von Blendax, 6500 Mainz 500.
Zahnbeläge sind meistens unsichtbar. Wenn Sie 1 dieser medizinischen Belagfärbe-Tabletten zerkauen, sehen Sie sofort, ob Sie Zahnbeläge haben.
Alles, was sich auf den Zähnen rot gefärbt hat, sind gefährliche Zahnbeläge. In ihnen vermehren sich die Bakterien, die Karies und Parodontose verursachen.
Putzen Sie Ihre Zähne deshalb täglich gründlich mit Anti-Belag. Denn Anti-Belag befreit von Zahnbelägen und schützt so vor Karies und Parodontose.
Zahnbeläge verursachen Karies und Parodontose.
Das hat die Zahnmedizin eindeutig festgestellt. Die neue medizinische Zahncreme Anti-Belag wurde speziell gegen gefährliche Zahnbeläge entwickelt und schützt so vor Karies und Parodontose.
Anti-Belag
befreit von gefährlichen Zahnbelägen

Frage Nr.	Frage	Antwort	Code	Spalte	weiter mit Frage
3.	Was auf der Anzeige machte den größten Eindruck auf Sie, was blieb am stärksten haften? ______ ______				4
4.	Was war alles auf der Anzeige zu sehen? Nennen Sie mir bitte alle Einzelheiten. ______ ______				5
5.	Können Sie sich an Texte, Textteile oder irgendwelche Argumente erinnern? ______ ______				6a
6.a)	Für welches Produkt wurde hier geworben?	○ weiß nicht ○ Zahncreme ○ andere Nennung und zwar: ______ ______			
b)	Es ging um eine Zahncreme. Wissen Sie noch, wie sie hieß? Versuchen Sie sich bitte an den Namen zu erinnern.	○ weiß nicht ○ Blendax Anti-Belag ○ Blendax ○ Blend-a-med ○ Anti-Belag ○ Sonstiges: ______			
c)	Können Sie sich noch an die Firma/den Hersteller erinnern? Wie hieß die Firma?	○ weiß nicht ○ Blendax ○ Blend-a-med ○ Anti-Belag ○ Sonstiges: ______			7a

Frage Nr.	Frage	Antwort	Code	Spalte	weiter mit Frage
7.a)	Was soll mit dieser Anzeige ausgedrückt werden? Was ist die Hauptaussage, was ist das Wichtigste bei dieser Anzeige? _____ _____ _____				7b
7.b)	Warum erscheint das so wichtig? _____ _____ _____				8
8.	Lassen Sie uns einmal über die Zahncreme sprechen. Bitte versuchen Sie doch die Wirkungsweise dieser Zahncreme mit Ihren eigenen Worten zu beschreiben. Also: was bewirkt diese Zahncreme, wenn man sich damit die Zähne putzt? Erzählen Sie doch einmal! *(Interviewer: Der Testperson die Gelegenheit zu ausführlicher Spontanaussage geben und mitschreiben. Anschließend markieren, ob Konzept richtig verstanden wurde! Zur Erinnerung: Konzept = eine neuartige, medizinische Zahncreme, die Zahnbeläge entfernt, die wiederum Ursache von Zahnkrankheiten sind wie Karies und Paradontose)*	_____ _____ _____ _____ _____ _____ ○ Konzept voll verstanden ○ Konzept teilweise verstanden ○ Konzept nicht verstanden ○ TP kann keine Aussage zur Wirkung machen			9

Frage Nr.	Frage	Antwort	Code	Spalte	weiter mit Frage
9.	Wenn Sie an all die Zahncremes, die Sie kennen, denken und an deren Wirkung, wie wird sich die „Blendax Anti-Belag" in ihrer Wirkung von den anderen unterscheiden? ______ ______ ______				10
10.	An welche Zahncreme haben Sie dabei gedacht?	○ an keine bestimmte Zahncreme ○ Blend-a-med ○ Colgate ○ Dentagard ○ Strahler ○ Mentadent C ○ Ajona ○ Signal ○ Pepsodent ○ Formel P ○ Ultra Weiß ○ Sonstige: ______ ______			11
11.	Kommen wir nun wieder zur Anzeige! In dieser Anzeige war ein Brief abgebildet. Können Sie sich daran noch erinnern?	○ Ja ○ Nein			12 15
12.	Bitte versuchen Sie sich daran zu erinnern, was alles in diesem Brief stand. Worüber wurde dort berichtet? ______ ______ ______				13

Frage Nr.	Frage	Antwort	Code	Spalte	weiter mit Frage
13.	Was glauben Sie, handelt es sich hier um einen echten oder um einen zu Werbezwecken verfaßten Brief? Warum glauben Sie das?	○ echt			14
		○ verfaßt			15
14.	Was meinen Sie, warum hat diese Frau diesen Brief an die Firma Blendax geschrieben?				15
15.	In dieser Anzeige war von einem Tablettentest die Rede. Können Sie sich daran erinnern?	○ Ja			16
		○ Nein			17
16.	Welche Einzelheiten sind Ihnen über diesen Tablettentest in Erinnerung geblieben? Bitte sagen Sie mir alles, an was Sie sich noch erinnern können.				17
17.	Vor welcher Form von Zahnerkrankungen wird die „Blendax Anti-Belag" eigentlich schützen können? *Interviewer: Antworten nicht vorlesen, sondern frei beantworten lassen und entsprechend markieren!*	○ weiß nicht ○ Karies ○ Parodontose (Zahnfleischbluten) ○ Zahnbelag ○ Mundfäule ○ Bakterienbildung ○ Zahnsteinbildung ○ Mundgeruch ○ Sonstiges: ______			

Frage Nr.	Frage	Antwort	Code	Spalte	weiter mit Frage
18.	*Interviewer: Liste 2 vorlegen!* Hier auf dieser Liste stehen Aussagen, mit denen man die Zahncreme beurteilen könnte. Bitte kreuzen Sie bei jeder Aussage auf der danebenstehenden Skala an, wie sehr die jeweilige Aussage Ihrer Ansicht nach auf diese Zahncreme zutrifft.				19
19.	*Interviewer: Anzeige erneut vorlegen und liegenlassen!* Wie finden Sie diese Anzeige so insgesamt, d. h. was gefällt Ihnen daran und was nicht? *Interviewer: Positive und negative Aussagen in der Reihenfolge ihrer Nennung notieren!*	*Gefällt:* 1. ____________ ____________ 2. ____________ ____________ 3. ____________ ____________ *Gefällt nicht:* 1. ____________ ____________ 2. ____________ ____________ 3. ____________ ____________			20

Frage Nr.	Frage	Antwort	Code	Spalte	weiter mit Frage
20.	Bitte lesen Sie sich jetzt zunächst einmal nur den Brief durch. *Interviewer: Testperson Brief lesen lassen!* Gibt es in diesem Brief irgendwelche Textstellen, die Ihnen nicht so ganz klar und verständlich erscheinen?	○ Es gibt *keine* unklaren Textstellen ○ Es gibt unklare Textstellen Welche: __________ __________ __________			21
21.	Was haben Sie im einzelnen über Anti-Belag-Zahncreme in diesem Brief erfahren? __________ __________ __________				22
22.	Gibt es irgendwelche Aussagen in diesem Brief, die Ihnen nicht so sehr glaubwürdig erscheinen?	○ alles ist glaubwürdig ○ es gibt unglaubwürdige Aussagen und zwar: __________ __________ __________			23
23.	Was halten Sie davon, daß man einen solchen Verbraucher-Brief in einer Anzeige veröffentlicht? *Interviewer: Explorieren Sie besonders, ob es den Befragten glaubhaft erscheint, daß es sich um einen echten Verbraucher-Brief handelt.* __________ __________				24

Frage Nr.	Frage	Antwort	Code	Spalte	weiter mit Frage
24.	Nun zu dem Text links unten auf der Anzeige. Bitte lesen Sie ihn einmal durch. *Interviewer: Testperson lesen lassen!* Was haben Sie dort alles über Blendax Anti-Belag erfahren? ______ ______				25
25.	Wenn Sie nun auch den Text zum Belag-Test rechts unten auf der Anzeige lesen, was sagen Sie zu diesem Text? ______ ______				26
26.	Wie beurteilen Sie eigentlich die Idee dieses Tests? Finden Sie . . .	*Interviewer: Bitte vorlesen!* ○ daß er die Wirkkraft dieser Zahncreme beweist			28
		○ daß dies kein wirklicher Beweis für die wirksame Entfernung der Zahnbeläge ist			27
27.	Warum finden Sie den Tabletten-Test nicht überzeugend? ______ ______				28
28.	*Interviewer: Kaufbereitschafts-Skala vorlegen (Liste 3)!* Sagen Sie mir nun bitte, wie groß Ihre Bereitschaft wäre, diese Zahncreme zu kaufen. Zeigen Sie dabei auf das Kästchen, das die Größe Ihrer Bereitschaft am ehesten ausdrückt. *Interviewer: Nummern notieren!*	○ 1 ○ 2 weiter mit Frage			29
		○ 3 ○ 4 ○ 5 weiter mit Frage ○ 6 ○ 7			30

Frage Nr.	Frage	Antwort	Code	Spalte	weiter mit Frage
29.	Warum haben Sie ein so großes Interesse, diese Zahncreme auszuprobieren? ____________________ ____________________				30
30.	Warum ist Ihr Interesse, diese neue Zahncreme auszuprobieren, nicht höher? ____________________ ____________________				31
31.	Versuchen Sie doch bitte jetzt einmal sich vorzustellen, welche Leute sich diese Zahncreme wohl kaufen werden. Wie würden Sie diese Leute beschreiben? *Interviewer: Ausführlich explorieren!* ____________________ ____________________ ____________________				30
32.	*Interviewer: Liste 4 vorlegen!* Hier habe ich nun wieder eine Liste mit Aussagen, mit denen man diese Leute beschreiben könnte. Bitte kreuzen Sie wieder jeweils an, inwieweit diese Aussagen auf diese Personen zutreffen könnten. *Interviewer: Skalenprinzip erklären!*				33

Frage Nr.	Frage	Antwort	Code	Spalte	weiter mit Frage
33.	Kannten Sie diese Zahncreme schon vorher?	○ Ja, woher: ______			34
		○ Nein			Statistik
34.	Haben Sie sie selbst schon einmal benutzt?	○ Nein			Statistik
		○ Ja			35
35.	Welche Erfahrungen haben Sie dabei gemacht? Wie würden Sie ihre Erfahrungen einstufen, wenn Sie 6 Schulnoten vergeben dürfen? *Interviewer: Noten erklären:* *1 = „habe sehr gute Erfahrungen gemacht"* *6 = „habe sehr schlechte Erfahrungen gemacht"*	○ 1 ○ 2 ○ 3 ○ 4 ○ 5 ○ 6			Statistik

Wartezimmertest

		Getestet wird die Anzeige A ○ B ○ C ○			
1.	Als Sie eben draußen gewartet haben, haben Sie doch sicher ein wenig im „STERN" geblättert. Nun ist es ja meistens so, daß man sich für bestimmte Dinge in einer Zeitung be-	Erinnerungen (keine Anzeigen): ______ ______			

Frage Nr.	Frage	Antwort	Code	Spalte	weiter mit Frage
	sonders, für andere weniger interessiert. Gab es nun etwas in der Zeitung, für das Sie sich besonders interessierten? *Interviewer: Anzeigen-Erinnerungen unter Frage 2 markieren!*	________ ________ ________ ________ ________ ________ ________ ________			2
2.	In jeder Zeitschrift sind ja neben Berichten, Nachrichten und Bildern auch Anzeigen zu sehen. Nennen Sie mir bitte alle Anzeigen in dieser Zeitschrift, an die Sie sich erinnern können. *Interviewer: In der Reihenfolge der Nennung die genannten Anzeigen eintragen!*	1. ________ 2. ________ 3. ________ 4. ________ 5. ________ 6. ________			
		Interviewer: – Wenn Blendax Anti-Belag (konkrete Namenserinnerung) erinnert wird, weiter mit			→ 8
		– Wenn Zahnpasta ohne Namenserinnerung erinnert wird, weiter mit			→ 5
		– Wenn Zahnpasta nicht erinnert wird,			→ 3

Frage Nr.	Frage	Antwort	Code	Spalte	weiter mit Frage
3.	*Interviewer: Liste 1 vorlegen!* Hier habe ich eine Liste, auf der verschiedene Produkte aufgeführt sind. Wurde vielleicht für eines oder mehrere dieser Produkte in der Zeitschrift geworben? Bitte nennen Sie mir diejenigen, an die Sie sich noch erinnern.	○ Automobile ○ Waschmittel ○ Kaffee ○ Alkoholika ○ Zahncremes ○ Möbel ○ Seifen ○ Erfrischungsgetränke ○ Zigaretten			
		Zahncremes ja			→ 5
		Zahncremes nein			→ 4
4.	Da war doch auch eine Anzeige für *Zahncreme* im Heft. Können Sie sich an die noch erinnern?	○ Ja			5
		○ Nein			8
5.	Sie können sich an eine Anzeige für Zahncreme erinnern. Wie hieß diese Zahncreme? *Interviewer: Nur eine Nennung markieren!*	○ Blendax Anti-Belag			8
		○ Blendax			6
		○ Anti-Belag			6
		○ Blend-a-med			6
		○ Sonstiges: ______ (*Int.:* Eintragen!)			8
		○ weiß nicht			8
6.	Hatte die Zahncreme nicht noch einen Zusatz im Namen? Wie hieß der denn?	○ Name wird vollständig erinnert (Blendax Anti-Belag)			8
		○ Name wird nicht vollständig erinnert			8

Frage Nr.	Frage	Antwort	Code	Spalte	weiter mit Frage
7.	Da war doch auch eine Anzeige für Blendax-Anti-Belag im Heft. Können Sie sich noch an diese Anzeige erinnern?	○ Ja			8
		○ Nein	Interview abbrechen!		
14.	Bitte versuchen Sie doch einmal die Wirkungsweise dieser Zahncreme mit Ihren eigenen Worten zu beschreiben. Also: Was bewirkt diese Zahncreme, wenn man sich damit die Zähne putzt? Erzählen Sie doch einmal. *Interviewer: Der Testperson die Gelegenheit zu ausführlicher Spontanaussage geben und mitschreiben. Anschließend markieren, ob Konzept richtig verstanden wurde! (Zur Erinnerung: Konzept – eine neuartige, medizinische Zahncreme, die Zahnbeläge entfernt, die wiederum Ursache von Zahnkrankheiten sind, wie Karies und Parodontose)*	________ ________ ________ ________ ________ ________ ________ ________ ○ Konzept voll verstanden ○ Konzept teilweise verstanden ○ Konzept nicht verstanden ○ Tp kann keine Aussage zur Wirkung machen			15
15.	Die Zahncreme heißt ja Blendax-Anti-Belag. Was glauben Sie, warum man diesen Namen gewählt hat? Was soll denn dieser Zusatz „Antibelag“ ausdrücken?	________ ________ ________ ________ ________ ________ ________			16

Frage Nr.	Frage	Antwort	Code	Spalte	weiter mit Frage
16.	Die meisten Zahncremes versprechen irgendeine besondere Wirkung. Wenn diese Zahncreme von Blendax also Zahnbelag entfernt, erscheint Ihnen diese Wirkung . . . *Interviewer: Antwortkategorien vorlesen!*	○ wichtig			17
		○ genauso wichtig			18
		○ weniger wichtig			19
		als die Wirkung anderer Zahncremes?			
17.	Begründen Sie mir doch bitte, warum Ihnen diese Aussage (= Entfernung von Zahnbelag) wichtiger erscheint als die Wirkung anderer Zahncremes.				18
18.	Mit welcher Zahncreme haben Sie nun die Wirkung von Anti-Belag verglichen? *Interviewer: Antwortkategorien nicht vorlesen!*	○ mit keiner bestimmten Zahncreme			
		○ Blend-a-med · Mentadent C			
		○ Colgate · Ajona · Formel P			

Literaturverzeichnis

[1] *Abrams, J.:* A New Method for Testing Pricing Decisions. In: J. of Marketing, Vol. 28, 1964.

[2] *Alpert, L.,* and *R. Gatty:* Product positioning by behavioral life-styles. In: JM. 33, 1969.

[3] *Amstad, P.:* Die galvanische Hautreaktion in der Werbe- und Marktdiagnostik, 1971.

[4] *Anastasi, A.:* Fields of applied psychology. New York 1964.

[5] *Anderson, H. H.,* and *G. L. Anderson* (eds.): An Introduction to projective techniques and other devices for understanding the dynamics of human behavior. New York 1951.

[5a] *Atteslander, P.:* Methoden der empirischen Sozialforschung. Berlin/NY 1975.

[6] *Atkinson, J. W.:* An introduction to motivation. Princeton 1964.

[7] *Barton, A. H.* and *P. F. Lazarsfeld:* Some Functions of Qualitative Analysis in Social Research. In: Frankfurter Beiträge zur Soziologie, Frankfurt/M. 1955.

[8] *Bayton, J. A.:* Motivation, cognition, learning. Basic factors in consumer behavior. In: JM. 1958.

[8a] *Beike, P.* und *G. Christmann:* Marktforschungspraxis von A–Z. Gernsbach 1974.

[9] *Benesch, Helmuth:* Wirtschaftspsychologie. München–Basel 1962.

[10] *Bergler, Reinhold:* Motivforschung. Im Handbuch der Sozialwissenschaften. 34. Aufl. Stuttgart–Tübingen–Göttingen 1960.

[11] – Psychologie des Marken- und Firmenbildes. Göttingen 1963.

[12] – (Hg.): Marktpsychologie. Bern/Stuttgart 1972.

[13] – Psychologie stereotyper Systeme. 1960.

[14] – (Hg.): Psychologische Marktanalyse. Bern/Stuttgart 1965.

[15] *Berth, R.:* Marktforschung zwischen Zahl und Psyche. Stuttgart 1959.

[16] *Besmer, H.-J.:* Die Validität von Effektivitätsmessungen der Werbebotschaft. Winterthur 1967.

[17] *Boulding, K.:* The Image. 1956.

[18] *Böhmer, M.:* Möglichkeiten der Blickregistrierung in der Media-Forschung. Die Anzeige, 1964.

[19] *Brentano, L.:* Versuch einer Theorie der Bedürfnisse. Leipzig 1924.

[20] *Britt, St. H.:* Consumer behavior and the behavioral sciences. New York/London 1966.

[21] – (ed.): Consumer behavior in theory and action. New York/London 1970.

[22] – (ed.): Psychological experiments in consumer behavior. New York/London 1970.

[23] *Brown, L. O.:* Principal psychological techniques in marketing research. In: Ferber/Wales (eds.) 1958.

[24] *Brückner, P.:* Die informierende Funktion der Wirtschaftswerbung. 1967.

[25] *Cartwright, D.,* and *A. Zander* (Hrsg.): Group Dynamics, Research and Theory. New York 1963.

[26] *Cattell, R. B.:* Personality and motivation. Structure and measurement. New York 1957.

[27] *Cheskin, L.:* How to predict what people buy. New York 1957.

[28] *Clark, L. H.* (ed.): Consumer behavior. Research in consumer reactions. New York 1958.

[29] *Clausen, L.:* Elemente einer Soziologie der Wirtschaftswerbung. 1964.

[30] *Cohen, J. B.:* The role of personality in consumer behavior. In: *Kassarjian/Robertson* (eds.) 1968.

[31] *Corkindale, D.*, and *S. Kennedy:* A Review of Literature on the Measurement of Advertising Effectiveness. Part i: The Pre-Display Assessment of Advertising. In: Marketing Communications Research Unit, Report No. 2, 1973.

[32] *Dichter, E.:* Strategie im Reich der Wünsche. Düsseldorf 1961.

[33] – Handbuch der Kaufmotive. Düsseldorf 1964.

[34] *Distler, G.:* Die Problematik der Anwendung und Interpretation von Zuordnungsversuchen in der Marktpsychologie. In: Psychologische Marktanalyse, Bern/Stuttgart 1965.

[35] *Duesenberry, J.:* Income, saving and the theory of consumer behavior. New York 1952.

[36] *Edwards, A. L.:* Techniques of attitude scale construction. New York 1957.

[37] *Ehrenberg, A. S. C.*, and *F. G. Pyatt* (eds.): Consumer behavior. Harmondworth 1971.

[38] *Epple, E.* u. *M.:* Farbpsychologische Studie. Die Erscheinungs- und Wirkungsweise der Farben in der Anzeigenwerbung. Frankfurt/M. 1957.

[39] *Feller, F. M.:* Psycho-Dynamik der Reklame. 1932.

[40] *Ferber, R.* und *H. Wales* (eds.): Motivation and market behavior. Homewood 1958.

[41] *Festinger, L.:* A theory of cognitive dissonance. Evanston 1957.

[42] *Fishbein, M.* (ed.): Readings in attitude theory and measurement. New York/London 1967.

[43] *Fischerkoesen, H. M.:* Experimentelle Werbeerfolgsprognose. Wiesbaden 1967.

[44] *Fowler, H.:* Curiosity and exploratory behavior. New York 1965.

[45] *Frank, K. L.:* Projective Methods. Springfield/Ill. 1948.

[46] *Frederick, J. G.:* Introdcution to Motivation Research. New York 1961.

[47] *Gabor, A.* and *C. W. J. Granger:* Price as an Indicator of Quality: Report on Enquiry. In: Economics, Vol. 38, 1966.

[48] – The Pricing of New Products. In: Scientific Business, Vol. 3, 1965.

[49] *Gardner, B.* and *S. Levy:* The Product and the Brand. In: Harvard Business Review, Vol. 33, 1955.

[50] *Gerth, Ernst:* Die Bedeutung des Verbrauchernutzens für den Absatz. Berlin 1965.

[51] *Goodfriend, Arthur:* The Twisted Image. New York 1963.

[52] *Guilford, J. P.:* Psychometric methods. 2. Aufl. New York 1954.

[53] *Gutjahr, G.:* Die verschiedenen Methoden der Blickregistrierung. In: Die Anzeige, 1964.

[54] – Die Methode der Blickregistrierung. Diss. 1965.

[55] – Markt- und Werbepsychologie, Bd. 1. Heidelberg 1972.

[56] – Markt- und Werbepsychologie, Bd. 2. Heidelberg 1974.

[57] *Guttman, L.:* Measuring the true state of opinion. In: *Ferber/Wales* (eds.) 1958.

[58] *Haedrich, G.:* Werbung als Marketinginstrument. Berlin/New York 1976.

[59] *Hansen, F.:* Consumer choice behavior. A cognitive theory. New York/London 1972.

[59a] *Henry, H.:* Motivation research. 1958.

[60] *Henry, H.:* Was der Verbraucher wünscht. Die Praxis der Motivforschung. Düsseldorf 1960.

[61] *Herzog, H.:* Behavioral Science Concepts for Analysing the Consumer. 1958.

[62] *Höger, A.* und *R. Münster:* Marketing Research. Versuch einer Exemplifizierung. Düsseldorf 1968.

[63] *Hoffmann, H.-J.:* Werbepsychologie. Berlin/New York 1972.

[64] – u. *G. Jedermann:* Prüfliste zur psychologischen Anzeigen-Beurteilung. In: Absatzwirtschaft, Heft 19, 1971.

[64a] – Psychologie und Massenkommunikation. Berlin/New York 1976.
[65] *Hofstätter, P. R.:* Einführung in die Sozialpsychologie. Stuttgart 1966.
[66] – Differentielle Psychologie. Stuttgart 1972.
[67] *Holbert, N.:* Key Articles in Advertising Research. In: Journal of Advertising Research, Vol. 12, No. 5, 1972.
[68] *Holzschuher, L. v.:* Praktische Psychologie. Die Primitivperson im Menschen. 1955.
[69] – Psychologische Grundlagen der Werbung. 1956.
[70] *Howard, J.* and *J. N. Sheth:* A Theory of Buyer Behavior. In: Perspectives in Consumer Behavior, 1968.
[70a] *Hull, C. L.:* Essentials of Behavior. New Haven 1951.
[71] *Jacobi, H.:* Werbepsychologie. Ganzheits- und gestaltspsychologische Grundlagen der Werbung. Wiesbaden 1963.
[72] *Johannsen, U.:* Das Marken- und Firmen-Image. 1968.
[73] *Joyce, T.:* Techniques of brand image measurement. London 1963.
[74] – What do we know about advertising works. London 1967.
[75] *Katona, G.:* Die Macht des Verbrauchers. 1962.
[76] – Das Verhalten der Verbraucher und Unternehmer. Tübingen 1960.
[77] *Kernan, J. B.* and *M. S. Sommers:* Dimensions of product perception. In: South. Journ. of Bus. 1967.
[78] *Kiefer, K.:* Die Diffusion von Neuerungen. Tübingen 1967.
[78a] *Kinsey, A. C.:* Sexual Behavior in the Human Male. Philadelphia 1948.
[79] *Kleining, G.:* Aufmerksamkeit und Werbewirkung. In: Der Markenartikel, Heft 6, 1955.
[80] – Psychologie in der Werbung. 1955.
[81] – Die Bedeutungsanalyse. Ein Verfahren für qualitative Absatzforschung. In: Zeitschrift für Markt- u. Meinungsforschung, 1/2. Jg. H. 1/2. Tübingen 1958/59.
[82] – Zum gegenwärtigen Stand der Imageforschung. In: Psychologie und Praxis, Heft 4, 1959.
[83] *Klenger, R.* und *J. Krautter:* Stimulation des Käuferverhaltens, Teil 1: Werbewirkung und Käuferverhalten. 1972.
[84] *König, R.* (Hg.): Handbuch der empirischen Sozialforschung. Stuttgart 1969.
[85] *Kollat, D. T., R. D. Blackwell* and *J. F. Engel* (eds.): Research in consumer behavior. New York/Chicago 1970.
[86] *Kropff, H. F. J.:* Angewandte Psychologie und Soziologie in Werbung und Vertrieb. 1960.
[87] – Motivforschung, Methoden und Grenzen. Essen 1960.
[88] *Kuhlmann, E.:* Das Informationsverhalten der Konsumenten. 1970.
[89] *Lenne, H.:* Skalierung als Mittel der direkten, vergleichenden Einstellungs-Struktur-Analyse. Weinheim 1964.
[90] *Leonhard, D. L.:* Consumer research with projective techniques. Shenandoah 1955.
[90a] *Leontjev:* Motive und Bewußtsein. In: Psychol. Rundschau, 1. Heft 1967.
[91] *Lewin, K.:* Feldtheorie in den Sozialwissenschaften. Stuttgart 1963.
[92] *Lienert, G. A.:* Verteilungsfreie Methoden in der Biostatistik, Bd. I. Meisenheim am Glan 1973.
[93] *Likert, R.* and *S. P Hayer* (eds.): Some applications of behavioral research. Paris 1957.
[94] *Lindzey, Gardner* (Hrsg.): Handbook of Social Psychology. Reading/Mass. 1954.

[95] – *and E. Aronson* (eds.): The handbook of social psychology. New York 1969.
[96] *Lowenthal, L.:* Literature and the Image of Man. Boston 1957.
[97] *Lucas, D. B.* and *S. H. Britt:* Advertising psychology and research. New York/Toronto/ London 1950.
[98] – Messung der Werbewirkung. Essen 1966.
[99] *Maletzke, G.:* Psychologie der Massenkommunikation. Hamburg 1963.
[99a] *Mangold, W.:* Gegenstand und Methode des Gruppendiskussionsverfahrens. In: Frankfurter Beiträge zur Soziologie, Bd. 9. Frankfurt a. M. 1960.
[100] *Markin, R. J.:* The psychology of consumer behavior. Englewood Cliffs 1969.
[101] *Martineau, P.:* Motivation in Advertising. 1957.
[102] – Kaufmotive. Düsseldorf 1959.
[103] *Maslow, A. P.:* Motivation and Personality. New York 1954.
[104] *MacConnell, J. D.:* The price-quality relationship in an experimental setting. In: JMR 1968.
[105] *McNeal, J. U.:* Dimensions of consumer behavior. New York 1969.
[106] *Meyer, P. W.:* Die Werbeerfolgskontrolle. Düsseldorf–Wien 1963.
[106a] *Molinari, G. F.:* Das Tiefeninterview in der Absatzforschung, 1971.
[106b] *Mitchell, A.:* The brand image and advertising effectiveness. 1958.
[107] *Monroe, K. B.:* Measuring Price Thresholds by Psychophysic and Latitudes of Acceptance. In: J. of Marketing Research, Vol. III, 1971.
[108] *Münsterberg, H.:* Psychologie und Wirtschaftsleben. 1912.
[109] *Murray, H. A.:* Thematic Apperception Test Manual. Cambridge/Mass. 1943.
[110] *Myers, J. G.:* Consumer Image and Attitude. Berkeley 1938.
[111] *Neal, J. V. Mc* (Ed.): Dimension of Consumer Behavior. New York 1965.
[112] *Newcomb, Theodore:* Sozialpsychologie. Meisenheim am Glan 1959.
[113] – *Turner, R. H.* and *P. E. Converse:* Social psychology. New York 1965.
[114] *Newman, J. W.:* Motivforschung und Absatzlenkung. Frankfurt/M. 1960.
[115] *Osgood, C. E. G. J. Suci* and *P. H. Tannenbaum:* The measurement of meaning. Urbana 1957.
[115a] *Ott, W.:* Handbuch der Marktforschung. München 1975.
[116] *Packard, V.:* Die geheimen Verführer. 1957.
[117] *Pawlik, K.:* Dimensionen des Verhaltens. Bern/Stuttgart 1968.
[117a] *Paradise/Blankenship:* Depth Questioning. In: Journal of Marketing, Januar 1951.
[118] *Plummer, J. T.:* A Theoretical View of Advertising Communication. In: The Journal of Communication, Vol. 21, Dec. 1971.
[119] *Pongratz, Ludwig:* Das psychologische Explorationsgespräch. In: Psychologische Rundschau, 8. Jg. H. 3, Göttingen 1957.
[120] *Rechenauer, O. S.* und *A. Stankowski:* Firmenimage – Markentypologie, Werbeelemente, Kompaktwerbung. Düsseldorf 1969.
[121] *Riesman, David* and *Mark Benney:* The Interview in Social Research. In: American Journal of Sociology, Vol. 62, 1956.
[122] *Rogers, C. R.:* The Non-Directive Method as a Technique for Social Research. In: American Journal of Sociology, Vol. 15, 1945.
[123] *Rogers, E. M.:* Diffusion of Innovations. 1962.
[124] *Rosenstiel, L. v.:* Psychologie der Werbung. Rosenheim 1969.
[125] *Ross, Irwin:* The Image Merchants. London 1959.

[126] *Roth, E.*:Psychologie der Werbung. Rosenheim 1969.
[127] – Die Faktorenanalyse in der Marktforschung. In: Psychologische Marktanalyse. Bern/Stuttgart 1965.
[128] *Rugg, Donald* und *Hadley Cantril:* Die Formulierung von Fragen. In: Praktische Sozialforschung I. Das Interview. Formen, Technik, Auswertung. 5. Aufl. Köln und Berlin 1966.
[129] *Ruppel, P.:* Die Bedeutung des Image für das Verbraucherverhalten. Göttingen 1965.
[130] *Sader, M.:* Möglichkeiten und Grenzen psychologischer Testverfahren. Bern/Stuttgart 1961.
[131] *Salcher, E. F.:* Kompetenz für kleine, mobile Kommandos Personalmarktforschung in VW-Werkstätten. In: Manager-Magazin, 3. 1977.
[132] – Tips für Institutskunden. In: Manager-Magazin 6. 1976.
[133] – Produkt-Ideen im Studio-Test. In: Absatzwirtschaft 4. 1975.
[134] – Machen Sie sich unentbehrlich. In: Capital 4. 1975.
[135] – Durch Markterforschung zur Markterschließung, RKW-Handbuch der Rationalisierung, Bd. 33. 1975.
[136] – Neue psychologische Testansätze zur Analyse der Kaufmotivation in der Realsituation. In: Journal für Marktforschung, Heft 30, 1970.
[137] – Klärung von Begriffen der Marktforschung. In: W & V, Heft 33, 1969.
[138] – Personal-Marketing. In: Plus, Heft 12, 1973.
[138a] *Schäfer, E.:* Grundlagen der Marktforschung. Köln 1966.
[139] *Scherhorn, G.:* Bedürfnis und Bedarf. Berlin 1959.
[140] *Scheuch, Erwin:* Skalierungsverfahren in der Sozialforschung. In: Handbuch der empirischen Sozialforschung, Band I. Stuttgart 1967.
[141] *Schrader, K.:* Psychologische und verhaltensbiologische Grundlagen des Marketing. Berlin 1971.
[142] *Schramm, W.* (Hrsg.): Grundfragen der Kommunikationsforschung. 2. Aufl. München 1968.
[143] *Schreiber, K.:* Kaufverhalten der Verbraucher. Wiesbaden 1965.
[144] – Die Komponenten der Werbewirkung und die Kontrolle des Werbeerfolgs. In: Die Anzeige 3, 1965.
[145] *Schulz, R.:* Kaufentscheidungsprozesse des Konsumenten. 1972.
[146] *Selg, Herbert:* Einführung in die experimentelle Psychologie. Stuttgart 1966.
[147] *Shapiro, B. P.:* The psychology of pricing. In: Harv. Bus. Rev. 46, 1968.
[148] *Sixtl, Friedrich:* Maßmethoden der Psychologie. Theoretische Grundlagen und Probleme. Weinheim/Bergstraße 1967.
[149] *Smith, G. H.:* Motivation research in advertising and marketing. New York 1954.
[150] *Spiegel, B.:* Werbepsychologische Untersuchungsmethoden. Berlin 1958, 2. Aufl. 1970.
[151] – Die Struktur der Meinungsverteilung im sozialen Feld. Bern/Stuttgart 1961.
[152] *Starch, D.:* Anzeigenwirkung richtig planen und messen. München 1969.
[153] *Stephan, E.:* Methoden der Motivforschung. Nürnberg 1961.
[154] *Thomae, H.:* Das Problem der unterschwelligen Werbung. In: Der Markenartikel 9, 1959.
[155] *Tull, D. S., R. A. Boring* and *M. H. Gonsìor:* A Note on the Relationship of Price and Imputed Quality. In: J. of Business, Vol. 37, 1964.
[156] *Twyman, T.:* Advertising Testing in 1975.

[157] *Überla, Karl:* Faktorenanalyse. Berlin 1968.

[158] *Wach, E.:* Preisuntersuchungen in der Nachfrageanalyse. In: GFM-Mitteilungen, Heft 1, 1969.

[159] *Wasson, Ch. R.:* The Psychological Aspects of Price. 1965.

[160] *Wellek, Albert:* Ganzheitspsychologie und Strukturtheorie. Bern 1955.

[161] *Winkler, A.:* Kritische Überlegungen zur Tragfähigkeit des Imagebegriffs: In: JAV. 2, 1973.

[162] *Wiswede, G.:* Marktforschung. Eine Analyse ihrer Erkenntnisgrenzen. Nürnberg 1962.

[163] – Motivation und Verbraucherverhalten. 2. Aufl. München 1973.

[164] *Woodward, L.:* Depth Interviewing. In: Journal of Marketing, April 1950.

Sachregister